인문고전 공부법

인문고전 공부법

공부법

니코마코스 윤리학부터 군주론까지 한 권으로 읽는 고전의 정수

쉬번 지음 — 강란 옮김

중앙books
JoongAng Ilbo

* **차례**

일러두기

이 책에 나오는 성경 인용문은 가톨릭 새성경을 참조했다.

교실 안팎에서 인문고전 읽기

이 책은 내가 미국에서 몸소 경험한 인문교육을 소개한 책으로, 인문교육 이념에 대한 인식과 강의 경험, 학술적 관심과 문제의식에서 출발하여 실제 경험을 다루었다. 흔히 교육 및 지식계 인사들은 '인문교육'을 '교양 교육'으로 오해하곤 한다. 이는 아마도 교양 교육을 논하는 사람들이 실제 인문교육을 해본 경험이 없고, 이론적인 측면에서만 바라보기 때문인 것 같다. 그러나 미국 대학의 교육 목표 및 교과 과정을 살펴보면 인문교 육liberal education과 교양 교육general education은 그 개념이 엄연히 다른 과정 이다.

각 대학마다 고유한 교육 이념과 교과 과정이 있기 때문에 당연히 두 교육 과정에는 차이가 있을 수 있다. 교육 목표 측면에서만 보아도 둘의 차이는 여전히 명확하다. 나는 20여 년간 인문교육을 담당했고 교양 교육을 한 적도 있어서 이 둘의 관계와 차이를 분명히 이야기할 수 있다. 내가 재직한 학교에서 인문교육은 모든 학생에게 필수 과정인 반면, 교양 교육은 인문교육 및 기타 과정을 포함하는 선택 과정이었다. 인문교육은 고전 읽기 토론과 작문의 두 가지 핵심 과정으로 구성된다. 읽기는 총 2년(4학기) 과정이며 작문은 1년(2학기) 과정이다. 인문교육의 고전 읽기('위대한 고전'이라고도 한다)와 논리적 글쓰기 둘 다 전문 지식을 습득하는 과정은 아니다. 이 책의 목적은 실제 수업 사례를 제시하고 인문교육의 기본적인 내용과 방법을 다루는 것이다. 고전 읽기 수업에서 한 훈련은 작문 수업의 기초가 되고, 작문 수업에서는 주로 고전 읽기 수업에 필요한 작문 능력과 전달 능력을 기른다(학생들은 에세이essay나 페이퍼paper 형식의 과제물을 작성한다). 예일대학교 전 총장 지아매티A. Bartlett Giamatti가 "인문교육은 시민사회의 핵심이고, 가르침은 인문교육의 핵심이다"라고 말한 것과 같이, 읽기와 작문의 두 교육 과정이 실제 어떻게 연계되고 얼마나 효과적인지는 어떻게 가르치는가에 달려 있다.

이 책의 1부는 실제 수업 사례를 바탕으로 인문교육을 설명했다. 교사와 학생의 자유로운 정신과 독립적인 사고를 기반으로 하는 고전 읽기는 지식과 방법의 측면에서 두 가지 기본 원칙이 있다.

첫 번째 원칙은 학생들이 어떤 배경지식을 가지고 있는지, 다른 과정에서 어떤 지식을 배우고 있는지 등을 파악해야 한다는 것이다. 일반적인 대학생의 읽기 능력에는 한계가 있으며, 그들이 이해하고 토론하는 대상은 전문 지식이 아니라 '일반 지식'이다. 일반 지식과 전문 지식을 절대적으로 구분할 수는 없지만, 대개 기초 교육 수준이 높을수록 배경지식이 많을수록 일반 지식 수준도 높다.

인문교육의 목적은 읽기와 토론을 기반으로 학생들의 사고 능력과 질문, 토론, 전달 능력을 배양하는 데 있다. 이러한 활동은 '읽기'에 기초하여 지식의 범위 안에서 이루어지므로, 인문교육은 읽기 능력과 분리할 수 없는 과정이라 할 수 있다. 시민사회가 완전하고 시민문화가 발달된 민주주의 국가에서 읽기는 일반인이라면 누구나 갖추어야 할 사고 능력이나 판단 능력이므로 게을리하면 안 된다. 따라서 대학 교육과 인문교육에는 읽기가 반드시 포함된다.

고전 읽기의 두 번째 원칙은 방법이 명확해야 한다는 것이다. 인문교육의 읽기는 교육과 훈련의 결과로, 선천적으로 타고나거나 자연스럽게 할 수 있는 게 아니다. 따라서 이는 일종의 '기술'이며, '읽기의 기술'로도 불린다. 기술을 학습하기 위해서는 적절한 방법이 필요하다. 읽기 기술에는 두 가지 측면이 포함된다. 하나는 꼼꼼하게 읽는 방법을 훈련하고 반복하는 것이고, 다른 하나는 연상 능력, 즉 상상력과 창의력을 키우는 것이다.

나는 실제 인문교육을 하면서 학교가 정한 권장 도서 목록을 주로 활용했고, 권장 도서를 직접 선정하기도 했다. (이 책 1부에서 다룬 일부 작품들처럼) 어떤 작품들은 학생들의 관심을 특히 많이 받는데, 이런 작품들은 인문교육에 매우 유용하다. 반면 (아리스토텔레스의 《범주론 Categoriae》처럼) 어떤 작품들은 매우 중요하지만 오히려 학습 효과는 떨어지는 것도 있다. 다른 기술을 학습할 때와 마찬가지로 읽기에서도 학생들마다 이해 능력에 차이가 있다. 그래서 소규모 수업(20명 이하)을 통해 학생들 모두가 교사의 개별 지도를 받을 수 있는 기회를 보장한다.

인문학 읽기 수업에서 학생들 대다수는 작품 속에 내포된 '의미'를 발견하면서 가장 흥미를 느끼고, 이러한 의미를 효과적으로 찾을 수 있는 방법을 궁금해한다. 이 과정에서 학생들은 질문 능력을 기를 수 있다. 첫 수업에서는 학생들에게 세 가지 기본적인 질문 방식을 소개한다. 관련 사실의 제시, 해석, 평가가 그것이다. 학생들에게는 수업 시간마다 최소한 두 개의 질문을 준비하여 토론에 참여하라고 요구한다. 그러나 이 세 가지 질문 방식만으로는 의미와 가치, 깊이, 보편적 의의가 있는 질문을 유도해내기가 쉽지 않다. 학생들은 세 질문에서 더 나아가 자연스럽게 사고를 유도하고 토론의 흥미를 유발하는 질문들이 제기되는 과정도 알고 싶어 한다.

예를 들어 마키아벨리의 《군주론》 제6장과 제26장을 읽으면서 학생들은 '행운'과 '기회', '무장한 예언자' 같은 문제에 흥미를 느낀다. 이런 문제들은 어떤 개념의 유래와 계승과 관련된다. 학생들은 이런 관념의 유래나 계승을 탐색하여 어떻게 한 텍스트를 다른 텍스트와 연결할 수 있는지, 어떻게 다른 텍스트를 연계하고 '상호 참조'할 수 있는지 알고 싶어 한다. 바로 이러한 연상을 통해 마키아벨리가 말한 '예언자'와 구약성경의 대★예언자 '이사야'가 서로 연관되고, 고대의 예언자가 어떤 인물인지 이해할 수 있으며, 나아가 현대의 (레닌, 트로츠키 같은) '혁명적 예언자'로 이어지는 다양한 사고를 유발할 수 있다. 서로 다른 원문 간의 '개념 참고'는 학생들에게 원문에 대한 흥미와 지적 만족을 가져다준다. 그뿐 아니라 어떤 학생들은 관련 전문가의 평론과 연구로 흥미를 연장하기도 하고, 이를 기반으로 자신의 견해를 형성할 수 있다. 이러한 성격의 질문, 연상, 상상이야말로 인문교육이 학생들로부터 특히 발굴하고 키워낼 수 있는 것이다.

학생들을 지도하면서 나는 학생들 자신이 쌓은 경험이 매우 중요함을 깨달았다. 교사는 학생들에게 기본적인 방법론적 원칙을 소개할 수는 있지만, 학생들이 원문 읽기를 통해 스스로 얻는 경험적 깨달음을 대신할 수는 없다. 각 학생은 모두 자유롭게 사고하고 독립적으로 판단하는 개체이므로, 인문학 읽기 수업에서 교사가 학생들을 대신해 사고와 판단 과정을 완성해줄 수 없는 것이다. 이들은 지적 관심사와 문제의식, 사고 습관, 심리 상태 및 다른 특징들과 관련하여, 저마다 자신이 중요하고 보편적이며 흔하다고 여기는 인문학 문제를 사고한다. 이는 인문학 읽기를 개성적인 읽기로 만들고, 인문학 읽기 토론과 교류가 특히 새로운 사고와 판단, 질문 방식을 만들어내도록 격려한다.

이러한 읽기는 인류 역사에서 그렇게 오래된 것으로 볼 수 없다. '인간을 교육한다'는 의미에서 일반인의 읽기는 르네상스와 종교개혁 이후 서서히 발전하기 시작했고, 처음에는 종교적 자유와 관련이 있을 뿐이었다. 이후 점점 정치적 자유로 발전하는 과정에서 인간의 자유를 관통했고, 마침내 '인문교육' 본래의 의미는 자유의 교육이 되었다. 르네상스 시기 인문학은 역사, 시, 윤리, 수사 네 과목에 불과했다. 오늘날에는 이에 그치지 않고 역사, 철학, 문학, 정치, 종교, 과학까지 포함한다. 따라서 학생들은 희극, 서사시, 소설, 종교 문헌, 철학 대화 또는 논술, 정치철학, 사회이론, 심리학, 인류학 등 다양한 종류의 원문을 읽어야 한다. 다양한 읽기 경험은 일상에서 흔히 접하는 '인문학 문제'의 보편적 개념을 얻게 해준다.

학생들을 지도하며 또 하나 깨달은 바는 인문교육에서는 용어 설명에 급급할 필요가 없다는 것이다. 학생들은 고전을 읽으면서 설명하기 힘든 개념들을 경험하는데, 교사는 이것을 학생들 자신이 정확한 개념의 용어로 설명할 수 있을 때까지 기다려야 한다. 즉 학생들은 구약성경의 〈욥기〉나 그리스 비극 《오이디푸스 왕》을 읽을 때, 이 두 작품 모두 '인간은 왜 고난을 당하는가' 하는 인문학적 문제를 제기하며, 서로 간에 공통점과 차이점이 있음을 깨달았다. 홉스, 로크, 데카르트, 호손을 읽을 때는 이들 모두 인간의 '자연 상태'에 대해 가설을 세우고, 이로써 인간의 어떤 '천성'을 규정한다는 것을 알 수 있다. 몽테뉴의 수필을 읽을 때는 그가 고전 작품을 많이 인용했음을 발견했고, 이때 프랑스의 기호학자 줄리아 크리스테바Julia Kristeva가 처음 제기한 '상호 텍스트성intertextuality'의 개념을 소개할 수 있었다. 또한 인문학 수업의 원문 해석과 윤리적 해석은 모두 '해석학hermeneutics'의 개념과 관련되는데, 이것은 학생들이 경험적으로 이해하고 해석한 뒤에 간단히 소개하는 것이 좋다.

인문학 읽기에서 유용한 읽을거리는 반드시 사상적으로 위대하고 중요하게 여겨지는 작품일 필요는 없다. 인문학 수업은 결국 교사가 진행하는 수업이므로 '유용함'에 대한 판단은 교사의 몫이다. 교사의 지적 관심과 문제의식 역시 학생들에게 직접적인 영향을 미친다. 수업 준비와 토론 중에 자연스럽게 드러나는 교사의 학문에 대한 열정, 사상의 깊이와 범위, 인문학적 자질, 사고와 표현 방식 등은 학생들에게 무의식적으로 전달되는 교육이자 감화 작용이다.

교사는 수업에서 학생들이 머리로 냉정하게 이해하고 가슴으로 열정을 깨닫도록 자극할 수 있어야 한다. 인문학 수업은 특히 그렇다. 인문학 수업은 공동의 관심 주제를 놓고 교사와 학생이 평등하게 다 같이 토론을 진행하기 때문에, 옛날 방식의 언어와 행동에 기반을 둔 사제 관계가 형성된다. 즉 교사는 '경험자'이며 그의 지식은 곧 그의 경험이다. 학생들은 일상생활을 통해 교사를 신뢰하고 친숙하게 지낼 수도 있지만, 자유로운 대화와 토론을 통해서도 배울 수 있다.

따라서 나는 인문학 수업에서 개성 없는 '지식인' 또는 '교사'의 역할을 맡지 않는다. 나는 학생들에게 내 개인적인 지적 관심과 문제의식, 인생 경험, 학술 경향, 연구 목표 등도 소개한다. 수업 외에 '나'에게 속한 것들은 수업 진행에 필요한 조건이자 좋은 재료가 된다고 생각한다.

이 책의 2부에서 독자에게 이런 사항을 드러낸 것 역시 그것이 내가 생각하는 인문교육에서 없어서는 안 될 부분이기 때문이다. 2부는 1부와 다소 다르다. 1부는 기본적으로 수업 내용을 편집하여 기록한 것이며, 고전 읽기의 토론 사례를 제시한다. 이것은 논문이 아니므로 주석이 필요 없다. 반면 2부는 '학술 논문'으로서 주석을 달았다. 이 두 부분을 함께 둔 것은 인문교육에 종사하는 교사가 고전 읽기 토론을 지도하려면 철저한 준비가 필요하고, 동시에 충분한 학술적 준비가 필요함을 독자들에게 알리기 위해서다.

2부에서는 고전 읽기는 학술적이고 이론적인 성격을 띠나 사고의 배경과 문제의식은 현실적이라는 점을 다루었다. 이는 시민 (불)복종과 시민 (비)협력, 고대의 군주 시해와 근대의 혁명, 고대 황제의 스승과 근대의 참모, 정치와 인성, 제도의 부패와 민중의 부패, 정치 체제 변화 등과 관련된 문제다. 동시에 인문 고전 읽기의 당대 사회의식, 고등교육의 이념과 가치관, 고전 저서와 현대 읽기의 언어 환경, 지식인의 사명과 역할, 학문의 직업화와 공공성, 인문학의 정치적 환경, 극단적 환경에서의 자유와 지식, 공공 언어와 같은 문제와도 관련된다.

덧붙여 부록으로 인문교육을 제창하고 실천한 레오 스트라우스Leo Strauss(1899~1973)의 사상과 인문교육에 대한 이해를 집중적으로 다루었다. 또 그의 엘리트 인문학 이념과 미국 민주주의 교육 현실의 차이, 미국 자유민주주의 이념과 가깝고도 먼 그의 주장을 다루었다.

개인적으로 내 학술적 관심은 학과의 제한이 없다. 이는 내가 다년간

해온 인문교육과 관련된다. 나는 영어과 전공 수업을 할 때도 학생들이 그리스, 로마, 르네상스 과목에서 읽었던 고전들을 종종 언급한다. 이러한 연계 습관으로 인해 교육 과정에서 많은 즐거움을 얻었고, 연구와 집필 과정에서도 내 전공과 크게 관련 없는 문제들을 치열하게 고민할 수 있었다.

강의 외에 내가 연구하고 집필하는 분야는 어느 한 영역에만 귀속되지 않고, 전부 나 자신의 인문학적 흥미와 관심과 관련된다. 여기서 특정 학과만 전문적으로 다룰 수 있는 분야는 극히 적고, 대부분은 모든 문과 학과에서 토론할 수 있다. 특히 인간의 존엄, 기억, 양심, 지혜, 어리석음, 도덕과 정치, 신앙과 미신, 난폭함과 반항 등을 '인문학'의 문제로 생각한다. 이 문제들은 내가 다른 저서에서 다룬 의제이기도 하다.

이러한 의제들은 인문학을 가르치는 데 유용한 지식이 되었고, 내가 관심을 둔 인문학 문제에는 저술활동 등을 통해 개인적인 흔적을 남기게 해주었다. 나는 이 모든 인문학적 사고를 이 책에 담았다. 이 책은 다년간 이 분야에 종사해온 인문학 경험을 총괄한 것으로, 고등교육과 인문교육에 관심 있는 독자들에게 좋은 참고가 되기를 희망한다.

머리말

현장에서 직접 경험한 인문교육

내가 미국의 한 대학교에서 인문교육을 담당하기 시작했던 것이 벌써 20여 년 전의 일이다. 그때의 경험은 여전히 교수로서의 내 삶에서 가장 의미 있는 부분이다. 당시 인문교육 과정은 교양 교육의 일부로, 모든 학생들이 첫 2년간 반드시 이수해야 하는 과목이었다. 이 과정은 '위대한 사상가'나 '학자'를 양성하기 위한 것이 아니었고, 사실 그럴 필요도 그럴 가능성도 없었다. 즉 미국의 다른 고등교육 과정처럼 일반 대학생을 위해 개설된 교양 과목에 불과했고 학생들은 각자 별도의 전공이 있었다.

그러나 인문교육은 학생들의 사고력과 판단력, 타인과의 대화 및 협업 능력을 향상시키고, 인간의 가치와 자신의 약점을 이해하고 사회적 책임감과 국민적 소양을 고양시키려는 목적이 있다. 즉 엘리트가 아닌 보통 사람을 위한 교육이다.

지식에서 지성으로

교육의 목적은 학생 구성 및 연령, 운영 가능한 과정, 교사의 역량, 지식의 성격 등과 밀접한 관련이 있고 이는 인문교육도 마찬가지다. 인문학 수업의 지식은 전문적인 학과 지식이 아니라 일반적인 지식이다. 내가 재직한 대학교에서는 모든 학생이 인문교육을 받았는데, 학생들 각자 나름의 전공이 있고 향후 자신의 전문 분야에서 일하게 될 것이므로 '무전공 인재'를 배양하는 것이 인문교육의 목적은 아니었다.

전공은 대개 문과와 이과로 나뉘나 그와 상관없이 인문교육의 6개 과목(고전 읽기 4개, 작문 2개)은 모든 학생이 이수해야 하는 필수 과정이었다. 그 외에도 학생들은 8개의 교양 과정을 이수해야 했다. 그중 종교 연구 2개, 수학 1개, 자연과학의 생물, 화학, 물리, 천문, 환경, 지구과학 중 1개 선택, 인문과학의 예술사, 신문방송, 영문학, 외국어, 신학 중 2개 선택, 사회과학의 인류학, 경제학, 논리학, 역사, 정치학, 심리학, 사회학, 여성과 젠더 연구 중 2개를 선택하여 수강해야 한다. 나는 영문과에 속하는 '문학 강독' 수업을 개설했는데 이는 영문과 전공 학생들의 필수 과목이자, 다른 전공 학생들도 수강할 수 있는 교양 과목이었다.

교양 교육의 목적은 지식의 폭을 확장시키는 것으로, 그 교과 과정에는 전공 교수가 강의하는 전문적인 '학과 지식'이 포함된다. 예를 들어 수학은 수학과에 속하는 학과 지식으로 수학과 교수가 강의해야 하며, 이 과목을 수강하는 영문과 전공 학생은 교양 과목으로, 수학과 전공 학생은 전공 과목으로 각각 동일한 수준의 전문 지식을 습득하게 된다.

교양 교육의 전공 교과 과정과 달리, 인문교육 핵심 과정(고전 읽기와 작문)에는 전문적인 학과 지식과 상반되는 세 가지 주요 특징이 있다. 첫째, 특정 분야의 지식이 아닌, 사고와 이성, 판단력을 핵심으로 한다. 둘째, 상식과 일반 지식이 기본이 되며, 전문 지식이 아닌 지혜의 습득에 목표를 둔 지적 활동이다. 셋째, '전수'가 아닌 '대화'를 통해 체득되며, 최종적인 진리보다 설득하는 과정 자체가 더 중요하므로 논리적인 말하기와 관련이 있다. 이러한 측면에서 고전 읽기와 작문 수업은 인문교육의 특징을 잘 드러낸다. 각 수업을 담당하는 교수는 서로 다른 전공에서 선발되는데, 이는 전공 지식에 제한이 없고 지식의 경계가 없는 인문교육의 이념을 잘 반영한 것이다.

인문교육의 근본적인 목표는 지혜를 깨우치고 성장하는 것이다. 미국 웨슬리언대학교의 마이클 로스Michael S. Roth 총장은《대학의 배신Beyond the University: Why Liberal Education Matters》에서 인문교육의 이념을 특히 강조했다. 세인트존스 칼리지St. John's College의 크리스토퍼 넬슨Christopher B. Nelson 학장은 로스의 책을 다음과 같이 평했다. "로스는 존 듀이John Dewey, 리처드 로티Richard Rorty, 마사 누스바움Martha Nussbaum 등 뛰어난 사상가로부터 고등교육기관의 역할에서 새로운 개념을 도출했다. 고등교육은 '대학 캠퍼스'를 넘어서야 하며 일상생활에서 체현되는 것이 가장 중요한 사명이다. 즉 인간의 일생을 위한 완전한 인격을 형성하는 것이다."[1]

이러한 개념은 인문교육 과정의 특성으로 (기초 수학, 물리, 외국어 같은) 교양 교육의 전공 교과목에서는 충분히 발현되기 어렵다. 물론 철학, 정치철학, 역사, 문학(사), 예술(사), 정치학, 사회학, 인류학, 문화 연구처럼 비교적 높은 수준의 일부 전공 과목에도 이러한 개념을 적용할 수는 있다. 하지만 이 과목들의 주된 목적은 어디까지나 전문 지식을 전수하는 것이므로 인문학 사상과 관련된 토론에 온전히 집중하기는 어렵다.

그렇기에 교양 교육이 인문교육을 대체할 수는 없다. 교양 교육의 목적은 전공 지식 외의 전문 지식을 보충하는 것인 반면, 인문교육의 목적은 단순히 전문 지식을 전수하거나 주입하는 것이 아니다. 독립적인 사고와 판단 능력을 기르고, 한 사람의 국민으로서 공공 사안에 참여하게 하며, 상대방을 논리적으로 설득하여 의견을 효과적으로 교류하는 능력을 배양하는 데 있다. 오늘날 이러한 고등교육 이념은 르네상스 이후 그 어떤 역사적 시기보다 더 중요한 의미를 지닌다. 인문교육은 기존의 방법만을 고수해서는 안 되며 시대와 함께 변화하고 발전해야 한다. 인터넷 시대에 들어서면서 '지식'의 개념 자체에 큰 변화가 생겼다. 과거에 학식을 풍부하게 하는 방법으로 중시했던 '다독'은 오늘날 거대한 정보의 홍수 속에서 이미 그 중요성이 미미해졌다.

르네상스 시기의 인문주의자들이 이상적으로 생각한 지식은 다독으로 학식이 풍부해지는 것과 유사한 박학다식의 학문이었다. 그들은 지식의 축적을 교육의 주요 목적으로 삼았지만, 정작 그 지식이 진실하고 믿을 수 있는 것인지에는 별 관심이 없었다. 따라서 확실한 지식과 불확실한 지식이 뒤섞이는 일이 종종 일어났다. 만일 어떤 사람이 같은 뜻을 다양한 방법으로 말할 수 있으면 그는 박학다식한 사람이었다.

에라스무스가 집필한 《데 코피아 De Copia》는 이러한 의미에서 박학다식한 책이다. 책 제목의 코피아는 '풍요, 풍부'를 뜻한다. 여기서 풍부한 지식이란 읽으면서 습득된다. 물론 읽을 때도 사고의 과정이 필요하지만 이는 어디까지나 축적하는 사고이지 비판적인 사고는 아니다. 요컨대 르네상스 시기의 사고는 목적성이 있고 유용한 지식을 체계적으로 수집, 분류하여 머릿속에 기억하는 것이었다. 읽는 행위 역시 이러한 의미에서 사고를 정교하고 체계적이며 오래 지속하도록 가르치는 교육이 되었다.

《데 코피아》마지막 부분에는 유용한 자료를 수집할 때의 필기 방법이 담겨 있다. 이는 르네상스 시기 인문교육에서 가장 널리 사용된 방법으로, 당시 인문주의자들은 읽음으로써 모든 지식 영역을 탐구할 수 있다고 생각했다. 그래서 글을 쓰고자 하는 사람들도 일생 동안 최소한 한 번 이상 고전을 통독한 뒤에 비로소 집필을 시작할 수 있었다. 그리스와 로마 문학을 '필기'한 것은 기존 자료 중에서도 기록하기 편리하고 반복해서 활용할 수 있었기 때문이다. 이는 물론 엄청난 작업이었다. 모든 것을 기억하고자 했던 당시 사람들의 노력은 실로 놀랍기 그지없다. 무력의 시대에 힘이 센 사람이 전투에서 유리한 위치를 점했던 것처럼 당대에는 기억력이 좋은 사람이 지식 면에서 유리한 위치를 차지했다.

그런데 인터넷 시대에는 지식관에 큰 변화가 생기면서 과거에 특별하고 희귀하게 여겨졌던 대부분의 지식은 오늘날 아주 일반적이고 누구나 쉽게 얻을 수 있는 정보가 되었다. 빠르고 편리한 21세기의 인터넷은 전 세계 수많은 사람들이 참조하는 '인류 지식의 창고'가 되었다. 그렇다고 오늘날 학생들의 지식이 전보다 더 많아졌다고 할 수 있을까?

과거 나는 인문학 수업에서 학생들에게 위의 질문을 던져본 적이 있다. 그런데 학생들의 의견이 상당히 엇갈렸다. 미국의 한 조사에 따르면, 18세 이상 29세 이하의 미국인 가운데 무려 72퍼센트가 인터넷에서 객관적이고 공정한 지식을 얻을 수 있다고 생각한다. 내 수업 학생들 대다수도 같은 의견이었고, 심지어 진실성 평가(이는 논증적 글쓰기 수업에서 배우는 내용이다)가 필요한 정보도 대개 신뢰할 만하다고 여겼다.

한편 한 학생은 때로는 우리가 가지고 있는 모든 지식이 반드시 필요한 지식이 아닐 수도 있다고 지적했다. 인터넷상의 지식은 매우 편리하지만 그 지식을 활용하는 데는 부담이 따른다. 활용 가능한 정보가 풍부해서 좋기도 하지만, 정보가 너무 많기 때문에 "무엇을 써야 할지 몰라 당혹스럽고 시간을 낭비하게 되는 경우도 있다. 어디서부터 시작해야 하고, 무엇을 찾아야 하며, 어떤 용도로 사용해야 하는지를 정확히 알지 못하기 때문"이다.

따라서 인터넷에서 획득한 정보를 어떻게 활용할 수 있는지에 대한 논의는 결국 지식의 문제가 된다. 흥미로운 점은 역시나 바로 인터넷에서 '지식'의 정의를 찾는 학생들이 있었다는 것이다. 그들은 지식은 어떤 대상에 대한 확실한 인식이며 특정한 목적에 부합하여 사용되는 것이라고 대답했다. 즉 지식이란 경험과 연상을 통해 어떤 일을 알고 이해하는 것이며 여기에는 과학과 예술, 기술이 포함된다. 연구나 조사, 관찰, 경험을 통해 지식을 습득할 수 있지만, 사실 주된 방법은 여전히 다른 이의 지식을 '학습'하는 것이다. 따라서 학습을 위해서는 지식 전수가 매우 중요하고, 이러한 측면에서 인터넷도 지식 전수를 위한 하나의 방법으로 볼 수 있다.

이 논의에서 우리는 인터넷상의 수많은 정보가 곧 지식을 의미하는가라는 문제에 부딪혔다. 아인슈타인은 "정보는 지식이 아니다"라고 말했다. 그는 "'무엇'에 관한 지식은 '확실한 무엇'에 이르는 통로가 아니다"라고 말했다. 아인슈타인의 기준으로 보면 오늘날 학교에서 전수되는 지식은 대부분 '지식이 아닌 지식'(그저 정보에 불과하다)이며, 사고력과 논리력, 판단력을 특징으로 하는 '지성'과는 거리가 멀다.

예를 들어 미국 〈독립선언문〉에서 '아메리카'와 '자유'라는 단어가 몇 번 등장했는지, 시 몇 수를 완벽히 외울 수 있는지, 역사적으로 중요한 연도를 몇 개나 암기할 수 있는지, 유명한 인물을 몇 명이나 알고 있는지, 얼마나 많은 문제의 모범 답안을 알고 있는지, 어떤 수학 문제를 풀 수 있는지, 영어 단어나 문법 규칙을 얼마나 많이 알고 있는지 등의 지식은 단지 정보에 불과하고 지성이라 할 수 없다.

영국의 철학자 니컬러스 맥스웰Nicholas Maxwell은 대학의 지식을 다룬 저서를 여러 권 집필했는데, 거기서 대학은 '지혜'를 키워 단순한 '지식'의 축적을 대체해야 한다고 지적했다. 지혜는 '지성'이라 할 수도 있는데 가치와 의미를 유도하는 지식 탐구의 과정을 말한다. 이 과정의 주된 목적은 우주 안에서 '인간 세상'을 이해하고 삶의 의미와 인생의 가치를 깊이 탐구하는 것이다.

지성은 기능적인 지식과 인류의 가치를 드러내는 진정한 지식(지성)을 구분할 수 있게 해준다. 가령 컴퓨터 및 미디어 기술은 도덕과 정의의 가치를 반영할 때 진정 의미 있는 지성이 될 수 있다. 지성과 지혜를 갖춘 사람은 인류 전반에 혜택을 가져온 인터넷을 발명한 반면, 그저 기술 지식만 있는 사람은 방화벽을 뚫거나 인터넷을 이용해 범죄를 저지르는 등의 방법으로 그 혜택을 파괴할 수 있다. 아인슈타인은 "인류의 진정한 지성은 지식이 아닌 상상으로 표현된다"고 말했다. 이는 물론 인간에게 해를 입히는 것이 아니라 인간을 행복하게 만드는 상상이며, 아름다운 염원과 긍정적인 의미, 좋은 가치관과 같은 맥락이다.

인류 문명의 발전 과정에서 지혜는 단지 '능력'이 아니라 일종의 '미덕'으로 여겨져왔다. 지혜는 인간이 '세상에 발을 내딛는 것'이지 절대 '속세에서 벗어나거나 떠나는 것'이 아니다. 이는 지혜가 인간이 세상에서 잘 살아갈 수 있도록 이끌어주는 지식임을 의미한다. 지혜는 인류의 생존과 발전에서 어머니 역할을 하며 이로 말미암아 여성적 성격persona을 띠게 되었다. 그리스 전통에서 '지혜를 사랑하는 것(필로소피아philosophía, 즉 철학)'은 '지혜'를 뜻하는 여성명사이자 여성의 이름인 소피아sophía에서 비롯되었다.

그리스신화에서 아테나는 풍요의 수호신이자 지혜의 여신이다. 로마 신화에서 미네르바라고 불리는 아테나는 지혜의 화신이었고, 최고신 주피터의 머리에서 태어났다. 그녀는 방직, 재봉, 도기 제조, 원예 등의 기술을 인간 세상에 전파했고, 그녀의 상징은 어두운 밤에도 앞을 내다볼 수 있는 부엉이였다. 즉 지혜는 착하고 밝게 빛나는 능력이며 이를 넘어서 지나치게 강해진다면 지혜라 부를 수 없다. 무수한 역사적 사례를 보면 강한 능력을 지닌 자가 잘못된 가치관 때문에 사악하게 변할 수 있다는 사실을 잘 알 수 있다.

인터넷 시대의 학생들에게 가장 필요한 공부는 이른바 '객관적 지식'이라 불리는, 손쉽게 얻을 수 있는 기존 정보를 습득하는 것이 아니다. 자신이 옳다고 여기는 가치를 지향하고 비판적인 문제의식을 가질 수 있는 사고 능력을 기르는 것이다. 따라서 이러한 능력 배양을 핵심으로 하는 인문교육의 중요성이 그 어느 때보다 커졌다. 전공 교육은 학생들에게 '무엇이다'와 '어떻게 해야 한다'를 가르쳐줄 수 있지만, 인문교육은 '어떠해야 하는가'와 '왜 그러한가'를 가르친다. 이 과정을 통해 학습은 단순히 '지식을 구하는 것'에서 더 의미 있고 높은 '지성을 구하는 것'으로 발전할 수 있다.

물고기 잡는 법을 가르치는 지성 교육

인문교육은 학생들의 지성을 향상시키는 데 주요 목적이 있다. 지성 nous은 그리스어의 νοῦς에서 비롯되었고, 지능 또는 지력과 동의어로 간주된다. 이는 인류의 사고력이 가진, 참과 거짓을 분별해낼 수 있는 직감적인 능력이며 특히 가치 판단과 관련이 있다. 플라톤 시대에 지성은 종종 '지각' 또는 '명철함'을 가리켰고, 인간 '사고력'의 특수한 능력이자 지혜의 체현을 의미했다. 플라톤은 《크라틸로스 Cratylus》에서 지혜의 여신의 이름인 아테오노아 Atheonóa가 '신 theos'의 영혼 nous을 뜻한다고 언급했다 (407b행). 《파이돈 Phaedo》에서 소크라테스는 죽음에 직면했을 때, 아테네의 철학자 아낙사고라스로부터 우주의 지혜가 만물의 질서를 주관한다는 진리를 배웠고 이는 사상의 큰 전환점이 되었다고 말했다. 아리스토텔레스는 지혜를 인간만이 가진 '이성'과 연계된 능력으로 여겼다. 그는 《니코마코스 윤리학》 제4부에서 지혜가 기본 원칙 및 사물의 본질을 정의하는 능력이며 인간의 경험이 증가함에 따라 더욱 강해지는 능력이라고 서술했다.

인문학 수업에서 기르는 지성 역시 이러한 고대의 지혜와 관련이 있다. 단 인문학 수업에서 지식의 습득과 관련된 능력 외에 가장 기본이 되는 것은 역시 독립적인 사고와 판단 능력이다. 지식이 점점 더 '쉽게' 획득되는 인터넷 시대에 독립적인 사고와 판단 능력의 중요성은 더욱 커지고 있다. 위키피디아 Wikipedia와 온라인 백과사전 시티즌디움 Citizendium의 창시자인 래리 생어 Larry Sanger는 〈인터넷은 우리의 앎(과 생각)을 어떻게 변화시키고 있는가 How the Internet is Changing What We (Think We) Know〉라는 한 연설문에서 다음과 같이 말했다. "뛰어난 검색엔진은 (점을 치는) 신탁과 같다. 당신이 무엇을 물어보든 관계없이 항상 답이 있다. 그러나 어떤 답은 당신이 스스로 찾아야 한다…. 정보와 지식은 서로 다른 것이다. 우리는 인터넷에서 쉽게 정보를 얻을 수 있지만, 지식을 습득하는 것은 전혀 별개의 일이다." 이와 마찬가지로 학생들은 교실 안에서 손쉽게 전공 지식을 얻을 수 있지만, 독립적인 사고와 판단 능력을 중심으로 하는 지성의 증진은 전혀 다른 문제다.

인터넷에서 쉽게 얻을 수 있는 방대한 정보는 래리 생어가 우려한 '지식의 평가 절하' 현상을 가져왔다. "전 세계 인터넷이 축적한 정보가 점점 많아질수록 정보는 점점 더 쉽게 얻을 수 있고, 지식은 상대적으로 점점 더 흔해질 것이며 그 매력도 사라질 것이다. 인터넷이 인간 지식의 고유성과 지식이 추구할 가치가 있다는 인식을 크게 약화시키지 않을까 우려된다."

과거에는 얻기 어려워 귀하게 여겨지던 많은 지식을 오늘날 인터넷에서는 손쉽게 얻을 수 있다. 이제는 젊은 학생들이 백발의 위대한 학자들의 지식 수준을 뛰어넘기도 어렵지 않다. 그러나 그들의 지성이 동등한 수준의 성장을 이루었다고 할 수는 없다. 지식은 지성과 다르다. 인터넷 시대에서만 그렇다고 할 수는 없으나 이 시대에는 그 차이가 더 뚜렷해졌다.

이처럼 지식의 진위를 분별하기 위해서는 지식뿐 아니라 지성이 필요하다. 지성은 더 획득하기 어려운 지식이다. 래리 생어는 "정보 과잉이 획득한 지식을 더 혼란스럽게 만들 수 있다"고 지적했다. 물론 그가 말한 지식은 사고와 판단을 통해 신뢰할 수 있는 진정한 지식이다. 진정한 지식은 일종의 '신념'으로 반드시 검증을 거쳐야 한다. 과거 종이 매체 시대에 독자는 일정 부분 자신의 경험에 의존하긴 했지만, 안목 있는 편집자들의 도움으로 지식을 검증할 수 있었다.

그러나 오늘날 이러한 검증은 독자의 몫이 되었다. 여기서는 독자가 진실과 거짓을 변별해낼 수 있는지가 중요하다. 이때 독자는 자신의 이성이나 근거를 활용해 판단한다. 래리 생어는 다음과 같이 지적했다. "지식의 진위를 검증하는 일은 결코 쉽지 않다. 여기서 신뢰할 수 있는 정보의 출처와 비판적 사고가 요구된다. 때로는 통계와 수학이 필요하기도 하고, 또 원문을 이해하면서 세부사항에 주의해야 하는 경우도 있다. 이는 시간과 에너지가 드는 일로, 다른 사람이 도움을 줄 수는 있지만 결국은 독자 스스로 해야 하는 일이다."

인문교육은 기존 지식을 받아들이는 것뿐 아니라, 그 지식이 신뢰할 수 있는지 검증하고 신념을 가지도록 가르친다. 즉 일반 지식 교육과 달리, 물고기를 잡아다 주는 것이 아니라 물고기 잡는 법을 가르치는 것이다.

내가 소속된 대학의 인문교육 과정은 래리 생어가 제안한 것보다 구체적이고 체계적인 규정을 갖추고 있다. 인문교육은 서로 연관되나 독립적인 두 개의 부분으로 구성된다. 첫째는 토론 수업(집단적 지식 활동)이고, 둘째는 작문 수업(개인의 독립적인 지식 행위)이다. 두 수업의 기본은 모두 '읽기'이고, 원문에 대한 질문, 분석, 이해, 해석, 평가, 비판 등이 포함된다. 인문교육은 고전 읽기와 작문의 긴밀한 결합을 매우 중시하는데, 이는 특정 교과 과정에 속하지는 않으나 모두 물고기 잡는 법을 가르치는 것이 목표다. 이는 구체적인 지도 목표에서도 잘 나타난다. 즉 두 과정은 공통적으로 학생들의 '비판적 사고'와 '소통 능력'의 훈련을 요구한다.

먼저 비판적 사고는 "지식 습득 시 필요한 사고 능력을 기르는 것으로, 분석, 종합, 평가가 포함된다. 학생들은 자신의 견해를 변론하는 방법과 타인과의 견해 차이에서 의미가 있는 문제를 짚어내고 탐구하는 방법, 논리적으로 설득하는 방법을 배운다. 학생들은 두 개의 작문 과목을 순서대로 학습하면서 다양한 관점을 대면할 때 독립적인 판단력을 기를 수 있고, 논리적인 논증을 통해 비판적 사고를 기를 수 있다." 이때 요구되는 세 가지 구체적인 사항이 있다. 첫째, 논점과 주장에서 상대와 반대되는 증거를 찾고 식별한다. 둘째, 논제에서 의미 있는 문제를 제기한다. 셋째, 논증에서 분명하지 않은 가설을 발견 및 평가하고 이를 반박한다.

다음으로 소통 능력은 "학생들이 작문을 통해 강화할 수 있다. 어떤 사람이 어떤 지식에 대해 타인과 효과적으로 소통할 수 있을 때 비로소 그는 사상적으로 진정한 자유를 얻을 수 있다. 따라서 학생들은 소통 기술을 길러 언어가 사상과 경험을 형성하는 힘임을 인식하고, 논리적이고 명확하며 독창적인 작문과 발표 방법을 배워나가야 한다."

이때 요구되는 네 가지 구체적인 사항은 다음과 같다. 첫째, 조리 있고 알기 쉬운 문장으로 쓴다. 특히 문장 구성이 명확하고 치밀해야 하며, 단락이 논리적으로 이어지고 정확한 문구를 사용해야 한다. 둘째, 효과적인 소통을 위해 대상 독자와 상황을 고려해야 한다. 셋째, 말과 글에 논리적인 근거가 있고, 논제가 집중되고 질서가 있어야 한다. 넷째, 작문 과정에서 지성을 함양하고 복잡한 생각에 대한 이해 및 분석 능력을 기른다.

마지막 사항에 있는 것처럼 작문은 본래 문제를 사고하고 해결하는 과정이며, 효과적인 작문은 분명하고 조리 있는 사고에 달려 있다. 조지 오웰이 말한 것처럼 "사상이 언어를 파괴할 수 있다면 언어도 사상을 파괴할 수 있다." 작문 수업은 근본적으로 이성적이고 문화적인 방식으로 타인과 효과적으로 소통하는 방법을 배우는 것이다. 이는 민주주의 생활 방식 및 사회질서에서 반드시 갖춰야 할 논리적인 설득 능력이다. 인문교육의 주요 목표는 바로 이러한 생활 방식과 사회질서에 적합한 구성원을 길러내는 것이다.

어리석음에서 멀어지고 지혜에 가까워지는 것

인문학 수업 가운데 '대학 토론 수업 프로그램'의 주요 내용은 고전을 읽는 것이다. 학생들은 고대 그리스, 로마, 초기 기독교, 중세, 르네상스, 17세기 이성주의, 18세기 계몽사상, 19~20세기 근대 고전에 이르기까지 고전을 읽는다. 이런 과정을 통해 전문적인 지식이 아니라(때로는 전문적인 지식을 얻을 수도 있지만) 역사적으로 보편적인 의의를 지니는 선인들의 지혜를 습득한다. 학습 과정에서 전반적으로 상식이나 일반적인 지식을 다루므로, 학생들은 자연스럽게 지혜에 더 가까워질 수 있다. 지혜는 사유의 기쁨을 느끼게 해주고 마음에 깨달음을 주는데, 이것이 바로 인문학 수업의 매력이자 효과다.

지혜의 반대는 어리석음이고, 지식의 반대는 무지다. 지식을 습득하면 무지를 변화시킬 수는 있지만 어리석음을 변화시킬 수는 없다. 지식이 많은 사람도 지혜가 없으면 어리석을 수 있다. 인문교육의 한 가지 목표는 지식과 지혜를 식별하는 것이고, 이를 통해 최대한 어리석음에 대한 경계심을 유지하는 것이다. 특히 지식인 또는 권력층의 어리석음을 보았을 때, 그들의 꾐에 빠져 속지 않게 하는 것이다.

지혜는 주로 체험과 경험에서 비롯되므로 지혜가 있는 사람은 나이가 지긋한 사람인 경우가 많다. 인문학 수업에서 학생들이 접하는 사상가들은 인류를 한 가정으로 보았을 때 연장자에 비유할 수 있다. 젊은 학생들은 후세까지 전해진 훌륭한 작품들을 읽으며 어리석음을 멀리하고 지혜에 가까이 다가갈 수 있다. 예로부터 사람들은 지혜와 연장자의 공생 관계를 중시해왔다. 사람은 어느 정도 나이가 들어야 비로소 충분한 경험을 갖추고 과거의 어리석음을 식별할 수 있게 된다. 지혜는 개인의 경험으로부터 나올 뿐 아니라 집단에서 축적될 수 있다.

인문교육의 고전 읽기는 인류의 역사에 축적된 풍부한 지혜를 접하게 해준다. 인류가 축적한 유구한 역사적 전통, 기억, 경험, 교훈이 '지혜'라 불리는 공동의 보편적 지식이 되었다. 이는 모든 인류가 함께 나눌 수 있는 공통감각sensus communis이다. 또한 지혜는 인류가 공동으로 인정하는 선과 미덕의 지식을 체현하는 것이기도 하다. 따라서 영국의 철학자 존 로크는 간사하고 교활한 것은 지혜라 할 수 없고, 생명을 버리는 학살도 지혜라 할 수 없다고 말했다.

미국의 문화인류학자 마거릿 미드Margaret Mead는 지혜에 관한 이야기를 한 적이 있다. 한 과학자가 북극에서 폐경에 이른 붉은 사슴을 관찰했다. 노년의 붉은 사슴 중에는 수컷이 매우 적었는데, 그들은 영역 다툼의 치열한 전투 중에 거의 다 죽었고, 어미 사슴들만 남아 무리에서 가장 연장자인 우두머리가 되었다. 가뭄이 들면 늙은 어미 사슴들은 과거 비슷한 상황에 처했을 때 어디로 물을 찾으러 갔었는지 기억했다. 봄이 예년보다 늦게 왔을 때 어디로 가야 눈이 일찍 녹는 양지바른 언덕을 찾을 수 있는지 알 수 있었다. 폭풍우가 올 때 어디로 가야 몸을 숨길 곳을 찾을 수 있는지 알고 있었다. 비록 노년의 어미 사슴은 번식을 할 수는 없지만 기억과 경험으로 여전히 무리의 생존을 위해 없어서는 안 될 역할을 했다.

인류의 여성도 종종 이러한 역할을 한다. 문화에서 지혜의 화신이나 상징이 모두 여성인 것은 아마도 이와 관련이 있을 것이다. 구약성경의 〈잠언〉과 〈지혜서〉에는 호크마Hokmah(지혜, 경험, 총명)라 불리는 지혜의 여인이 등장하는데, 여호와와 함께 세계를 창조한 여인이다. 지혜가 담긴 말도 대개 그녀가 한 것이다. "어리석은 자들아, 언제까지 어리석음을 사랑하려느냐? 언제까지 빈정꾼들은 빈정대기를 좋아하고 우둔한 자들은 지식을 미워하려는가?"(〈잠언〉 1:22) 그녀는 세상 사람들을 향해 외쳤다. "내가 불렀건만 너희는 들으려 하지 않고 손을 내밀었건만 아무도 아랑곳하지 않았기에, 내 모든 충고를 저버리고 내 훈계를 원하지 않았기에 나도 너희가 불행할 때 웃고 파멸을 당할 때 비웃으리라. 파멸이 너희에게 폭풍처럼 닥치고 불운이 너희에게 태풍처럼 들이치며 곤경과 재앙이 너희 위로 닥칠 때 나는 그렇게 하리라. 그때 그들이 나를 불러도 대답하지 않으리라. 그들이 나를 찾아도 찾아내지 못하리라."(〈잠언〉 1:24~28)

인간은 어리석음으로 인해 지혜의 부름을 무시한다. 인문교육은 젊은이들이 어리석음의 한계를 벗어던지고 지혜에 다가갈 수 있도록 돕는다. 즉 인문교육은 지성의 성장뿐 아니라 사회 교화를 위해 중대한 역할을 수행하는 것이다. 젊은이들이 어리석은 사회는 좋은 제도를 만들 수 없다.

인간이 생존하고 생명을 유지하려면 지혜가 필요하다. 지혜를 가까이하는 것은 인간의 어리석음으로 말미암아 발생하는 불행과 고난을 피하고, 행복한 삶의 이념과 경험을 가꾸며, 고대인들의 사고를 계승해나가기 위함이다. 지혜는 다른 미덕을 가능하게 하는 미덕이며 개인의 성별이나, 지능지수, 학력과 꼭 관계가 있는 것은 아니다. 지혜는 미덕이자 지식과 경험의 조화이며, 타인과 관계를 맺게 해주고 타인으로부터 인정받을 수 있는 우수한 자질이다. 지혜로운 사람은 행동과 도덕 원칙이 일치하며 타인에게 좋은 평판을 받는다. 또한 자신의 어리석음을 알고 타인에게 진실하고 솔직하게 대한다. 따라서 상대방은 기꺼이 그의 의견을 묻고 경청한다. 요컨대 지혜는 단지 어리석지 않은 게 아니라, 공동체의 복지에 공헌하는 탁월한 능력이며 귀감이 되는 도덕적 품격을 지닌 것이다.

지혜는 진실한 지식과 훌륭한 가치의 결합이다. 미국의 철학자 로버트 케인Robert Kane은 《윤리와 지혜의 추구Ethics and the Quest for Wisdom》(2010)에서 지혜는 고전적 의미에서 두 가지 물음을 포함한다고 지적했다. 첫 번째는 "어떤 사물이 객관적 '진실'을 가지는가, 왜 그런가?"이고, 두 번째는 "어떤 사물이 객관적 '가치'를 가지는가, 왜 그런가?"이다. 지식을 구하는 사람에게는 첫 번째 질문이 더 중요한 반면, 윤리를 연구하는 사람들(그들은 의미와 가치를 탐구한다)에게는 두 번째 질문이 더 중요하다. 지혜를 가까이하는 사람들에게 두 질문은 똑같이 중요하나 지성을 계발하는 데는 두 번째 질문을 절대 빼놓을 수 없다.[2]

현대사회에서 지식은 대학 교육에서 서로 분리되어 '학과 지식' 간에 서로 단절되었다. '진실한 것'과 '가치가 있는 것'도 서로 구분되었다. 그래서 전공 지식이 있는 사람을 지혜로운 사람으로 착각한다. 과거에는 인간을 종합적으로 인식할 수 있는 지식인만을 '지혜가 있는 사람'이라고 칭할 수 있었다. 케인은 다음과 같이 썼다. "서양 전통의 대다수 고전과 중세 사상가들에게 사실과 가치, 과학적 해석과 목적은 모두 지식의 총체적 추구를 의미했다. 자연 세계와 사실에 대한 인류의 지식은 무엇이 좋고 가치가 있는지를 알려준다. 사물의 본질에 대한 이론적 탐구theoria는 생활 속의 실천적 문제praxis에 어떻게 답해야 하는지 알려주고, (인간을 포함한) 사물의 해석은 어떤 목표와 목적을 추구해야 하는지 알려준다."**3**

그러나 현대에 이르러 진실과 가치 사이에 단절이 발생했다. 케인은 이에 대해 다음과 같이 썼다. "현대의 특징은 사실과 가치('좋은' 것에 대한 이론과 실천 및 과학적 해석과 그 목적)의 '단절Entzweiungen'이다…. 그 결과 고대 철학자의 지혜를 추구하려는 움직임이 위협받게 되었다. 그 근본적인 원인은 현대 과학의 발전이다…. 오늘날 과학자들은 가치 판단이나 원인과 목적이 불분명한 물질 우주에만 관심을 가진다."**4** 인문학 수업의 가장 중요한 임무는 가치 문제를 다시 지식 학습의 중심으로 가져오는 것이고, 이를 통해 어리석음에서 멀어지고 지혜에 가까워지도록 만드는 것이다.

인문교육에서 토론의 중요성

인문교육은 인간의 이성을 위한 교육이고, 인간의 이성은 타인과의 소통, 대화, 논리적인 전달 능력으로 체현된다. 인문학 수업에서 토론은 고전을 주제로 대화를 나누는 것이며 논리적인 대화의 규칙을 준수한다. 내가 몸담고 있는 세인트메리스 칼리지는 이것을 구체적인 일곱 가지 조항으로 규정했다. 첫째, 원문의 정곡을 찌르고 관련된 문제를 제기한다. 둘째, 토론에서 자신감 있고 분명하게 자신의 견해를 전달한다. 셋째, 원문의 중요한 사상을 해석하고 설명할 때 원문의 근거를 기반으로 논리적으로 말한다. 넷째, 다른 사람의 관점을 경청하고 존중한다. 다섯째, 함께 탐구하는 과정에서 더 새롭고 풍부한 이해를 얻는다. 여섯째, 연관된 주제로 토론을 이어간다. 일곱째, 서로 다른 원문을 연결하고 인류의 경험과 연계한다.

수업 목표는 다음과 같다. 첫째, 학생들이 원문을 이해하도록 돕고 사고력을 바탕으로 토론을 진행한다. 둘째, 지식에 대한 건강한 호기심과 의구심, 개방적 사상을 키운다. 셋째, 인류 지식의 다양성을 이해한다. 넷째, 탐색 과정과 의미의 발견을 중시한다. 다섯째, 자신의 이성과 인류의 상황의 공통점과 차이점에 주목한다.

인문학 수업의 고전 읽기에서는 두 가지 '대화'를 통해 생각을 교류한다. 첫째는 독자와 고전 작품 작가 사이의 대화다. 레오 스트라우스는 〈인문교육이란 무엇인가?What is Liberal Education?〉에서 고전을 읽는 것은 그 작가를 특별한 스승으로 여기는 것이고, 이러한 스승은 "평생 만날 기회가 없으며 오직 위대한 작품 속에서만 만날 수 있다"며 "인문교육은 바로 위대한 영혼이 남긴 위대한 작품을 자세히 읽는 것이다"[5]라고 말했다.

고전 작품의 스승에게서 배운다는 말은 스승의 혼잣말을 듣거나 스승이 일방적으로 학생에게 기존의 생각을 주입한다는 의미가 아니다. 학생들은 자신의 문제의식을 가지고 스승의 말을 경청하여 배움을 얻는 한편, 그 과정에서 자신의 의견을 형성한다.

예를 들어 학생들은 홉스의 《리바이어던》을 읽을 때, '주권'과 '주권자'에 대한 그의 학설, 즉 모든 사람을 능가하고 모든 권력 위에 있는 주권과 어떠한 제한도 받지 않고 독립적으로 판단하고 행동하는 주권자의 개념을 받아들이지 않았다. 그러면서도 학생들은 홉스가 논한 천부의 자유를 회복할 수 있는 네 가지 상황에 관심을 가졌다. 특히 "군주가 스스로 주권을 포기하거나 후계자에게 승계를 포기한 경우, 백성은 절대적인 천부의 자유를 회복한다"는 부분에서 학생들은 '혈통 계승'의 문제를 토론했고 이러한 질문을 제기했다. "군주가 자신과 후계자를 위해 주권 포기를 거부한다면, 백성은 절대적인 천부의 자유를 회복할 수 없는가?"

여기서 학생들은 북한의 '백두산 혈통'(빨치산 혈통과 더불어 북한 권력층을 대표하는 양대 혈통으로, 김일성에서 김정일, 김정은으로 이어지는 혈통 및 이들의 형제자매를 말한다. 북한 정권의 정통성을 상징하며 막강한 권력으로 북한 사회를 지배한다. ‒ 옮긴이)의 통치 합법성 문제를 연관시켰다. 이러한 토론을 통해 학생들은 홉스와 대화할 수 있다. 여기서 대화의 목적은 홉스의 어떤 관점이나 문제가 '정확한지' 혹은 '틀렸는지'를 증명하는 게 아니다. 즉 적대감을 품고 도전하는 게 아니라 협력적으로 홉스와 함께 문제를 토론하는 것이다.

인문학 수업에서 하는 또 다른 대화는 학생들 사이의 대화다. 오늘날 우리가 이해하는 '대화'는 광범위한 개념인데, 대화는 인간이 사회에서 타인과 함께 존재하고 타인과 자신을 연결 짓는 효과적인 방식이다. 러시아의 문학 비평가 미하일 바흐친Mikhail Bakhtin, 브라질의 교육학자 파울루 프레이리Paulo Freire, 유대 철학자 마르틴 부버Martin Buber는 인간이 존재의 고독함과 단절 상태를 극복하는 필요조건으로 대화를 꼽았다. 인간이 의지할 곳 없이 홀로 생활하고 인생의 의미와 가치를 타인과 나눌 수 없다면 이는 매우 슬픈 소외다. 부버는《나와 너I and Thou》(1923)에서 대화의 목적은 어떤 결론을 얻거나, 한 개인의 관점 혹은 견해를 표현하기 위한 게 아니라고 했다. 그러면서 대화는 인간과 인간 사이, 인간과 신 사이에 진정으로 의미 있는 관계를 만들기 위한 선결 조건이라고 지적했다.

위의 두 종류의 대화로 말미암아 고전 읽기의 사고와 교류는 두 가지 측면을 포함한다. 첫째, 이러한 대화는 현재 살아서 사고하는 개인과 이전에 살았고 사고했던 개인 사이에서 발생한다. 둘째, 선인과의 대화는 수천 년의 역사를 거친 인류의 보편성에 기반을 두지만 그것만으로는 부족하다. 인간은 현실 생활에서 사람들과 함께 의미와 가치 문제를 나누어야 한다. 고전을 읽는다는 것은 단지 고서를 읽는 것뿐 아니라, 사람들이 오늘날 공동으로 관심을 가지는 현안과 연계하여 사고하는 것이다.

따라서 인문학 수업은 학생들에게 함께 사고하고 대화를 나눌 수 있는 장이 된다. 이러한 dialogue(대화)의 'dia'는 '~를 통해through'와 '~에 걸쳐서across'의 의미로, 장애를 극복하는 교류다. 미국의 양자 물리학자이자 철학가, 사상가인 데이비드 봄David Bohm은 널리 활용할 수 있는 '구조화'된 대화 형식을 정리했다. 일정한 수의 참여자가 동일한 의제에 대해 같은 소그룹 내에서 각자의 의견을 표현하고, 그 가설과 근거를 해석하고, 이를 다시 사회 역할 및 효과와 연계하는 방법이다.

이러한 '봄식 대화법' 또는 '봄의 정신에 입각한 대화법'은 몇 가지 특징이 있다. 첫째, 토론에 참여하는 사람들은 소그룹 내에서 한 가지 결정이나 통일된 견해를 형성할 필요가 없음을 약속한다. 둘째, 타인과 소통 시 자신의 판단을 우선 보류하고, 타인을 반박 또는 논박하지 않을 것에 동의한다. 셋째, 자신의 판단과 견해를 보류함과 동시에, 각자 최대한 성실하고 분명하게 자신의 의견을 전달한다. 넷째, 대화에 참여하는 개인은 모두 공동의 대화에 참여한다. 즉 모두 함께 토론하면 개인이 처음 가졌던 의견보다 더 풍부한 사고를 하게 된다.[6] 이러한 토론은 일반적으로 10~30명의 소그룹에서 진행되며, 일정 시간 동안 정기적으로 모이고 각 회합은 몇 시간 동안 진행된다.

이러한 소그룹 형식의 대화와 규칙은 내가 강단에 섰던 학교의 인문교육 과정의 토론 수업 프로그램과 매우 유사하다. 각 수업은 규정상 학생 수를 18~20명으로 제한하는데, 이로써 각 개인이 참여할 기회를 보장하고, 충분히 많은 사람들이 서로 다른 관점을 나눌 수 있다. 대화에 참여하는 사람들은 모두 기본적인 공동 약정과 규칙을 준수하고, 즉석에서 각자의 느낌과 생각을 발표하며, 강제로 상대방이 패배를 인정하도록 변론하거나 반박하지 않는다. 토론 수업은 매주 두세 차례 개설되고, 총 세 시간으로 구성된다. 수업 중 토론은 명확한 내용과 방식, 절차와 목적이 있으므로 마음대로 잡담하는 것이 아니라, 비교적 전형적인 '구조화된 대화'로 진행된다.

구조화된 대화는 복잡한 인문학 문제에서 대화와 교류를 나누는 데 특히 도움이 된다. 고전 읽기 수업에서 학생들은 원문을 둘러싼 사실, 해석, 평가 이 세 가지 문제를 놓고 토론을 진행하는데 이것이 바로 구조화된 형식이다. 논제가 명확해야 하고 주제에서 벗어나서는 안 되며, 다른 논제로 전환해도 자연스럽게 연계가 되어야 한다. 또한 대략적인 질문 방식과 발언 시간이 있으며, 견해를 지지하는 근거를 얻는 범위 등에 대한 규정도 있다.

이러한 토론을 위해서는 사전 준비가 필요하다. 토론은 주로 즉석에서 발언하는 방식이지만 그냥 입에서 나오는 대로 말하는 게 아니다. 토론 참가자 각각은 타인의 발언을 끊지 않는 한, 언제든지 중간에 끼어들어 자신의 의견을 발표할 수 있다. 또 질문을 할 수도, 더 심층적인 해석이나 증거를 요구할 수도 있다. 토론 중에 이견이 생기면 상대방 의견을 정면 반박하는 일은 피하고, 적대감을 품은 감정적 대립은 더욱 피해야 한다. 이러한 구조화된 대화는 토론에서 기본적인 대화 예의(서로 존중하면서 편안하고 부드럽게 말하며, 남을 이기려고 하거나 발언을 독점하지 않는 것)를 함께 지키도록 유도한다. 또한 쑥스러움이나 두려움, 초조함, 비웃음을 살 것에 대한 염려 등 대화에 미숙한 학생들에게서 흔히 보이는 심리적 장애를 극복하도록 돕는다.

　구조화된 토론은 인류 문명의 진보가 이룬 성취이고, 이성적으로 함께 살아가는 생활에 도움이 되는 문화 활동이다. 구조화된 대화는 다른 여러 가지 목적의 인간관계에서도 흔히 볼 수 있는 대화 형식이다. 예를 들어 경영 활동에서 서로 다른 의견을 조율하는 데 사용되기도 하고 하부의 목소리가 상부로 전달되는 민주성을 보장하기 위해서도 사용될 수 있다. 또한 키프로스의 '시민사회 대화Civil Society Dialogue'(그리스 동쪽, 터키 아래에 위치한 섬나라 키프로스는 전략적 요충지로, 다수를 차지하는 그리스계 주민과 소수의 터키계 주민 사이에 국가권력을 둘러싸고 분쟁이 끊이지 않는 분단국가다. 2004년, 키프로스의 긴장완화를 위해 국제사회가 통일 방안을 제안함으로써 국민투표가 실시되었으나 긍정적 결실을 거두지 못했다. 이에 키프로스의 몇몇 평화주의자들이 '시민사회 대화 프로젝트'를 발족했으며, '구조화된 대화' 방식으로 키프로스의 정치적 위기를 해결하기 위한 새로운 방안을 모색했다. – 옮긴이)와 중동의 '국경 없는 행동Act Beyond Borders'(이스라엘과 팔레스타인의 분쟁 해결을 위해 유럽연합 집행위원회, 민주주의와 인권을 위한 유럽기구EIDHR가 공동출자한 프로젝트로, 팔레스타인 대화 센터PDC와 협력하여 이스라엘과 팔레스타인 내 '시민사회' 행동가, 젊은이, 지방세력 등이 대화로 갈등을 해결해나가도록 유도한다. – 옮긴이)과 같이 평화 유지를 위한 정치적 토론에도 활용된다. 학생들은 인문학 수업에서 대화와 소통하는 법을 배움으로써 훗날 사회에 진출했을 때, 타인과 효과적으로 소통할 수 있는 중요한 사교 능력을 훈련할 수 있다. 이

훈련은 말하는 기술은 물론, 인간의 문명과 가치 규범과도 연관된다.

　인문교육의 목적과 특징, 가치 방향, 수업 운영과 대화 방식을 이해하고, 그것이 교양 교육 및 국민 교육에서 수행하는 역할을 안다면, 서양의 '위대한 고전'을 주요 내용으로 하는 미국의 인문학 고전 읽기는 다른 대학에도 훌륭한 모범이 될 수 있다. 인문교육은 모든 학생이 받는 일반 과정이자 필수 과목이므로, 모든 학생에게 똑같은 수준의 열정을 기대할 수는 없다. 학생들마다 각자 읽기 습관과 흥미가 다르기 때문에 고전에 대해서도 서로 다른 태도를 보일 수 있다. 어떤 학생은 재미를 느끼지만 또 어떤 학생은 대충 끝내기를 원하기도 한다. 읽는 방식에 따라 토론의 수준도 자연히 달라지게 마련인데, 어떤 토론은 활발하게 지속되고, 어떤 토론은 학생들의 의견 표명 없이 조용히 진행될 때도 있다. 대다수 학생들은 그 둘 사이에 위치한다.

　존 듀이는 〈인문교육Liberal Education〉**7**에서 인문교육은 "공동체의 모든 구성원이 받아야 하는 교육이고, 그로 말미암아 각 개인이 행복해질 수 있으며 사회에도 유용하다"고 말했다. 이는 위대한 교육적 이상이지만 실제 수업에서 모든 학생에게 똑같이 실현되기는 어렵다. 이는 민주 사회의 이상과 마찬가지로, 모든 국민이 알 권리가 있으나 실제 모든 국민이 그 권리를 사용하지는 않는 것과 같다. 미국 컬럼비아대학교 저널리즘스쿨 교수인 마이클 셔드슨Michael Schudson은 《좋은 시민: 미국 시민 생활의 역사The Good Citizen: A History of American Civic Life》에서 다음과 같이 서술했다. "민주주의를 훼손하지 않는다는 전제하에 사람들은 알 권리를 행사하는 대신 등한시할 권리를 택할 수도 있다. 그러나 등한시하는 정도에도 반드시 한계가 있게 마련이고 그것을 넘어서면 민주주의는 사라지고 만다."**8**

인문학 수업도 마찬가지다. 학생들은 원문을 읽을 때 어떤 부분을 자세히 읽고 어떤 부분을 대충 읽고 넘어갈지 스스로 선택할 수 있다. 그러나 선택에는 반드시 한계가 있어야 하고 한계를 넘어서면 고전 읽기의 의미는 사라지고 만다. 이때 교사는 이 한계를 적절히 정하도록 지도해야 한다. 성적이 좋지 않은 학생들은 반드시 재수강해야 하고, 재수강 학생들이 위대한 사상가가 되리라고 기대하기는 어렵지만, 적어도 게으른 학생들이 학점을 거저 얻지는 못하도록 해야 한다. 이러한 기본 개념이 바탕이 되면, 인문학 수업도 교양 교육의 핵심 과정이 될 수 있다.

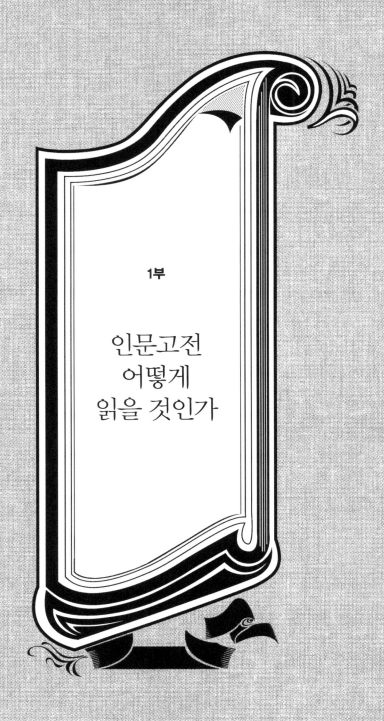

1부

인문고전
어떻게
읽을 것인가

1

소포클레스의
《필록테테스》

인간에게 명예와 수치란 무엇인가

호메로스의 《일리아드》와 《오디세이아》에 등장하는 소포클레스의 《필록테테스Philoctetes》는 학생들에게 비교적 잘 알려져 있다. 필록테테스는 훌륭한 궁사였으나 사람들의 미움을 받아 (무인도에 버려지는) 부당한 일을 당했고 그 분노로 나라를 저버린 인물이다. 여기서 학생들은 주로 젊은이들의 주 관심사인 친구와 우정 문제를 놓고 토론했다. 토론 주제는 대개 친구를 대하는 태도와 친구를 사귀는 이유, 친구 사이의 신뢰와 배신을 바라보는 관점을 다루었다.

사회적 동물인 인간

필록테테스는 멜리보이아의 왕으로 트로이 원정 도중 독사에 물리는 중상을 입었다. 상처는 곪아 지독한 악취를 풍겼고 그는 극심한 통증 탓에

밤낮으로 울부짖었다. 그러자 온 군대가 그를 불길한 징조로 여기게 되었다. 결국 그는 황량한 무인도에 버려져 10년 동안 동굴에서 샘물을 마시며 연명했다. 그런데 전쟁 말기, 필록테테스가 가진 헤라클레스의 활과 화살 없이는 트로이 성을 결코 함락시킬 수 없다는 신탁이 내려왔다. 이에 오디세우스는 아킬레우스의 아들 네오프톨레모스와 함께 필록테테스를 데려오기로 했다.

그러나 오디세우스는 필록테테스가 자신에게 원한을 품고 있으리라고 짐작했다. 필록테테스를 무인도에 버려 10년 동안 엄청난 고난을 겪게하고 상상조차 하기 힘든 열악한 환경에서 병고와 굶주림에 시달리게 만든 장본인이 바로 그였기 때문이다. 감히 필록테테스의 얼굴을 마주할 수없었던 오디세우스는 네오프톨레모스에게 필록테테스를 속여 활을 빼앗아 오라고 명하면서 다음과 같이 지시했다. 즉 네오프톨레모스 자신은 오디세우스에게 원한이 있으므로 군대를 떠나 고향으로 돌아갈 거라고 이야기를 꾸며 필록테테스의 동정과 신뢰를 얻으라고 했다.

오디세우스는 매우 치밀하고 계략에 능한 인물로, 학생들은 그가 네오프톨레모스를 설득하는 방법을 흥미로워했다. 오디세우스는 필록테테스의 활을 얻으려면 '설득, 강제, 사기', 이 세 가지 방법만이 통하리라는 것을 잘 알았다. 그러나 설득을 하자니 필록테테스의 원한이 너무 깊어 거의 불가능했고, 강제로 빼앗아 오자니 그가 워낙 뛰어난 궁수인지라 함부로 접근조차 할 수 없었다. 따라서 세 번째 방법만이 남았는데 바로 그를 속이고 살살 달래 활을 가져오는 것이었다. 오디세우스는 네오프톨레모스에게 "거짓으로 이야기를 꾸며 필록테테스의 마음을 현혹시켜라"라고 지시했다. 또한 그는 젊은 네오프톨레모스의 명예욕을 자극해 "위대한 업적을 위해서는 한 번쯤 파렴치한 짓도 할 만한 가치가 있다"고 설득했다.

그러나 순진한 청년인 네오프톨레모스는 오디세우스가 내린 임무 때문에 마음이 편치 않아 오디세우스에게 이렇게 말했다. "오디세우스여, 듣기도 거북한 일을 행동으로 옮기라니, 나는 도저히 용납할 수 없소. 교활한 속임수로 목적을 달성하는 것은 내 천성에도 맞지 않소. 나는 무력으로 활을 가져오겠소. 비열한 방법으로 이기느니 차라리 옳은 일을 하다가 실패하는 게 낫소." 네오프톨레모스는 오디세우스에게 물었다. "그러니까 거짓말을 하는 게 부끄럽지 않소?" 오디세우스가 대답했다. "그렇소. 거짓말이 우리를 구할 수만 있다면." 네오프톨레모스는 다시 한 번 물었다. "대체 무슨 낯으로 그런 거짓말을 한단 말이오?" 오디세우스가 말했다. "이익을 위해 행동할 때는 망설일 필요가 없소." 오디세우스의 거듭된 '교화' 끝에 네오프톨레모스는 마침내 결심했다. "좋소. 그렇게 하겠소. 수치심 따위는 모두 던져버리고."

네오프톨레모스의 결심에 학생들은 상반된 견해를 보였는데 어떤 학생들은 그가 오디세우스에게 세뇌당했다고 주장했다. 왜냐하면 그는 필록테테스를 속이는 임무를 결코 달가워하지 않았고, 결국 명령을 따르기는 했지만 여전히 수치스럽게 여겼기 때문이다. 또 어떤 학생들은 그가 오디세우스의 명료한 설득으로 말미암아 깨달음을 얻고 자신의 행동을 스스로 선택했다고 주장했다. 그도 다른 그리스 전사들처럼 전투에서 공을 세워 영웅으로서 명예를 얻고자 했기 때문에 스스로 수치심을 버리기로 결심했다는 것이다.

결국 네오프톨레모스는 거짓말로 필록테테스의 신뢰를 얻었고 그의 화살을 가져가며 이렇게 말했다. "저를 믿어주십시오. 이 활은 그대와 나

말고 다른 어떤 사람의 손에도 들어가지 않을 것이오." 한 학생은 이 장면에서 신뢰는 우정의 결과일 뿐 아니라 우정의 조건이기도 하다고 지적했다. 아리스토텔레스는 "훌륭한 사람은 친구를 사귈 때 자기 자신을 대하듯한다"고 말했는데, 다른 사람을 자기 자신처럼 대할 수 있는 것이야말로 고귀한 우정이다.

필록테테스는 무인도에서 짐승과 함께 지내며 이미 사람들과 멀어진 '비인간'이었지만 네오프톨레모스라는 '친구'가 그를 다시 인간 세상으로 데려와주었다. 한 학생은 필록테테스가 네오프톨레모스에게 자신의 활을 기꺼이 내주고 친구로서 신뢰하게 된 진정한 이유는, 단지 네오프톨레모스가 꾸며낸 이야기 때문이 아니라 그가 겪은 10년간의 고독 때문이었다고 말했다. 또 어떤 학생은 친구를 사귈 때는 상대방의 인격, 특징, 재능에 끌리는가가 아니라, 다른 사람과 친밀함을 나누고 서로 벗 삼고자 하는 필요를 만족시킬 수 있는가를 고려한다고 말했다.

인간은 사회적 동물이므로 좋고 나쁨을 떠나 친구는 반드시 필요하다. 따라서 '우정'은 인간의 존재 이유이자 사회 이론의 기본이다. 그렇기 때문에 플라톤과 아리스토텔레스, 스토아학파 모두 '우정' 문제에 관심을 가지고 친구 간의 신뢰와 마음을 주고받는 소통을 인간에게 필수적인 자아의 확장으로 생각했다.

친구와 의리

청년기는 친구가 특히 필요한 시기다. 젊은이들은 '의리'를 매우 중시하는 만큼 이 시기에 맺은 우정은 유년기와 노년기의 우정과 다소 차이가 있다. 친구나 우정에 대한 학생들의 견해는 대개 자신의 경험에서 비롯되는데, 학생들 대부분은 친구를 사귀는 이유가 단지 친구가 '필요하기' 때문이 아니라 특별한 신뢰 관계를 맺을 수 있기 때문이라고 생각한다. 이러한 신뢰 관계에는 상대방의 입장에서 생각하기(동정 또는 감정이입), 진정으로 서로를 이해해주고 이롭게 하기(친구를 위해 위험을 무릅쓰지는 못해도 자신의 이익을 위해 친구를 어려움에 빠뜨리지는 않는 것)가 포함된다. 그렇기 때문에 친구를 배신하거나 팔아넘기는 것(학우 간의 고자질과 선생님이나 관리자의 '스파이' 역할)은 아주 몰염치한 짓이다.

네오프톨레모스는 필록테테스를 속이기 위해 그와 친구가 되었다. 그러나 필록테테스는 네오프톨레모스를 친구로 여기고 친구의 신뢰를 주었는데, 이것이 '임무'에 대한 네오프톨레모스의 관점을 변화시켰다. 필록테테스는 네오프톨레모스에게 활을 건넨 뒤 상처의 통증이 재발하여 한바탕 가슴이 찢어질 듯한 고통을 겪고는 깊은 잠에 빠져들었다. 이때 극중 합창대가 노래한다. "그대도 보다시피, 그는 정신을 잃고 자고 있어요. 그런데 왜 우리는 행동하기를 망설이고 있나요? 때를 놓치지 않고 신속하게 행동하는 것은 항상 큰 승리의 관건이거늘."

그러나 네오프톨레모스는 그렇게 하기를 원하지 않았다. "아니다. 비록 지금 그는 듣지 못하지만 우리가 그를 데려가지 않고 그냥 출항한다면, 활과 화살을 얻었다 해도 우리에게 별로 이로울 게 없다. 승리의 명예는 그에게 돌아갈 테니…. 너희가 말한 대로 한다면 거짓으로 실패를 얻는 것과 다름없다. 우리가 이번 승리를 떠벌린다면 그것은 갑절로 치욕스러운 짓이다." 한 학생은 활과 화살만 가져가는 게 소용없는 일이라는 네오프톨레모스의 말은 그저 공리주의적 견해일 뿐이라고 지적했다. 그러나 또 다른 학생은 그가 '임무'를 맡았기 때문에 그렇게 말할 수밖에 없었지만, 신뢰를 저버리는 행동을 수치스럽게 생각하므로 필록테테스를 배반하고 싶지 않았을 거라고 주장했다.

잠에서 깨어난 필록테테스는 네오프톨레모스가 자기 곁을 계속 지키고 있는 모습을 보고 큰 감동을 받았다. 필록테테스는 "그대여, 내가 고통을 당할 때 그대가 나를 불쌍히 여겨 인내로 내 곁을 지키고 나를 도우리라고는 감히 기대하지도 않았소…. 그대의 고귀한 신분처럼 과연 그대의 성품 또한 고귀하군요" 하고 말했다. 그러나 네오프톨레모스는 칭찬을 받을수록 부끄럽고 미안하여 결국 참지 못하고 진실을 말해버린다. "다 털어놓겠소. 그대는 배를 타고 트로이로 가서 대열에 합류해야 하오." 필록테테스는 그 말을 듣고 즉시 활을 돌려달라고 요구한다. 그러나 네오프톨레모스는 "그건 안 됩니다. 나는 법도와 공익에 따라 장수들의 명령을 따라야 하기 때문이오"라고 대답한다.

배신을 당한 필록테테스는 이내 극도의 분노와 고통을 느끼며 네오프톨레모스에게 소리친다. "이 괘씸한 놈, 너는 그래서 나와 친구가 되려고 했구나. 그렇게 나를 속였어! 가증스러운 놈…. 과연 부끄럽지도 않은가. 내 활과 화살을 가져가는 것은 내 생명을 빼앗는 것과 같다. 제발… 그대여… 내 생명을 앗아가지 마시오." 네오프톨레모스도 마음속으로 괴로움을 느꼈다. "저 사람에게 느끼는 깊은 연민이 내 마음을 고통스럽게 하는구나. 지금 이 순간만이 아니라 처음부터 그랬어." 필록테테스에게 활을 돌려줄지 말지 망설일 때 마침 오디세우스가 선원 두 명을 데리고 나타났다. 그는 네오프톨레모스에게 명령했다. "그 활을 내게 맡기고 배로 돌아가시오."

오디세우스는 필록테테스의 거듭된 요구를 끝내 들어주지 않고 활을 가져가며 그에게 말했다. "이미 자네의 무기를 손에 넣었으니 더는 그대가 필요치 않소. 우리에겐 명궁수 테우크로스가 있고 나도 있기 때문이오. 활을 다루는 데는 나도 그대에게 뒤질 게 전혀 없소." 그때 자리에 함께 있던 네오프톨레모스는 죄책감으로 가득 찬 마음을 안고 떠나기 전 잠시 필록테테스 곁에 있게 해달라고 했지만 결국 오디세우스와 함께 떠난다. 그 뒤 헤라클레스의 영령이 공중에 나타나 필록테테스에게 큰 소리로 외치며 오디세우스를 따라 트로이를 함락시키라고 말한다. 그제야 필록테테스는 10년간 지내온 동굴을 떠나 트로이를 향해 전진한다. 극의 도입부에서와 같은 음악 소리가 울리며 모든 극이 막을 내린다.

우정과 의무라는 가치의 충돌

학생들은 극 중 두 인물의 '우정'을 주제로 토론하면서 우정을 사회 논리와 인간관계의 기본이 되는 가치관으로 간주했다. 학생들은 필록테테스를 동정하며 네오프톨레모스가 친구에게 잘못을 저질렀다고 생각했다. 이러한 동정의 특성을 이해하는 데 도움을 주기 위해 나는 학생들에게 아리스토텔레스의 《시학》 가운데 일부를 소개했다. 아리스토텔레스는 관객은 신분이 높은 자의 운명이 바뀌는 것을 보면서 연민과 두려움을 느낀다고 언급했다(《시학》 1452b28행~1453a39행).

《시학》에서 아리스토텔레스가 비극을 개괄한 부분에는 이러한 내용이 있다. "비극을 감상할 때는 관객의 논리적 판단이 필요한데 관객이 연민하는 대상은 그들이 연민할 만한 가치가 있다고 여기는 인물이다." '연민'이라는 정서는 극 중 인물을 옳고 그름 또는 좋고 나쁨으로 평가할 때 따라온다. 관객이 연민을 느끼는 인물이 저지른 '착오'(아리스토텔레스는 《시학》에서 하마르티아hamartia라는 단어를 사용했다)가 큰지 작은지, 연민할 가치가 있는지 없는지 여부에는 모두 관객의 논리적 판단이 필요하다.

그리스 비극에서는 상이한 '의무(혹은 책임)'가 서로 충돌하는 극단적인 상황을 자주 볼 수 있다. 예를 들어 《필록테테스》에서 네오프톨레모스는 친구에 대한 의무와 조직(국가)에 대한 의무 사이에서 갈등해야 했다. 이러한 '의무 충돌'은 관객이 불안감을 느끼게 만드는데, 그 이유는 관객이 일상생활에서 가지고 있던 일반적인 논리 관념(이 두 가지 의무는 모든 사람이 마땅히 지켜야 할 의무다)을 흔들 수 있기 때문이다. 《필록테테스》를 읽고 학생들은 네오프톨레모스와 그의 윤리적 딜레마에 특히 관심을 보였다. 그래서 필록테테스를 동정하면서도 네오프톨레모스와 그의 가치관을 더 흥미로워했다.

현시대의 가치관과 네오프톨레모스 시대의 가치관은 서로 다르다. 그러나 학생들은 자신의 가치관으로 네오프톨레모스를 평가하며 그것이 《필록테테스》를 감상했던 그리스 관객의 가치관과 상당한 차이가 있음을 대개 의식하지 못한다. 학생들은 '우정'과 '우의友誼'라는 분명한 가치관에 따라 친구를 팔아넘긴 네오프톨레모스의 행위를 비판한다.

고대 그리스 관객이 접한 당시 그리스 서사시의 전통적 영웅 일화에서 다루는 '우정'은 지금 우리가 생각하는 개념과는 달랐다. 고대 그리스 서사시에서 우정이란 우정 그 자체를 넘어선 일종의 '명예'였다. 그리고 명예란 자신의 윤리적 소신을 지킬 때 저절로 생기는 게 아니라, 조직 내 다른 사람이 자신의 뛰어난 성과에 존중과 경의를 표할 때 비로소 얻게 된다. 우리는 네오프톨레모스를 통해 이러한 가치관이 개인의 자존감과 행위의 판단에 어떠한 영향을 미치는지 알 수 있다. 그는 비록 필록테테스를 속였지만 조직의 다른 사람이 그 행위를 명예롭지 않다고 생각하지 않았으므로 그 일을 하기로 결정한다.

네오프톨레모스는 신분이 높은 청년이었고 명예를 매우 중시했다. 그러나 그가 성장하려면 '스승' 혹은 '본보기'의 인도가 필요했다. 그는 그러한 본보기를 통해 명예를 추상적인 것으로 인식하게 되었으며, 이는 특정한 행동으로까지 이어졌다. 네오프톨레모스의 본보기는 바로 오디세우스였다.

학생들은 오디세우스가 정직한 스승이자 본보기가 될 만한 인물인지에 대해 서로 다른 견해를 보였다. 네오프톨레모스는 스스로를 속이고 필록테테스를 배반할 때마다 '수치심'을 느꼈으며 심적 불안을 극복해야 했다. 그런데 오디세우스가 상징하는 것은 그리스 사회의 보편적 가치다. 그리스학 및 철학 교수인 아서 애드킨스Arthur W. H. Adkins는 그의 저서 《능력과 책임: 그리스적 가치관 연구Merit and Responsibility: A study in Greek Values》에서 고대 그리스 사회는 초기부터 결과 중심적 사회였고 이러한 경향은 이후에도 계속 이어졌다고 말했다. 그러한 사회에서 명예를 결정하는 것은 일의 성패다. 《필록테테스》는 바로 이 점을 그대로 보여준다. 네오프톨레모스가 친구에게는 진실하게 대해야 한다는 명예를 지키고 싶어 하면서도 극이 전개됨에 따라 필록테테스를 속이는 일에 설득당하고 만 것은 결국 트로이 전쟁에서 공을 세우는 명예를 더 중요시했기 때문이다. 큰 명예로 작은 명예의 실추를 극복하기로 한 것이다.

　이러한 그리스의 명예관은 오늘날 학생들의 명예관에 부합하지 않는다. 오늘날 학생들은 다른 사람에 대한 거의 무조건적인 신뢰를 바탕으로 친구에게 진실하게 대하는 것이야말로 큰 명예라고 생각한다. 이는 어떤 일을 성취하기 위해 타인에게 의존하거나 타인을 이용한다는 차원의 계산이 깔린 행동이 아니다. 누군가를 신뢰한다는 것은 안심하고 그와 함께 할 수 있고, 필요 없을 때도 소홀히 하지 않으며, 배신을 당할까 봐 경계하거나 두려워할 필요가 없다는 뜻이다. 뉴질랜드의 도덕철학자 아네트 바이어Annette Baier는 《신뢰와 불신Trust and Antitrust》(1986)에서 신뢰가 깨지면 배신감이 느껴지고 의지할 곳을 잃었다는 실망감을 느낀다고 말했다.

　사람을 믿는 것은 사물을 믿는 것과는 다르다. 우리는 시계가 정확한 시간을 가리킬 거라고 믿지만 시계가 고장 났다고 해서 배신감을 느끼지는 않는다. 왜냐하면 결코 시계에 신뢰를 주지는 않기 때문이다. 그러나 사람을 신뢰할 때는 배신당할 수도 있다는 위험을 무릅써야 한다. 인생의 가장 큰 어려움은 신뢰해도 좋은 사람을 가리는 법을 배울 수 없다는 데 있다. 만일 누군가가 당신을 신뢰한다면 반대로 당신 또한 그를 배신하지 않을 도덕적 책임을 감당해야 한다는 뜻이다. 만약 그 책임을 다하지 못할 경우 그것은 잘못된 행위일 뿐 아니라 도의적 과오에 해당한다.

2

에우리피데스의
《바쿠스의 여신도들》

신이 정의롭지 않다면 인간은 어떻게 해야 하는가

미국은 기독교 문화의 영향이 강한 국가로 대통령 선거 때마다 복음주의 개신교 신자들이 매우 큰 영향력을 행사한다. 가톨릭 신자들도 많은데 그들은 (낙태나 동성 결혼과 같은) 정부의 사회정책에도 상당한 영향력을 미친다. 그러나 캠퍼스 내에서는 종교의 영향을 거의 인지하기 어렵다. 교수들 모두 정치와 종교, 공과 사를 명백히 구분한다는 원칙을 준수하여 강의실에서는 거의 종교 문제를 다루지 않는다. 그러나 인문학 강의에서는 간혹 종교 문제와 연관이 있는 주제를 다루기도 하는데 특히 신에 관한 문제를 다룰 경우 그렇다.

종교적 권위와 사회적 권위

한번은 고대 그리스의 비극 시인 에우리피데스의 《바쿠스의 여신도들Bakchai》을 읽던 중 한 학생이 '신이 정의롭지 못하면 인간은 어떻게 해야 하는가'라는 질문을 제기했다. 최고의 신인 제우스와 평범한 인간인 세멜레가 간음하여 아들 디오니소스(술의 신, 로마신화의 바쿠스)를 가졌다. 세멜레에게 선물을 주기로 약속한 제우스는 그녀에게 무엇을 선물하면 좋을지 여신 헤라(제우스의 아내)에게 물었다. 그러자 헤라는 제우스에게 그 자신의 본모습을 보여주라고 답했다. 제우스의 본모습은 번개의 신이었기에 그를 대면한 세멜레는 벼락을 맞아 죽고 말았다. 제우스는 세멜레의 배속에 있던 어린 아들을 자신의 허벅지 안에 넣어 달이 찰 때까지 키웠다.

이렇게 해서 태어난 술의 신 디오니소스는 어머니의 고국인 테베에 원한을 품게 된다. 세멜레의 자매이자 디오니소스의 이모가 "당신은 제우스의 소생이 아니며 세멜레가 인간과 간음한 뒤 그 잘못을 제우스에게 덮어씌운 것"이라고 말했기 때문이었다. 이에 술의 신은 신의 칼로 테베의 모든 여인들을 광기에 빠지게 만들었고, 테베의 국왕 펜테우스가 어머니인 아가베의 손에 죽게 했다. 그리고 테베를 세운 카드모스와 그의 자손들에게 저주를 내려 인간보다 비천한 동물인 뱀으로 변하게 했다. 카드모스가 술의 신에게 말했다. "저희에게 죄가 있음을 알지만 당신의 벌은 너무나도 가혹합니다." 그러자 술의 신이 답했다. "너희는 감히 신인 나를 모욕했다." 카드모스가 다시 말했다. "하지만 신은 인간처럼 노여워해서는 안 됩니다." 술의 신이 다시 대답했다. "이번 일은 내 아버지 제우스가 이미 오래전에 결정한 일이다."

여기까지 읽은 학생들은 대부분 도무지 이해할 수 없다는 반응을 보였다. 한 학생은 그토록 '과도한 폭력'을 휘두른 술의 신에게 대체 신성神性이 있느냐며 반문했다. 게다가 최고의 신인 제우스가 인간에게 과한 징벌을 내리는 것을 지지하기까지 하다니 이것이 어찌된 영문이냐고 물었다. 또 어떤 학생은 테베 사람들 모두 잘못을 뉘우쳤음에도 신이 그토록 격분한 이유가 무엇인지 의아해하면서 오히려 인간인 카드모스가 더 이성적이라고 말했다.

사실 이것이 바로 에우리피데스 희극의 특징이다. 극 중 신은 인간처럼 말하고 인간은 오히려 신처럼 말한다. 우리 학생들은 《바쿠스의 여신도들》에 등장하는 신에게 경외심은커녕 호감조차 느끼지 않았다. 이는 학생들이 평소 가지고 있던 도덕적 권위 관념과 연관이 있다. 학생들 마음속의 신은 유일신인 기독교의 하느님이다. 기독교에서 하느님의 신성은 인성보다 높고, 복수하고자 하는 인간의 무자비하고 폭력적인 충동을 초월한 존재다. 따라서 신은 지극히 높은 도덕적 권위를 지닌다.

학생들은 자연스럽게 신의 권위와 정치 혹은 사회 공권력의 권위를 연관 짓는다. 한 학생은 술의 신이 테베 사람들에게 화풀이한 것은 스스로 순수한 신의 '혈통'이라는 자신감이 없었기 때문이며, 이를 정치 용어로 해석하면 합법성이 충분하지 않았기 때문이라고 평가했다. 대개 정치폭력은 스스로에게 부족한 합법성을 '과도하게 증명'하는 데서 시작된다. 문제는 신이 정의롭지 않다면 인간은 어떻게 해야 하는가이다.

신과 정치

이 문제를 토론할 때 신을 정치와 연관 지어 생각하면 다양한 견해차가 생긴다. 한 학생은 인간은 신 앞에서 보잘것없고 미약하기에 신의 존재는 곧 인간에게 겸손하게 살아야 한다는 것을 일깨워준다고 말했다. 신이 정의롭다면 인간에게 행운이고 신이 정의롭지 못하면 인간은 그저 운이 없다고 여길 수밖에 없다. 누군가 정의로운 제도 안에서 생활할 수 있는 것은 스스로 선택한 결과가 아니라 일종의 행운이다. 사실 역사를 보면 민주주의도 한 국가에서 만들어졌고 이 제도가 넓게 퍼진 것은 어디까지나 행운에 불과하다.

한 학생은 민주주의는 신치神治가 아닌 법치法治를 따른다고 주장했다. 술의 신은 자신의 의지에 근거하여 인간의 정의롭지 못한 행위를 독단적으로 처리했다. 하지만 신의 권위는 신의 위력이 아닌 율법에서 비롯된다. 즉 신이 율법을 선포하고 준수하여 세상 사람들이 따르도록 하는 것이야말로 신성한 권위다. 신에게 권위가 있다는 것은 신이 먼저 함부로 행동하지 않는다는 뜻이다. 또 어떤 학생은 신이 따르는 율법은 인간보다 훨씬 고상한 덕성으로서 인간의 덕성과 상충되지 않아야 한다고 말했다.

아리스토텔레스는 《니코마코스 윤리학》에서 이렇게 말했다. "짐승의 잔인함에 상반되는 것은 초인의 덕성, 즉 영웅적이고 신적인 덕성이라고 말하는 게 가장 적절하리라. 그러니 인간이 최고의 덕성을 통해 신이 된다면, 그런 마음가짐이야말로 분명 짐승의 상태와 상반될 것이다. 짐승에게 악덕이나 미덕이 없듯이 신에게도 악덕이나 미덕이 없다. 그러나 신의 상태는 미덕보다 더 높이 평가받으며, 짐승의 상태는 특수한 종류의 악덕이다." 신은 '초인의 덕성'을 갖추고 있기 때문에 인간보다 고귀하다.

한편 다른 학생은 정의란 인간에게 해당되는 용어로 인간의 행위를 제한하며 신에게는 구속력이 없다고 주장했다. 이것이 신과 인간의 다른 점이다. 《바쿠스의 여신도들》에서 신은 사실 '자연'이다. 자연은 인간의 이해를 초월하는 힘으로, 인간에게 풍요를 선사하기도 하지만 재해를 가져다주기도 한다.

또 다른 학생은 신은 정의롭지 않은 게 아니라 인간이 결코 이해할 수 없는 최고의 정의를 상징한다고 말했다. 《바쿠스의 여신도들》에서 신은 테베에 내린 집단 징벌을 통해 적과 동지를 분명하게 구분하며, 적은 공격하고 동지에게는 은혜를 베푸는 모습을 보여주었다. 따라서 인간은 신을 향한 어떠한 불경의 행위도 피해야 하며 절대 신의 적이 되어서는 안 된다는 것이다.

한 학생은 강력한 반대 의견을 제시했다. 신은 폭력과 공포를 통해 인간의 복종을 강요하는 막강한 권력이 아니라, 드넓은 사랑과 연민의 보살핌을 상징해야 한다는 것이다. 폭력적이고 무시무시한 신을 인정하게 되면 인간을 위험한 정치 논리로 이끌 수 있다. 히틀러의 유대인 학살이 희생자가 지배자의 적이 되려 했기 때문에 일어났단 말인가? 과연 그것이 모두 유대인들의 잘못 때문이란 말인가?

이렇듯 학생들은 신은 어떻게 '해야 한다'고 말하면서 이미 인간의 정의관에 따라 문제를 고민하고 있었다. 비록 신의 '천위天威' 앞에서 인간은 무능력하지만 그렇다고 해서 인간이 신의 정의로움을 반드시 인정할 필요는 없다. 신의 무조건적인 정의로움을 인정하지 않는 자체가 곧 인간의 정의라는 이름으로 행하는 일종의 반항이다. 정의는 인간의 가치다. '인간'이라는 존재는 두 가지 측면의 서로 다른 의미에서 확립된다. 첫 번째 의미는 인간과 인간을 초월하는 존재의 차이에서 비롯되고, 두 번째 의미는 인간과 인간보다 낮은 존재의 차이에서 기인한다. 첫째는 인간의 한계를 의미하는데, 인간은 절대 신처럼 하고자 하는 일을 모두 할 수 없다.

또한 신이 정의롭지 않아도 인간은 대항할 힘이 없다. 둘째는 인간은 동물에게 없는 정의 의식을 지니고 가치 판단을 할 수 있음을 의미한다.

비록 인간에게 힘은 없지만 생각마저 할 수 없는 건 아니다. 《바쿠스의 여신도들》에서 신은 카드모스를 동물로 만드는 데 완전히 성공할 수 없었다. 왜냐하면 카드모스는 비록 신 앞에서 무력했지만 자신의 뜻을 결코 포기하지 않았기 때문이다. 신은 분명 인간보다 강대했지만 카드모스를 동정하는 독자들은 모두 인간 편에 섰다. 우리 학생들도 마찬가지였는데, 이는 그들이 종교에 대해 보인 견해 차이와는 사뭇 다른 모습이었다.

3

아리스토텔레스의
《니코마코스 윤리학》

인간의 최고선은 행복인가

'그리스 사상 수업'에서 우리는 플라톤이 쓴 소크라테스의 대화들을 읽은 뒤 아리스토텔레스의 《니코마코스 윤리학ethika Nikomacheia》을 읽었다. 학생들은 플라톤과 아리스토텔레스가 생각을 전달하는 방식에 큰 차이가 있다는 사실을 금세 깨달았다. 플라톤은 대화를 사용한 반면 아리스토텔레스는 대화를 사용하지 않는다. 플라톤이 묘사한 소크라테스는 늘 자신의 견해를 먼저 드러내지 않고, 상대방이 견해를 말하도록 유도한 뒤 그 견해가 틀렸음을 증명한다. 반면 아리스토텔레스는 처음부터 명확하게 논제와 논술을 제시한다.

물론 이조차도 학생들이 이해하기에는 결코 쉽지 않다. 학생들은 《니코마코스 윤리학》의 핵심 주제인 '선'과 '행복'의 관계를 읽으며 서로 다른 의견을 보였다. 인문학 읽기에서는 기본적으로 주장에 근거가 있어야 하고 원문을 활용해 자신의 관점을 뒷받침할 수도 있어야 한다. 학생들이 《니코마코스 윤리학》을 놓고 토론한 내용은 다음과 같다.

선과 행복

아리스토텔레스는 《니코마코스 윤리학》 제1권 3장에서 "정치학은 최고선과 정의를 고찰한다"고 말했다. 윤리학은 선을 고찰하므로 선은 정치와 윤리의 연결 고리다. 이는 아주 명확한 도덕적 정치관이다. 제1권 2장에서는 다음과 같이 말했다. "인간 개인과 도시국가의 선은 모두 정치학을 추구하나 개인보다는 도시국가의 선을 획득하고 유지하는 게 더 중요하며, 도시국가의 선은 완벽해야 한다." 이어서 그는 다음과 같이 말했다. "그렇다면 정치학이 도달하고자 하는 목적은 무엇인가? 또한 행위로 도달할 수 있는 모든 선의 정점은 무엇인가? 그것을 한마디로 명명한다면 바로 행복이라는 생각에 많은 사람들이 동의할 것이다."

'행복'이 모든 선의 궁극적인 목적이라는 생각은 미국인의 정치 상식으로 이해할 수 있다. 미국의 〈독립선언문〉은 모든 사람의 행복 추구를 '자연적인 권리'로 여기기 때문이다. 그러나 여기서 의문점이 생길 수 있다. 그리스 비극과 플라톤의 주장에서 선의 정점은 '정의'인데 왜 아리스토텔레스는 '행복'을 선의 정점으로 여겼을까? 선과 정의와 행복은 상이한 도덕 원칙인가, 아니면 동일한 도덕 원칙 안에서의 상이한 방식인가?

한 학생은 비록 《니코마코스 윤리학》에서 행복이 여러 차례 논의되고 있지만 '선'이야말로 진정한 주제라고 말했다. 미국의 철학자 존 롤스 John Rawls는 "진실이 모든 사상 체계 안에 있는 것처럼 정의는 사회제도 안에서 최고의 미덕이다"라고 이야기한 바 있다. 《니코마코스 윤리학》에서의 선은 주로 덕성을 의미한다. 그러므로 '정의'와 '선'은 최고의 도덕 문제에 대한 상이한 표현방식으로 보는 게 타당하며, '행복'과는 다르다.

또 다른 학생은 《니코마코스 윤리학》에서는 행복에 대한 논의를 제외하면 용기와 절제, 우정 등 모두 선의 구체적인 내용을 서술한다고 말했다. 아리스토텔레스가 말한 선은 행동하는 선이고, 용기와 절제, 우정의 선모두 행동으로 이해할 수 있으며 행복 또한 마찬가지다.

아리스토텔레스의 윤리학이 우리에게 말해주는 바는 자질이나 성품의 선이 아니라 구체적인 행동으로 나타나는 선이다. 즉 윤리학은 행동에 관한 논리다. 제1권 9장에서 그는 "행복이란 덕성에 부합하는 영혼의 현실 활동이며 다른 모든 것은 행복의 필연적인 부속품이거나 행복을 위한 수단이다"라고 말했다. 그는 행복을 이야기할 때 항상 행동의 선과 연관짓는다. 제1권 8장에서 그는 "잠을 자거나 감각이 둔한 사람은 좋은 성품이 있더라도 좋은 결과를 내지 못한다. 현실에서는 반드시 행동이 뒤따라야 한다. 올림피아 대회처럼 챔피언의 자리는 외모가 훌륭하고 건장하다고 해서 무조건 얻을 수는 없으며 경기에 참가해야 얻을 수 있다(승리자는 참가자들 중에서 나온다). 이렇게 행동이 훌륭한 사람만이 실제 생활 속에서 행복과 선함을 얻을 수 있다."

한 학생이 인간은 어떻게 해야 행복해질 수 있는지 물었다. 우리는 흔히 좋은 차를 타고 넓은 집에서 살고 세계를 여행하면 아주 즐거울 거라고 생각한다. 그러나 아리스토텔레스는 그것은 진정한 행복이 아니라고 말했다. 그 이유는 과연 무엇일까? 다른 학생이 답했다. 사실 아리스토텔레스는 좋은 물건이 인간에게 행복을 가져다주지 못한다고 여기지 않았다. 그는 '고귀한 신분과 많은 자손, 출중한 외모'를 포함한 좋은 물건을 행복의 '외재적 선의 보충'이라고 보았다. 그는 다음과 같이 말했다. "만약 못생기고 쓸쓸하며 출신이 비천한 사람을 일러 행복하다고 한다면 이는 우리의 생각과 결코 부합하지 않는다. 더욱 불행한 일은 자녀나 친구가 아주 나쁜 사람들이거나, 친한 친구가 있더라도 이미 세상을 떠난 경우다."

한편 한 학생에 따르면 아리스토텔레스는 행복이란 운명에 따라 받는 게 아니라 덕의 학습을 통해 얻어진다고 했고, 행복을 얻으려면 운명보다 학습이 더 중요하다고 여겼다. 《니코마코스 윤리학》 제1권 9장에는 다음과 같은 언급이 있다. "행복은 학습이나 습관 혹은 훈련으로 얻을 수 있는가? 아니면 신이 내린 은총이나 기회인가? 만약 신이 사람에게 어떤 선물을 주었다면 행복이야말로 신의 선물이라고 말할 근거가 있을 것이다. 행복은 인간의 소유 가운데 가장 좋은 것이기 때문이다. 그러나 이 문제는 또 다른 분야에서 다루는 게 더 적절하겠다. 설령 행복이 신의 선물이 아니라 덕성이나 학습을 통해 얻을 수 있는 덕목이라 해도, 행복은 분명 가장 신성한 것 가운데 하나일 것이다. 덕성이 받는 상과 최고선에 이르려는 목적은 우리 모두가 알고 있듯이 곧 행복에 도달하는 것이기 때문이다. 행복은 많은 사람들이 공유할 수 있으며, 덕성에 이르고자 하는 사람이라면 누구나 학습이나 노력을 통해 행복을 얻을 수 있다. 그렇다면 노력을 통해 얻는 행복이 운으로 얻는 행복보다 더 좋다고 해야 합당할 것이다."

학생들은 덕성과 선의 목적이 없다면 행복이라 할 수 없다는 의견에 모두 동의했지만 제1권 9장의 구절과는 사뭇 다른 견해를 보였다. "우리는 소나 말을 비롯한 다른 동물들이 행복하다고 말할 수 없다. 같은 이유로 어린아이들도 행복하지 않다. 어린아이는 나이가 어려 덕성에 어울리는 활동을 할 수 없기 때문이다." 아리스토텔레스는 동물과 어린아이는 모두 덕성을 학습할 수 있는 이해력이 없다고 판단했다. 어린아이의 도덕 훈련은 좋은 행위를 모방하면서 습관을 들이다 성장한 뒤 비로소 학습을 통해 그 도리를 이해하는 과정을 거친다고 생각했다. 그러나 학생들은 이 주장이 옳지 않다고 느꼈다. 왜냐하면 개나 고양이, 말, 양과는 달리 어릴 적부터 도리를 깨우친 학생들도 있기 때문이다.

쾌락과 행복, 절제와 무절제

어린아이들이 행복이 무엇인지 이해하지 못한다면 어른들은 행복을 이해할 수 있는가? 행복이 무엇인지 이해하지 못한다고 해서 선하지 않은 것인가? 한 학생이 감각적이고 육체적인 쾌락만 좇는 성인은 행복이 무엇인지 결코 이해할 수 없다고 말했다. 그들은 그저 쾌락을 좇기만 하고 행복이 무엇인지 전혀 개의치 않기 때문이다. 그들은 어린아이들처럼 선하지 않거나 덕성이 없는 게 아니라 유치하고 어리석다.

한 학생은, 아리스토텔레스는 쾌락과 행복을 동일시하지 않았고 절제와 무절제를 언급했다고 말했다. 《니코마코스 윤리학》제3권 10장에서 그는 음식이나 섹스, 공부, 명예 등 많은 것들이 인간에게 쾌락을 주지만 쾌락과 행복은 동일하지 않다고 말한다. 하나는 육체적이고 다른 하나는 정신적이다. 절제란 육체적 쾌락과 관련된 것이다. 아리스토텔레스는 다음과 같이 말했다. "영혼의 쾌락과 육체적 쾌락을 구별해야 한다. 명예를 좋아하고 배우기를 좋아하는 것 등이 영혼의 쾌락에 속한다…. 이런 종류의 쾌락에 관계된 사람들을 두고 절제 있다거나 방종하다고 하지 않는다. 그 밖에 다른 비육체적 쾌락에 관계된 사람들의 경우도 마찬가지다."

다른 학생은 비육체적 쾌락에도 절제가 필요하다고 주장했다. 예를 들어 지나친 명예 추구는 허영과 탐욕을 유발할 수 있고 비육체적 쾌락으로 인해 "좋아하는 것에 정신이 팔려 뜻을 잃을" 수 있다. 다시 말해 육체와 비육체적 쾌락은 절대적으로 구분되는 개념이 아닐지도 모른다는 것이다. 한 예로 컴퓨터 게임을 하거나 수업 시간에 휴대전화를 가지고 놀거나 인터넷 채팅으로 친구를 사귀는 것 등은 모두 인간에게 비육체적 쾌락을 주고 인간을 중독에 빠뜨릴 수 있다. 따라서 절제가 필요하다. 이때 어떤 학생이 농담으로 "책 읽기나 공부를 너무 좋아하거나 공부에서 지나친 쾌락을 느끼는 것도 절제가 부족하다고 볼 수 있다"고 말했다. 식음을 전폐할 정도로 공부를 좋아한다면 이는 이미 쾌락에서 벗어났으므로 절대적으로 행복하지 않다고 보았다.

또 다른 학생은 아리스토텔레스가 결코 모든 육체적 쾌락을 두고 똑같이 절제가 필요하다고 생각하지는 않았다고 말했다. 제3권 10장에 보면 다음과 같은 구절이 등장한다. "절제는 아마도 육체적 쾌락에만 해당되는 말일 테지만, 육체적 쾌락이라도 모두 반드시 절제가 필요하지는 않다. 가령 색채나 예술품 등 시각적 쾌락을 추구하는 사람에게는 절제나 방종을 논할 수 없다…. 청각도 마찬가지다. 음악이나 오페라를 지나치게 좋아한다고 해서 방종이라 말할 수 없고, 이런 경우에는 누구도 절제를 논하지 않을 것이다…. 후각 또한 마찬가지다. 우리는 과일이나 장미 등 향기를 좋아하는 사람을 두고 방종하다고 하지 않는다. 그러나 음식 냄새를 쫓을 때 방종하다고 한다면 이는 그 냄새가 욕망의 대상을 연상시키기 때문이다."

결국 토론은 아리스토텔레스가 어떤 육체적 쾌락은 절제가 필요하고 어떤 것은 필요하지 않다고 판단했다는 방향으로 흘러갔다. 그러나 이 분석이 완벽하게 설득력 있지는 않다. 이론적으로 우리는 예외를 쉽게 찾아

볼 수 있다. 그 예외들은 모두 (플라톤의 대화형 논술과는 다른) 아리스토텔레스의 논술 체계처럼 반증 또는 정위正位를 형성할 수 있다. 예를 들어 음악 감상이나 그림 감상은 정신적 향유이지 육체적 쾌락이 아니다. 또한 어떤 사람들에게는 좋은 향기가 다른 사람에게는 그렇지 않을 수 있다. 따라서 아무리 좋은 향기라도 절제의 문제는 제기될 수 있다. 예를 들어 병원의 의사와 간호사가 향수를 심하게 뿌린다면 이는 개인의 방종 행위로 볼 수 있다. 따라서 방종과 절제의 공공성도 논리학이 사고해야 하는 부분이다.

욕망의 만족은 인간에게 쾌락을 가져다주지만 지나친 만족은 행복이 아닐뿐더러 오히려 불행이다. 아리스토텔레스는 《니코마코스 윤리학》 제3권 11장에서 이렇게 말한다. "방종한 사람은 최대한의 쾌락을 추구하며, 이러한 욕구에 이끌려 다른 것보다 먼저 그런 쾌락을 선택한다. 그는 그런 쾌락을 얻는 데 실패해도, 그런 것을 얻으려 욕망할 때도 괴로워한다. 욕망은 고통을 수반하기 때문이다. 그러나 욕망 때문에 괴로워하는 것은 불합리해 보인다."

그러나 또 어떤 학생은 아리스토텔레스는 결코 금욕주의자가 아니고 우리 삶에서도 금욕주의를 지킬 필요가 없으며, 중요한 것은 어디까지나 '절제'라고 주장했다. 제3권 11장에서 아리스토텔레스는 이렇게 말했다. "쾌락을 원하지 않거나, 쾌락을 적게 즐기고자 하는 사람은 거의 없다. 그런 무감각은 인간의 특성이 아니기 때문이다. 하물며 동물도 먹을거리를 가려 어떤 것은 먹고 어떤 것은 먹지 않는다. 그러니 만약 누군가가 아무것도 즐거운 것이 없고 모든 것에 아무 차이를 못 느낀다면, 그는 사람과는 거리가 멀 것이다. …절제 있는 사람은 쾌락에서 중용을 지킨다. 그는 방종한 사람이 좋아하는 것을 좋아하기는커녕 오히려 싫어하며, 일반적으로 말해 좋아해서는 안 되는 것을 좋아하지도 않는다."

한편 학생들은 아리스토텔레스가 했던 "인간은 죽기 전까지는 스스로 행복하다고 쉽게 말해서는 안 된다"라는 말을 의아하게 여겼다. 학생들은 아직 모두 젊기에 스스로 꽤 행복하다고 느끼므로 아리스토텔레스의 말을 어떻게 이해해야 할지 당혹스러워했다. 아리스토텔레스는 제1권 10장에서 설명을 덧붙였다. 그가 물었다. "살아 있는 동안에는 누구도 행복하다고 할 수 없는가. 그렇다면 어느 누구도 살아 있는 동안에는 행복하다 말하지 말고, 솔론(고대 그리스 아테네의 정치가 및 시인으로 아테네 민주제의 기틀을 마련했다. – 옮긴이)의 조언에 따라 그 사람이 최후를 맞기를 기다려야 하는가. 이런 주장이 옳다 해도 인간은 죽은 뒤에야 행복한 것인가?" 이어서 말했다. "아니면 이런 주장은 완전히 자가당착인가? 특히 우리는 행복이 모종의 활동이라고 주장하고 있으니 말이다. 우리는 결코 사후 행복이라는 주장에 동의할 수 없다." 그는 솔론의 말은 단지 "사람은 죽어서야 재앙과 불행에서 벗어나 행복을 누릴 수 있다"는 뜻이라고 이해했다. 그래도 문제는 여전히 남는다. "한평생 행복하게 산 사람도 그의 자손들에게 많은 반전이 일어나, 그중 더러는 좋은 사람으로 그에 합당하게 살지만 더러는 정반대일 수도 있기 때문이다." 자손이 잘살지 못하면 죽은 뒤에도 행복할 수 없는 법이다.

아리스토텔레스는 행복과 관련하여 "살아 있는 동안에는 행복을 논할 수 없고 최후를 맞기를 기다려야 한다"는 말을 "행복한 순간이 지난 뒤에 다시 돌아보라는 뜻으로 해석했다…. 살아 있는 인간이 행복함을 인정하지 않으려는 이유는 운명이란 자주 변화하고 행복이란 결코 견고하지 않기 때문이다. 어떤 사람이 운명에 의해 좌지우지되면 한동안은 분명 운이 없다가 한동안은 또다시 행복할 것이다. 따라서 우리는 종종 행복을 공중누각이나 썩은 나무에 새긴 조각에 비유하기도 한다." 오늘 아침 높은 관직에 올랐다가 내일은 곧 죄인이 되어버린 유명한 인물들을 살펴보면 아마 더욱 그러할 것이다.

국민의 미덕

아리스토텔레스는 《니코마코스 윤리학》 제3권에서 '봉사' '선거' '사고' 등 기본 개념을 논한 뒤 두 종류의 개별적 덕성인 용기와 절제를 다루었다. 한 학생은 이 두 가지 덕성을 먼저 다룬 이유가 그것이 아테네 국민들에게 다른 덕성보다 더 의미 있기 때문이냐고 물었다.

이 질문은 대답하기 쉽지 않다. 아리스토텔레스 역시 직접적으로 설명하지 않았기 때문이다. 그러나 그는 《니코마코스 윤리학》에서 국민의 두 가지 미덕을 언급했다. 첫째는 통치자와 피통치자 모두가 갖추어야 할 기본적인 미덕으로, 용기, 절제, 수치심, 성실, 정의, 특히 준법과 경건이다. 둘째는 소수의 국민이 가진 비교적 어려운 미덕으로, 강개, 고상한 포부, 명예욕이다. 그러나 이들 위에 정치가가 반드시 갖추어야 할 미덕이 있는데 바로 총명한 식견, 근면, 실무적인 판단과 지혜다. 갖추기 힘든 미덕을 갖춘 사람들은 이 덕분에 다른 국민들의 존경과 신임을 받을 수 있고 권위 있는 공직에 추천될 수 있다.

나는 학생들에게 만약 용기와 절제가 모든 아테네 국민의 기본적인 미덕이라면 미국 국민의 기본적인 미덕은 무엇이냐고 물었다. 거의 모든 학생들이 성실이라고 답했다. 그렇다면 정치가가 반드시 갖추어야 할 미덕은 무엇인지 나는 다시 물었다. 대답은 역시 같았다. 성실이었다.

학생들이 주저하지 않고 모두 성실이라 답한다는 사실이 아주 흥미로웠다. 아리스토텔레스는 플라톤처럼 미덕의 정도를 사람에 따라 분배하지는 않았지만 정치가에게는 일반인보다 더 높은 미덕을 요구했다. 그러나 우리 학생들이 보기에는 이런 구별 역시 불필요했다. 그들은 국민과 정치가가 가져야 할 기본적인 덕목으로 모두 성실을 꼽았기 때문이다.

나는 학생들에게 정치가에 대한 미덕의 기준이 너무 낮지 않은지 물었다. 많은 학생들은 이에 동의하지 않았다. 한 학생은 우리가 오늘날 정계에서 보는 사람들은 아리스토텔레스가 말한 '정치가statesmen'가 아니라 '정객politicians'이라고 주장했다. 정객은 말로는 민중을 위해 일한다고 하지만 실은 정치를 직업으로 삼는다. 설령 청렴결백하고 부패하지 않았더라도 그들은 겉과 속이 다른 자들에 불과하다. 따라서 오늘날 정치인에게 성실의 미덕을 요구한다면 이는 사실 청렴결백보다 더 높은 수준의 요구인 셈이다.

다른 학생은 공직자가 권력을 얻으면 사익을 도모코자 하는 유혹과 기회가 자연히 늘어난다는 점을 지적했다. 권력을 가진 자의 사익 도모 행위는 공과 사의 애매모호한 경계에서 비롯되고 그들은 바로 이 허점을 이용한다. 따라서 국민은 불법 행위에 대한 확실한 근거를 포착하지 못했더라도 그들을 성실한 사람이라고 쉽게 믿어서는 안 된다. 이것은 공직자에 대한 성실의 요구 수준이 일반인보다 더 높음을 의미한다.

또 한 학생은 정객은 다양한 자원을 가지고 있어서 일반인보다 불성실함과 거짓의 수단이 많고 발각되기도 어렵다는 점을 언급했다. 그들은 매체를 이용하거나 부하에게 지시를 내릴 수 있으며 명백히 사실이 아닌 '불법적' 거짓말을 하지 않아도 된다. 사실상 그들이 자주 하는 말은 '백색'과 '회색' 거짓말이다. 백색과 회색 거짓말이 제공하는 정보는 진실일 수도, 일부만 진실일 수도 있어 결코 완전한 거짓말은 아니다. 그 목적은 정객에게 유리한 관점을 대중에게 주입하고 고의적으로 문제의 본질을 흐리는 데 있다. 정객이 교묘하게 거짓말을 할 수 있을 때에도 거짓말하지 않기를 요구한다면 이는 이미 상당히 낮은 성실의 기준이다.

민주와 평등 사상이 비교적 보편화된 미국 사회에서 일반 국민은 정치가나 권력자를 자신과 다르거나 더 높게 여기지 않는다. 학생들은 성실의 미덕이 가지는 난이도를 상당히 현실적으로 예측했다.

그러나 학생들은 여전히 성실이 국민의 가장 큰 미덕임을 전혀 의심하지 않았다. 한 사회에서 기본적인 미덕으로 간주되는 가치가 있다면 이는 이미 모든 사람들이 그것을 잘 준수한다는 뜻이 아니라 그것으로 모든 사람의 행위를 평가할 수 있다는 뜻이다. 성실이라는 기준이 굳건하게 자리 잡은 사회라면 정치가 비교적 깨끗하고 투명할 것이다. 이런 사회에서는 정치인이 거짓말을 하면 정계에 다시 발을 들이기 어렵고 정부가 거짓말을 할 경우 합법적인 위기를 초래할 수도 있다. 기대 수준이 높고 실천하기 어려운 미덕이란 바로 성실이다.

4

아리스토텔레스의
《정치학》

바람직한 정치란 무엇인가

한번은 아리스토텔레스의 《정치학Politica》을 토론할 때 한 학생이 아주 인상 깊은 말을 했다. 아리스토텔레스가 말한 '산소 같은 정치'는 현실 세계의 지저분한 정치와 너무 큰 차이가 있는데, 사실 이는 그가 정당하다고 생각하는 정치의 경험적 종합이지 결코 이상적인 유토피아의 청사진을 묘사한 게 아니라는 것이다. 정치의 경험적 종합에서 그것이 가리키는 이상적인 관념으로 한 단계 발전하는 것은 인문학 수업에서 아리스토텔레스를 읽을 때 직면하게 되는 도전이자 토론의 주된 즐거움이다. 아리스토텔레스는 《정치학》에서 "인류는 본래 정치적 동물이다"라고 했다. 다시 말하면 인류는 오직 정치적 사회 집단 안에서 비로소 '선량한 생활'을 할 수 있다. 이러한 관점에서 보면 정치란 도덕적 활동이며 '정의 사회'를 어떻게 구현하고 유지할 수 있는지와 관련이 있다. 바로 이러한 이유로 아리스토텔레스는 정치학을 '제1의 학문'으로 여겼다.

획일성과 다양성

제1의 학문인 정치학에는 '공공선'에 대한 공통된 인식이 반드시 포함된다. 한 학생이 공공선에 대한 인식은 일치하면 일치할수록 좋은지 물었다. 그러자 다른 학생은 그것이 일치하고 통일된다고 해서 더 좋지는 않다고 답했다. 상반된 이익이 객관적으로 존재하고 서로 간의 이익이 충돌할 수밖에 없는 국가 내에서 폭력과 강제를 사용하지 않고서야 사실상 소위 말하는 '일치'된 인식을 얻기는 불가능하기 때문이다.

《정치학》제2권의 한 구절을 보면 아리스토텔레스가 모든 도시국가의 의견이 일치한다고 해서 결코 이를 좋게 여기지는 않았음을 알 수 있다. 오히려 그는 서로 다른 관점과 견해가 존재함을 당연하게 생각했다. 아리스토텔레스는 다음과 같이 말했다. "한 도시국가가 완전한 획일성에 이른다면 이는 분명 더는 도시국가라 할 수 없다. 도시국가의 본질은 곧 다양성이기 때문이다. 만일 도시국가가 획일적으로 변한다면 가정은 도시국가보다 더 획일화되고 개인도 가정보다 더 획일화될 것이다. '하나'가 되기는 도시국가보다 가정이 더 쉽고 가정보다 개인이 더 쉽기 때문이다. 따라서 우리가 이러한 획일성에 도달할 수 있다 해도 절대 그렇게 해서는 안 된다. 이는 도시국가가 무너지는 원인이 될 수 있기 때문이다."

앞의 인용문에 대해 어떤 학생은 획일화가 무너뜨리는 것은 도시국가의 실체라기보다는 '정치 공동체'로서의 도시국가임을 지적했다. 정치는 도시국가를 운영하는 수단이지만 결코 대체 불가능한 유일한 수단은 아니다. '정치'를 대체할 수 있는 것은 한 사람의 '독재' 권력일 수도 있고 소수나 특정 집단의 '과두' 전제정치일 수도 있다.

한 학생은 그렇다면 아리스토텔레스가 정치를 지나치게 이상적으로 생각한 게 아닌지 반론을 제기했다. 전제정치와 독재정치는 정치라 할 수조차 없는가? 다른 학생은 전제정치와 독재정치도 물론 정치의 한 종류이지만 그것은 주로 사악하고 잔혹하기 때문에 아리스토텔레스가 《정치학》에서 논한 '행복한 삶'을 목적으로 한 고상한 정치에는 포함되지 않는다고 대답했다.

그렇다면 도시국가의 '행복한 삶'의 목적을 한 사람의 현명한 지도자가 모든 사람에게 가르쳐줄 수 있는가? 모든 학생들은 이에 동의했다. 그러나 아리스토텔레스는 한 사람의 '완전히 공정한 사람'이 정치 공동체를 다스릴 수 있다고 생각하지 않았다. 그러나 현대 독재국가의 독재자는 자신을 민중의 아버지이자 구세주로 위장하여 '완전히 공정한 사람'을 도맡으려 한다.

한 학생은 독재자는 사실상 이미 인간을 초월한 '신적인 존재'로 꾸며졌기 때문에 결코 '완전히 공정한 사람'이 될 수 없다고 말했다. 아리스토텔레스는 정치 생활에서 어떤 사람도 극히 위대하고 완전무결하며 항상 정확할 수는 없다고 생각했다. 따라서 규제가 반드시 필요하고 다른 사람의 의견 경청도 중요하다. 다른 사람의 의견 경청은 정치 집단 내에서 살아가는 '사람'에게 필수적이다. 그렇지 않으면 그는 인간 정치 집단 외의 신이나 야수가 될 수밖에 없을 것이다. 독단적인 '민중의 아버지'는 자신을 신격화하고 국민을 능가하는 존재가 된다. 신은 다른 사람의 견해를 따를 필요가 없고 오직 신의 도리만 있을 뿐 동료도 없으며 신의 의지가 곧 법이고 정의다. 그런데 아리스토텔레스는 정치를 인간의 일로 보았고 결코 신의 일로 간주하지 않았다. 따라서 그는 정치를 일종의 '과학'으로 이해하여 인간을 '정치적 동물'이라 칭했다.

아리스토텔레스는 정치학을 '발명'하거나 '창시'하지 않았다. 사실 그의 정치학은 정치 지식이 축적된 결과물이다. 그는 《니코마코스 윤리학》에서 정치학은 물리와 수학 같은 이론과학이 아니므로 정치학을 공부하는 목적은 지식을 구하기 위함이 아니라고 언급했다. 정치학적 지식의 중요성을 막론하고 그 지식의 근본적 목적은 '실천praxis'이며 '어떻게 실천하는가'는 지식인의 판단에 달려 있다. 아리스토텔레스는 정치학의 '새로운 이론'을 제안한 게 아니라 이미 축적된 경험적 지식을 토론의 범위 안에서 분석했다. 《정치학》 제3, 4, 5권에서 그가 다룬 것은 실질적인 정치 지식이다.

《정치학》의 중요한 개념은 고대 그리스 연극에서 생생하게 드러난다. 한 예로 소포클레스의 비극 《안티고네》 제3장에서 안티고네는 반란 도중 죽은 오빠의 장례를 치르지 말라는 국왕 크레온의 명령을 거역했고 이에 국왕은 그녀를 사형에 처하려 한다. 안티고네의 약혼자이자 국왕 크레온의 아들인 하이몬은 아버지에게 다른 사람의 이야기를 들어달라고 간청한다. "당신 의견만 옳고 다른 사람은 무조건 틀렸다는 한 가지 생각만 고집하지 마십시오." 그는 이어서 말했다. "테베 백성들은 하나같이 아버지의 명령을 '옳지 않다'고 생각합니다." 그러자 크레온은 하이몬을 질책하며 물었다. "내가 어떻게 통치해야 하는지 테베 백성들이 지시해야 하는가? …이 나라를 국왕인 내가 아닌 다른 사람의 말에 따라 다스려야 하는가?" 하이몬이 대답했다. "한 사람만을 위한 국가는 국가라 할 수 없습니다." 크레온은 말했다. "국가를 통치하는 자가 곧 국가의 주인이다." 하이몬이 대답했다. "아무도 없는 사막에서라면 독재 통치가 통하겠지요."

소포클레스는 하이몬이라는 인물을 통해 아리스토텔레스와 동일한 정치관을 말한다. 다른 사람의 의견을 경청하지 않는 독재 통치는 도시국가의 정치가 아니며 그것이 가장 잘 어울리는 곳은 인적이 드문 사막이다. 《안티고네》에서 중요한 것은 단지 안티고네 한 사람의 반항이 아니라 도시국가의 국민이 함께 '옳지 않다'고 외친 부르짖음이다. 독재자 크레온은 안티고네가 오빠의 장례를 치르지 못하게 막았다. 이때 크레온은 그저 한 사람의 나쁜 사람이 아니라 도시국가 국민 전체의 의견을 억압한 폭군이 되었다.

물론 독재가 무조건 성공할 수 없는 건 아니며 때로는 상당한 성공을 거두기도 한다. 모든 국민이 입을 다물도록 강요하는 것을 화합으로 미화시킨다면 전혀 불가능하지는 않다. 그러나 전제주의 독재정치는 실패 위험이 높은 통치 방식이다. 통치자 역시 통치의 안전을 위해 국민을 노예근성이 가득한 신민으로 만들어야 하기 때문에 항상 불안하고 조마조마할 수밖에 없다.

전제주의 독재자가 통치하는 것은 정치적 시민이 아닌 노예다. 정치는 노예와 노비를 위한 게 아니라 그 가치를 이해하고 소중히 여기는 자유 인류를 위해 존재한다. 즉 정치는 자유인에게만 가치가 있다. 자유는 정치의 영혼이므로 정치는 반드시 다른 의견에도 귀를 기울여야 하고 다른 이익을 두루 살펴야 하며, 강제력을 사용하여 '획일화된' 이데올로기를 세우려고 하지 말아야 한다.

《정치학》에서 논하는 정치 관념은 오늘날 우리 학생들의 경험과 상식, 가치관에 잘 부합된다. 우리는 이러한 관념을 기반으로 바람직한 사회에 대한 견해나 민주주의 법치 사회의 합리성을 지지한다. 가령 서로 상이

한 집단에서 이익 갈등이 발생하면 폭력이나 협박, 기만이 아니라 토론과 설득, 논쟁을 통해 갈등을 해결하려 한다. 우리가 '정치사회'라 부를 수 있는 사회에서는 개인과 집단 모두 규칙에 따라 일을 처리하며 그 규칙을 갈등을 해결하는 기본적인 원칙으로 삼는다.

아리스토텔레스에 따르면 《정치학》은 정치과학으로서 정치가에게 교육을 제공하는 유용한 지식이다. 인문학 강의에서 《정치학》을 읽고 토론하는 이유는 물론 아리스토텔레스의 정치학적 견해를 이해하기 위해서다. 그러나 분명 학생들은 그들이 이미 가지고 있는 정치 상식을 바탕으로 아리스토텔레스의 견해를 이해할 수도 있다. 우리 학생들은 입헌정치제도에서 생활할 뿐 아니라 그 제도를 존중하고 소중히 여긴다. 그들 역시 자신이 곧 국가의 주인이지, 신민이 아니라고 생각한다. 정부에서 일하는 사람들도 국민과 신분이 평등하며, 국민들에게 함부로 대할 수 없다. 또한 국민은 공직자를 선출하는데 이는 국민의 권리이자 책임이다.

학생들은 미국 역사 수업에서 민주주의 입헌정치제도에 대한 기본적인 지식을 쌓는데, 사실 미국 중고등학교에는 정치 과목이 따로 없다. 정치 지식은 모두 역사 수업에서 배운다. 《정치학》을 읽으면 그들이 배운 지식을 적용하는 데도 도움이 되지만 그들이 당연하게 여기는 정치의 개념이 고대 그리스인이 중요시한 두 가지 개념에 뿌리가 있음을 이해할 수 있게 된다. 그것은 곧 '헌법'과 '국민'이다.

인류의 정치 역사상 이 두 가지보다 더 혁명적인 개념은 없었다. 《정치학》은 바로 이 두 가지 개념을 서술한 첫 번째 작품이다. 영어의 constitution(헌법)과 constitute(구성), constituent(선거구민, 유권자)는 모두 동일한 어원에서 파생되었다. (아리스토텔레스가 폴리스polis라 일컬은) 헌정 국가는 (자연적으로 형성된 민족국가가 아닌) 인간으로 '구성'된 정치 국가다. '인간은 정치적 동물이다'라는 말은 인간이 세상에 태어나 정치 국가를 구성하고 표결권을 행사하는 구성원임을 뜻한다.

언어와 정치

언어는 정치의 도구일 뿐 아니라 그 자체가 곧 정치이기도 하다. 인류는 언어에 의지해 질서를 수립하고 언어의 도움으로 세계와 자아를 정의하며 언어를 통해 중요한 행위를 전개한다. 20세기 언어철학은 언어의 실제적 의미와, 인간이 언어 존재의 본질임을 밝혀 인간이 전에 가지고 있던 부족한 인식을 바로잡았다.

언어와 정치의 관계는 또 다른 측면에서 의미가 있다. 바로 언어를 통해 서로 소통하고 이해해야만 개인 간의 불가피한 이익 충돌을 폭력과 강제로 해결하는 것을 피할 수 있다. 오직 인류만이 '언어의 정치'를 할 수 있는 능력이 있다. 언어의 정치는 정치가 '필요악'이 되지 않게 하며 인류 문명을 일으킨 힘인 '제1의 학문'이 되도록 한다. 아리스토텔레스는 인간이 말을 할 수 있는 이성적 존재이기 때문 인간을 '정치적 동물'이라 칭했다. 말을 할 수 있고 시비를 가릴 수 있음은 인간이 공동체 생활에 참여할 때 가장 중요하고 기본이 된다. 공동체 생활과 그 생활 방식은 모든 구성원이 공통적으로 인정하는 정의의 기준에 따라 관리되고 유지된다.

'정치적 동물'이라는 개념은 인간이 서로 자유롭게 말할 수 있는 '언어적 동물'이며, 단지 기본적인 생존 욕구를 충족하기 위해 같이 사는 게 결코 아니라는 점을 전제로 한다(다른 동물도 이 정도로 어울려 살아갈 수는 있다). 동물과 비교하면 인류는 훨씬 더 큰 자유 변수와 예측 불가능성을 지니고 있기 때문에 더욱더 언어 교류를 통해 서로를 이해해야 한다. 인간의 정치 공동체는 우선 언어 공동체이며 이 공동체 안에서 이성으로 수립된 공동 규칙을 따른다.

그중에서 가장 근본적인 것은 시비를 가리는 문제로, 이는 정치 공동체가 공동의 기준을 가진 논단이 되게 하고 상이한 정의(도덕 문제)를 주장하는 논쟁의 장소가 되게 만든다. 정치는 이익의 충돌을 해결하는 데 필요하나, 충돌은 이익만이 아니라 여러 가지 일의 옳고 그름이나 좋고 나쁨과도 관련이 있다. 무엇이 좋은 정치이고 나쁜 정치인가도 여기에 포함된다. 오늘날 많은 국가에서 정치를 논할 때 사람들은 권력의 횡포와 부패, 정치인의 속임수와 기만, 정치 수단의 교묘함과 사기를 떠올린다. 사람들은 정치를 싫어하고, 단순한 호기심 외에 지식적 측면에서의 흥미는 거의 드물다. 아리스토텔레스의 《정치학》에 따르면 정치는 이러한 모습이어서는 안 되며 이는 '나쁜 정치'다. 미국의 정치는 비록 이 정도까지 부패하지는 않았지만 아리스토텔레스가 말한 '좋은 정치(또는 진정한 정치)'와는 여전히 큰 차이가 있다. 인문학 강의에서 《정치학》을 읽으며 학생들과 좋은 정치와 나쁜 정치의 차이를 생각해볼 수 있었다. 그 결과 학생들은 오늘날 국가에 더 나은 수준의 정치를 요구할 수 있게 될 것이다.

5

아리스토텔레스의
《수사학》

격언은 논리적 설득 수단이 될 수 있는가

수사학자들은 흔히 격언을 일종의 '수사법'이자 말을 전달하는 특정한 방식이나 스타일로 생각한다. 이렇게 보면 격언도 언어학적 연구 대상이 된다. 그러나 아리스토텔레스는 격언을 일종의 논리를 전달하는 수단으로 여겼다. 《수사학Ars Rhetorica》제2권 21장에 격언을 두고 전문적인 견해를 나누는 토론이 등장한다. 이에 따르면 격언도 대중을 설득하는 논리를 연구할 때 중요하게 다루어야 한다.

　아리스토텔레스는 격언의 두 가지 특징을 강조했다. 첫째, 격언은 일종의 보편적 서술로, 특정 인물이나 사건을 말하지 않는다. 둘째, 격언은 모두 인간의 행동과 관련이 있고 인간으로서 무엇을 해야 하고 하지 말아야 하는지를 알려준다. 여기서 우리가 특히 중요하게 눈여겨보아야 할 점은 격언과 인간 행동 간의 관계다.

별도의 해석이 필요한 격언

격언은 간결한 표현 속에 뜻이 담긴 형태로, 이해하고 기억하기 쉬우며 삶의 규율이나 인생의 상식 또는 자잘한 지혜를 전달한다. 격언은 글로 표현되나 일반적으로 구어체 문화의 산물이다. 따라서 격언은 평범하고 통속적인 특징이 있어 보통 사람들이 논리를 주장할 때 자주 사용된다. 격언은 글의 구성이 비교적 완벽하여 특정한 의미를 전달할 때 독립적으로 사용될 수 있다. 격언을 다른 언어로 번역할 때에는 기존에 유사한 표현이 있는지와 가독성이 좋은지에 유의해야 한다.

서로 다른 언어권끼리도 내용과 의미가 유사한 격언을 종종 볼 수 있다. 중국어와 영어를 예로 들면 어떤 격언은 의미가 비슷하나 표현이 더 분명한 것들이 있다. 가령 공자는 '己所不欲 勿施於人(자기가 원치 않는 것을 남에게 행하지 말라)'이라고 했다. 영어 격언 가운데는 'Do as you would be done by(네가 원하는 것을 남에게 행하라)'라는 말이 있다. 또 다른 예로 셰익스피어의 《햄릿》에 등장하는 'Neither a borrower nor a lender be(돈은 꾸지도 말고 빌려주지도 마라)'를 중국어로 번역하면 '既不要同人借錢, 也不要借給人錢(다른 이에게 돈을 빌릴 필요도, 빌려줄 필요도 없다)'이 된다.

어떤 격언은 두 가지 언어 모두 의미와 표현 방식이 매우 유사하다. 중국어의 '无債一身輕(빚이 없으면 자기 한 몸이 편안하다)'과 영어의 'Out of debt, out of danger(빚이 없으면 위험할 일도 없다)'를 들 수 있다. 또 어떤 격언은 아예 서로 번역할 필요가 없을 정도다. 영어의 'One careless move loses the whole game(한 번 잘못 둔 패로 게임 전체를 잃을 수 있다)'과 중국어의 '一着不愼, 滿盤皆輸(한 수의 실수로 바둑에서 질 수 있다)'가 그러하다.

　　격언은 보통 개인이나 집단의 신조가 되기도 하며 속담, 관용구, 경구 등의 형식으로 표현된다. 물론 이러한 유형에 속하지 않는 격언도 있는데 그것은 대개 보편적인 논리를 지닌다. 예를 들어《'뒤처지면 공격당한다'는 말은 사용하지 맙시다!'落後就要挨打' 還是再別說了吧!》라는 책은 '뒤처지면 공격당한다'라는 격언이 겉보기에는 옳은 말 같지만 실은 불완전한 논리에 불과하다고 분석했다. 역사적으로 발전이 뒤처지면 다른 국가의 공격을 받는 일이 있었지만 모두 다 그렇지는 않았다. 강대한 로마 제국은 한참 낙후된 야만족의 침입을 받았고 중국의 당나라도 흉노와 돌궐의 침략을 받았다. 그 밖의 다른 예도 얼마든지 찾을 수 있으며 발전이 상대적으로 뒤처졌음에도 다른 나라의 공격을 받지 않은 나라도 많이 있다. 그뿐 아니라 공격을 받는 이유가 '뒤처졌기' 때문이라는 단 하나의 원인에서 비롯되지도 않는다. 강대국 미국은 2001년 9월 11일 테러 공격을 받았으나 이는 발전이 뒤처졌기 때문이라고 볼 수 없다.

　　《'뒤처지면 공격당한다'는 말은 사용하지 맙시다!》의 결론도 아주 재미있다. 작가는 이 격언의 논리가 불완전함을 분석한 뒤 다음과 같이 말했다. "역사에는 결국 역사의 법칙이 있다. '뒤처지면 공격당한다'가 아닌 다른 법칙이다. 예를 들어 '정의는 결국 사악함을 이긴다'나 '나쁜 짓을 저지르면 끝내 죽음을 면치 못한다' '정의를 지키면 많은 사람의 지지를 받지만 정의를 저버리면 반드시 혼자가 된다' '억압이 있는 곳에는 반드시 저항이 있다' 등이다." 글의 결론이 주장하는 바는 모두 단언적 성격의 격언이다. 여기서 우리는 어떤 격언이 불완전하다고 주장하는 사람도 결국은 다른 격언으로 그 오류를 대체함을 알 수 있다. 이것은 격언으로 사고하는 우리의 습관이 얼마나 완고한지 보여준다.

　격언은 종종 지혜나 진리로 여겨진다. 아리스토텔레스는 사람이 어떻게 행동해야 하는지에 관한 격언을 말했는데, 어떤 것은 직접적으로 알려주기도 하지만 어떤 것은 깨달음의 노력이 필요하기도 하다. 예를 들어 영어의 'One became the victor and the other hid in a corner of the yard(승자는 왕이 되고 패자는 도둑이 된다)'는 행위 격언으로 생각된다. 이 격언은 일반적인 규율을 서술할 뿐 아니라 마키아벨리식 행동 지침으로 볼 수 있다. 수단을 가리지 않고 큰일을 도모한다 해도 일단 업적을 세우고 권력을 손에 넣으면 누구도 감히 비난할 수 없다는 뜻을 담고 있다. 또한 영어의 'Give him an inch and he'll take a yard(봉당을 빌려주니 안방을 달라 한다)'와 중국어의 '得寸進尺(한 치를 얻으니 한 척을 바란다)'은 모두 욕심이 한도 끝도 없는 행위를 훈계한다. 영어는 비교적 직접적이고 중국어는 묘사에 가까우나 두 격언 다 탐욕스러운 행동을 하지 못하도록 가르치는 내용이다.

　아리스토텔레스는 논리를 밝히는 수단으로서의 격언과 행동과의 관계를 특히 강조했다. 그 이유는 무엇일까? 이는 대중 앞에서 논리를 주장할 때 격언을 사용하는 것이 대개 '건의'의 목적(주장)과 관련이 있기 때문이다. 상이한 주장을 논리적으로 설명할 때 적용되는 이론을 수사학 평형이론stasis theory(아리스토텔레스와 헤르마고라가 개발한 수사학 이론으로, 글을 쓰기 전 네 가지 질문을 바탕으로 글의 내용을 범주화하는 방법이다. 네 가지 질문이란 첫째 글을 쓰려는 주제가 사실인가, 둘째 그 주제의 의미는 무엇인가, 셋째 그 주제는 어떤 성격을 지니는가, 넷째 그 주제를 어떻게 실천하고 어떻게 해결할 것인가이다. – 옮긴이)이라 한다. 여기서 주장은 사실, 인과, 해석, 가치, 행동에 대한 것일 수 있는데, 그 가운데 건의와 행동이 격언과 가장 관련이 깊다. 그리스어로 격언은 gnome으로 gignoskein(알다)에서 파생되었다. gnome은 자신 있고 판단력이 있으며 명확한 행동의 규율이다. 라틴어로 격언은 senténtĭa인데 영어의 sententious가 여기서 파생되었다. 단언이나 설교를 잘하고 스스로 옳다고 여긴다는 뜻이다. 이를 통해 격언에는 항상 인간이 어떻게 행동해야 하고 어떻게 행동하지 말아야 할지를 지도하는 내용이 담겨 있으며, 분명 남을 훈계하는 특징이 있음을 알 수 있다.

격언은 유연하고 민첩한 설명 방식으로 적절하게 사용하면 훌륭한 설득 논리가 될 수 있지만 잘못 사용하면 논리적 오류에 부딪히거나 얄팍한 속임수가 되는 수도 있다. 이미 세상을 떠난 미국의 칼럼니스트이자 유머 작가 로버트 벤츨리Robert Benchley는 격언이란 무릇 꽤 그럴듯하게 들리지만 의미가 상반되는 다른 격언을 만나면 이야기는 달라진다고 지적했다. 예를 들어 '충분히 심사숙고한 뒤 행동해야 한다'는 타당한 말이지만 그와 상반된 의미인 '(이익이나 지위를) 얻기 전에는 얻으려 근심하고, 얻은 뒤에는 잃을까 걱정한다'나 '한 가지 일도 제대로 이룬 것이 없다' 역시 맞는 말 같다. 격언과 속성이 유사한 속담도 마찬가지다. 가령 '착한 사람은 복을 받고 악한 사람은 벌을 받는다'는 옳은 말이지만 이와 상반된 뜻인 '착한 사람은 오래 못 살고 악인은 천 년을 산다'도 역시 타당해 보인다. 의미가 반대되는 격언을 함께 두면 말할 필요도 없이 당연해 보였던 본래 의미가 서로 상쇄되어 약해지고 만다.

언어마다 의미가 서로 다른 격언이 많이 있는데 이를 '상반되는 격언 dueling maxims'이라 한다. 학생들은 서로 상반되는 격언을 찾아와 발표했는데 다음에 이를 소개한다.

Birds of a feather flock together. 가재는 게 편이요 초록은 한 빛이라.

Opposites attract. 극과 극은 서로 통한다.

You're never too old to learn. 배움에는 나이가 없다.

You can't teach an old dog new tricks. 늙은 개에게 새로운 재주를 가르칠 수는 없다.

It's better to be safe than sorry. 부자 몸 조심.

Nothing ventured, nothing gained. 호랑이 굴에 들어가야 호랑이를 잡을 수 있다.

All good things come to those who wait. 기다리는 자에게 복이 있나니.

Time and tide wait for no man. 시간은 사람을 기다리지 않는다.

Many hands make light work. 백지장도 맞들면 낫다.

Too many cooks spoil the broth. 사공이 많으면 배가 산으로 간다.

Absence makes the heart grow fonder. 하루가 삼 년같이 그립다.

Out of sight, out of mind. 눈에서 멀어지면 마음도 멀어진다.

　격언에 담긴 진실이나 진리는 부분적이기 때문에 단독으로 쓰이면 논리가 불완전하거나 오류를 일으킬 수 있다. 미국의 시인이자 수필가인 윌리엄 매슈스William Matthews는 "모든 격언은 반￥격언이며 관용구는 둘씩

짝을 이루어 사용해야 한다. 하나만 있으면 반￦진실이다"라고 말했다. 히브리 격언에서 반진실은 완전한 거짓이다. '반만 진실인 것'은 의도적이건 비의도적이건 모호하고 불확실하다. 이는 격언의 특징일 뿐 아니라 속담, 관용구와 같이 함축적인 언어의 특징이기도 하다. 이러한 표현들은 대중 앞에서 논리적 주장을 펴기에는 근거가 비교적 단편적이고 불충분하며 불완전하다.

영국의 뛰어난 정치가 스탠리 볼드윈Stanley Baldwin은 다음과 같이 말했다. "비록 오래전부터 사람들은 아예 없는 빵보다 반쪽짜리라도 낫다고 여겼지만 반쪽짜리 진리는 완전한 진리보다 강할 수 없고 거짓말보다 더 나쁘다. 거짓말과 반진실을 믿는 사람은 무지하다."

선지적 예언이나 운명을 점칠 때도 격언과 비슷하게 반은 명확하고 반은 불명확한 언어를 사용하는데, 이는 듣는 이가 예언이나 운명의 결과를 미처 알지 못하거나 그 효과를 아직 알 수 없기 때문이다. 예를 들어 셰익스피어의《맥베스》에서 맥베스는 국왕 덩컨을 배신하고 군사를 일으켜 반란을 주도한다. 그가 이런 결정을 내린 이유는 버넘 숲이 그를 향해 움직이지 않는다면 반란이 실패할 일은 없다는 마녀의 예언 때문이었다. 숲이 움직이는 일은 있을 수 없고, 따라서 맥베스는 반란이 실패하지 않을 거라고 믿었다. 한편 맬컴(덩컨 국왕의 아들)은 맥베스의 반란군에 대항하기 위해 병사들에게 버넘 숲의 나뭇가지를 꺾어 손에 들게 했다. 맥베스의 군대가 전진하며 바라보니 마치 버넘 숲이 점점 가까이 다가오는 듯했다. 결국 맥베스는 반란에 실패했다.

예언과 마찬가지로 격언은 명확하고 이해하기 쉬워 보이지만 앞뒤 문맥의 구체적인 의미가 나타나 있지 않기 때문에, 의미가 상반되거나 서로 다른 격언과 착각하기 쉬우므로 별도의 해석이 필요하다. 격언은 그 의미가 반은 숨겨져 있고 반은 뚜렷한 특징이 있다. 따라서 격언을 사용할 때는 유연성과 실용성이 필요하다. 특정한 상황에서 필요에 따라 잘 사용하기만 한다면 격언은 매우 유용한 설득의 수단이 될 수 있다.

보편적 상황에 대처하는 격언

20세기 미국의 문학이론가이자 수사학자인 케네스 버크Kenneth Burke는 〈인생의 도구로서의 문학Literature as Equipment for Living〉이라는 논문에서 격언이나 관용구가 '상황적 필요를 해결하는 언어 전술'이라는 관점을 드러냈다. 이는 문학에 대한 '사회학 비평관'을 다룬 부분에 나오는데 사회학 비평 측면에서 보면 문학은 인간에게 일상생활의 문제에 대처하는 데 필요한 능력과 지혜를 제공한다. 문학을 통해 인간은 인생의 문제를 어떻게 해결해야 할지 생각할 수 있게 되고 이러한 체험과 깨달음을 통해 성공의 경험이나 실패의 교훈을 얻을 수 있다.

인생에서 부딪히는 다수의 문제들은 대개 많은 공통점이 있다. 마찬가지로 사회적 기능의 관점에서 보면 (잠언, 격언, 경구 등을 포함한) 관용구도 상당히 보편적인 속성을 띠기 때문에 반복되는 인생의 문제에서 끊임없이 활용된다. 따라서 사람들은 어떤 사건에 부딪히면 '분명 기존의 방식이 있을 것이다'라고 생각하고, 그러한 기존 방식을 찾아내면 익숙하면서도 타당하다는 느낌을 갖게 된다. 버크가 언급한 상황에는 '위로나 원망, 충고, 비판, 예언'이 포함되며 상황에 따라 적절한 격언이나 관용구로 대처 방안을 찾을 수 있다.

　예를 들어 어려움을 당한 사람에게 용기를 주고 싶은 '위로'의 상황에서 사람들은 기존에 있는 위로의 말을 찾는데, 이때 관용구와 격언은 아주 유용하다. '음지가 양지 되고 양지가 음지 된다' '고생 끝에 낙이 온다' '쥐구멍에도 볕 들 날 있다' 등의 표현이 있다. 반면 '눈 뜨고 코 베어 갈 세상' '세상인심이 감기 고뿔도 남 주기 싫어한다' 등은 야박한 세상에 대한 경고나 충고를 담고 있다.

　불만을 털어놓거나 불공평함을 호소하는 상황도 자주 발생하는데, 이에 해당하는 표현도 다양하다. 가령 '지렁이도 밟으면 꿈틀한다' '궁지에 몰린 쥐가 고양이를 문다' '가랑잎이 솔잎더러 바스락거린다고 한다'가 그러하다. 불만이나 불공평함을 토로하는 것은 정신적 보상 심리나 신 포도의 심리(이솝우화에서 여우가 포도를 먹고 싶었지만 먹지 못하자 어차피 시어서 못 먹는 거라고 자신을 위로했던 것처럼, 가지고 싶지만 가지지 못한 것을 놓고 스스로 합리화하는 심리. - 옮긴이)의 측면이 있으며 도덕적 비난의 의미도 있다.

　미래를 예측하는 표현들은 농경 사회의 자연이나 기후 지식과 관련되고 나중에 다른 뜻이 더해지기도 했다. '번개가 잦으면 천둥이 친다' '동풍에 곡식이 병난다' '무지개가 서쪽에 서면 강 건너에 소를 매지 말랬다' '짙은 안개가 끼면 사흘 안에 비가 온다' 등이 그러하다.

　'가물에 단비' '벼는 익을수록 고개를 숙인다' '달은 차면 기운다' '비 온 뒤에 땅이 굳는다' '일찍 일어나는 새가 벌레를 잡는다' 등 기후와 자연 현상에 관한 속담이나 관용구는 비유적인 숨은 뜻을 파악하는 것이 중요하다.

　예측 및 예견의 관용구나 격언, 속담, 경구는 삶의 희로애락을 통해 인간이 겪은 경험들을 교훈과 규율이라는 언어의 형태로 표현한다. 이것은 스스로를 격려하고 집안을 돌보며 재정을 관리하거나 자녀를 교육하는 등 다양한 상황에서 쓰인다. 예측과 예견의 훈계, 충고, 교훈은 인류 공통의 경험에 기초하므로 사람들의 보편적 동의를 얻을 수 있다. '군자는 입을 아끼고 범은 발톱을 아낀다' '큰 고기를 낚으려면 작은 미끼를 아끼지 마라' '벼슬은 높이고 뜻은 낮추어라' 등의 표현이 있다.

버크는 관용구와 격언을 이해할 때 매 구절의 본래 뜻뿐 아니라 말하는 사람의 '태도'도 중요하다고 지적했다. 물론 말하는 이와 듣는 이의 태도가 일치할 때 격언에 대한 오해를 줄일 수 있다. "격언의 모순은 사실 '태도'의 차이에서 비롯된다. 태도에 따라 '상황'에 대한 대응 전략이 다르기 때문이다. '소 잃고 외양간 고친다'와 '늦었다고 생각할 때가 가장 빠른 때다(소를 잃은 뒤에라도 외양간을 고치면 늦은 편은 아니다)'라는 표현을 예로 들어보자. 앞 문장은 책망의 뜻을 담아 '조심하지 않으면 나중에 후회해도 소용없다'고 이야기한다. 반면 뒷 문장은 위로로 '아직 포기할 때가 아니니 결코 낙담하지 말라'고 전한다."

버크는 격언과 관용구를 활용할 수 있는 상황을 언급할 때 다음과 같이 말했다. "어떤 상황에나 꼭 들어맞는 관용구를 찾아내는 게 중요하지는 않다. 이는 유동적이어서, 한 관용구에 담긴 의미를 단정 지을 필요가 없고 다양한 상황에서 활용할 수 있다. '승낙이나 훈계, 충고, 위로, 분풀이, 예견, 교훈'의 상황은 모두 인간의 삶을 더 좋게 만드는 행위와 직접적인 연관이 있다." 여기서 버크는 격언을 활용하는 두 가지 중요한 이유를 밝혔다. 하나는 격언이나 관용구를 사용하면 우리가 인생의 유익한 지식(삶을 더 좋게 만드는 것)을 얻을 수 있고, 다른 하나는 관용구로 말미암아 우리가 어떤 이치를 깨닫고 그것을 실천할 수 있다는 점이다.

논리적 설득 수단으로서의 격언

아리스토텔레스는 《수사학》에서 격언을 타인을 설득하기 위한 수단으로 보았다. 그가 강조한 격언의 효과도 보편적인 가치를 전달하고 행동을 교화하는 것이었다. 인간은 격언이 인생의 경험과 지혜를 제공한다고 생각하기 때문에 격언을 사용한다. 아리스토텔레스는 격언이 자주 사용되기 때문에 "진실해 보이고 모두가 그 뜻에 동의하는 것 같지만" 실은 반드시 그렇다고 할 수는 없다고 말했다. 또한 그는 격언은 매우 간결하고 핵심적인 관점으로 "수사적 추론인 삼단논법의 형식에서 결론이나 전제만 남은 형태"라고 했다. 이 말은 오해를 불러일으키기 쉽다. 왜냐하면 '수사적 추론'이나 '생략 삼단논법(결론이 이유 바로 다음에 나오는 형식)'의 구조에 따라 격언은 삼단논법의 '결론'이 생략된 것일 수도 있고 '대전제' 부분일 수도 있다. 아리스토텔레스가 언급한 것은 후자에 해당된다. 전자와 후자의 차이는 '나는 생각한다'와 '모두가 생각한다'의 차이로 이해할 수 있다.

수사적 추론enthymeme은 '생략 삼단논법'이라고도 하는데 '결론'에 '이유'를 더한 구성이다. 완전 삼단논법syllogism에서 결론은 삼단논법의 대전제와 소전제에서 추론하고, 대전제와 소전제가 모두 참이면 결론도 참이다. 예를 들면 다음과 같다.

사람은 모두 죽는다. (대전제)

소크라테스는 사람이다. (소전제)

소크라테스도 죽는다. (결론)

'못생긴 아내는 집안의 보물이다'라는 격언이 있는데 이는 '못생긴 아내가 집안의 보물인 이유는 아내가 예쁘면 집안에 재물이 있어도 분란이 생길 수 있기 때문'이라는 뜻이다. 이 격언은 이유를 생략한 뒤 남은 '결론'이다(수사적 추론 또는 생략 삼단논법). 어떤 논리를 주장할 때 결론은 개인적인 것(나는 생각한다)이지만, 격언은 개인이 동의하는 다른 사람들의 공통적인 의견이다(사람들이 그렇게 생각하므로 나도 그렇게 생각한다).

'못생긴 아내는 집안의 보물이다'를 삼단논법으로 재구성해보면 다음과 같다.

무릇 아내가 예쁘면, 재물이 있는 집은 모두 평안하지 못하다. (대전제)

어떤 집에 아내가 예쁘고, 집에 재물이 있다. (소전제)

그 집은 평안하지 못하다. (결론)

'못생긴 아내는 집안의 보물이다'는 삼단논법의 대전제 부분이다. 대전제는 보편성을 지닌 개론으로 그 자체가 격언으로 쓰일 수도 있다.

또 다른 예로 '새는 먹이 때문에 죽고 사람은 재물 때문에 죽는다'라는 격언을 분석해보자. 이는 이유가 생략되고(사실 설명에 해당할 뿐 진짜 이유는 아니다) 결론 부분만 남은 생략 삼단논법('사람이 재물 때문에 죽는 것은 누구도 재물에 대한 유혹을 이기기 어렵기 때문이다') 또는 삼단논법의 대전제로 볼 수 있다.

> 사람은 재물 때문에 죽는다. (대전제)
>
> 장삼은 사람이다. (소전제)
>
> 장삼은 재물 때문에 죽을 것이다. (결론) (탐욕으로 죽을죄를 범할 수도 있다)

삼단논법의 대전제이든 생략 삼단논법의 결론이든, 이 격언은 모두 말하는 이가 믿는 '주관적인 진리'로 실증에 의한 객관적 사실에 기초한 것은 아니다.

대전제(개론 혹은 보편적인 결론)의 논법으로 보면 어떤 격언은 분명 정확한 사실이다. 예를 들어 사마천은 《보임소경서報任少卿書》에서 "인간은 본디 죽으면 태산보다 무겁거나 기러기 털보다 가볍다"고 말했다. '인간은 본디 죽는다' 또는 '인간이라면 모두 죽는다'는 대전제는 참이다. 그러나 이 대전제에 '태산보다 무겁거나 기러기 털보다 가볍다'라는 개론이나 보편적 결론이 더해지면 신뢰성이 떨어진다. 인간의 죽음에는 결코 두 가지 극단적인 방법(태산 혹은 기러기 털)만이 존재하지는 않기 때문이다. 대다수 사람들에게 죽음은 보통 무겁지도 가볍지도 않은 '일반적인 죽음'이고 극소수의 극단적인 사례로 대다수 보편적인 죽음의 방식을 설명할 수는 없다.

"인간은 본디 죽으면 태산보다 무겁거나 기러기 털보다 가볍다"는 비논리적인 격언적 성격의 단언 또는 결론이다. 사람들이 언뜻 듣기에 이치에 닿고 깊이가 있다고 여길 수 있으나 사실 그 이치를 명확하게 밝히기는 어렵다. 이러한 성격의 표현은 대중을 선동하는 효과는 있지만 그 논리에 대한 '반문'까지는 생각하지 못한다. '태산처럼 무겁거나 기러기 털처럼 가볍다'는 표현은 말할 필요도 없이 당연한 진리가 아니다. 논리적으로 분석해보면 사람들은 분명 이에 상반된 의견을 보일 것이다.

가령 지극히 평범한 죽음은 '기러기 털보다 가벼운가?' 죽음의 가치 평가는 곧 생명의 가치 평가이고, 생명의 존엄성은 평범한 사람이나 위대한 영웅이나 모두 동일한 가치를 지녔음을 말해준다. 또한 태산이나 기러기 털이라 말할 수 있는 평가의 기준은 무엇인가? 지진이 났을 때 아이를 보호하기 위해 목숨을 다한 어머니의 생명은 어떻게 평가할까? 모든 인류를 위해 죽지는 않았으니 기러기 털보다 가볍게 죽었다 말할 수 있는가?

아리스토텔레스는 '설명어'의 필요 여부를 기준으로 격언을 크게 두 가지 유형으로 분류했다. 첫 번째 유형은 '보통 사람들의 견해와 상충되는 내용이 없고' '이미 널리 알려져 설명어가 필요치 않은' 격언이다. 아리스토텔레스는 '건강보다 더 큰 행복은 없다'를 그 예로 들었다. 사실 이 말은 그의 생각처럼 모든 사람이 다 알고 있는 것은 아니다. 어떤 사람들은 다른 행복을 위해 자신의 건강을 기꺼이 희생할 수도 있기 때문이다. 한 보도에 따르면 어떤 가난한 여성이 휴대전화를 사기 위해 자신의 신장을 판 사례도 있다. 따라서 아리스토텔레스가 언급한 모든 사람이 다 아는 것은 동의하는 사람들이 비교적 많음을 의미한다. 다시 말하면 '사람은 태어나면 반드시 죽는다'나 '검은 밤이 지나면 밝은 하늘이 온다' '인간은 모두 부모가 있다'와 같은 절대적인 사실 진술을 제외하고 완벽하게 의견이 일치하고 증명이 불필요한 격언은 없다.

두 번째 유형은 '보통 사람들의 견해와 상충되거나 논쟁을 일으키는' 격언으로, 증명이나 설명이 필요하다. 물론 여기에도 정도의 차이는 있다.

이 유형의 격언은 다시 두 종류로 나눌 수 있다. 첫째는 수사적 추론의 일부분인 결론에 해당하며, 이유나 설명이 필요하다. 예를 들어 '똑똑한 사람은 다른 사람을 해치지 않는다(똑똑한 사람이라면 다른 사람을 해치는 게 곧 자신에게 해가 될 수 있음을 알기 때문이다)' '군자는 암실暗室을 속이지 않는다 (군자는 스스로 규율을 지키기 때문이다)'가 있다. 격언의 이유나 설명은 하나보다 더 많을 수 있고 서로 뜻이 통하지 않거나 심지어 모순되기도 한다.

둘째는 수사적 추론의 성질(이유를 함축)을 지니고 있으나 수사적 추론의 일부분이 아니다. 예를 들어 '무릇 사람은 거짓으로 사람을 속이면 안 된다'에서 '무릇 사람은'을 이유나 설명으로 볼 수 있고, '거짓으로 사람을 속이면 안 된다'는 결론이다. 즉 너는 귀신이 아닌 사람이기 때문에 거짓으로 사람을 속이지 말라는 것이다. 아리스토텔레스는 이러한 격언이 가장 인기가 높다고 여겼다. '사내대장부는 대장부답게 맡은 바 책임을 다한다'에서 '사내대장부'는 함축적인 이유로 볼 수 있다. 사내대장부니까 맡은 바 책임을 다해야 한다는 뜻으로 분석할 수 있기 때문이다.

아리스토텔레스는 논쟁의 여지가 있는 상황에서 격언을 사용할 때는 먼저 이유나 설명을 제시한 뒤 결론에서 격언을 말하는 게 효과적이라고 여겼다. 예를 들어 도망가야 할지 말지를 논할 때 '형세가 불리하니 시급히 떠나야 한다. 사내대장부는 눈앞의 손실을 당하지 않는다'처럼 말할 수 있다. 물론 결론을 먼저 말한 뒤 이유나 설명을 덧붙일 수도 있다. '사내대장부는 눈앞의 손실을 당하지 않는다. 지금 형세가 불리하니 떠나지 않으면 손해를 볼 것이다'처럼 말이다. 또한 '삼십육계 줄행랑을 놓다'라는 표현을 사용하여 직접적으로 말할 수도 있다.

아리스토텔레스는 격언을 말한 뒤 이유와 설명을 덧붙일 때 최대한 간단명료해야 간결하고 힘 있는 격언의 수사적 효과를 얻을 수 있다고 설명했다. 논리를 설명할 때 격언을 사용하면 대개 수사적이고 실질적인 이유를 제공하지 않아도 되는 효과가 있다. 다시 말해 만약 결론을 뒷받침할 수 있는 충분한 이유가 있으면 결론이 많은 사람들이 들어본 익숙한 내용인지 아닌지는 그다지 중요하지 않다.

격언은 듣는 사람을 설득하는 데 아주 효과적이다. "청중에게 익숙한 이치를 보편적인 논리로 일반화하여 주장하면 긍정적인 심리 효과를 얻을 수 있기 때문이다." 격언은 보편적인 이치를 설명하기 때문에 청중의 동의를 얻기가 비교적 쉬운데 이는 격언 사용의 큰 장점 중 하나다. 설득에 격언을 사용하면 좋은 또 다른 점은 연설자의 신뢰도와 지혜로운 이미지 ethos를 높일 수 있고, 청중에게 경험이 많고 지혜가 풍부하며 마무리가 명확하다는 인상을 줄 수 있다. 그러므로 "격언은 나이 많은 노인이 사용하기에 적절하고 그들이 겪은 경험을 이야기할 때 활용할 수 있다. 자신이 체험하지 않은 일을 격언으로 말하는 것은 현명한 방법이 아니다."

아리스토텔레스가 《수사학》에서 논한 것은 '대중 연설'로, 그 범위는 삼대 수사(법정 변론, 민회, 공개 연설)뿐 아니라 철학, 정치, 역사, 논리, 문학 등의 언어적 표현도 포함된다. 또 다른 형식의 대중 연설 중에는 기존 관점을 직접적으로 설명하는 다양한 방법이 존재한다. 그중에 '통조림 사고Potted Thinking'라고 불리는 방법이 있다. 영국의 철학자 수전 스테빙L. Susan Stebbing은 '통조림'은 분명 통조림 사고의 특징을 설명할 수 있다고 말했다. "통조림 사고는 받아들이기 쉽고 형식이 압축적이나, 반드시 필요한 영양소가 없어져버렸기 때문이다." 그녀는 이어서 다음과 같이 말했다. "소고기 통조림은 맛도 있고 영양도 있는 편리한 식품이다. 그러나 그 영양학적 가치는 통조림에 처음 들어갔던 신선한 소고기에는 비할 바가 못된다. 마찬가지로 일종의 통조림 사고는 편리하고 간단명료하며 때로는 더 좋아 보이기도 해서 사람들의 주목을 받지만 통조림에 담긴 철학은 통조림에 담기기 이전에 만들어진 것임을 잊어서는 안 된다. 즉 정형화되고 습관화된 언어로 상황에 대한 적극적이고 주체적인 사고의 수고를 덜려고 해서는 안 된다."

격언은 사회 여론이나 선전 용어에 사용되는 전형적인 표현처럼 미움을 받는 통조림 사고는 결코 아니다. 그러나 만약 격언으로 우리가 적극적으로 사고하는 수고를 대체하려고 한다면 그 역시 당초 신선한 소고기로 만들었지만 통조림에 담겨 상태가 변한 소고기 통조림처럼 '꼭 필요한 영양소'가 이미 없어져버렸을지도 모른다. 인류의 보편적 이치를 진술한 격언은 그 모호한 특성 때문에 상황에 따라 바르게 쓰일 수도 잘못 쓰일 수도 있으므로, 격언은 바르게 알고 적절하게 사용해야 한다.

6

투키디데스의
〈미틸레네 논쟁〉

강대국의 자세는 어떠해야 하는가

고전 읽기 수업에서 읽기와 토론을 진행하다 보면 실질적인 사회 현안과 연관되는 경우를 많이 만난다. 학생들은 이에 대해 서로 생각을 교환하고 토론을 펼치는데 국민 토론처럼 사뭇 진지해지기도 한다. 학생들의 토론에서 드러나는 것은 시공간의 격차를 뛰어넘는 인류의 영원한 문제들이다. 이는 익숙한 현안을 토론할 때 더욱 구체화되고 그 당면성이 뚜렷해진다.

한번은 투키디데스의 《펠로폰네소스 전쟁사Peri tou Peloponnesiou polemou》 제3권의 〈미틸레네 논쟁〉에 대해 토론했다. 이 논쟁은 기원전 427년에 발생한 것으로, 아테네 군대는 미틸레네의 반란군을 진압한 뒤 민회에서 미틸레네의 모든 시민들을 사형에 처하기로 결정했다. 하지만 "이튿날 아테네 사람들은 갑자기 생각이 바뀌어, 이러한 결정이 얼마나 잔혹하고 역사상 전례가 없는 일인지 자각하기 시작했다."

이에 2차 민회를 열었는데, 클레온은 여전히 미틸레네 시민을 전부 처형하자고 주장했고 디오도토스는 '죄 있는 사람'만 처형하자고 주장하여 두 사람 간에 논쟁이 펼쳐졌다.

아테네와 미국

2,400여 년 전에 발생한 이 논쟁을 통해 우리는 미국의 국외 전쟁을 깊이 생각해볼 수 있다. 먼저 처벌의 적절성 문제다. 미틸레네는 아테네가 자신들을 속국으로 여기지 않았음에도 반란을 일으켰고 펠로폰네소스인 들의 지원까지 받았다. "이에 아테네인들은 미틸레네를 더욱 괘씸하게 여겼다." 따라서 아테네인들은 미틸레네를 엄벌에 처하기로 했고 이로써 미틸레네인 모두를 처형하자는 첫 번째 결정이 내려졌다.

한 학생은 미국의 아프가니스탄 파병은 이와 유사하게 '배신당했다는 괘씸함' 때문에 행해진 것이라고 생각했다. 미국은 앞서 탈레반이 소련에 대항하는 것을 지지했으나 탈레반은 테러 조직을 도왔고, 결국 미국에 9·11 테러라는 엄청난 비극을 겪게 했다. 이에 미국은 자신들이 탈레반 정권에 보복할 권리가 있다고 생각하게 되었고, 이는 클레온이 미틸레네를 엄벌해야 한다고 주장한 논리와 동일하다. 이러한 보복 행위를 지지하는 것은 오래전부터 지금까지 이어져온 '보복적 정의'의 개념이다.

어떤 학생은 미국의 아프가니스탄 파병과 아테네의 미틸레네 진압, 두 개의 군사적 행동의 적절성에는 차이가 있으며, 미국이 아테네보다 진보한 경우라고 지적했다. 이는 곧 인류 문명의 진보이고 그 첫걸음은 바로 〈미틸레네 논쟁〉에서 출발했다. 디오도토스는 클레온과 논쟁하면서 미틸레네인 모두를 처형하는 것에 반대했고, 반란에 직접 참여하지 않은 사람들에게는 '선의'를 베풀자고 주장했다.

여기서 미국이 아테네와 다른 점은 아프가니스탄에서 진행한 군사적 행동이 모든 아프가니스탄인이 아닌 탈레반만을 겨냥했다는 사실이다. 미국의 군사적 행동을 일종의 '보복' 행위로 본다면 본래 의도는 적절하다고 볼 수도 있다. 그러나 전쟁이 진행되면서 무고한 민간인들이 희생당하여 사실상 적절치 못한 보복이 되고 말았다. 결국 미국은 군사적 행동의 정당성에 큰 타격을 입었다. 그 뒤 미군 지휘부는 전략을 수정하여 민간인 희생자 수를 최저 수준으로 낮추기 위해 노력했다.

공리와 정의

이어서 또 다른 학생은 미국의 전략 수정은 '보복적 정의관'에 변화가 있었기 때문이 아니라 다른 측면에서 미국 '자신의 이익'을 고려했기 때문이라고 주장했다. 정의관의 변화와 관계없이 자신의 이익에 의해 다른 전략이 나올 수 있음은 〈미틸레네 논쟁〉에서도 충분히 드러난다. 디오도토스는 클레온과 마찬가지로 '국가적 이익'이라는 특수한 이익을 주장했고 결코 '정의'로 청중을 설득하지 않았다. 그는 말했다. "이곳은 법정이 아니다. 법정에서는 무엇이 적법하고 공정한지 생각해야 한다. 그러나 이곳은 정치 의회이고 문제는 어떻게 미틸레네를 아테네에게 가장 유리하게 만들 수 있느냐이다."

'공리(자신의 이익)' 또는 '정의(적법성과 공정성)'로 '처벌'을 결정하는 것은 서로 유형이 다르다. 공리는 예측형이고 정의는 회고형이다. 공리적으로 '죄인'을 처벌하는 것은 악행을 따라 하지 못하게 하고 향후 동일한 범죄 발생을 예방하기 위함이다. 정의형 처벌은 이미 발생한 모든 범죄에 마땅한 처벌을 가하는 것으로 설령 이러한 처벌이 정의를 행사하는 자에게 불이익을 가져오더라도 개의치 않는다.

　디오도토스도 클레온과 마찬가지로 공리적 측면에서 미틸레네를 어떻게 처리해야 할지 고민했고 이 점은 두 사람 모두 다르지 않았다. 디오도토스는 말했다. "클레온의 논지는 미틸레네인을 처형하면 다른 도시의 폭동을 방지할 수 있어서 우리의 미래에 유익하다는 것이다. 나 또한 그와 같이 미래에 관심이 있다. 그러나 내 주장은 완전히 상반된다." 클레온은 엄격한 처벌이 곧 반란을 방지할 수 있다고 여겼다(법가 사상과 같다). 반면 디오도토스는 회유가 반란자의 필사적인 저항을 막을 수 있고 효과가 더 좋을 것이라 여겼다(유가 사상과 같다). "만일 한 도시국가가 배신을 했더라도 그가 결코 성공할 수 없다는 것을 알면 나중에 배상금을 주고 공물을 바치며 항복할 수 있다."

　한 학생은 아테네가 미틸레네에서 한 행위는 오늘날 미국이 세계에서 어떻게 해야 하는지에 대해 유용한 경험적 교훈을 제공한다고 말했다. 즉 강대국으로서 다른 나라를 어떻게 대해야 그들의 존경과 협력을 얻을 수 있는지 미국에게 알려준다. 클레온은 다른 나라로 하여금 두려움을 느끼게 하고 감히 자신과 대적할 수 없도록 하는 것이 가장 효과적인 방법이라고 주장했다. 이는 부시 시대의 미국이 군사력을 지나치게 맹신하고 심지어 독단적인 군사 행동을 취해 문제를 해결하고자 했던 경우와 다소 유사하다.

　반면 디오도토스의 주장은 오바마의 외교 정책 변화와 비슷하다. 오바마는 이라크가 미국의 국가 안보를 직접적으로 위협하지 않는다(특히 테러리즘 기지와 연관이 없다)고 판단하여, 전략적 중점을 아프가니스탄으로 수정하면서 이라크에서 군대를 철수하자고 주장했다. 또 민간인 희생자 감소를 군사 행동의 가장 중요한 목표로 여겼다. 오바마는 디오도토스처럼 '국가적 이익'이 미국의 국외 군사 행동의 주요 이유임을 밝혔다. 설령 미국이 (아프가니스탄을 포함한) 다른 국가의 민주 질서 수립을 돕는다 해도, 이는 다른 이유 때문이 아니라 미국의 국가적 이익을 위한 것이다.

사실 세계에는 많은 독재 국가들이 있고 미국은 이들과 계속해서 타협하고 있으며 인권이 결코 상호 교류와 접촉의 전제 조건은 아니다. 이는 오늘날 국제정치는 국가적 이익을 추구하는 '현실 정치' 측면에서 2,400여 년 전과 동일하며 본질적인 변화가 없음을 보여준다.

그러나 민주주의 이념이 미국에게 중요하지 않다는 것은 결코 아니다. 이는 디오도토스가 주장한 '관대함'과 클레온이 주장한 '잔혹함'이 결국 도덕적 가치에서 차이가 난다는 사실과 같다. 미국은 최소한 공리의 목적을 달성하기 위해 무소불위의 힘을 휘두르거나 아프가니스탄의 독재 정권을 지지하지는 않는다. 민주주의를 주장하는 것은 독재 정권 지지보다 훨씬 더 골치 아픈 일이고 그 결과도 단정하기 어렵다. 그러나 독재정치가 민주주의보다 안정을 유지하는 데 유리하더라도 미국은 자신의 정치적 이념을 배반하고 아프가니스탄 독재정치를 지지하여 그 대가로 공리적 목적을 얻지는 않는다.

국가와 국가 간의 관계에서도 비슷한 상황이 있다. 이를테면 어떤 국가는 자신의 이익을 위해 다른 국가와 타협할 수 있으며 경제적 지원을 조건으로 핵 문제에 대한 양보를 얻어낼 수도 있다. 그러나 이때 상대 국가를 항상 '형제 국가'라 칭하지 않는 것은 국가 간에 인간의 도리와 국가의 합법성에서 근본적 차이가 날 수 있기 때문이다.

〈미틸레네 논쟁〉은 국제정치에서 정의와 실리의 관계에 대한 시사점을 제공했고, 학생들은 이를 미국의 외교 정책, 특히 아프가니스탄 파병 문제와 연관 지어 생각해볼 수 있었다. 이러한 시사점은 학생들의 의문점을 해결할 수 있는 모범 답안을 제공하기 위한 게 결코 아니다. 오히려 그 연상 작용은 무작위적이고 우연적이며 따라서 자잘하고 단편적이기도 하다. 이는 인문학 강의에서 나타나는 토론의 특징이다. 시사점은 학생들에게 동기를 부여하여, 학생들이 관심 있는 실제 현안을 독립적으로 생각할 수 있도록 돕는다. 또한 그들의 생각을 '위대한 작품'의 사고 전통 안에 의도적으로 들여놓는다. 옛 성인 또는 고대 사람들이 이미 그와 유사하거나 영감을 불어넣는 생각을 한 적이 있기 때문이다.

7

투키디데스의
〈스파르타 논쟁과 전쟁의 선포〉

전제정치는 민중을 어떻게 설득하는가

투키디데스의 《펠로폰네소스 전쟁사》 제1권 〈스파르타 논쟁과 전쟁의 선포〉에서 코린토스인은 스파르타에 대표단을 파견해 아테네의 전진을 막을 수 있도록 도움을 요청했다. 그때 마침 다른 일로 스파르타에 머물던 아테네 사람들이 있었는데 그들은 스파르타인에게 부디 이 분쟁에 개입하지 말라고 요청했다.

　　그 뒤 스파르타인은 "모든 이방인들에게 자리를 비켜달라고 요청했고" 그들끼리 현재의 사태를 논의했다. 토론에서 지혜롭고 현명한 국왕 아르키다모스와 감독관 스테넬라이다스가 차례로 의견을 발표했다. 국왕은 성급히 결정하지 말고 신중하게 행동하자고 권했으나, 감독관은 아테네에 선전 포고하기를 촉구했다. 민회에서 공개 표결한 결과, 대다수 사람들이 감독관 편에 섰다.

공개 발언과 선동

학생들은 이 부분을 토론할 때 국왕과 감독관의 발언이 대중에게 미치는 효과를 이해하기 어려워했다. 국왕의 발언은 비교적 길고 주장과 분석 모두 매우 논리적이었다. 국왕은 아테네가 막강한 해군과 전투 경험, 훌륭한 장비를 보유하고 있기 때문에 "아무리 우리가 부유하고 군함과 기병, 보병이 있으며 인구가 아테네의 어떤 지방보다 더 많고 공물을 바치는 동맹국이 있다 하더라도 준비할 시간이 필요하다"고 생각했다. 또한 그는 스파르타인은 용감할 뿐 아니라 가장 엄격한 훈련을 받으며 '신중함'도 잘 안다고 주장했다. 그는 청중에게 느린 것이 곧 신중함이고 조급하게 성공을 바라지 않아야 실패를 피할 수 있다고 말했다. "바로 우리의 이러한 성품 덕분에 성공할 때 교만하지 않고 어려울 때 쉽게 위축되지 않는다. 어떤 이가 불필요하게 생각되는 위험을 무릅쓰도록 부추겨도 결코 그 유혹에 넘어가지 않으며, 우리를 악담으로 자극해도 설불리 그들의 의견을 받아들이는 수치스러운 행동을 하지 않는다."

국왕의 발언이 끝난 뒤 감독관 차례가 되었다. 그의 발언은 매우 간단하고 국왕이 말한 분량의 7분의 1도 채 되지 않았다. 그는 코린토스에 파병해 도울지 말지는 "법률 소송이나 언쟁으로 해결할 수 있는 문제가 아니며…, 토론이 길어질수록 침략을 계획한 자(아테네)들에게만 더 유리할 뿐"이라고 말했다. 이어서 그는 외쳤다. "스파르타인들이여, 표결합시다! 스파르타의 영광을 위하여! 전쟁을 위하여! 아테네의 세력이 더 강해지도록 내버려두지 마시오! 우리의 동맹국을 배반하지 마시오! 모든 신들의 도움으로 전진하여 침략자와 결전을 벌입시다!" 감독관의 발언은 국왕의 발언보다 청중의 마음을 더 움직였다.

　　어떤 학생은 감독관의 구호 같은 발언이 어떻게 스파르타 민중의 마음을 움직여 그의 편에 서게 했는지 이해하지 못했다. 한 학생은 그 해답은 아마도 스파르타인의 표현 방식과 연관이 있을지 모른다고 말했다. 투키디데스가 기록한 바에 따르면 "그들은 큰 소리로 외치는 방식을 사용했고 투표로 결정하지 않았다." 이러한 표결 방식은 현대 민주주의 제도의 비밀 투표와는 상반되고 파시즘이 주로 사용하는 방식이다. 이는 겉으로 보기에는 공개적이고 민주적인 듯하지만, 투표자는 군중심리의 영향을 받기 쉽고 서로 감시하는 자유롭지 않은 환경에 놓이게 된다. 따라서 투표자는 주류 정서에 좌지우지되거나 대중과 다른 것을 두려워하여 독립적인 이성적 판단과 결정을 내리기 어려워진다.

　　대다수 학생들은 이 견해에 동의하면서 감독관이 민중을 선동했다고 판단했다. 투키디데스의 기록에 따르면 감독관은 공개 표결을 진행한 뒤 어떤 의견이 더 많은지 잘 들리지 않는다는 이유로 사람들을 줄 세워 다시 한 번 분명히 입장을 밝히도록 했다. 감독관은 말했다. "스파르타인들이여, 여러분 가운데 조약은 이미 깨졌고 아테네인이 침략자라고 생각하는 사람은 일어나 이편에 서시오. 그렇지 않다고 생각하는 자들은 반대편에 서시오." 그는 민중을 향해 서야 할 위치를 가리키며 말했다. 그리하여 민중은 두 편으로 갈라졌고 대다수 사람들은 조약이 이미 깨졌다고 여기는 감독관 편에 섰다.

　　한 학생은 입장을 바꿔 생각해보면 참전을 신중하게 생각하자는 국왕의 의견에 동의하더라도 평범한 시민이 이러한 공개적인 표결 상황에서 국왕처럼 의견을 드러내기는 거의 불가능했을 것이라고 말했다. 공개적 언사는 무엇을 말하는지뿐 아니라 누가 말하는지에 따라 그 허용 범위가 달라지기 때문이다. 화자에 따라 발언 신분이 다르고 이 신분 차이는 아주 민감해서, 생각이 같아도 화자에 따라 공개적으로 말하기를 꺼릴 수도 있다. 투키디데스는 화자의 발언 신분과 관련이 있는 '정치적 정당성'의 개념이 고대에도 이미 있었음을 보여준다. 국왕은 민중에게 참전을 신중하게 고민하자고 권했지만 아무도 그를 '겁이 많거나' '애국심이 없다'고 의심하지 않았다.

그러나 평범한 민중이라면 이야기가 달라진다. 따라서 평범한 사람일수록 공개적으로 의견을 드러낼 때 '용감함'과 '애국심'을 더 많이 표현하는 경향이 있다. 미국의 닉슨 전 대통령은 공화당 소속으로 공산주의를 줄곧 반대해왔다. 그러던 그가 1973년, 공산당 체제인 중국과 외교 관계를 수립했다. 그러나 그는 좌파 인사들처럼 '친 공산당' 혐의를 특별히 우려할 필요가 없었다.

또 어떤 학생은 민중을 설득할 때 다방면에서 심사숙고하여 설득하는 것은 단호하게 직설적으로 선동하는 것보다 오히려 효과가 떨어진다는 의견을 제시했다. 심사숙고하는 설득 방식은 일반 민중의 사고 습관과 다르기 때문에 민중은 이에 본능적인 불신과 혐오를 품을 수 있다. 미국의 역사학자 리처드 호프스태터Richard Hofstadter는 《미국적 삶의 반지성주의 Anti-intellectualism in American Life》(1963)에서 '반反지성'을 '미국의 문제'로 보았다. 사실 반지성주의는 자연스러운 민중 심리로 고대의 민중에게 영향을 미치는 수단으로 이용되었다. 〈스파르타 논쟁과 전쟁의 선포〉에서 감독관은 민중에게 '언어 논쟁'으로 시간을 낭비하지 말라고 요구했고, 이는 그가 어떻게 민중의 사고방식을 이용해야 하는지 잘 알고 있었음을 보여준다. 민중은 명쾌함을 좋아하고 시끄럽고 복잡한 토론을 싫어한다. 그들은 이유를 캐묻지 않기 때문에 명확한 결론만 있으면 된다.

이성적 결론

　　고대 그리스의 반지성주의를 토론하면서 학생들은 《펠로폰네소스 전쟁사》의 〈미틸레네 논쟁〉을 떠올렸다. 이 논쟁은 강경한 인물과 심사숙고하는 인물 사이에서 진행되었는데, 아테네가 미틸레네를 정복한 뒤 강경한 인물인 클레온은 미틸레네의 성년 남자 모두를 처형하고 부녀자와 아이들은 모두 노비로 만들자고 주장했다. 반면 온화한 인물인 디오도토스는 "죄 있는 사람만 신중하게 처벌하고… 다른 사람들은 살려주자"고 주장했다.

　　클레온은 아테네 시민들에게 말했다. "좋은 법이 있지만 구속력이 없을 때보다는 나쁜 법이 있더라도 반드시 지킬 때 그 나라는 더 강력합니다. 건전한 상식을 지닌 무지함이 무절제한 지식보다 더 유익한 법입니다. 대개 보통 사람이 영리한 자들보다 국가를 더 잘 다스립니다. 영리한 자들은 자신이 법보다 더 똑똑하다는 것을 뽐내고 싶어 합니다."

　　클레온이 공격한 '영리한 자들'은 상대방의 어떤 주장이 틀렸는지는 언급하지 않고 추측으로 그들의 동기가 불량하다 비난하며 그저 자신의 현명함을 드러내고 싶어한다. 클레온은 계속해서 대중의 환심을 샀고 그들 자신이 '영리한 자'보다 더 똑똑하다고 생각하게 만들었다. 그는 이렇게 말했다. "평범한 사람들은 훌륭한 연설가처럼 남의 말을 비판하는 능력은 없지만, 경쟁자라기보다 한 치의 편견 없는 공정한 심판관이기에 대개 올바른 결론에 도달합니다."

클레온은 역사상 첫 번째로 '고귀한 자가 가장 어리석고 비천한 자가 가장 총명하다'고 주장한 사람으로 기록되었다. 그는 어떻게 해야 민중을 사로잡을 수 있는지 알았고, 그들이 변덕이 심하고 확실한 견해가 없다는 것도 잘 이해했다. 따라서 그들에게 어떤 결정을 내리게 하거나 어떤 행동을 취하라고 부추길 때 가장 효과적인 시기는 바로 그들이 가장 흥분했을 때였다.

그는 분명하게 말했다. "미틸레네 문제를 다시 생각해야 한다고 주장하는 사람들을 나는 이해할 수가 없습니다. 그것은 결국 결정을 지연시켜 일을 그르칠 것이기 때문입니다. 이런 시간 낭비는 가해자에게만 유리할 뿐입니다. 오랜 시간이 지난 뒤에야 가해자를 처벌하려 하면 그때는 이미 피해자의 분노가 무뎌진 뒤일 테니까요. 범죄를 처벌하는 가장 효과적이고 가장 적합한 방법은 즉시 보복하는 겁니다."

'즉시 보복'은 충동적이고 잔인하며 나중을 고려하지 않고 그저 한순간의 통쾌함만을 위한 것이다. 학생들은 미국 역사에서도 '즉시 보복'의 잔인한 사건들이 많이 일어났다는 사실을 떠올렸다. 이를테면 백인 폭도가 흑인을 처형한 사건이나, 제2차 세계대전 중 일본 출신의 미국 거주민들을 집에서 내쫓고 격리시킨 사건이다. 또한 학생들은 농민이 억울함을 호소하는 지주를 때려죽이고 '반혁명 진압'을 명목으로 현장에서 바로 총살하는 등 다른 형식의 즉시 보복 사건에도 관심을 가졌다. 즉시 보복은 군중에게 통쾌함을 주고 선동 효과도 크다. 그러나 이는 충분한 고민이 결여된 충동적 행위로 극단적이고 잔인하다.

〈미틸레네 논쟁〉이 〈스파르타 논쟁과 전쟁의 선포〉와 다른 점은 그 결과가 더 이성적이라는 데 있다. 상반된 양측 의견이 발표된 뒤에도 아테네인들은 여전히 서로 의견이 갈렸다. 손을 들어 표결하자 양측의 득표수는 거의 비슷했고 결국 온화한 디오도토스의 의견이 통과되었다. 학생들은 이것이 아테네인의 표결 방식과 연관이 있다고 생각했다. 아테네인은 표결 시 스파르타인처럼 '큰 소리로 외치지' 않고 '거수'했다. 아테네 역시 비밀투표는 아니었지만 비교적 차분한 분위기에서 이성적인 판단을 내릴 수 있는 여지가 더 많았다.

양측의 득표수가 거의 비슷했다는 사실은 군중심리로 인한 영향이 있었음을 보여주지만, 표결 방식에 따라 그 영향을 받는 정도에 차이가 있었음을 알 수 있다. 일정한 제도에서 민중을 논리적으로 설득하여 영향력을 행사하는 것이 결코 불가능하지는 않다. 아테네에서는 온화하고 지혜로운 디오도토스의 의견이 통과되었지만 스파르타에서는 신중하고 이성적인 스파르타 국왕의 의견이 받아들여지지 않았다. 아테네는 민주주의 제도였고 스파르타는 전제정치 제도였다. 비록 두 논쟁의 성질이 다르더라도 여기에서 우리가 추측할 수 있는 것은 민주주의 제도의 민중이 전제정치의 민중보다 정치적 선동에 저항할 가능성이 있다는 것이다. 바로 이 점 때문에 민주주의 제도의 민중들은 스스로 이성적 판단과 선택을 할 수 있는 가능성이 더 높다.

8

투키디데스의
〈멜로스인의 논쟁〉

오늘날 국가 간의 관계는 친구인가 적인가

《펠로폰네소스 전쟁사》제5권〈멜로스인의 논쟁〉에서 학생들은 '투키디데스의 함정Thucydides's trap'에 특히 관심을 보였다. 투키디데스의 함정은 하버드대학교 교수인 그레이엄 앨리슨Graham Allison이 처음 사용한 용어로, '안보 딜레마security dilemma'라 불리기도 한다. 투키디데스는 오늘날 많은 사람들에게 '현실주의 정치'의 아버지로 여겨지며, 사람들은 국가와 국가 간에는 오직 힘이 존재할 뿐 옳고 그름은 중요치 않다는 그의 생각을 따른다. 이 생각은 투키디데스의 함정 또는 안보 딜레마의 이해와 밀접한 관련이 있다.

역사적 교훈과 규율

흔히 말하는 안보 딜레마의 개념은 다음과 같다. 투키디데스는 펠로폰네소스 전쟁을 연구하던 중 국가 간에 일종의 규율이 존재함을 발견했다. 국가가 가진 힘에 따라 일종의 등급 체계가 형성되는데, 약소국의 힘의 변화는 등급에 미치는 영향이 미미하지만 강대국은 전체 등급 체계의 안정성에 영향을 미칠 뿐 아니라 심지어 이를 파괴할 수도 있다. 여기서 국가 간의 등급 체계란 바로 우리가 오늘날 이야기하는 '세계 권력의 평등' 구조다.

투키디데스는 펠로폰네소스 전쟁을 당시 국가 간 등급 체계의 변화에 따른 결과라고 여겼다. 아테네는 제국을 확장하고 스파르타를 능가하길 원했는데 이러한 "아테네의 힘의 증가와 스파르타의 위기감"이 전쟁을 불가피하게 만들었다. 한 국가가 강대해지면 적대국의 공격을 야기할 수 있기 때문에, 강대해진다고 해서 반드시 안전해진다고 볼 수는 없다. 이것이 바로 투키디데스의 안보 딜레마다.

2014년 1월 22일, 미국의 〈월드 포스트World Post〉지는 중국 시진핑 국가 주석의 2013년 11월 담화 관련 기사를 게재했다. 중국의 발전이 가속화됨에 따라 미국, 일본 등 구 패권 국가와 충돌이 발생할 수도 있다는 우려에 대해 시진핑 주석은 다음과 같이 말했다. "우리는 모두 '투키디데스의 함정'에 빠지지 않도록 노력해야 한다. 패권 다툼만을 일삼는 강대국의 모습은 중국과는 어울리지 않으며 중국은 그러한 행동을 하지 않을 것이다."

2014년 1월 27일, 미국의 전 안보담당 보좌관 브레진스키Zbigniew K. Brzezinski는 〈월드 포스트〉지 기자와의 인터뷰에서 시진핑 주석의 담화를 이렇게 논평했다. "나는 시진핑 주석이 대응을 굉장히 잘했다고 생각한다. 특히 스파르타와 아테네의 충돌을 기록한 투키디데스를 언급한 부분에서 미국과 유럽의 책임감 있는 지식인들은 모두 시진핑 주석의 견해에 동의할 것이다."

　사실 책임감이 있는 것과 지식이 있는 것이 반드시 동일하지는 않다. 역사적 지식은 현실 세계에서 이성적인 판단을 내리고 올바른 견해를 가지는 데 도움이 될 수 있지만 항상 그렇지는 않다. 투키디데스의 함정 역시 그러한 예로, 동일한 역사적 지식에서 비롯되었지만 어떤 이는 그것을 '역사적 규율'로 믿어 극복하기 어렵다고 생각한다. 반면 어떤 이는 그것을 '역사적 교훈'으로 판단하고 오늘날 그 전례를 답습해서는 안 된다고 주장한다. 인문학 수업에 참여한 학생들도 '규율'이냐 '교훈'이냐 하는 부분에서 서로 다른 의견을 보였다.

강권 논리

　한편 〈멜로스인의 논쟁〉은 '강권이 곧 정의'라는 문제를 명확히 제기한다. 아테네인 대표는 멜로스인에게 말했다. "그대들이 얻고자 하는 바를 반드시 얻어내려면 우리 각자의 실제 상황도 고려해야 하오…. 만일 경험이 많은 자가 이 문제를 논한다면 정의의 기준이 힘에 기초함을 잘 알 것이오. 강자는 그들이 가진 모든 권력을 행사할 수 있으나 약자는 그저 그것을 받아들여야만 할 뿐이오." 물론 멜로스인과 아테네인 사이의 논쟁은 다양한 구체적 사안까지 포함하며 이는 '강권이 곧 정의'라는 결론보다 훨씬 더 복잡하다.

　한 학생은 우리가 읽은 내용은 국가와 국가 간의 논쟁에 관한 것으로 그 초점이 '힘power'과 '강요coercion'라고 지적했다. 그러나 이러한 논쟁에서 언제나 얻을 수 있는 결론은 비민주국가에서 권력의 횡포와 약육강식의 논리 즉, 일종의 보편성을 띤 '강권 논리'다.

멜로스인은 자신들은 중립적인 도시국가이고 아테네의 적국이 아니므로 자신들을 무너뜨릴 필요가 없다고 말했다. 이에 아테네인은 멜로스가 중립이고 독립 국가임을 인정한다면 이는 곧 아테네가 약함을 인정하는 것이라고 대답했다. 다른 도시국가들은 아테네가 멜로스를 정복할 힘이 없어 멜로스를 놓아주었다고 생각할 것이기 때문이다. '강권'의 보편적 결론은 친구가 아니면 곧 적이라는 것인데, 이는 전제주의 통치가 자주 사용하는 방법이기도 하다.

멜로스인은 아테네가 자신들을 침범한다면 다른 도시국가들은 불안과 공포로 아테네를 적대시할 것이라고 말했다. 이에 아테네인이 대답했다. "그들이 독립을 유지할 수 있는 것은 바로 그들이 힘을 가졌기 때문이고, 우리가 그들을 공격하지 않는 것은 우리에게 두려움이 있기 때문입니다." 강권 논리는 상대방의 힘이 약하면 그들을 공격하고, 자신이 약하면 공격을 당할 수밖에 없는 것이다. 한 국가 내에서도 정부 권력이 무방비 상태인 국민에게 이러한 횡포를 부릴 수 있다.

멜로스인은 싸워보지도 않고 항복하는 것은 수치스럽고 나약한 행위라고 아테네인에게 말했다. 그러자 아테네인은 지금 얘기하는 것은 한 도시국가를 지키는 문제이지 명예의 문제가 아니라고 대응했다. 강권 논리는 생명을 지키든지 체면을 지키든지 선택이 불가피하며, 어느 것도 허용하지 않는다.

멜로스인은 비록 아테네가 강한 것은 사실이나 멜로스도 아테네를 이길 수 있다는 희망이 있다고 말했다. 이에 아테네인은 희망이란 오직 강자의 것으로 약소국인 멜로스에게는 희망이 없다고 대답했다. 강권 논리에서 희망은 반드시 희망의 근거가 있어야 하고 약자는 희망과 어울리지 않는다.

멜로스인은 신께서 우리와 함께하실 것이라고 말했다. 그러자 아테네인은 대답했다. "가능한 범위 내에서만 통치 세력을 확장하는 것은 곧 신의 규율이고 우리가 만든 규율이 아니며, 이 규율이 만들어진 뒤 우리가 처음 따르는 것도 아니오." 신도 인간과 마찬가지로 도덕보다 힘을 더 중시한다. 강권 논리는 강권이 곧 정의이자 불변의 진리이며 이는 오래전부터 이어져 내려온 이치다.

멜로스인은 자신들은 스파르타의 이민자이기 때문에 스파르타가 그들을 도울 것이라고 말했다. 그러자 아테네인이 대답했다. "스파르타인들의 가장 큰 특징은 명예로운 일을 가장 좋아하고 그들의 이익에 부합하는 것을 곧 정의로 여긴다는 점이오. 그런 스파르타인들이 오직 그대들의 안전을 위한 불합리한 요구를 들어줄 리 없소…. 자신의 이익을 중시하는 사람은 우선 자신의 안전을 가장 중시하는 법이오. 정의와 명예의 길에는 위험이 따른다는 점을 여러분은 잊고 있는 것 같소. 다시 말해 위험이 있으면 스파르타는 절대 모험을 택하지 않을 것이오." 강권 논리의 측면에서 볼 때, 공리를 우선하는 사람은 자신의 이익에 위배되는 일을 결코 하지 않는다.

한 학생은 〈멜로스인의 논쟁〉과 〈페리클레스의 추도 연설〉에 나타난 아테네인의 모습이 어쩌면 그렇게 다를 수 있는지 의아해하면서, 멜로스인을 대하는 아테네인의 막무가내한 모습을 어떻게 이해해야 하느냐고 물었다. 이에 다른 학생은 〈멜로스인의 논쟁〉에서 아테네인의 행동이 막무가내라고 느껴지는 이유는, 그들이 도리와 인정이 아닌 권력과 공리의 관점에서 '이치'를 말하기 때문이라고 설명했다. 그래서 이치에 맞지 않게 들릴 수 있다.

또 어떤 학생은 사실 아테네인이 인정을 완전히 저버리지는 않았다고 주장했다. 그들은 비록 듣기 좋은 말을 하지는 않았으나 멜로스인에게 먼저 투항하고 도시국가를 지키라고 권면했다. 예를 갖추어 상대와 교섭한 뒤 이것이 통하지 않자 무력을 사용하기로 했다. 멜로스인이 아테네인의 요구에 동의하지 않자 아테네인은 끝내 무력을 사용했지만 적어도 최대한 성의를 다해 도와주었다고 할 수 있다.

한편 한 학생은 비록 멜로스인이 영웅의 기개가 있었지만 강적과 맞섰을 때 융통성 있게 해결하는 법을 몰랐다고 말했다. 이는 아리스토텔레스가 말한 신중함과도 맞지 않는다. 나중에 멜로스가 함락되자 아테네인들은 포로로 잡힌 모든 남자들을 무참히 죽였고 부녀자와 아이들을 모두 노비로 만들었다. 독립과 자유를 지키려 했던 대가는 너무도 컸다.

그러나 《펠로폰네소스 전쟁사》에서 멜로스의 실패와 아테네의 승리는 사실 그리 간단한 문제가 아니다. 고전 역사학자 볼프강 리베슈츠 Wolfgang Liebeschuetz는 〈멜로스인 논쟁의 구조와 기능 The Structure and Function of the Melian Dialogue〉(1968)이라는 논문에서 다음과 같이 지적했다. "〈멜로스인의 논쟁〉에서 아테네인이 본 것은 현재였고 그것은 멜로스의 필멸이었다. 그들은 옳았다. 반면 멜로스인이 본 것은 미래였고, 그들 역시 옳았다. 비록 멜로스는 파괴되었지만 그 뒤 남은 것은 아테네의 몰락이었고 이로써 멜로스인의 말이 검증되었다." 아테네인과 멜로스인 모두 미래를 예측했다.

아테네인은 스파르타가 멜로스를 돕지 않을 거라고 말했는데 역시 스파르타는 멜로스를 돕지 않았다. 멜로스인은 그래도 스파르타가 자신들을 도울 거라고 말했고 끝내 스파르타는 멜로스를 도왔다. 멜로스 성이 무너진 뒤 스파르타인은 멜로스인을 받아들였다. 몇 년 뒤 아테네와 스파르타의 전쟁이 시작되자 망명한 멜로스인들은 스파르타를 위해 자금과 힘을 모아 아테네를 무찌를 수 있도록 도왔다. 나중에 스파르타의 장군 뤼잔드로스는 멜로스인들을 고국으로 데려와 멜로스를 다시 일으켰다.

〈멜로스인의 논쟁〉에서 도의가 아닌 강권만을 중시하는 아테네의 정치 현실주의를 엿볼 수 있는데, 이는 '냉전'을 비롯한 적지 않은 국제 패권의 역사를 이해하는 데 도움이 된다. 한 학생은 투키디데스의 정치 현실주의는 마키아벨리의 비도덕적 정치의 시초라고 여겼다. 그러나 투키디데스를 정치 비도덕주의자로 보기는 어렵다. 그는 국내 정치와 국가 간의 정치를 구분했다. 국가 내에서 국민들은 사회계약 공동체의 구성원이고, 이 공동체는 국민을 위해 법치의 보호를 제공하며, 국민은 자유의 일부분을 위임한다. 이러한 법치 평등 앞에는 어떤 사람도 함부로 약한 사람을 억압할 수 없다.

그러나 국가 간에는 이러한 사회계약이 존재하지 않는다. 따라서 약육강식의 행위를 방지하거나 제지할 힘이 전혀 없다. 물론 법치 보장이 없는 전제주의 국가에서는 국가 내부에서도 힘으로 약한 자를 괴롭히는 '강권이 곧 정의'가 되는 사건이 종종 발생하기도 한다.

투키디데스의 강권이 곧 정의라는 국제정치관에 대해서는 줄곧 다른 의견이 있었다. 아리스토텔레스는 《정치학》에서 국내외의 이중적 도덕 기준을 비판했다. "많은 사람들이 정치에서 적합한 방법은 오직 강권이라고 여기는 듯하다. 그러나 개인이 서로를 대할 때 정의롭지 않고 적합하지 않음을 알면서도 이를 외부인에게 행할 때는 수치심을 느끼지 못한다. 자기 자신의 일이라면 서로 간의 정의에 기초한 권위를 요구하지만, 외부인에 대해서는 그들의 정의를 신경조차 쓰지 않는다."

투키디데스에 대한 오해는 기원전 5세기에 그가 지적한 국가 간 패권 다툼의 규칙이 인류의 저항할 수 없는 숙명이 되었다고 생각한 데서 비롯되었다. 투키디데스는 아테네 제국이 강력한 적대국이 있는 세계에서 발전했기 때문에 두 강대국 간의 충돌과 전쟁은 피할 수 없었다고 생각했다. 미국의 역사학자 도널드 케이건Donald Kagan은 《펠로폰네소스 전쟁사The Peloponnesian War》에서 투키디데스와 상반된 견해를 주장했다. 그는 '국가의 발전'이라는 요소를 결코 개별적으로 다룰 수 없으며 펠로폰네소스 전쟁 이전의 다양한 역사적 근거를 연구하여 다른 결정이 가능했는지에 의문을 제기한다.

오늘날 어떤 이들은 '투키디데스의 함정' 또는 '안보 딜레마'를 근거로 미국과 중국 또는 중국과 일본 간에 반드시 전쟁이 있을 것이라고 확신하기도 한다. 그러나 그렇게 단언하기보다는 케이건처럼 역사적 오류를 피하기 위해 다양한 역사적 배경을 주의 깊게 연구하는 것이 보다 더 책임 있고 지혜로운 태도다.

9

투키디데스의
《펠로폰네소스 전쟁사》

역사 문학을 읽을 때 주의할 점은 무엇인가

《펠로폰네소스 전쟁사》(수업에서는 총 네 편을 다룸. 앞에서 논한 세 편 외 다른 한 편은 〈페리클레스의 추도 연설〉)를 읽은 뒤 학생들과 함께 원문 '정독'과 '해석'에 대해 생각해보는 시간을 가졌다. 인문학 읽기는 우선 원문(비록 번역본이긴 하나)을 '정독'해야 한다. 그리스 사상 수업에서는 학생들이 서사시와 희곡을 읽을 때와 역사서를 읽을 때의 특징이 서로 다르다. 이러한 특징은 수업 중 토론에서 명확히 드러나는데, 서사시와 희곡을 읽고 토론하면 대부분 인물의 심리 분석에 초점을 맞춘다. 이는 심리학이 인류 역사의 재현이고 인류의 심리와 정서에는 상당한 공통점이 있기 때문이다. 그러니 학생들이 자신의 경험을 통해 극 중 인물을 이해하는 것은 매우 자연스러운 일이다.

그러나 투키디데스의 역사서를 읽으면 상황은 달라진다. 학생들은 고대 그리스의 역사서를 '이해'하기 위해 자신들에게 익숙한 생활 및 정치, 사회, 문화와 연관 지어 자주 '시대착오적인' 해석을 한다. 이때 교사는 어느 정도 선에서 학생들의 이런 해석을 허용해야 할까? 어느 선에서 학생들이 원문을 정확하게 읽도록 이끌어 '창조적 오독'을 제한해야 할까? 인문학 수업이 학생들의 독립적 사고와 판단 능력을 키우는 훈련이 되게끔 하려면 교사는 어떻게 도와야 하는가? 이 문제에 답하기 위해서는 원문 '해석'에 대한 이해가 반드시 필요하다.

해석의 문제

오늘날 해석에 대한 문제는 독일의 낭만주의 철학자 슐라이어마허 Friedrich Schleiermacher가 처음 제기한 것으로 그는 현대의 해석학 이론을 창설했다. 해석학에서 관심을 보이는 근본적인 문제는 원문의 문자는 과거에 작성되어 문자 자체는 변하지 않았으나 문자를 작성한 시대적 환경은 이미 존재하지 않는다는 것이다. 슐라이어마허는 해석의 목적은 문자가 쓰인 역사적 환경을 재구성하는 데 있으며 이렇게 해야 문자 원래의 의미를 정확하게 이해할 수 있다고 생각했다.

이러한 해석관은 독일의 철학자 빌헬름 딜타이Wilhelm Dilthey에서 한 단계 발전했다. 딜타이는 해석학에 '과학'적 기초를 다지고 이를 자연과학과 다른 인문학 및 사회과학인 '인간과학human science' 연구에 사용했다. 해석학에서 주목하는 것은 '이해Verstehen'이지 '해석Erklären'이 아니다. 반대로 자연과학이 '해석'에 초점을 맞추는 이유는 자연과학의 대상은 인간 외적 세계이기 때문이다.

인간과학이 자연과학과 다른 점은 이해의 대상이 인류의 사상적 산물이며 그것(예를 들어 과거의 원본 텍스트)이 이해될 때 다시 생명력을 얻는다는 관점에 있다. 이해란 일종의 부활로, 이해되지 않은 원문은 죽은 것에 불과하고 이해가 있어야만 다시 원문에 생명을 불어넣을 수 있다.

여기서 우리는 '해석 모순'의 문제에 부딪힐 수 있다. 즉 한 원문을 이해하려면 먼저 그 전체적인 의미를 이해해야 한다. 그러나 원문의 부분적 의미를 통해서만 전체 의미를 이해할 수 있다. 예를 들어 호메로스의《오디세이아》를 읽을 때 첫 번째 글자를 읽는 데서 출발하여 비로소 이해의 과정이 시작된다. 또한《오디세이아》가 주인공이 트로이 전쟁 후 온갖 고난을 극복하고 고향으로 돌아오는 내용의 서사시라는 원문의 전체 줄거리를 참조할 수도 있다.

또 다른 예로 서사시는 구전문학으로, 이야기를 전달하는 일정한 양식이 있다.《오디세이아》에서 사용한 방법은 중간부터 시작된 전도 서술(결말을 먼저 밝히고 나중에 그 발단과 전개 과정을 드러내는 서술 방법. - 옮긴이)이다. 그런데 전체 의미에 대한 이해도가 높을수록 부분적 의미에 대한 이해도 더 정확할 수 있고, 다른 한편으로는 각각의 부분적 의미를 이해해야 전체를 이해할 수 있다. 따라서 딜타이는 해석 모순의 문제를 극복하는 방법은 오직 하나뿐이며 그것은 부분과 전체를 끊임없이 반복적으로 참고해서 이해를 심화시키는 것이라고 말했다. 읽기 경험이 있는 사람이라면 어떤 원문을 읽을 때 첫 번째가 가장 어렵고 두 번째는 첫 번째보다 좀 더 쉽게 파고들 수 있다는 사실을 안다.

20세기 해석학은 철학자 마르틴 하이데거Martin Heidegger의 영향으로 큰 전환점을 맞이했다. 하이데거는, 독자는 자신이 처한 현재 환경과 역사적 제약을 받기 때문에 이것을 배제하고 딜타이가 생각한 바와 같이 해석 모순을 완전히 극복하기는 불가능하다고 주장했다. 독일의 철학자 한스 게오르크 가다머Hans-Georg Gadamer는 하이데거의 주장을 발전시켜《진리와 방법Wahrheit und Methode》(1960)에서 다음과 같이 주장했다.

인간은 과거와 현재의 연계를 통해 과거를 파악할 수 있고 이때 '시계視界의 융합fusion of horizons'이 필요하다. 과거의 경험을 기록한 원문과 독자가 현재 맞닥뜨린 이익이나 편견이 한데 융합되어야 하므로, 읽기는 곧 원문의 '과거 시계'와 독자의 '현재 시계'의 융합 작용이다. 독자가 현재 자신의 시계를 내버려두고 원문의 시계를 재구성하기란 불가능하다. 읽기 활동에서 독자의 시계, 즉 편견은 필수적이다. 다시 말하면 슐라이어마허와 딜타이가 주장한 편견을 완전히 극복한 읽기란 사실상 불가능하다.

미국의 문학비평가 에릭 헤르시Eric D. Hirsch는〈해석학의 세 가지 차원 Three Dimensions of Hermeneutics〉[1]에서 '무편견 읽기'나 '편견적 읽기'와는 다른 새로운 해석관을 제시했다. 그것은 인문학 읽기에 부합하는 해석관으로, '정독'의 중요성과 자신의 생활에 기초한 체험과 문제의식의 '해석'을 함께 고려한다.

헤르시는 하이데거와 가다머가 읽기를 철저한 상대주의로 이끌었다고 생각했다. 다른 시대의 독자가 다른 '시계'를 가질 수 있듯이 심지어 동시대의 독자도 다른 이해를 가질 수 있다. 즉 읽기란 독자 각자만의 이해가 있다. 그렇다면 최소한의 공통된 인식도 달성할 수 없다는 뜻이 된다. 인문학 수업에서 공통된 인식의 결핍은 백해무익하다. 설령 학생들이 서로 다른 견해를 가지고 있더라도 의미 있는 교류(토론 또는 대화)를 통해 어떤 공통적 인식을 얻을 수 있으며, 이 인식 없이는 토론 또는 대화가 가능하지 않다.

인문교육 강의실에서는 학생들이 원문과 관련하여 자신의 이해를 쌓아나가도록 장려하지만, 동시에 서로 다른 이해를 존중하고 자신의 이해를 다른 사람에게 강요하지 않게 한다. 또 다른 사람에게 자신의 의견을 발표할 때는 원문의 증거를 들어 논리적으로 설명하도록 한다. 이렇게 해야 비로소 토론 중에 공통된 이해를 얻어서 개인의 해석보다 더 풍부하고 전면적인 이해에 도달할 수 있기 때문이다. 인문학 수업을 통해 학생들은 서로 다른 독자 사이에서도 일정 정도의 공통된 인식을 달성할 수 있으며, 수업 중 토론도 바로 이러한 신념을 전제 조건으로 한다는 사실을 알 수 있다.

정독과 해석

인문학 수업에서는 학생들에게 원문을 우선 '정독'하여 원문 본래의 의미를 열심히 파악하도록 한다. 이는 읽기 기술을 훈련하는 동시에 원문 저자의 의도를 존중하는 해석 논리를 실천하기 위함이기도 하다. 단 원문 저자의 의도를 존중한다는 말은 하이데거와 가다머가 주장한 전통적 해석관에 따른 읽기 방식으로 회귀한다는 의미가 아니다. 헤르시가 말한 '해석 논리 원칙'에 따라 독자가 원문을 이해할 때 도덕적 책임을 가지고 원문이 쓰일 당시의 환경을 연결해서 해석해야 한다는 의미다. 즉 원문을 자의적으로 해석하거나 원래 의미의 일부만 추출하지 말고, 소위 말하는 '창조적 오독'을 자연스러운 읽기의 결과물로 간주하는 것이다.

헤르시는 타인을 목적이나 수단으로 간주해서는 안 된다는 칸트의 기본 도덕법칙을 그 근거로 들었다. 원문은 작가가 창작한 의도적 산물로서, 그 의도를 충분히 파악하는 것과 그 의도를 경시하거나 고의적으로 왜곡하는 것(마음대로 곡해하거나 전체적인 뜻을 고려하지 않고 일부만 제멋대로 사용하는 것)은 서로 다르다. 원문을 수단으로만 여기고 목적으로 여기지 않는 읽기는 도덕적으로 결함이 있다. 인문교육에서 교사는 학생들에게 이러한 도덕 논리에 맞는 읽기 방법을 알려줄 책임이 있다.

그렇다고 해서 고전을 읽을 때 원래 원문에 없는 의미를 읽어내서는 안 된다는 말은 아니다. 해석은 원문에 기반을 두어야 하나 원문 자체의 의미를 초월하는 경우도 있다. 사실상 시대를 거치면서 독자들은 이미 원문 최초의 의미와 경계를 초월하는 읽기를 줄곧 해왔다.

예를 들어 중세의 독자는 호메로스나 베르길리우스를 읽고 두 사람이 기독교도가 아닌 이교도임을 명확하게 알 수 있었지만, 그럼에도 기독교적 관점에서 호메로스와 베르길리우스를 읽을 수 있었다. 그것은 그들이 오늘날 우리가 수용하는 읽기의 원칙을 가지고 있었기 때문이다. 이는 바로 "만약 원문 가운데 어떤 부분을 보다 충분히 이해할 필요가 있을 때는 원작자와 독자 간의 언어 범위 내에서만 해석할 필요는 없다"는 말이다. 바꾸어 말하면 원작자의 의도를 넘어섬으로써 원문에 대한 이해를 더욱 심화할 수 있다면 원작자의 의도를 초월해 이해해도 괜찮다는 뜻이다. 즉 기존에 원문을 이해한 방식이 원문을 해석하는 유일한 방법은 아니라는 말이다.

다른 시대의 독자(또는 동시대의 다른 독자)는 동일한 원문에 대해 서로 다른 해석을 내릴 수 있다. 이는 '의미'상의 차이보다는 '중요성'을 어디에 두느냐에 따라 달라진다. 따라서 헤르시는 의미와 중요성을 구분해야 한다고 주장했다. 한 원문의 의미는 변화가 없지만 그 중요성은 독자별로

(관심을 포함한) 서로 다른 이익에 따라 변화할 수 있다.

중요성과 의미의 차이는 '사고contemplation'와 '적용application'과 특히 관련이 있다. 한 원문을 단순히 정독할 때는 순전히 원문에만 근거한다. 그러나 '중요성'은 다르다. 이는 문제의식에서 비롯된 정독으로 독자 자신에 관한 사항이다. 인간은 어떤 원문을 읽고 어떤 생각을 하고 어떤 쓰임이 있을지 능동적으로 생각하고 주체적으로 선택한다. 그래서 해석이 풍부하고 다변적이다. 헤르시는 이렇게 말했다. "의미는 해석의 안정성을, 중요성은 해석의 변화를 원칙으로 한다."

이를테면《펠로폰네소스 전쟁사》에서 '투키디데스의 함정'의 원래 의미는 힘이 세진 아테네가 기존의 절대 강자인 스파르타에 도전한 것으로, 신흥 대국은 결국 기존 대국과 군사적 충돌이 불가피하다는 뜻이다. 여기에는 다양한 해석이 가능한데, 가령 이를 피할 수 없는 '규율'로 볼 수도 있고, 필수적으로 받아들여야 하는 '교훈'으로 볼 수도 있다. 규율이라면 이를 따라 행해야 하고, 교훈이라면 충돌을 최대한 피해야 한다. 이 두 가지가 바라보는 중요성은 완전히 다르다.

인문학 수업에서는 의미와 중요성을 별개로 구분 짓지 않는다. 학생들이 자신의 읽기 경험을 이야기할 때 논리적으로 원문의 문장이나 인용문을 근거로 삼게 하기 위해서다. 이러한 읽기 방법은 각자의 개인적인 견해와 감상 외에 상대적으로 공통된 원문에 대한 이해를 쌓을 수 있도록 돕는다. 이렇게 되면 논리적으로 옳고 그름을 판단할 수 있으므로, 이는 순전히 주관적인 '해석'과는 다르다.

순전히 주관적인 해석에는 두 가지 문제가 있다. 첫째는 그 절대성이다. 읽기에는 언제나 일정한 '시대적 착오'가 존재하나 정도의 차이에 따라 그 합리성에도 차이가 존재하며 이는 간과할 수 없다. 둘째, 주관적인 해석은 무원칙의 상대주의로 끌려갈 수 있다. 해석이 단순히 주관적이라면 어떻게 해석하더라도 모두 옳으므로 확실한 지식을 제공할 수 없게 된다. 이러한 해석관은 원문 해석 이론을 고지식한 역사적 회의주의(이미 지난 일에 대해 확실한 지식이란 없다)로 잘못 확대시킬 수 있다. 이는 역사적 사실을 소홀히 하거나 부정할 때 쉽게 사용되는 변명이다.

혜르시는, 해석은 시대적 착오의 영향을 최대한 줄이고, 가능한 한 명확한 의미에 다가가야 한다고 생각했다. 이는 달성할 수 있는 목표이지만 동시에 중요성의 가치도 배제해서는 안 된다. 그는 다음과 같이 말했다. "만약 우리가 의미와 중요성을 혼동하지 않는다면 다른 해석 간의 차이가 실은 (원문의) 원래 의미와 시대적 착오 사이에 나타나는 게 아니라는 사실을 발견하게 된다. 대개 차이는 해석할 때 어떤 면을 더 '편중'해서 보는지에서 비롯된다. 원래 의미를 해석하는 게 좋은지 어떤 중요한 점을 상세히 밝히는 게 좋은지는 오늘날 독자의 관점에서 고려해야 한다."

읽기를 통해 발견한 중요한 것

《펠로폰네소스 전쟁사》를 읽을 때 어떤 의미나 문제에 편중할 수도 있고 서로 다른 다양한 중요성을 얻을 수도 있다. 이 작품의 중요성은 작품 전체의 견해일 수도 있고 부분적인 견해일 수도 있다. 논리적 일치 측면에서 보면 이 두 가지 다른 범위의 중요성은 반드시 일치해야 한다. 학생들은 토론에서 종종 부분적 중요성을 많이 언급하고 교사는 전체의 중요성에 더 중점을 둘 수도 있다.

독자가 원문에서 중요하게 여기는 어떤 것은 실제 생활에서 중요하게 여기는 것과 밀접한 관련이 있다. 정치, 사회 문제에 관심 있는 독자와 오락이나 소비, 대중문화에 관심 있는 독자의 눈에 포착되는 중요성은 서로 다르며, 두 사람이 같은 관심을 가질 리는 만무하다. 《펠로폰네소스 전쟁사》에 관심이 있는 독자들은 대부분 '역사'와 '정치' 문제를 중요하게 여기며, 그들에게 원문의 중요성은 자연스럽게 그런 문제와 관련된다. 인문학 수업에서 《펠로폰네소스 전쟁사》를 선택한 이유 가운데 하나도 중요성에 대한 학생들의 흥미를 이러한 문제로 환기시키기 위함이다.

《펠로폰네소스 전쟁사》의 토론 범위는 기본적으로 정치, 민주정치, 정치 현실주의 등과 관련된 문제다. 학생들은 이 역사서에서 민주정치와 관련된 중요성을 읽을 수 있다. 예를 들어 민주정치에는 지도자가 필요하고 지도자가 너무 강력하면 오히려 위험할 수 있다. 〈페리클레스의 추도 연설〉에서 페리클레스가 상징하는 바는 이러한 위험을 내재한 민주정치다. 이러한 민주정치는 개인을 용감하고 진취적으로 만들 뿐 아니라 강대한 해방의 힘이 된다. 그러나 바로 이러한 해방의 힘으로 인해 개인의 정치적 야심은 무한히 팽창하고 대외적 제국주의와 내부의 정치적 고투를 야기할 수 있다.

이 문제는 투키디데스의 '국제 현실 정치'와 어느 정도 관련이 있다. 국제정치에서의 '현실 정치'는 《펠로폰네소스 전쟁사》에서 우리가 택한 세 편의 논쟁에서 명백한 예증을 찾을 수 있다. 현실 정치에서 군사와 정치, 경제 권력 및 이익을 지키는 것은 도덕이나 윤리를 지키는 것에 우선하며, 필요 시 후자를 완전히 압도할 수도 있다. 투키디데스는 현상을 묘사하는 방식으로 스파르타인이 전쟁 개입을 결정할 때 현실 정치의 이익을 고려하는 방식과 코린토스인의 대응 방식을 객관적으로 기록했다. 이는 우리 학생들이 수업 중 토론에서 특히 주목한 중요성이며 그들의 읽기에서 '편중점'을 형성했다.

투키디데스에게 특히 관심을 가진 학생이라면, 그가 역사를 문학적으로 서술하는 방식을 창조했다는 점에 주목할 수 있을 것이다. 이러한 역사적 서술 방식은 편년체의 '객관적' 역사 기록처럼 과거의 사건을 있는 그대로 논하는 간단한 기록이 아니라, 근본적인 논리 문제에 대한 사고에 근거한다. 이러한 문학적 역사는 호메로스와 헤시오도스가 창시한 것으로, 문학적 역사의 관점에서는 '정의'와 '고난' 같은 인문학 문제를 고찰하는 정도가 절대 플라톤과 아리스토텔레스의 철학이나 아이스킬로스와 소포클레스의 비극보다 못하다고 보지 않는다.

미국 학자 리처드 리보Richard Ned Lebow는 《정치의 비극적 광경The Tragic Vision of Politics: Ethics, Interests and Orders》에서 《펠로폰네소스 전쟁사》 같은 역사서를 통해, '사회과학'과 '인문과학' 간의 연구 방법에 장벽이 존재하며 두 학과가 단절되었다는 생각이 틀렸음을 알 수 있다고 지적했다. 서로 다른 학과가 각각 한정된 범위 내에서만 활동하고 각자의 방식대로만 일하는 것은 결코 학술 발전에 바람직하지 않으며 필연적인 추세도 아니다. 인문교육 역시 이를 충분히 인식할 필요가 있다.

인문교육 수업의 핵심인 윤리는 서사시나 희곡, 철학을 읽을 때 토론에서 가장 많이 언급되는 문제다. 인문학 수업을 위한 원문을 선택할 때는, 원문에서 다루는 문제가 학생들 자신의 실생활과 최대한 관련이 있으면서 인류가 직면한 윤리와 가치의 문제여야 한다는 점이 중요하다. 《펠로폰네소스 전쟁사》에는 다른 그리스 작품은 물론 오늘날 정치, 사회 현실의 윤리 문제와 연관시킬 수 있는 요소가 많다. 예를 들어 '정의'란 무엇인가, '정의'와 '보복'의 관계, '평화', 정치인이 갖추어야 할 '신중함' 등이다. 비록 투키디데스가 《펠로폰네소스 전쟁사》에서 이러한 윤리 문제들을 직접적으로 논하지는 않았으나, 그의 글에서 독자들은 전쟁과 폭력의 공포와 비이성성(또는 현실 정치에만 해당되는 이성)을 느낄 수 있다.

그래서 리보는 심지어 투키디데스를 비극 작가라 칭했고 《정치의 비극적 광경》에서 다음과 같이 기록했다. 만약 《펠로폰네소스 전쟁사》를 비극으로 읽는다면 "투키디데스가 묘사한 펠로폰네소스 전쟁을 통해 다른 관점에서 정치를 바라보고 문제의식을 느낄 수 있다…. 그리스 비극은 모두 이러한 경험적 관찰에 기초한다. 정의와 고난은 서로 직접적인 관련이 없지만, 비극은 인류의 나약함과 한계에 직면하게 하여 한계를 극복하려면 고난이 따른다는 것을 보여준다. 이로써 우리는 직감으로 알 수 없었던 이치를 깨닫게 되는데, 바로 지식과 힘으로 인간의 고난을 줄이고자 하면 더욱 큰 고난을 가져올 뿐이라는 것이다…. 서사시와 비극을 많이 활용한 투키디데스의 역사서가 일종의 (문학적) 서술이 된 것은 전혀 놀랍지 않다."

《펠로폰네소스 전쟁사》를 '비극'이자, 인간의 윤리 문제와 곤경을 심도 있게 다룬 희곡으로 간주하는 것은 '창조적 오독'이 아닌 인문학적 연상이다. 왜냐하면 '문학적 역사'는 고대 그리스의 특징을 지닌 작문 방식이기 때문이다. 역사학자 헤로도토스는 올림픽 같은 공공 축전에서 그의 역사 작품을 낭독했는데 마치 연극을 상연하는 것처럼 역사의 도덕적 교훈을 민중에게 알리기 위해서였다. 투키디데스의 역사는 비록 윤리적 소재를 포함하고 있지만 그가 관찰한 대상은 거의 전부 정치 생활에 집중되어 있으므로 그가 기록한 것은 정치적 역사다.

　로마 제국 시대의 그리스어 풍자 작가인 사모사타의 루시안Lucian of Samosata은 투키디데스가 그리스 역사학자들에게 입법자와 같은 존재였으며, 역사를 기록할 때 발생한 사실만을 기록하도록 했다고 언급했다. 기원전 4세기 역사학자들의 입장에서 보면 역사는 곧 정치이고 역사학자의 본분은 당대 역사를 기록하는 것이었다. 《펠로폰네소스 전쟁사》의 이러한 정치적 특징 때문에 인문학 수업에서 학생들의 토론은 자연스럽게 정치 문제로 집중되었다. 〈미틸레네 논쟁〉과 〈멜로스인의 논쟁〉을 읽고 국제적인 '실용 정치'와 '강권이 곧 진리'인 문제를 토론했던 것처럼, 〈스파르타 논쟁과 전쟁의 선포〉를 읽고 연설을 통해 대중을 동원하는 방식과 정치가의 '신중함'과 충동적인 '민의'의 충돌, 대중 연설에서의 수사법, '정의'와 '국가 이익'의 관계를 토론했다.

　인문학 수업에서 역사를 서사시나 비극과 서로 연관 짓는 것은 마치 기하학을 철학과 연관 짓는 것과 같이 아주 '자연스러운' 일처럼 보이지만, 이것은 사실 특정한 원문을 선택해 인문학적 읽기 방법을 시도한 결과다. 이는 자연스러운 읽기의 결과물이 아니라 '인문교육'에서 훈련된 결과이며 여기서 교사의 역할은 매우 중요하다.

10

유클리드의
《기하학 원론》

기하학은 우리 생활과 어떤 관련이 있는가

고대 그리스 사상 수업에서 학생들과 함께 유클리드의 《기하학 원론 *Stoicheia*》을 읽은 적이 있다. 토론 주제로 삼은 것은 23개의 '정의定義'와 5대 '공준公準', 5대 '공리公理'였다. 5대 공준은 다음과 같다. 첫째 임의의 점과 다른 두 점을 연결하는 직선은 단 하나뿐이다. 둘째 임의의 선분은 얼마든지 연장할 수 있다. 셋째 임의의 한 점을 중심으로 하고, 임의의 길이를 반지름으로 하는 원을 그릴 수 있다. 넷째 직각은 서로 모두 같다. 다섯째는 평행선 공준으로, 두 직선이 한 직선과 만날 때 같은 쪽에 있는 내각의 합이 180도보다 작으면 이 두 직선을 연장할 때 두 내각의 합이 180도보다 작은 쪽에서 반드시 만난다.

5대 공리는 다음과 같다. 첫째 같은 것에 같은 것은 서로 같다. 둘째 같은 것에 같은 것을 더하면 그 전체는 서로 같다. 셋째 같은 것에서 같은 것을 빼면 그 나머지는 서로 같다. 넷째 서로 겹치는 둘은 서로 같다. 다섯째 전체는 부분보다 크다.

수업을 시작하자마자 한 학생이 인문학 수업 시간에 웬 기하학이냐며 의아해했다. 이에 나는 유클리드가 말한 '정의'와 '공준' '공리'가 무엇인지 먼저 살펴보고 나서 다시 이야기해보자고 대답했다.

정의와 공준, 공리

한 학생이 예습을 했다며 세 가지 개념의 의미를 발표했다. '정의'란 '한 단어에 대한 정확한 의미의 진술'을 뜻하며, '공준'은 '굳이 말할 필요가 없는 진실성을 내포하거나 이미 보편적으로 인정되어 증명할 필요가 없는 가설'로 다른 진술을 위한 전제로 주로 사용된다. 마지막으로 '공리'는 '사람들이 모두 동의할 수 있는 상식적인 생각'으로, 공리가 진실인 이유는 그것이 결코 거짓일 수가 없기 때문이다.

학생들은 잇달아 《기하학 원론》에서 적절한 예를 찾기 시작했다. 23개의 정의 가운데 한 가지 예를 들면 점은 '부분이 없는 것'이다. 정의는 인간이 직접 확인할 수 있는 경험적 사실을 서술한 게 아니다. 왜냐하면 진정한 점은 육안으로 볼 수 있는 게 아니기 때문이다. 정의는 사물의 개념과 관련된 것으로 이상적인 형태를 가리키며 이것은 경험에 의해 충분히 복제가 가능하다. 예를 들어 '민주주의'는 그 정의에 따르면 하나의 이념으로 선거, 투표, 헌법, 의회와 관련이 있으나 단지 이러한 요소에만 국한되지는 않는다.

이어서 한 학생이 제4공준은 '모든 직각은 같다'라고 말했다. 이 세상의 직각을 전부 일일이 비교할 수는 없기 때문에 어떤 직각과 다른 직각을 발견했을 때 비로소 이 말을 뒤집을 수 있다. 따라서 이는 사람들이 공통적으로 약속한 하나의 가설일 뿐이다.

또 다른 학생은 제5공리는 '전체는 부분보다 크다'라고 했다. 그 이유는 전체보다 큰 부분은 존재할 수 없기 때문이다. '이렇다'라는 것은 '이렇지 않다'일 수가 없다. 상식적인 경험으로서 하얀 것은 결코 검을 수가 없고 참인 것은 결코 거짓일 수가 없다는 뜻이다.

어떤 학생이 물었다. 그렇다면 공준과 공리의 차이는 무엇인가? 다른 학생이 대답했다. 공준은 우리가 공통적으로 가설을 세우고 설정한 진리다. 예를 들어 평면에서 두 점을 이으면 하나의 직선이 된다. 그러나 사실 비행기로 샌프란시스코에서 런던으로 가는 항로는 단 한 가지만 존재하지 않는다. 또한 평행선은 서로 만나지 않는다고 할 때, 무한히 연장했을 때도 영원히 만나지 않는다고 결코 단정할 수는 없다. 즉 공준은 인간이 직접 경험할 수 있는 한도를 초월하며, 어디까지나 가설일 뿐이고 충분히 증명된 '진리'는 아니다. 반면 공리는 경험으로 충분히 증명할 수 있다. 공리는 그렇지 않을 여지가 없이 당연히 그러한 것이다. 예를 들어 동일한 두 값은 크기가 다를 수 없고, 한 값이 다른 하나보다 크면서 동시에 그것보다 작을 수는 없다.

나는 학생들에게 우리 생활 속에서 공준이나 공리에 해당되는 것들이 무엇인지 자유롭게 생각해보자고 제안했다. 그러자 한 여학생은 "남자들은 모두 돼지다"는 공리이며 이는 경험적으로 증명된 것이라고 대답했다. 이 말에 교실은 웃음바다가 되었다. 그때 한 남학생이 "여자들은 모두 나쁘다"라고 대꾸하자 다시 한 번 교실은 웃음소리로 뒤덮였다.

한 학생은 인간이 의식주를 해결해야 하는 것은 공리라고 말했고 모두가 그 말에 동의했다. 나는 모든 인간에 대한 공리로 또 무엇이 있는지 다시 한 번 생각해보자고 제안했고, 이에 한 학생이 대답했다. "인간이 자유를 원한다는 것입니다."

그러나 일부 학생들은 이에 동의하지 않았다. 어떤 사람은 특별히 자유를 원하지 않고 다른 것을 위해 기꺼이 자유를 포기하기도 하기 때문이다. 이에 학생들의 의견은 인간에 대한 공리는 인류가 생존하는 데 결코 포기할 수 없는 기본적인 욕구, 즉 공기, 먹고 입는 것, 바람과 비를 막을 집, 성욕 등을 의미한다는 데 모아졌다. 나는 학생들에게 이런 공리에만 부합하는 사람은 과연 어떤 사람일지 생각해보자고 했다. 한 학생이 그것은 돼지우리에서 기르는 돼지 같다고 대답하자, 모두들 이 의견에 동의했다. 이런 사람은 집에서 기르는 닭이나 개, 소, 돼지와 별반 차이가 없다고 생각했다.

나는 인간에 대한 공준에 대해서도 생각해보자고 제안했다. 학생들의 대답은 다음과 같았다. "인간은 자유를 원한다" "인간은 존엄하게 살아야 한다" "미국 〈독립선언문〉 첫머리에 언급된 '다음과 같은 사실을 자명한 진리로 받아들인다. 즉 모든 사람은 평등하게 태어났고 창조주는 몇 개의 양도할 수 없는 권리를 부여했으며 그 권리 중에는 생명과 자유와 행복의 추구가 있다. 이 권리를 확보하기 위해 인류는 정부를 조직했으며 이 정부의 정당한 권력은 국민의 동의에서 유래한다. 또 어떤 형태의 정부이든 이러한 목적을 파괴할 때는 언제든지 정부를 개혁하거나 폐지하여 새로운 정부를 조직하는 것은 국민의 권리다.'"

사회생활의 원칙

　미국에서 자유와 평등, 행복을 추구할 권리는 공통적으로 가정한 가치이며 그 진리성은 경험으로 증명할 수가 없다. 사실 경험은 오히려 그 비진리성을 증명하는 데 유리할 뿐이다. 그렇다면 공준은 왜 필요한가? 공준은 인간의 사회생활에서 어떤 역할을 하는가?

　사회생활에서 공준은 사실 핵심 가치에 대한 가정이다. 공통적으로 가정된 가치가 없다면 인간은 사회생활을 하면서 일정한 판단을 내릴 수 없을 뿐 아니라 정부와 사회제도에도 일정한 요구를 할 수 없을 것이다. 만약 미국 〈독립선언문〉에서 모든 인간은 자유롭고 평등하다는 가치를 먼저 가정하지 않았다면, 입법기관에서는 국민의 대표권을 지키기 어려웠을 테고, "국민에게 대표권은 더할 수 없이 귀중하며 오직 폭군만이 그것을 두려워한다"라고 당당히 외치지도 못했을 것이다.

　유클리드의 《기하학 원론》에서 5대 공준과 5대 공리는 두 가지 '명백한' 진리에 속한다. 이 10대 원칙을 이용하면 논리적인 방법(검증법, 반증법, 작도법)으로 모든 기하학의 정의를 유도할 수 있다. 단일 명제에서 전제와 결론의 관계뿐 아니라 모든 기하학의 명제를 전체적인 체계로 연결할 수 있다. 그 '진리치'는 모두 10대 원칙에서 비롯되었다. 유클리드 기하학에서 얻을 수 있는 시사점은, 지식은 반드시 그 '진리치'의 토대가 있어야 하고 그 토대에서 출발하여 논리적 추론을 통해 연역 체계를 구성한다는 것이다. 이것을 바로 '공리화 방법'이라 한다.

　유클리드가 사용한 방법이 바로 이것이다. 그는 먼저 정의, 공준, 공리를 설명한 뒤 논리적이고 체계적으로 간단한 것에서 복잡한 것으로 일련의 명제들을 증명했다. 우선 정의, 공준, 공리를 근거로 첫 번째 명제를 증명한 뒤, 이를 기초로 두 번째 명제를 증명했다. 이런 방식으로 많은 명제들을 모두 증명해냈다. 이는 매우 훌륭한 논증으로 논리가 체계적이며 구성이 치밀하여 감탄을 금치 못하게 된다. 흩어져 있던 수학 이론은 그에 의해 기본 가설에서 가장 복잡한 결론에 이르기까지 하나의 체계로 연결된다. 이로 인해 수학 발전의 역사상 유클리드는 최초로 공리화 방법을 이용해 연역적 수학 체계를 세웠다고 평가된다.

그렇다면 윤리, 정치, 사회 같은 다른 성질의 이론도 동일하게 공리화 방법을 활용할 수 있을까? 아리스토텔레스는 《니코마코스 윤리학》에서 이를 시도했으나 성공하지 못했다. 그러나 그의 시도는 최소한 윤리, 정치 같은 이론에서는 공리화 방법의 한계가 너무도 크다는 것을 알려주었다. 또한 논리의 치밀성에도 많은 문제가 있었는데, 예를 들어 (자유와 평등 같은) 공리의 개념이란 본래 그 의미가 모호하고 공준도 불분명한 성격이 있다(가령 우리가 흔히 말하는 "모든 사람은 평등하게 태어났다"는 자연법에 근거했는지 종교적 율법인지 확실치 않다). 그러나 논리적 방법을 중시하며 사고하는 것은 명확한 개념에 도달하기 위해 언제나 중요하므로, 이러한 논리적 사고와 기본적인 인문학 능력을 갖추려면 청소년기부터 학습과 훈련을 해야 한다.

사회생활의 지식 및 인식에는 그 '진리치'가 어디에서 비롯되는지와 관련된 문제가 있다. 진리치의 반대는 '허위치'다. 사회에서 생기는 여러 가지 관점과 견해, 생각은 다양한 관념의 명제에 대한 논리적 체계를 형성하는데, 그 진리치나 허위치도 일정한 공준과 공리의 원칙에서 비롯된다. 서로 다른 사회와 정치적 관념 사이에 동일한 공리(인간의 기본적인 육체적,

물질적 욕구에 대한 인식)가 있을 수 있으나 공준은 전혀 다를 수 있다.

공준은 경험으로 검증할 수 없으므로 '가설'을 통해 확정할 수 있다. 가설은 사회 구성원이 공통적으로 가정한 것으로 역사나 문화 환경에서 형성된다. 가치적 공준의 진리치는 일반적으로 '전통'과 '신앙'에서 비롯되나 집단적으로 세뇌된 결과일 수도 있다. 이렇게 한 집단에서 공통적으로 인정되는 공준이 바로 소위 말하는 '핵심적 가치'다.

기하학과 공공 정치를 연관 짓는 것은 그리스인들에게는 매우 자연스러운 일이었다. 많은 사람들이 이미 알고 있듯 플라톤 학파의 아카데메이아 문 앞에는 다음과 같은 문구가 쓰여 있었다. "기하학(수학)을 모르는 자는 들어오지 마라." 플라톤 학파의 아카데메이아는 당대 최고의 수학자들을 보유하고 있었다. 아테네의 수학자 데아이테토스Theaetetos는 입체 기하학의 창시자로 최초로 정사면체, 육면체, 십이다면체를 발견했다. 고대 그리스의 천문학자이자 수학자 에우독소스Eudoxos는 비례에 관한 새로운 이론을 제안했다. 유클리드도 플라톤의 아카데메이아에서 수학했다. 영국의 수학자 토머스 히스Thomas L. Heath는 《그리스 수학사A History of Greek Mathematic》에서 만약 에우독소스의 이론이 없었다면 플라톤 시대의 기하학과 수학도 없었을 것이고, 유클리드 기하학도 오늘날 우리가 알고 있는 그런 내용이 아니었을 거라고 지적했다.

우리에게 익숙한 중학교 수준의 기하학과 비교해보면 유클리드의 《기하학 원론》은 언어적 사고의 특징이 매우 뚜렷하게 드러난다. 그가 주장한 정의와 공준, 공리는 모두 '언어'로 표현되어 있고 기하학적 도형이나 대수의 형식을 전혀 사용하지 않는다(예를 들어 삼각형이나, 'a=b이고 b=c이면 a=c이다'의 형식). 따라서 이것은 과학적 논술 방식보다는 인문학에 더욱 가깝다. 언어는 인간의 생각을 '이념idea'과 '형태form'의 추상적인 차원으로 발전시키는데, 이는 플라톤이 말한 20세 이후 인간의 생각이다.

민주주의와 상식

순전한 개념의 '형태'와 언어 사이에서 우리가 하는 행위는 철학이지 소위 말하는 '수학적 사고'가 아니다. 철학이 추구하는 것은 본질적인 것이며 현상적인 인지가 아니다. 또한 그 인지의 대상은 반드시 어떠해야 한다는 의미로, 실제로 어떠한지 파악한 것은 아니다. 이를테면 실제로 그릴 수 있는 모든 점은 언어로 묘사되는 '부분이 없는' 점의 모사본일 뿐이다. 미국이나 유럽, 혹은 기타 국가에 존재하는 민주주의는 언어가 묘사하는 개념적인 민주주의의 형상일 뿐이다.

오늘날 우리의 머릿속에는 '길이'와 '넓이'와 계산법(숫자)이 깊숙이 자리 잡고 있으나 그리스 수학에서는 그렇지 않았다. 영국의 역사학자 데이비드 폴러David Fowler는 《플라톤 아카데메이아의 수학The Mathematics of Plato's Academy: A New Construction》(1987)에서 그리스 기하학은 완전한 '비非계산법'이었다고 지적했다. 산술적인 기하학은 바빌론 기하학에서 비롯되었고, 그리스 기하학을 이해하려면 먼저 오늘날 우리가 가지고 있는 산술적 사고에서 벗어나야 그 개념적 사고의 특징을 파악할 수 있다.

그리스의 기하학적 사고의 개념과 그 사변성은 철학 또는 인문 철학에 영향을 미쳤다. 플라톤은 수학을 철학으로 편입시켰고 수학으로 '형태'에 관한 학설의 기초를 다졌다. 《파이돈》에서 소크라테스는 영혼은 죽지 않음을 네 차례 증명했다. 최후에 그는 다음과 같이 말했다. 2와 3은 그저 두 개의 다른 숫자가 아니라 두 가지 다른 '형태(짝수와 홀수)'를 '가지는 것'이다. 영혼이 받아들이는 것은 '영원한' 성질의 '형태(진, 선, 미)'를 가지는 것으로 역시 영원하다(104c행). 소크라테스가 사용한 것은 개념적 추론을 통한 논리적 증명이다. 그가 얻은 것은 우리가 말하는 지식이 아니라 소크라테스가 말한 '정당한 견해'이며 지성이라 불리는 인지나 식견이다.

그리스인에게 지성이란 무조건적으로 지식에만 기초하지 않으며(선지적 예언도 지성에 속한다), 지식이 있다고 해서 무조건 지성이 있는 것도 아니다. 기하학은 그 전제(공준)가 가설이며 아직 실증되지 않은 상태에서 알게 된 원리이므로 그 자체는 진정한 지식이라 할 수 없다. 따라서 결론과 그에 이르는 중간 과정도 일련의 과정일 뿐 확실한 지식적 추론은 아니다. 즉 기하학에서 얻을 수 있는 것은 '의견'보다 명확하나 '지식'보다는 확실하지는 않은 '지성'이고, 그리스인들은 이를 일컬어 '이지理智'라 했다. 이지란 네 가지 사상적 산물 가운데 하나인데 확실한 정도에 따라 지식, 이성, 신념, 사상 및 추측으로 분류된다. 지식과 이성을 합해 인식noesis이라 부르고 신념과 사상 및 추측을 합해 의견opinion이라 부른다.

학생들은 유클리드 기하학을 통해 인간의 직감적 지성과 논리 능력을 깨달을 수 있었고, 소위 '상식'이라고 불리는 보통 사람들이 가지고 있는 인지 능력을 더 잘 이해할 수 있게 되었다.

또 유클리드 기하학을 토론할 때 미국 독립혁명에 위대한 공헌을 한 토머스 페인Thomas Paine의 《상식Common Sense》(1776)이 많이 언급되었다. 미국 법원에서는 국민 배심원을 선발할 때 다음과 같은 질문을 한다. '친척 가운데 변호사가 있는가?' 만약 여기에 해당되면 대개 제명되곤 한다. 국민 배심원 제도가 중점을 두는 것은 일반 국민의 독립적 판단과 도덕적 양심이다. 변호사의 전문 지식은 결코 양심과 판단을 보장할 수 없으며 심지어 때로는 방해 요소로 작용할 수도 있다.

그뿐 아니라 유클리드 기하학을 통해 학생들은 민주 생활의 기본 개념을 어떻게 귀납적으로 분석할 수 있는지 배울 수 있었다. 사실 인간의 공리(의식주의 기본적인 욕구)는 그저 한정된 몇 가지일 뿐임을 알 수 있다. 인간의 욕구에 부합하는 공리만을 언급하는 것은 가장 낮은 수준의 보편주의이며 이는 동물과 별반 차이가 없는 보편주의에 불과하다. 또한 오늘날 우리가 생활하는 민주정치 체제와 민주주의의 사회질서는 몇 가지 공준 위에 수립되었고 그것은 모두 합해도 다섯 개가 넘지 않는다. 바로 모든 사람이 가지는 자유, 평등, 존엄과 시민권, 인권이다. 민주주의 생활 질서의 법률과 도덕은 복잡한 '공리적 추론'의 체계에서 형성되었고 이 체계의 '정의 진리치'는 모두 그 몇 가지의 공준, 즉 핵심 가치의 진리치에서 비롯되었다.

그 공준은 오늘날 세계의 모든 국가나 사회가 받아들이지는 않는다. 어떤 사회에서는 일상 언어에 이러한 단어가 있더라도 현실에서는 실행되지 않는다. 어떤 사회에서 개인이나 이익 집단의 절대 권력을 공준으로 설정하고 나아가 그 권력을 위협과 강제, 예속, 거짓, 폭력의 정당성을 지키기 위해 설정하면, 이러한 '비非정의 허위치'는 마찬가지로 그 사회의 법률과 제도, 도덕, 일상생활에 스며든다. 사람들은 이런 사회에 익숙해지고 무감각하게 순종하며 침묵, 거짓, 허위, 배반, 도덕적 타협에 빠질 수 있고 강권에 뜻을 굽히며 살아가기도 한다.

서로 다른 공준은 서로 다른 사회제도를 만들 수 있다. 이는 보편주의에 대한 사람들의 기본적인 태도를 반영한다. 자유와 평등, 존엄을 핵심 가치로 설정하는 사회는 항상 보편주의를 견지하는데, 이러한 가치는 모든 인류 구성원을 아우르지 않으면 근본적으로 의미가 상실되기 때문이다.

같은 이유로 이러한 가치를 당당하게 거절할 수 있는 국가나 사회도 존재하지 않는다. 그러나 국가 권력을 손에 쥐고 있는 소수의 통치자들은 여전히 국가 집단의 통치 원칙을 규정하고 이를 '가치 공준'으로 사회 전체에 강요하기도 한다. 자유로운 사회는 그렇지 못한 사회보다 인간이 지닌 공통의 가치 선택에서 자유와 평등, 인간의 존엄성을 더 잘 받아들인다. 인문교육은 인간의 자유에 대한 교육으로, 그 기본 효과는 바로 학생들이 인류의 공통 가치에 대한 믿음을 확립하게 하는 데 있다. 이는 곧 더 나은 방향으로 발전하기 위한 보편주의 개념으로, 이를 통해 모든 인류가 똑같이 더 자유롭고 평등해지며 존엄해질 수 있다.

11

플루타르코스의
《플루타르코스 영웅전》

전기 문학을 읽을 때 주의할 점은 무엇인가

학생들은 어디선가 들었거나 읽어본 적이 있는 인물들이 등장하는《플루타르코스 영웅전Bioi Paralleloi》을 좋아한다. 플루타르코스는 도덕적으로 훌륭하고 교양이 있는 영웅들을 독자의 눈앞에 생생하게 표현했는데, 이런 이야기와 서술 방식은 젊은 학생들의 이상주의와 잘 부합한다. 플루타르코스의 명언들은 학생들을 끌어당기는 매력이 있으며, 통찰력이 있다. 또한 간결한 표현 방식은 역사나 정치뿐 아니라 인생철학이나 성격 형성에도 설득력 있는 견해를 제시한다. 또한 격언 형식의 지혜와 문학적 다채로움 역시 젊은 층의 독서 취향과 잘 맞는다.

위인전은 사람들이 선호하는 장르로 베스트셀러에 자주 오른다. 사람은 사람에 관한 이야기를 좋아하는 법이며 이는 전 세계 어디에서나 마찬가지일 것이다. 플루타르코스의 기록 역시 사람에 관한 이야기로, 대부분의 학생들이 작품의 등장인물들 이름이나 일화를 다른 책에서 접한 경험이 있어 비교적 친숙하게 느꼈다.

상식과 보편적 지식

예를 들면 수학자 아르키메데스의 일화는 이미 잘 알려져 있다. 《플루타르코스 영웅전》의 〈마르켈루스Marcellus〉 편에서 로마의 장군 마르켈루스는 아르키메데스가 고안한 무기로 시라쿠사이Syrakusai(지금의 시라쿠사. 이탈리아 시칠리아 섬 남동부의 항구도시. - 옮긴이) 군대를 포위해 물리쳤다. 그 뒤 마르켈루스는 로마 군대를 거느리고 2년 동안 시라쿠사이를 공격한 끝에 성을 함락시켰다. 그때 한 로마 병사가 아르키메데스에게 마르켈루스 장군을 알현하라고 명했으나, 마침 수학 도표를 연구하던 아르키메데스는 눈앞의 수학 문제를 먼저 풀어야 한다며 거절했다. 이에 그 병사는 크게 분노하여 단칼에 아르키메데스를 베어버리고 말았다.

어떤 학생들은 〈알렉산드로스〉 편에 나오는 '고르디아스의 매듭'에 관한 일화를 알고 있었다. 고르디아스의 매듭은 아주 복잡해서 그 누구도 풀 수 없었다. 그 매듭을 푸는 자가 동방을 다스리게 될 것이라는 신탁이 내려오자 많은 사람들이 매듭을 풀고자 시도했지만 어느 누구도 성공하지 못했다. 얼마 뒤 알렉산드로스가 이 이야기를 듣고 신전으로 달려가 두말없이 칼을 뽑아 들고 단칼에 내리쳤고, 몇 년 동안 아무도 풀지 못한 그 매듭을 두 동강 내버렸다. 그리고 예언이 적중해 알렉산드로스는 동방뿐 아니라 유럽과 아시아, 아프리카 세 개 대륙을 아우르는 알렉산드로스 왕국을 건설했다.

학생들이 플루타르코스를 친숙하게 여기는 또 다른 이유는 율리우스 카이사르(영어식 표기는 줄리어스 시저. - 옮긴이), 기원전 5세기 고대 로마의 전설적 장군 코리올라누스Coriolanus, 안토니우스와 클레오파트라 등 셰익스피어 희곡에 등장하는 인물들 때문이다. 여러 매체를 통해 널리 알려진 이 인물들은 서양 대중문화의 중요한 부분으로 자리 잡았다. 이러한 보편적 지식은 사람들에게 자주 언급되는 역사적, 문학적 또는 문화적 상식이 되었다.

학생들은 이러한 상식이나 보편적 지식을 가지고 인문학 수업에 참여하는데, 이는 인문학적 읽기 경험에 흥미를 더해준다. 작품을 읽으면서 자신의 머릿속에 있던 역사적 인물과 플루타르코스가 기록한 인물을 수시로 비교할 수 있고, 어떤 부분이 플루타르코스의 내용과 부합하고 또 어떤 부분이 허구의 상상으로 만들어진 것인지 추측할 수 있다.

역사와 전기 문학

대다수 학생들은 플루타르코스가 기록한 내용은 '역사'이므로 대중문화에서 묘사된 내용보다 더 진실에 가까울 것이라 생각한다. 그러나 플루타르코스 자신은 위인전을 집필하는 작가와 역사가는 본분이 다르다고 여겼다. 따라서 그가 《플루타르코스 영웅전》에서 중점을 둔 부분은 '사실'을 전부 기록하는 것이 아니라 가장 중요하다고 생각하는 내용을 선별하는 것이었고, 이는 대부분 도덕적 교훈으로 표현되었다.

플루타르코스는 다음과 같이 말했다. "내가 쓰고자 하는 것은 역사가 아니라 인생이라는 점을 기억해야 한다. 가장 영예로운 위업이 언제나 인간의 선과 악에 대한 분명한 통찰을 제시해주지는 않는다. 때로는 보잘것없는 순간이나 표정, 농담이 치열한 전투나 뛰어난 무기보다 인물의 성격을 더 잘 드러내기도 한다. 초상화를 그리는 화가도 인물의 성격을 잘 표현하기 위해 신체의 다른 어떤 부분보다도 얼굴을 세밀하게 그리는 데 집중한다. 그러니 내가 인물의 영혼을 드러내는 특징에 집중하는 것을 이해해 주기 바란다. 중요한 사건이나 전투는 다른 사람이 논하도록 하고 나는 인물의 영혼을 드러내는 특징에 집중해 그들의 인생을 묘사하고자 한다."

플루타르코스는 르네상스 시기의 수필가 몽테뉴가 가장 좋아한 작가였다. 몽테뉴는 《수상록》 25장의 〈아이들의 교육에 대하여De l'institution des enfants〉에서 아이들이 "판단력을 향상시키고 사물을 명확하게 볼 수 있도록" 플루타르코스를 읽게 해야 한다고 했다. 그는 다음과 같이 말했다. "아이들이 플루타르코스의 《영웅전》을 읽으면 어찌 이익이 크지 않겠는가? 단 교사는 자신의 본분을 잊어서는 안 되며, 학생들에게 무조건 암기하라고 가르쳐서는 안 된다…. 교사는 학생들에게 역사적 사실뿐 아니라 어떻게 판단해야 하는지를 가르쳐야 한다. 이는 우리 정신이 특히 중시해야 하는 바이다…. 플루타르코스는 우리가 그의 통찰의 옳고 그름에 대해 논할지언정 그의 학식의 깊고 넓음을 논하지 않기를 바랐다."

오늘날 많은 평론가들은 《플루타르코스 영웅전》을 '도덕적 교훈'에 해당되는 장르로 생각한다. 그러나 인문학 수업에서 연설(플라톤의 《소크라테스의 변론》), 대화(플라톤의 《크리톤》과 《국가》), 희곡(소포클레스의 《오이디푸스 왕》과 《안티고네》), 논설(아리스토텔레스의 《니코마코스 윤리학》과 《정치학》) 등 다양한 장르의 많은 작품들도 모두 도덕적 교훈의 목적을 가지고 있었고 인생의 이치로 귀결되었다. 도덕적 교훈은 플루타르코스에 이르면 '전기'가 되고 몽테뉴에 이르면 '수필'이 되며, 이후 스피노자의 《기하학적 질서에 따라 증명된 윤리학Ethica Ordine Geometrico Demonstrata》(일명 《에티카》)에서는 기하학과 같은 공리axioms, 정의definition, 증명demonstration을 통해 표현된다. 즉 원문의 장르와 도덕적 교훈의 관계는 계속 변화한다.

학생들은 도덕적 교훈을 전달하는 다양한 글쓰기 방식에 한 가지 질문을 제기했다. 모든 글쓰기 방식이 도덕적 교훈을 전달하려는 목적에 어울리는가? 도덕적 교훈의 차이는 글쓰기 방식의 차이와도 관계가 있는가?《플루타르코스 영웅전》을 읽으면 적어도 전기의 글쓰기 형식에서는 답이 거의 명확함을 알 수 있다. 전기는 반드시 구체적인 인물과 사건에 대해 써야 하기 때문에 도덕적 원칙을 직접적으로 서술하지 않더라도 그것을 설명하는 효과가 있다. 또한 전기는 사례를 통해 교훈(즉 모범이나 본보기의 효과)을 전달하는 데 특히 적합하다. 따라서 구체적 인물을 통해 세상 물정에 어둡고 성격이 완전히 형성되지 않은 청소년에게 모범이 될 만한 교훈을 주고, 은연중에 사람을 감화시키는 탁월한 효과가 있다.

한편 플루타르코스가 전기 작가인가 아니면 역사학자인가에 대해 학생들은 서로 다른 견해를 보였다. 이에 토론은 '전기'와 '역사'를 어떻게 정의할 것인지에 대한 주제로 넘어갔다. 만약 어떤 학생이 이 문제에 관심이 있다면 관련 서적을 찾아보거나 별도의 탐구를 통해서 보편적인 견해를 얻을 수 있을 것이다. 그러나 이는 비교적 전문적인 지식에 속하므로 인문학 수업에서 흔히 요구하는 수준의 지식은 아니다. 물론 수업 중에 다른 학생들과 지식을 나누고 싶어 하는 학생이 있다면 그 역시 유익할 것이다. 그러나 다른 학생들은 여전히 보편적 지식의 문제를 제기할 수 있다는 점에 유의해야 한다. 가령 플루타르코스가 카이사르의 생애를 집필한 시기가 카이사르가 살았던 로마 시대였는가? 답은 그럴 수도 있고 아닐 수도 있으며 양쪽 모두 충분한 근거가 있을 수 있다. 즉 인문교육의 가치는 최종적인 결론이 아니라 질문하고 설득하는 과정 자체에 있다.

플루타르코스의 전기에 등장하는 인물들은 도덕적으로 고상하고 유명한 영웅들로, 역사적 사건의 흐름에 큰 영향력을 발휘한다. 카이사르 시기의 로마 역사는 카이사르의 일생과 겹치는 부분이 상당히 많다. 그러나 또 다른 관점에서 보면 역사학자의 주안점과 전기 작가의 주안점은 다를 수 있다. 역사학자가 주목하는 것은 로마 자체이고, 전기 작가가 관심을 가지는 것은 카이사르라는 인물이다. 따라서 전기 작가는 역사학자가 무심코 지나쳤거나 일부러 생략한 세부적인 내용을 기록할 수 있고, 역사학자도 마찬가지로 전기 작가가 언급하지 않은 일을 기록할 수 있다.

이는 학생들에게 문학사의 보편적 지식에 해당되는 또 다른 질문과 마주할 기회가 된다. 전기는 역사에 가까운가, 아니면 문학에 더 가까운가? 이 질문에 답하는 데는 아리스토텔레스가 《시학》에서 말한 내용이 도움이 될 수 있다. "시인의 본분은 이미 발생한 일을 묘사하는 데 있지 않고 가능성과 필연성에 따라 발생할 수도 있는 일을 묘사하는 데 있다. 시인이 역사가와 다른 점은 산문이 아닌 '운문'을 사용한다는 것인데, 헤로도토스의 작품도 '운문'으로 바꿀 수 있지만 여전히 역사이고 이는 운율이 있고 없음에 관계없이 동일하다. 두 개의 차이는 이미 발생한 일을 서술했는가, 발생할 수도 있는 일을 묘사했는가에 있다. 따라서 시를 쓰는 행위는 역사를 기록하는 행위보다 더 깊은 철학적 의미가 있으며 더 엄숙하게 대해야 한다. 시가 묘사하는 것은 보편성을 지니고, 역사가 기록하는 것은 개별적인 일이기 때문이다."(Vol.9.686a행) 여기서 아리스토텔레스가 언급한 '시'는 바로 우리가 일컫는 '문학'을 가리키며, 그의 견해에 따르면 플루타르코스의 전기는 문학이 아니라 역사라고 칭해야 할 것이다.

플루타르코스는 종종 서로 다른 인물을 비교하면서 특정 인물을 묘사한다. 비교는 학생들에게 친숙한 글쓰기 형식이자 기법으로, 플루타르코스의 인물 비교 방식을 토론하면서도 일종의 보편적 지식을 얻을 수 있다. 예를 들어 플루타르코스는 알렉산드로스와 카이사르를 비교했다. 두 사람 모두 군의 뛰어난 총사령관으로 그 명성이 후대에까지 널리 알려졌으며 위대한 정치가이자, 친구와 부하들에게 관대한 정을 베푼 인물이다. 그 밖에도 여러 가지 비슷한 점이 있는데 학생들은 이를 서로 발표하면서 군 지휘관이나 정치가를 이해하고 평가하는 데 유용한 감성적, 보편적 지식을 획득할 수 있었다.

한편 알렉산드로스와 카이사르의 다른 점도 쉽게 찾을 수 있다. 알렉산드로스는 고작 33세의 젊은 나이에 죽었으나 카이사르는 56세까지 살았고, 알렉산드로스는 병사했으나 카이사르는 암살당했다. 또한 알렉산드로스는 절대적 군주로 태어났으나 카이사르는 공화정에서 제위를 도모했고, 알렉산드로스는 세계를 정복하고 인도의 관문을 막았으나 카이사르가 출정한 영토는 영국을 넘지 못했고 그나마 끝까지 지키지도 못했다. 바로 이러한 중요한 차이점 때문에 우리는 알렉산드로스를 알렉산드로스로, 카이사르를 카이사르로 부르는지도 모른다.

미국의 작가 윌리엄 윌슨William S. Wilson은 《왜 나는 프란츠 카프카처럼 쓰지 않는가Why I Don't Write Like Franz Kafka》에서 "비교는 비교 당한 사물의 본질을 없앨 수 있다"고 말했다. 또 다른 미국 작가 섀년 앨더Shannon L. Alder도 "개성은 비교를 통해서는 잘 드러나지 않는다"고 말했다. 사실 서로 다른 역사적 인물을 비교하기는 어렵다. 특히 위대하거나 사악한 인물일수록 더욱 그러한데, 그들은 매우 고상하거나 사악한 것에 대해 생각해보게 하는 보기 드문 극단적 사례에 불과하다.

12

구약성경의
〈욥기〉

신은 왜 인간에게 고난을 내리는가

〈욥기Iyov〉를 제대로 읽으려면 그 문화사적 배경에 대한 보충 설명이 필요하다. 인문교육의 기본 목적 중 하나는 작품의 문맥을 이해하도록 도와 학생들의 흥미를 유발하고, 보다 풍부하고 전면적인 문맥적 지식을 배양하는 것이다. 고전을 읽을 때 해당 작품의 주변 지식을 설명해야 하는 경우가 있는데, 이는 학생들에게 보편적 지식을 제공하여 작품의 이해를 돕기 위한 것이지 전문적 지식을 전수하기 위한 게 아니다.

문화적 배경 및 구조적 관점에서의 해석

〈욥기〉는 구약성경을 분류할 때 '지혜서 혹은 지혜문학Wisdom Books'에 속하는데 이를 아는 학생도 있고 모르는 학생도 있었다. 이것을 학생들에게 소개하는 이유는 토론할 때 모든 학생이 공통적인 보편적 지식을 갖게 하기 위함이다.

구약성경의 지혜문학에는 〈욥기〉〈시편〉〈잠언〉〈전도서(코헬렛)〉〈아가〉가 포함된다. 지혜문학은 지혜에 관한 내용만을 담고 있어서 그렇게 부르는 게 아니라 관습적으로 굳어진 명칭이다. 지혜문학은 세 부류로 나눌 수 있다. 첫째는 노래(〈시편〉〈아가〉), 둘째는 권면(〈잠언〉), 셋째는 복잡한 인생에 대한 사색(〈욥기〉〈전도서〉)이다. 각자 독특한 형식을 가지고 있는데 노래는 찬가와 만가, 비가 등이 있고, 권면은 격언, 경구가 있으며, 인생에 대한 사색은 철학적 이치가 내포된 이야기와 논설이 있다. 〈욥기〉와 〈전도서〉는 〈시편〉과 〈아가〉〈잠언〉에 비해 신학적 의미가 훨씬 풍부하다. 이들은 구약성경에서 내용상 서로 연결되는 부분은 없지만 모두 지혜문학으로 통칭되며, 그 이유는 모두 '운문'의 형식을 사용하기 때문이다. 시는 특징적으로 '대구parallelism'의 형식을 사용하고 공통적인 내용을 담고 있는데, 신의 뜻에 따라 살게 하려고 이를 활용한 것이다.

고대의 다른 문화에도 지혜로운 교훈, 격언, 인생에 대한 고찰, 도덕적 깨달음, 시편, 지혜에 대한 찬미가 있었다. 만일 히브리의 지혜가 어떤 문화의 영향을 받았고 어떠한 특징이 있는지 궁금하다면 보다 전문적인 지식을 참조하면 될 것이다. 그러나 인문학 수업에서 소개하는 내용은 간략하고 보편적인 지식으로, 고대의 지혜가 오늘날의 삶에도 가르침을 준다는 사실을 학생들에게 알려주는 게 수업의 목적이다. 〈욥기〉도 그러한 예시의 하나로 볼 수 있다.

〈욥기〉는 구조적으로 시작과 끝 부분은 산문 형식이고 중간 부분은 운문 형식을 사용한다는 특징이 있다. 고대 이스라엘인들은 운문을 글쓰기의 형식뿐 아니라 일종의 사유 방식으로 보았다. 오늘날 사유와 글쓰기는 명확하고 논리적으로 연결되어야 하고, 하나의 문장은 하나의 의미(어떤 것은 간단하고 어떤 것은 복잡한)를 표현한다. 그러나 고대에는 그렇지 않았다. 고대 언어에서는 비유와 비교를 자주 사용했다. 복잡하고 추상적인 생각은 주로 비유나 운문을 통해 표현했고, 구체적인 사건이나 생각을 전달할 때는 다른 것과 비교하는 방법을 사용하기도 했다. 따라서 히브리 운문은 특징적으로 '대구'를 많이 사용하기 때문에, 오늘날의 독자들이 읽었을 때 모든 내용을 두 번씩 말하는 것처럼 느낄 수 있다. '중언부언'하는 것 같다고 불평하는 학생도 있었는데, 이는 표현 방식을 이해하지 못했기 때문이며 이를 알고 나면 오히려 굉장히 재미있게 여길 것이다.

지혜문학은 성경에서 인문학적 의미가 가장 많이 담겨 있다. 비록 형식은 서로 다르지만(〈시편〉은 종종 예외로 여겨진다) 지혜문학은 공통적으로 이스라엘인뿐 아니라 인류 전체의 문제를 다룬다. 지혜문학의 중점은 이스라엘인의 역사나 유대인 선지자의 가르침도, 하느님이 이스라엘인들을 구원하고 그들에게 약속한 내용도 아니다. 일반적인 의미에서의 좋은 생활과 바른 행위, 성공적인 인생에 관한 내용을 중점적으로 다룬다. 물론 지혜문학이 완전히 세속적이라고 볼 수는 없지만 분명 하느님보다는 인간이 지혜문학의 주인공에 가깝다고 할 수 있다. 이것이 바로 지혜문학과 성경의 다른 부분과의 차이점이며 인문학적 특색을 가지는 이유다. 인생의 가치는 어디에 있는가? 인간은 어떻게 해야 성공할 수 있는가? 인간은 왜 고난을 당하는가? 죽은 뒤에는 어떻게 되는가? 인간은 천지창조에서 어떤 위치와 의미를 가지는가? 이는 모두 지혜문학이 던지는 인문학적 질문이다.

토론에 앞서 우리는 전체 구조를 이해하기 위해 〈욥기〉 전문을 모두 읽었다. 토론의 초점은 욥과 그의 세 친구 사이에 있었던 세 차례의 논쟁 가운데, 첫 번째 논쟁과 논쟁 뒤에 욥이 한 말에 맞춰졌다. 〈욥기〉가 제기하는 '인간은 왜 고난을 당하는가?'라는 질문을 가장 잘 고찰할 수 있는 부분이었기 때문이다.

학생들은 〈욥기〉의 독특한 구조에 흥미를 보였는데 특히 시작과 끝 부분의 욥에 대한 이야기에 관심을 가졌다. 욥은 부유하고 경건한 사람이었으나 사탄의 시험으로 가족과 재산을 모두 잃는 고난을 당했고, 후에 그 시험을 무사히 견뎌내고 잃었던 모든 것을 되찾았다. 〈욥기〉 중간 부분은 운문 형식으로 총 세 차례의 논쟁이 등장한다. 앞의 두 차례 논쟁은 욥의 세 친구(엘리파즈, 빌닷, 초파르)가 먼저 말을 한 뒤 욥이 대답하는 형식이다. 세 번째 논쟁은 불완전한데 엘리파즈와 빌닷 두 친구가 먼저 말을 하고 이어서 지혜에 대한 찬가와 욥의 마지막 대답이 이어진다. 그 뒤 엘리후라는 사람의 발언도 등장한다. 그는 욥과 그의 세 친구에게 화를 내는데 특히 욥에게 크게 화를 냈다. 어떤 학자들은 엘리후의 발언은 후대에 첨가된 부분이라고 주장하기도 한다. 엘리후가 발언한 뒤 여호와 하느님께서 폭풍우 가운데 욥에게 두 가지 말씀을 해주고, 마침내 욥은 하느님에 대한 자신의 생각이 틀렸음을 인정한다.

선과 악의 관계

〈욥기〉에는 욥의 두 가지 모습이 등장한다. 산문 형식으로 된 시작과 끝 부분의 욥은 경건하고 꿋꿋하며 고난을 묵묵히 감내하고 어떠한 원망도 후회도 하지 않는다. 반면 운문 형식에서 묘사된 욥은 고통 속에 괴로워하고 분노와 불만으로 가득 차 하느님이 의롭지 않고 인류의 고난에도 무관심하다고 대놓고 원망한다. 이러한 욥의 두 모습을 어떻게 이해해야 할지, 과연 이해가 가능한지에 대해 학생들 사이에서 논쟁이 일어나기도 했다. 욥의 이야기는 이스라엘인들에게만 해당되는 것이 아닌 모든 인류에 관한 이야기다. 욥은 이스라엘인이 아니라 동방에서 생활하는 유목민 부족의 사람이었다.

그렇다면 이 이야기는 "선은 반드시 선한 열매를 맺고, 악은 반드시 악의 열매를 맺는다"(산문 부분은 확실히 이런 인상을 주기 때문이다)는 것을 증명하는가? 아니면 선은 곧 선, 악은 곧 악이라는 필연적 관계에 의문을 제기하는가? 이에 학생들은 종종 다양한 견해를 드러냈다. 양측 모두 자신이나 다른 사람의 경험에서 예를 들어 주장을 뒷받침했는데, 사실 그것만으로는 상대를 설득하기 어렵다. 이는 논리적 대화에서 흔히 볼 수 있는 장면이다.

학생들의 논쟁을 불러일으키는 또 다른 문제는 하느님과 사탄의 관계를 어떻게 볼 것인가이다. 여기서 사탄은 인간이 흔히 이해하는 '악의 화신(마귀)'이 아니다. 초기 유대 문헌에서 사탄Satan의 뜻은 '적수'지만, 사탄은 결코 하느님의 적수나 상대가 되지 못한다. 하느님의 나라에서 사탄이 맡은 역할은 '고발자prosecuting attorney'다. 오늘날의 영어에는 '악마의 변호사devil's advocate'라는 표현이 있는데 여기서 악마는 '마귀'를 뜻하는 게 아니라 가상의 논쟁 상대(가상의 적)를 가리킨다.

대개 학생들은 〈욥기〉의 사탄에 대해 세 종류의 견해를 보인다. 첫째 사탄은 마귀이고 그의 목적은 하느님의 손을 빌려 욥의 믿음을 무너뜨리는 것이다. 하느님은 사탄의 꾐에 넘어가지 말았어야 한다. 둘째 사탄의 본분은 하느님이 주었고 하느님과 사탄은 협력 관계다. 사탄이 욥을 시험하자고 제안했고 하느님이 이에 동의했으므로, 결국 사탄이 아니라 하느님이 욥을 시험한 것이다. 따라서 하느님은 욥의 무고한 고난에 책임이 있다. 셋째 사탄은 마귀가 아니고 하느님도 틀리지 않았다. 하느님은 욥이 정직한 사람이라 여겼고, 사탄은 하느님이 옳음을 증명하고 싶었지 틀렸음을 증명하려 한 게 아니었다. 사탄은 인간의 본성에 대해 뚜렷한 견해를 가지고 있었다. 즉 인간은 모두 공리적이며 자신에게 이익을 주는 사람이면 누구나 따를 것이라고 생각했다. 사탄은 하느님과 인간의 관계에서도, 인간은 현실적인 동물이기 때문에 하느님의 은혜를 받으면 당연히 하느님을 찬양하고 은혜를 받지 못하면 하느님을 찬양하지 않을 것이라고 생각했다. 사탄은 욥이 과연 보통 사람과 같을지 시험해보고자 했던 것이다. 그 결과 사탄은 욥에 대한 하느님의 신임이 옳음을 깨달았다.

학생들은 〈욥기〉에서, 하느님이 천지를 창조할 때 왜 선한 사람은 때로 고난을 당하게 하고, 악한 사람은 일이 잘 풀리고 운이 따르게 했는가를 가장 이해하기 어려워했다. 이어서 과연 모든 사람이 선악의 인과응보에 관심이 있는가, 또 인과응보의 유무에 질문을 제기할 것인가를 물었다.

한 학생은 선과 악의 인과관계는 모든 사람과 관련된 문제이나 모든 사람이 이를 동일한 문제로 볼 필요는 없다고 지적했다. 유대-기독교 전통에서 이것은 특별한 종교적 의미를 지닌 문제지만, 다른 신앙을 가진 문화에서는 '하느님이 지켜보고 있는가'와 같이 추상적 정의의 문제로 볼 수도 있다.

다른 학생은 어떤 상황에서는 선악의 인과관계 자체가 깊이 재고하거나 논할 문제가 아닐 수 있다고 말했다. 예를 들어 만약 신을 믿지 않는다면 욥과 같은 문제는 성립될 수 없을 것이다. 신이 없다면 인류의 행복이나 고난은 신의 은총이나 징벌로 여겨지지 않을 것이고 그것을 해석하기 위한 다른 원인을 찾아야 할 것이다(운이 나쁘다거나 재수가 없다거나). 또 다른 예로, 만약 신을 믿는다 하더라도 신이 폭군과 같은 독선적이고 비이성적인 권위자라면 욥의 문제는 역시 성립될 수 없다. 이러한 신은 선한 존재가 아니므로 인류의 행위를 선과 악으로 구분하여 상벌을 주지 않을 것이며, 어차피 인류의 문제에 관심이 없기 때문에 선악을 분간하고 싶어 하지도 않을 것이다. 만약 이렇다면 상벌의 적절성을 논할 여지가 있을까?

또 한 학생은 신이 선하고 인류의 문제에 관심이 있더라도 전능하지 않고 선악을 심판할 능력이 없다면 선악의 인과관계를 기대할 수 없을 거라고 말했다. 이는 신은 있되 유일신이 결정을 내리는 것이 아니라 여러 신들의 의견이 상충하는 경우로, 그들은 서로 견제하고 협력하지 않기 때문에 누구의 말을 들어야 할지 모른다. 호메로스의 서사시 《오디세이아》에서 여러 신들이 오디세우스의 운명을 결정할 때처럼 어떤 신은 그를 도우려 하고 어떤 신은 그에 반대할 합당한 이유가 있는 경우다.

기독교 전통에서 욥의 문제가 성립할 수 있는 것은 전지전능하고 선한 유일신, 바로 성경 속 하느님을 믿기 때문이다. 하느님을 믿기 때문에 욥은 선은 선의 열매를, 악은 악의 열매를 맺는다고 생각했다. 그러나 실제 우리 삶 속에는 반드시 그렇지 않은 경우도 있어서 현대인들은 욥의 문제를 다양한 방식으로 생각할 수밖에 없다. 예를 들어 위대한 사회학자 막스 베버는 다음과 같이 말했다.

"동료 교수 푀스터는… 선한 것에서는 오로지 선한 것만 나올 수 있고 악한 것에서는 단지 악한 것만 나올 수 있다는 단순한 명제를 제시했습니다…. 《우파니샤드》가 쓰인 지 2,500여 년이 지난 지금 아직도 그런 명제가 존재한다니 실로 놀라운 일입니다. 굳이 세계사의 전 과정뿐 아니라 일상적 경험만 냉철히 분석해보아도 진실은 그 정반대임을 알 수 있는데 말입니다." 이어서 그는 이렇게 말했다. "신정론神正論(전지전능한 신이 있는데도 왜 이 세상에는 고통, 악, 불완전 같은 현상이 있는가라는 신학적 물음에 대하여, 그 역시 신의 섭리에 속한 것이라는 논리로 신의 정의로움을 정당화하는 개념. − 옮긴이)의 오래된 난제가 제기한 질문이 바로 이것입니다. 어떻게 전지전능하면서 동시에 자애로운 힘을 가졌다는 신이, 이토록 비합리적인 세계, 다시 말해 부당한 고통, 처벌받지 않는 불의, 개선의 여지가 없는 어리석음으로 가득 찬 비합리적인 세계를 창조할 수 있단 말입니까? 따라서 이 신의 힘은 전지전능하지 않거나 자비롭지 않은 힘일 것입니다. 아니면 우리 삶을 지배하는 것은 전혀 다른 보상과 보복의 원칙들일 수 있습니다. 이 원칙들은 형이상학적으로 해석할 수도 있고, 아니면 영원히 해석하지 못할 수도 있습니다."

베버의 결론은 상당히 비관적이다. "초기 기독교도들도 세상은 악령들의 손에 지배되고 있으며, 권력과 무력을 수단으로 정치에 뛰어드는 자는 악마적 세력과 계약을 맺은 것임을 잘 알았습니다. 또한 정치가의 행위에서는 '선은 선의 열매만을, 악은 악의 열매만을 맺는' 게 아니라 오히려 그 정반대일 경우가 흔함을 매우 잘 인식했습니다. 이것을 인식하지 못하는 자는 정치적으로는 어린아이에 불과합니다."[1]

내 수업의 학생들 대다수는 기독교 가정 출신이지만, 베버처럼 기독교의 선악 관점을 꿰뚫어 볼 만큼 깊이 있게 사고하는 경우는 드물다. 하느님이 사탄의 꾐에 넘어갔다고 생각한 학생들조차도 〈욥기〉의 하느님이 공정한지 철저한 의문을 품는 경우는 드물다. 그러나 어떤 학생들은 이렇게 묻기도 한다. 하느님이 사탄에게 욥을 시험하도록 한 것은 과연 공정한 일인가? 하느님은 그의 종을 너무 대수롭지 않게 여긴 것은 아닌가? 하느님이 이렇게 사탄에게 악을 행하게 한다면 어떻게 선으로 세상을 다스린다 할 수 있는가? 〈창세기〉에서 하느님은 세상을 창조하고 '참 좋았다'라고 말씀하셨는데 욥의 일도 '참 좋았다'라고 말할 수 있는가? 욥에게 무고한 고난을 당하게 한 사탄은 또 '참 좋았다'라고 말할 수 있는가? 나는 아무리 혁명적 신앙을 가진 확고한 사람이라 해도 위대한 지도자가 한 행위를 두고 이와 유사한 질문을 제기한 경우를 경험한 바 있다.

인간과 신의 관계

〈욥기〉에서 욥의 문제는 선과 악의 인과관계뿐 아니라 욥과 하느님의 관계, 즉 인간과 신(또는 최고의 권위를 가진 자)과도 관련이 있다. 욥과 세 친구의 첫 번째 논쟁에서 세 친구는 모두 욥의 문제에 직접적으로 대응했다. 그들 모두 하느님은 악한 자만을 징벌한다고 생각했기 때문에 징벌을 받은 욥은 분명 악한 자였다.

엘리파즈는 먼저 욥의 부족한 신심을 책망했다. 그는 정직한 자는 절대 멸망하지 않는다고 주장했다. 그는 밤중에 본 기이한 환시를 언급하며 하느님은 당신의 종, 특히 토담집에 살며 먼지에 그 바탕을 둔 자들을 믿지 않는다는 목소리를 들었다고 말했다. 그는 욥이 고난받는 것은 전능한 하느님이 그에게 훈계를 하는 것이라고 여겼다.

이어서 빌닷은, 욥은 정직한 사람이지만 그의 자녀들이 하느님께 죄를 범했을 수도 있으며, 그렇지 않다면 하느님이 반드시 그를 굽어살피실 거라고 말했다. 빌닷은 욥에게 지난 세대에게 묻고 조상들이 터득한 것에 유의하라고 권한다. 초파르는 수다스러운 사람이 어찌 의로움을 얻겠느냐고 반박하며, 욥에게 너 자신은 신조가 순수하고 하느님 눈에 결백하다고 하지만, 하느님이 말씀으로 욥의 입을 열어 지혜의 비밀을 알려주길 바란다고 말했다. 그는 욥에게 물었다. "자네가 하느님의 신비를 찾아내고 전능하신 분의 한계까지도 찾아냈단 말인가?"(〈욥기〉 11:7. 이하 〈욥기〉의 인용 부분을 나타냄) 그는 욥에게 마음을 곧게 하고 죄를 멀리 치워버려야 하느님의 축복을 받을 수 있고, 그렇지 않으면 "악한 자들의 눈은 스러져가고 그들에게는 도피처가 없어질 것"(11:20)이라고 말했다.

욥은 친구들에게 "자네들이 아는 만큼은 나도 알고 있으니 자네들에게 결코 뒤떨어지지 않네"라고 반박한 뒤, "자네들은 거짓을 꾸며내는 자들, 모두 돌팔이 의사들일세"라고 그들을 꾸짖었다. 한편 욥은 하느님과 직접 대면하여 묻기를 원했다. "나는 전능하신 분께 여쭙고 하느님께 항변하고 싶을 따름이네."(13:2~4) 욥은 신과 직접 대면할 기회를 간구했는데 이는 신에 대항하거나 반대하기 위한 게 아니라 자신을 변론할 기회를 얻고자 했던 것이다. 즉 최소한 '말 한마디 해볼 수 있는' 기회를 갖고자 했던 것이다.

세 번째 논쟁의 최후 변론에서 욥은 자신의 깨끗함과 무고함을 굳게 믿었다. 그는 간음하지도 남을 해치지도 않았고 보살핌이 필요한 자를 소홀히 여기지도 않았다. 그는 비록 부자였으나 재물을 헛되이 쓰지도 않았다. 또한 그는 태양이나 달빛, 별무리에 엎드려 절하지 않았다. "이 또한 심판받아 마땅한 죄악이니 위에 계시는 하느님을 배신하는 일이기 때문일세."(31:28) 욥은 자신이 결코 완전무결하다고 주장하지는 않았지만 설령 선에 대한 과실이 있더라도 벌을 받아서는 안 된다고 생각했다. 심지어 그는 자신이 죄인임을 인정하기도 했다. "사람을 감시하시는 분이시여 제가 잘못했다 하여도 당신께 무슨 해를 끼칠 수 있습니까? 어찌하여 저를 당신의 과녁으로 삼으셨습니까? 어찌하여 제가 당신께 짐이 되었습니까?"(7:20)

그는 그저 견딜 수밖에 없었고 하느님은 그를 더는 살고 싶은 마음이 없을 정도로 몰아가 거의 죽음에 이르게 했다. 그 징벌은 너무도 가혹했고 잔인했다. 욥은 자신이 일생 동안 지은 죄를 찾기를 원했고, 왜 자신이 이토록 모진 고난을 당해야 하는지 하느님께 직접 묻기를 원했다.

하느님은 마침내 폭풍우 속에서 욥에게 말씀하셨다. 그러나 많은 학생들은 하느님 말씀이 이치에 맞지 않는다고 생각했다. 하느님은 두 차례 말씀하셨다. 첫째는 (윗사람이 행세를 하듯이) 신의 위엄을 드러내기 위한 것 같았다. "내가 땅을 세울 때 너는 어디 있었느냐? 네가 그렇게 잘 알거든 말해보아라."(38:4) 둘째는 세상을 창조한 위대한 업적을 일일이 나열한 뒤 욥에게도 이러한 일들을 행할 수 있는지 물었다. 하느님은 말씀하셨다. "네가 하느님 같은 팔을 지녔으며 그와 같은 소리로 천둥 칠 수 있느냐?"(40:9) 즉 감히 나와 비할 수 없음에도 어찌 내가 정한 것을 버릴 수 있고 어찌 내가 잘못이 있으며 네 자신이 의롭다 할 수 있는지를 물은 것이다. 이 말은 하느님이 욥에게 한 것이지만, 사실 (이 일이 하느님과 사탄의 내기 때문이라고 믿었던 독자들을 포함하여) 그의 친구들과 모든 사람들이 들으라고 한 것 같다.

그럼에도 신은 끝내 욥을 용서했고 세 친구를 언짢아하며 이렇게 말했다. "이제 너희는 수소 일곱 마리와 숫양 일곱 마리를 가지고 나의 종 욥에게 가서, 너희 자신을 위하여 번제물을 바쳐라. 나의 종 욥이 너희를 위하여 간청하면, 내가 그의 기도를 들어주어, 너희의 어리석음대로 너희를 대하지 않겠다. 이 모든 것은 너희가 나의 종 욥처럼 나에게 올바른 것을 말하지 않았기 때문이다."(42:8)

욥은 그의 바람대로 신과 직접 대면할 수 있는 기회를 얻었다. 비록 '인간은 왜 고난을 당하는가'에 대한 답은 얻지 못했지만 그래도 그는 '잘못을 인정'했다. 그런데 욥의 '뉘우침'에는 또 다른 의미가 있는 것 같다. 그는 말했다. "저는 알았습니다. 당신께서는 모든 것을 하실 수 있음을, 당신께는 어떠한 계획도 불가능하지 않음을! 당신께서는 '지각없이 내 뜻을 가리는 이자는 누구냐?' 하셨습니다. 그렇습니다, 저에게는 너무나 신비로워 알지 못하는 일들을 저는 이해하지도 못한 채 지껄였습니다."(42:2~3) 이는 마치 자신의 무지함이 곧 자신의 죄는 아니라고 말하는 듯하다.

신은 욥이 당한 고난과 손해를 보상해주었다. "주님께서는 욥의 여생에 지난날보다 더 큰 복을 내리시어, 그는 양 1만 4,000마리와 낙타 6,000마리, 겨릿소 1,000쌍과 암나귀 1,000마리를 소유하게 되었다. 또한 그는 아들 일곱과 딸 셋을 얻었다."(42:12~13) 그러나 신은 욥의 다른 고통을 채워주실 뜻은 없었다. 바로 신의 뜻을 알 수 없는 인간의 고통 말이다.

욥은 끝내 하느님의 뜻을 이해할 수 없음을 인정했는데, 이는 인간이 운명을 이해할 수 없는 것과 같다. 소포클레스의 비극 속 인물 오이디푸스도 이러한 고난을 당했다. 〈욥기〉와 《오이디푸스 왕》의 유사점도 학생들의 흥미를 끌었다. 예를 들어 욥과 오이디푸스는 모두 신의 위엄 위에 인간의 교만을 드러냈다. 《오이디푸스 왕》에는 테베 연장자들의 합창대가 있었고, 욥에게는 세 친구의 '합창대'가 있었다. 합창대는 비극적 영웅과 논쟁하며 그의 인간적 욕망과 교만을 비난한다. 두 주인공 모두 고귀한 신분이지만 밑바닥까지 추락했다. 〈욥기〉는 기원전 약 400년에 쓰였고, 《오이디푸스 왕》은 기원전 430년에 쓰였으니, 시기도 비슷하다.

두 작품의 차이점도 재미있는데 가장 분명한 차이는 역시 결말에서 드러난다. 그리스 비극은 비극적 영웅 오이디푸스의 완전한 멸망으로 끝나지만, 욥은 결국 회복되고 이전보다 더 큰 행복과 부를 누린다. 또한 욥의 고난은 교만이 그 원인은 아니었으나, 오이디푸스는 교만으로 고난을 자초한다. 《오이디푸스 왕》은 무대극으로 작가가 분명하나 〈욥기〉는 그렇지 않다는 차이도 있다.

그러나 가장 중요한 차이는 아마도 〈욥기〉에 《오이디푸스 왕》에는 없는 정치 신학적 내용이 있다는 점일 것이다. 그래서 욥의 이야기는 오이디푸스의 이야기보다 우리의 정치적 경험들과 더 쉽게 연관 지을 수 있다. 정치 신학적 내용이란 바로 모든 삶은 '하느님'의 통치하에 있으며, 인간은 하느님에게 절대적으로 충성해야 하고, 그렇지 않으면 하느님은 '고발자'인 사탄을 시켜 인간을 '시험'할 수 있다는 것이다. 모든 정치적 혁명에는 수많은 사탄의 역할이 끊임없이 생겨나게 되어 있다. 따라서 무고한 고난을 당하는 무수한 욥이 나올 수 있다.

13

루터의
《기독교인의 자유에 대하여》

종교적 자유와 정치적 자유란 무엇인가

인문학 수업에서 마르틴 루터Martin Luther의 《기독교인의 자유에 대하여Von der Freiheit eines Christenmenschen》(1520)를 읽었다. 수업에서는 개신교 교리 연구가 아닌 다음 두 가지 측면에 초점을 두고 읽었다. 첫째 학생들이 평소 알고 있으나 자세히 생각해보지 못한 개념을 토론하여 정확한 사고의 중요성을 깨닫도록 하였다. 예를 들면 '신앙faith'과 '믿음belief'의 차이와 관계에 대한 개념이다. 둘째 학생들이 자신의 가치관과 연계하여 그 역사와 문화적 원천을 알도록 했다. 《기독교인의 자유에 대하여》를 읽고 가장 많이 토론한 가치관은 바로 기독교 신앙의 자유였다. 이는 오늘날 학생들이 '자유의 종교'인 기독교를 이해하는 문을 여는 열쇠가 되었다.

루터는 《기독교인의 자유에 대하여》에서 '오직 신앙만이 의롭다faith alone justifies'는 것을 거듭 강조했다. 이것은 개신교의 근본 교리(오직 신앙으로 말미암아 의로워진다justification through faith)이며, 기독교 신앙의 큰 전환점이 된 생각이기도 하다. 여기에서 '자유'는 신앙의 영혼이자 핵심이 된다. 과거 로마 가톨릭에서 한 사람의 신앙(믿음)에 대한 기준은 그 행위를 통해 드러나고 증명되는 것이었다. 각종 복잡한 종교 의식에 성실하게 참여하고, 성직자에게 고해성사를 하고, 심지어 돈을 지불해 '면죄부'를 사는 것, 이는 모두 다른 사람이 볼 수 있는 표면적 행위다.

이런 행위들은 '선한 사람은 선한 일을 한다'와 같은 이치이며, 선한 일을 하지 않으면 선한 사람이 아니라는 것과 마찬가지다. 표면적인 행위를 통해 자신의 신앙을 드러낸다면 신자들은 매일 불안한 고통 속에 살게 되고, 자신의 노력이 하느님의 구원을 받기에 충분한지도 알 수가 없다. 또 이와 마찬가지로 정치적 행위로 자신의 정치적 신앙을 드러내는 사람들은 조직과 지도자의 평가와 관찰 때문에 걱정과 괴로움에 시달리고, 외부의 힘이 행하는 수많은 '신앙적 시험'에 통과했는지 알 수가 없게 된다.

루터는 〈로마서〉의 "의로운 이는 믿음으로 살 것이다"(1:17)라는 말씀에서 깨달음을 얻었다. 기독교도는 오직 자신의 마음속에서 믿음을 확립하고 의로움을 받을 수 있는 것이다. 그 믿음은 자신이 자유롭게 선택한 것이며, 다른 사람의 칭찬이나 허락, 동의에 의지할 필요가 없다. 인간은 남을 속일 수는 있지만 자기 자신을 속일 수는 없기에 이 믿음은 완전히 진실하며, 그 신앙적 요구는 더 높아지게 된다. 루터가 성경에서 발견한 이 진리는 개인의 신앙뿐 아니라, 16세기 종교개혁 운동의 중심적 토대가 되었고, 개신교와 로마 가톨릭의 분리를 촉진하는 계기가 되었다.

행위와 신앙

학생들은 표면적 행위, 특히 '선행'과 '진실한 신앙'의 관계에 서로 다른 견해를 보였다. 루터는 신앙의 내재적 자유를 강조하기 위해 가능한 한 모든 외재적 구속을 없애려 했고, 진실한 신앙을 우선순위에 두었다. 한 학생은 구체적이고 실질적인 선행을 등한시하고 어떻게 진실한 신앙을 증명할 수 있느냐는 의문을 제기했다. 이는 마치 한 정객이 국민을 위한 고상한 신념을 구구절절 주장하면서 실제로는 부패와 탐욕, 무소불위한 행동을 저지르는 것과 같다.

다른 학생은 주일마다 교회에 가지만 진정한 신앙은 가지고 있지 않은 경우를 제기했다. 어떤 학생은 자신의 경험을 근거로 또 다른 예를 들었다. 그의 이웃 가운데 매주 교회에 가서 직접 키운 꽃을 예물로 드리는 사람이 있다. 그러나 그는 종종 다른 사람들의 편의를 침해해서 이웃들과 관계가 좋지 않고, 이웃을 사랑하라는 기독교의 가르침도 완전히 뒷전으로 여긴다. 이런 사람도 신앙이 있다고 말할 수 있는가? 소련의 예를 든 학생도 있었다. 소련에서 가장 큰 공적은 '입당'을 하는 것인데 이는 결코 그가 도덕적으로 깨끗하고 영원히 타락하지 않을 거라는 사실을 보장하지는 않는다. 즉 루터가 말한 내재적 신앙이 겉으로 드러나는 공적에 우선한다는 주장은 타당하다고 볼 수 있다.

루터는 가톨릭에서 신체적 행위로 종교적 신앙을 드러내는 것은 '표면적 행위'라고 말했다. 마찬가지로 신체적 행위로 정치 집단의 구성원이 정치적 신앙을 드러내는 것도 표면적 행위다. 루터는 진정한 신앙을 위해 "모든 기독교인들이 첫째로 명심해야 할 것은 바로 행위에 의지하려는 마음을 버리고 오직 견고한 믿음을 가지는 것"이라고 말했다. 이러한 믿음의 견고함은 신앙인 자신의 마음속에서 비롯된다. '오직 신앙으로 말미암아 의로워진다'는 주장은 각 신자들이 자신의 영혼 속에서 자유롭게 진정한 신앙을 확립할 수 있도록 했고, '의로움'은 교회나 성직자들에게 있는 게 아니라 각 신앙인의 마음속에 있음을 분명히 했다. 신은 교회가 아니라 모든 신앙인의 마음속에 있다는 생각은 실로 혁명적인 발상의 전환이었다. 생각해보면 정치적 신앙도 어떠한 체제나 형식에 얽매일 필요 없이 모든 국민들의 마음속에 굳게 자리 잡고 있으면, 국가나 정당이 없애려 해도 결코 그럴 수 없을 것이다. 이 또한 정치 신앙의 새로운 개념이 될 수 있다.

읽기와 자유

우리가 《기독교인의 자유에 대하여》를 읽을 때 택한 텍스트는 W. A. 램버트W. A. Lambert가 번역하고, 종교개혁 권위자인 미국의 역사학자 해럴드 그림Harold J. Grimm이 감수한 판본이다. 서문에 루터에 대한 동시대인들의 상이한 평가와 그 책의 중요성이 언급되어 있다. 어떤 학생은 이 책이 그렇게 중요한 영향을 미친 이유가 종교적 내용 때문인지, 아니면 다른 이유 때문인지 질문했다. 그러나 기본 텍스트만으로는 이 질문에 대해 충분한 토론을 하기가 어려웠다.

나중에 한 학생이 학기 중 논문에서 이 문제를 언급했는데, 영국의 역사학자 피터 버크Peter Burke의 《초기 근대 유럽의 통속 문화Popular Culture in Early Modern Europe》가 제시한 관점을 인용했다. 통속 문화의 관점에서 보면

《기독교인의 자유에 대하여》는 단순히 종교적 내용이 아니라 정치적인 내용을 담고 있다. 버크가 말한 것처럼 "이를 지식인이 보통 사람들에게 수동적인 '영향'을 미친 것으로 간단히 요약할 수는 없다. 민중도 자신의 경험과 필요에 따라 새로운 사상을 받아들인다." 가장 효과적인 읽기 방법은 원문의 의미를 수동적으로 받아들이는 것이 아니라 자신의 실제적인 문제의식과 필요를 통해 원문을 이해하고 활용하는 것으로, 이 역시 일종의 정치화된 읽기다. 이러한 읽기 방법을 반대하는 사람들이 있겠지만 이런 현상은 현실의 삶 속에서 끊임없이 발생한다. 현실 생활에서는 그 누구도 일반 독자들에게 교실 안에서처럼 '원문에 충실한' 읽기만을 요구할 수는 없다.

　　루터는 1520년대 초에 일반 민중을 위한 책을 다수 출판하여 격렬한 논쟁을 불러일으켰다. 어떤 사람은 그의 주장이 옳다고 했지만 옳지 않다고 하는 사람들도 있었다. 그러나 바로 이런 논쟁 덕분에 그의 사상은 많은 사람들에게 알려졌고 큰 영향을 미쳤다. 버크는 다음과 같이 썼다. "물론 독일 농민은 1525년의 봉기로 이 논쟁에 반응했다. 루터는 농민들의 봉기를 부추긴 적도 없었고, 오히려 농민들이 봉기를 일으켰을 때 그들을 질책했다. 그러나 종교개혁의 선전 운동은 분명 교회와 지주에 대한 불만을 증폭시켰다. 그들은 루터가 내세운 '기독교인의 자유'를 정신적 자유로 해석했고, 농노제를 해방하고 자유를 얻는 것으로 해석했다고 볼 수 있다."

　　루터 시대의 사람들이 그의 작품을 작가의 원래 의도대로 읽은 건 아니었다. 그러나 자유를 향한 요구는 삶의 어떤 영역에서 발생하면 다른 영역으로도 확장되기 마련이다. 정치적 자유와 정신적 자유는 분리할 수 없다. 오늘날 사람들은 이미 정치적 자유와 정치적 자유를 실현하는 국민의 권리와 인권을 자유의 핵심이자 근본적인 보장으로 생각한다.

역사적으로 종교적 신앙의 자유는 민중이 정치적 자유를 얻기 위한 무기로 사용되어왔고, 읽기는 거기에서 큰 역할을 했다. 독립적인 의식을 가진 일반인의 읽기는 르네상스와 종교개혁, 특히 종교개혁 이후에 점차 발전했다. 초기에는 종교적 자유와 관련된 내용만 해당되었으나, 후에 점점 정치적 자유로 그 분야가 확장되었다. 종교개혁으로 일반 신자들도 성경을 읽을 수 있게 되면서, 소수가 규정한 성경의 진리를 무조건적으로 따르지 않게 되었다. 이후로 모든 신도들은 평등하게 성경을 읽을 수 있었고, 그들에게 읽기의 자유는 자신의 신앙으로 통하는 유일한 길이 되었다.

최초에 읽기의 자유를 방해한 것은 문자의 장벽이었다. 중세에 책은 라틴어로 쓰였고, 사람들은 일상에서 방언(지역어)을 사용했다. 1516년 에라스무스가 성경을 히브리어에서 그리스어로 번역했고, 1534년 루터가 에라스무스의 개정판(1519) 번역을 독일어로 다시 번역했다. 이로써 일반인들도 전부 성경을 읽을 수 있게 되었고, 이는 종교개혁과 심지어 봉기의 무기가 되었다. 성경이 유럽의 주요 방언(당시에는 라틴어보다 덜 문명적이고 고상하지 못한 '저속한' 언어로 여겨졌다)으로 번역됨에 따라 점점 더 많은 사람들이 방언으로 성경을 읽었고, 성경을 읽는 행위도 성직자 계층이 독점한 '고상한 읽기'에서 보통 사람들도 읽을 수 있는 '대중적 읽기'가 되었다.

인문교육의 고전 읽기도 그리스어나 라틴어, 기타 원문이 아닌 영어 번역본을 읽는 것이므로 이 역시 대중적 읽기에 속한다. 전문 학자들은 이러한 읽기를 좋아하지 않을 수 있지만, 이는 분명 학생들이 중요한 사상을 깨우치는 데 큰 영향을 미친다. 유럽의 진정한 읽기 혁명은 100여 년 뒤인 18세기 계몽운동 시기에 그 분위기와 규모가 형성되었다. 그러나 16세기부터 시작된 일반인의 읽기는 이미 자유 계몽의 의미를 가지고 있었다. 19세기 미국 노예해방 운동의 지도자이자 인도주의자, 정치활동가인 프레더릭 더글러스Frederick Douglass는 "그대가 읽을 수만 있다면 영원히 자유로워질 것이다"라고 말한 바 있다. 읽기는 노예를 해방하고 자유를 되찾는 길이었다. 정치적 자유와 의식의 자유, 사상적 자유도 모두 읽기에서 시작되며, 자유 교육을 견지하는 인문교육에서 고전 읽기가 중요한 이유는 바로 이 때문이다.

14

후아나의
《필로테아 수녀에게 보내는 답신》

꾸

서간문에서 변명과 사과는 무엇이 다른가

'르네상스부터 17~18세기의 사상' 수업에서 학생들은 17세기 멕시코의
시인이자 수녀인 후아나 이네스 드 라 크루스Juana Inés de la Cruz(1651~1695)
의 《필로테아 수녀에게 보내는 답신Requesta a Sor Filotea de la Cruz》(1691)을 읽
었다. 사실 '필로테아 수녀'는 진짜 수녀가 아니라, 후아나의 문학 창작이
수녀가 지켜야 할 가톨릭의 규율을 깨뜨렸다고 지적한 신부이자 주교였
다. 후아나의 《필로테아 수녀에게 보내는 답신》은 그의 지적에 자신의 잘
못을 인정하고 다시는 그러한 잘못을 저지르지 않겠다는 내용이 담긴 편
지(일종의 반성문)다.

　　그러나 사실 편지에서 후아나는 문학 창작의 정당한 이유와 그것이
여성과 남성에게 똑같이 중요한 의미를 지닌다는 견해를 교묘하고 완곡
하게 전달한다. 오늘날 후아나는 멕시코의 가장 위대한 작가이자 17세기
라틴아메리카 문학의 핵심적인 인물로 인정되며, 여성으로서 지식을 얻
을 권리를 주장한 초기 여성 인권주의자로 평가된다.

후아나는 멕시코성에서 멀지 않은 산 미겔 네판틀라San Miguel Nepantla의 대농원에서 사생아로 태어나 외조부 곁에서 자랐다. 당시 책을 많이 소장한 외조부의 서재에서 후아나는 독학으로 문학 인재가 된다. 1667년, 그녀는 멕시코성의 가르멜 수녀회에 들어가 지식과 문학에 대한 흥미를 자유롭게 발전시킬 기회를 얻었고 수천 권의 장서를 읽었다. 그녀는 문학, 철학, 신학, 천문학, 음악, 회화를 깊이 연구했고, 그 외에도 희곡과 산문, 성탄 송가와 유명한 서정시도 많이 집필했다.《필로테아 수녀에게 보내는 답신》은 항의서가 아니라 교회에 굴복하는 서신으로, 당시 교회의 억압과 생존을 위해 타협할 수밖에 없었던 여성 지식인의 모습을 보여주는 진실한 역사적 문헌이다.

변명과 사과

《필로테아 수녀에게 보내는 답신》을 읽으며 나는 학생들에게 우리가 지금 무엇을 읽고 있는가라는 질문을 가장 먼저 던졌다. 예전에 성 아우구스티누스의《참회록Confessiones》을 읽을 때도 동일한 질문을 한 적이 있었다. '우리가 읽고 있는 것은 무엇인가?'라는 질문에 학생들은 '참회'라고 단편적으로 대답했다. 그렇다면 참회란 무엇인가? 참회는 하느님에게 하는 일종의 '귓속말'로 하느님을 찬미하고 자신을 책망하는 신앙 고백이다. 참회는 하느님께 하는 말이니 하느님께서 아시면 족하다. 그런데 왜 굳이 세상 사람들이 다 알도록 기록으로 남겼을까? 성 아우구스티누스가《참회록》을 발표했을 때 그것은 이미 참회를 넘어 '자서전'이 되었다. 따라서 우리가 《참회록》을 읽을 때 실제로는 자서전을 읽는 것이다.

자서전의 작가는 자신의 인생 경험이 다른 사람에게도 의미가 있다고 여기기 때문에 기록으로 남긴다. 자서전의 세부 내용은 어떤 목적을 위해 선별된 것으로, 자서전은 그 목적을 위해 어떤 역할을 수행한다. 성 아우구스티누스의 목적은 신앙 고백이었다. 그가 어렸을 때 배를 훔친 사건을 다룬 일화는 어린아이라면 누구나 저지를 수 있는 잘못인데 왜 그렇게까지 진지하게 참회했을까? 원래 성 아우구스티누스가 배를 훔친 이유는 배를 먹고 싶어서가 아니었다(배를 먹고 싶어 하는 것은 정상적이며 선한 것이다. '훔치지 않는 것'보다 약간 덜 선한 '차선'일 뿐이다). 그는 친구들과 배나무의 과실을 훔친 일을 두고 이렇게 말했다. "나는 아무런 목적 없이 악을 행했다. 악을 위해 악을 행하는 것은 도대체 무엇 때문인가? …나는 그저 타락을 좋아했고 내 결점을 좋아했으며, 결점의 근본적인 원인이 아니라 결점 그 자체를 사랑했다." 그저 훔치고 싶어서 훔쳤기 때문에 악을 위한 악이 된 것이다.

마찬가지로 후아나의 《필로테아 수녀에게 보내는 답신》을 읽으며 나는 학생들에게 물었다. "우리가 읽고 있는 것은 무엇인가?" 대답은 책 제목인 '답신'이 아니라 다른 작품과 연관 지을 수 있는 작품이나 방식이어야 한다. 한 학생이 《필로테아 수녀에게 보내는 답신》은 비문헌의 특수한 유형인 서신이라고 답했다. 서신은 개인이 다른 사람에게 사적으로 보내는 편지일 수도 있고, 내용을 전달하거나 어떤 사안에 대해 논하는(서간체 소설 또는 논설) 공공 집필의 결과물일 수도 있다.

다른 학생은 '변명'이라고 답했다. 많은 학생들이 그리스 사상 수업에서 읽었던 《소크라테스의 변론》을 떠올렸다. 《필로테아 수녀에게 보내는 답신》도 겉보기에는 잘못을 인정하는 것 같지만 실은 자신을 해명하는 변명이며, 이는 성 아우구스티누스의 진실한 참회와는 전혀 다르다. 오늘날 우리도 불만을 호소하거나 시정을 요구할 때 다양한 변명을 한다. 그러나 변명이라는 단어는 분명 특정한 문학적 형식을 가리키는 말은 아니다. 오늘날 영어에서 apology는 (사회주의를 위한 변호 an apology for socialism 처럼) '논쟁의 변호'라는 의미로도 쓰이지만, '사과'의 의미로 더 자주 사용된다.

한 학생은 후아나의 사과는 압력에 의해 어쩔 수 없이 한 것으로, 굴복과 순종의 태도를 보이지만 마음에서 진정으로 우러나온 것은 아니라고 말했다. 그러나 그녀는 결코 우리가 오늘날 말하는 '반역자'는 아닌데, 자신의 견해를 교회의 표현 격식이 허락하는 범위 안에서 완곡하게 드러냈기 때문이다. 그녀는 먼저 푸에블라 주교에게 큰 존경심을 표했고 그의 실제 신분을 내내 드러내지 않고 '필로테아 수녀'라고 칭했다. 주교에 대한 칭송과 존경은 심지어 다소 과한 것 같기도 하다. 이에 대해 어떤 학생은 그것은 당시 교회의 예절과 의식 때문일 수 있다고 지적했다. 후아나는 조심스럽게 이러한 예를 다하고 위계질서를 엄수했다. 또 자신이 지도자의 비판이나 징계를 납득할 수 있는 사람임을 보여주었고 순조로운 해결을 바랐다. 이는 일종의 공리적 성격의 '예의'로도 볼 수 있다.

후아나가 쓴 장문의 서신은 여성도 교육을 받고 세속의 삶을 추구할 권리가 있다는 견해를 일관되게 주장한다. 한 학생은, 후아나는 당시 가톨릭 교리에 위배되지 않는 범위 안에서 자신의 문학은 신께서 주신 것이며, 신께서 여자를 미워하지 않는 한 그녀도 신의 부르심에 순종할 것임을 교묘하게 강조한다고 말했다. 오직 그녀가 부끄러워할 것은 신의 뜻을 충분히 실현하지 못하는 것이었다. "내가 발표한 작품은 신의 은총이 내려주신 것으로, 그 뜻을 충분히 표현하지 못함이 부끄러울 따름이다.""배움을 향한 (나의) 깊은 열망은 강렬하고 자연스러우며 거의 자동적이다.""나는 심지어 책을 보지 않고도 공부할 수 있다. 삶 속의 모든 것이 내게 관찰과 생각의 기회를 준다.""나 스스로도 어찌할 바 없이 공부하는 것은 장점인지 잘못인지 잘 모르겠다(남자들에게는 분명 장점이다).""교육을 받은 적 없는 여성이 이러한 교묘한 변명을 하는 것은 불가능하다.

한편 한 학생은 후아나의 변명에 두 가지 서로 상반된 주장이 있다고 지적했다. 그녀는 강렬한 지식욕을 억제할 수 없는 게 죄임을 인정하면서도, 다른 한편으로는 출중한 재능 때문에 사람들의 질투를 사게 되었음을 암시한다. 이는 어떻게 해석해야 할까? 예를 들면 그녀는 다음과 같이 말했다. "나는 생각할 수 있게 되었을 때부터 지식을 향한 억누를 수 없는 열망이 생겼고 이를 참아보려 했지만 그럴 수 없었다.""나는 시간이 있을 때 공부를 시작했지만 이는 학문에서 비롯되었지 하느님에 대한 사랑에서 비롯된 것은 아니었고, 내 취미를 위해서였지 하느님의 영광을 위한 것은 아니었다.""나는 예술과 과학이 신학에 도움이 되기 때문에 공부했지만, 겸손하지도 않았고 신성한 목표도 없었다. 공부하는 데 하느님의 도움을 받지 않았다면 모든 학문은 가치가 없는 것이다." 이런 말들은 마치 잘못을 인정하는 것처럼 보인다.

그러나 그녀는 또 다음과 같이 말하기도 했다. "어떤 사람이 내게 말하길 지식에 대한 내 뜻과 시를 쓰는 재능이 나를 구원에 이르지 못하게 할 거라고 했다.""질투 때문에 뛰어난 사람을 미워하는 것은 사실 어디에서나 마찬가지다.""사실상 질투가 예수님에 대한 박해를 초래했다.""평범한 사람은 훌륭한 사람, 특히 학문적으로 출중한 사람을 미워한다.""자신의 지혜가 낮다고 인정하는 사람은 없다.""내가 박해를 받는 것은 학문적인 훌륭함 때문이 아니라 그저 학문을 구하길 원하기 때문이다."

물론 학생들과 토론을 하면서 이런 질문들의 답을 찾기는 어렵지만, 학생들은 후아나의 apology가 '사과'보다는 '변명'에 가깝다는 견해에 대부분 동의했다. 그러나 이는 단지 직감과 감상에 기초한 추측에 가깝다.

변명과 사과는 서로 연결되어 있다. 사람들은 사과를 통해 자신의 행위를 해명하거나 고백할 수 있고 다른 사람의 비평과 질책을 완곡하게 거절할 수 있다. 후아나의 《필로테아 수녀에게 보내는 답신》에서 바로 이러한 예를 다수 찾을 수 있다. 그러나 오늘날 사람들은 이러한 사과를 거짓된 사과 또는 '사과가 아닌 사과 non-apology apology'로 여긴다. 거짓된 사과도 일종의 허위와 위선의 행위로 간주된다. 그러나 소크라테스나 후아나의 경우에서는 결코 이러한 느낌이 들지 않는다. 우리는 그들의 위선을 비판하지 않을 뿐 아니라 오히려 외부로부터 압박을 당하는 곤란한 상황을 동정한다.

그러면 우리는 왜 거짓된 사과에 반감을 느낄까? 우리가 오늘날 사용하는 사과는 변명에는 없는 언어적 의미나 내용을 포함하는가? 왜 어떤 사과는 받아들여지고 어떤 사과는 받아들여지지 않는가? 학생들은 이러한 문제에 흥미를 보였는데, 사과는 개인의 분쟁을 해결하고 행위의 과실을 인정하는 것부터, 공인이나 정부가 국민들에게 사과하는 것까지 학생들이 일상생활에서 자주 접하는 현상이기 때문이다. 오히려 이렇게 흔한 일이기 때문에 이를 깊이 생각하고 분석하는 것을 소홀히 했을 수도 있다.

사과와 용서

오늘날 삶에서 사과는 그저 '미안하다'는 말 한마디를 넘어 중요한 사회적 교류의 방식이자, 대립과 충돌 관계를 효과적으로 회복하는 데 없어서는 안 될 막중한 역할을 수행한다. 바로 이 역할의 중요성 때문에 사과를 받아들일지 여부는 법의 간섭을 받지 않고, 일반적으로 법률 분쟁에서 죄의 증거로 쓰일 수 없다. 의사의 의료 과실에 대한 사과나, 문화대혁명에서 홍위병이 무고한 사람들에게 죄를 뒤집어씌우고 교사들을 핍박한 일에 대한 사과는 죄의 증거가 될 수 없다. 물론 만약 살인 사건이나 다른 엄중한 범죄라면 철저한 법적 조사에 따라 법적 책임 여부를 추궁해야 한다. 어쨌든 종류를 막론하고 타인에게 피해를 입혔다면 사과는 언제나 반드시 필요하다.

오늘날 사과는 단순한 변명이 아니라 반성하고 책임을 진다는 개인의 공적 언어 행위를 뜻한다. 시대마다 사회학, 심리학, 법학의 사과에 대한 연구 방향은 서로 다르다. 그러나 사과하는 사람이 반드시 자신의 잘못에 대한 책임을 분명하게 밝혀야 하고 그 책임을 무조건 감수해야 하며 이것이 반성의 구체적 표현이라는 점은 모두가 강조한다. 따라서 사과에 대한 연구는 일반적으로 반성과 책임을 강조한다.

그 예로 법학자 존 클리펠드John C. Kleefeld는 심리언어학자 스티븐 쉬어Steven J. Scher와 존 달리John M. Darley의 연구를 인용해 사과에 대한 유명한 '4R 정의'를 만들었다. 4R이란 반성Remorse, 책임Responsibility, 결심Resolution, 보상Reparation을 의미한다. 심리학자 재닛 바벨라스Janet Bavelas는 남을 다치게 한 과실에 대한 사과는 반성과 책임이 가장 중요하다고 지적했다. 반드시 자신이 해를 입힌 장본인임을 인정해야 하고 행위의 경과와 성격을 상세하게 설명해야 한다.

타인에게 심각한 피해를 입히는 행위는 개인이 문명의 도덕 질서에서 추방됨을 의미하며, 사과는 모든 사회 구성원이 존중하는 도덕 질서로 되돌아올 수 있도록 정중하게 요구하는 것이다. 사회학자 니컬러스 타부치스Nicolas Tavuchis는 사과를 사회 화합을 위해 도덕 사회에 없어서는 안 될 필수 요소로 보았다. 단지 자신의 느낌이나 마음의 개인적인 표현이 아니라, 사회적이고 도덕적인 '언어 행위'라는 것이다. 사과는 "언어로만 표현될 수 있는 사회적 행위이며, 따라서 언어를 사용하지 않으면 사과는 성립되지 않는다." 사과의 근본적인 역할은 사과하는 사람이 양심적 편안함을 얻거나 죄책감을 덜기 위한 게 아니다. 그것은 "훼손된 사회관계를 보호 및 회복하여 잘못을 행한 사람이 다시 사회질서 안에서 자신의 위치를 찾을 수 있게 하기 위한 것"이다. 미국의 심리학자 개리 채프먼Gary Chapman은 "사과가 생활 방식이 될 때 인류의 관계는 더 건강해질 것이다"라고 말했다.

사과가 반드시 갖춰야 할 반성과 책임은 모두 언어를 통해 전달되고 승낙되며, 그것이 받아들여질지는 사과하는 사람이 진정으로 반성하고 진실하게 책임을 다하느냐의 여부에 달려 있다. 이 두 가지 '진실함'은 모두 언어적 효과로, 피해를 당한 사람이나 대중이 사과의 언어를 해석함으로써 판단하며, 의심의 여지없이 확실한 '사실'이 아닌 당사자의 견해와 느낌에 의존한다. 따라서 구체적인 사과를 어떻게 보아야 할지에 대해서는 항상 이견이 존재할 수 있다.

사람들이 '진정성(진실하게 자신의 느낌이나 생각, 바람을 말하는 것)'으로 사과의 반성을 평가하는 것은 그것이 일종의 미덕으로 간주되기 때문이다. 그러나 현대 심리학과 심리분석이론, 문학이론에 따르면 진정성은 직관 현상이 아니라 (추상적으로) 형성되는 것임을 알 수 있다. 미국의 문학이론가이자 하버드대학교 교수였던 라이어널 트릴링Lionel Trilling이 《진정성과 진실성Sincerity and Authenticity》(1972)에서 지적한 '진정성'과 '진실성'은 다르다. 우리가 진실성을 일종의 덕행으로 보는 것은, 그것으로 사과를 평가할 때 오늘의 진정성이 결코 어제 저지른 죄의 엄중함을 덜어내지 않음을 알기 때문이다. 과거의 죄는 그 자체에 진실성이 있다고 해서, 반성이 진정하다고 해서 달라지는 게 아니다.

만약 당신이 어떤 큰 피해를 입었고 오직 당신만이 가해자의 반성을 평가할 수 있다면, 그가 어떻게 반성을 표하든지 상관없이 그에 대한 깊은 반감 때문에 결코 진정성을 느낄 수 없을 것이다. 그러나 그가 공개적으로 반성을 표하고, 판정을 내리는 사람이 당신 하나가 아니라 다수의 대중이라면 상황은 달라진다. 대중 논리가 효력이 있는 사회에서 대중은 반성의 진실성 여부를 비교적 공평하고 타당하게 판단할 수 있다.

예를 들어 '불편을 끼쳐 미안합니다'라는 말은 거짓된 사과다. 사과하는 사람은 그저 자신이 불행하게도 상대방에게 불편을 끼쳤다는 느낌을 전달하고 있으나, 자신이 어떤 잘못을 했음을 인정하지는 않았다. '불편함'은 상대방이 너무 예민하거나 민감하거나 까다롭기 때문에 느낀 것일 수도 있고, 사과하는 사람이 정말 어떤 책임을 져야 하는 게 아닐 수도 있다. 해명이나 설명을 대신하여 사과를 통해 자신에 대한 타인의 비판을 반박하고 해소하는 것도 흔히 볼 수 있는 책임 회피의 방식이다.

사과에서 책임을 지려면 먼저 과실과 죄과의 성격을 이해해야 하는데, 이는 사과에서 가장 어려운 부분이다. 만약 죄과 행위의 본질을 제대로 인식하지 못했거나 건드리고 싶어 하지 않는다면 책임은 곧 불명확해진다. 책임이 불명확하다면 주관적 의향이 진정성 있는 사과를 했느냐 아니냐를 막론하고, 실질적인 사회적 의미는 전혀 없다.

자신이 감수해야 할 책임을 명확하게 말하지 않은 데는 두 가지 가능성이 있다. 첫째는 그러한 인식 자체가 아예 없을 가능성, 둘째는 인식했다 해도 현실적인 환경 때문에 말할 수 없을 가능성이 존재한다. 이런 경우 반성에 진정성이 있는지 없는지만 놓고 사과를 평가할 수밖에 없고, 진실한 책임에 대해서는 깊이 있는 평가를 내릴 수 없다. 이는 마치 신발을 신은 채 가려운 발바닥을 긁으려는 것과 같다.

사과의 반성에 진실성이 있을수록 져야 할 책임은 더 명확해지고 사과의 효과도 더 커진다. 또한 피해를 입은 사람과 대중도 사과를 더 잘 받아들일 수 있고 사과한 사람을 용서하고 이해할 수 있다. 그러나 아무리 진정성 있는 사과라 해도 용서는 도덕적 의무가 아니라 선의의 선물이다. 사과와 용서 사이에 중재 역할을 하는 것은 '동정심empathy(자신의 일처럼 공감하는 것)'이다. 진정한 반성은 마음의 고통과 아픔을 불러일으켜 타인의 동정심을 자아내고 이해와 용서를 얻을 수 있다.

사과하는 사람은 겸손한 마음으로 자신의 잘못에 반성을 표해야 하는데, 이러한 겸손은 자기반성, 부정적 묘사, 자신을 낮추는 행위(소위 말하는 '자아비판')와는 다르다. 자신을 부정적으로 비난하고 모욕하는 것은 심리적 균형을 잃은 것으로 건강한 반성과는 거리가 멀다. 잘못을 범한 사람의 반성에는 죄책감과 괴로움, 회한 등의 느낌이 포함되며 이는 이해와 용서를 얻은 뒤라도 해소되지 않을 수 있다. 이는 결코 이상한 현상이 아니며, 타인의 용서와 스스로에 대한 용서는 본래 동일한 것이 아니다.

15

마키아벨리의
《군주론》

◈

현실 정치에서 정치와 도덕을 분리해야 하는가

니콜로 마키아벨리Niccolo di Bernardo dei Machiavelli의 《군주론 Il principe》을 읽고 토론할 때 한 학생이 제6장 〈자신의 무력과 덕으로 획득한 신생 군주국에 대하여〉의 후반부에 관해 질문을 던졌다. 왜 처음에는 '혁신자innovatoris' 라 했다가 나중에는 '무장한 예언자profeti armati'라고 했는가? 어떤 의미에서 예언자라고 말한 것인가?

　마키아벨리의 원문은 이렇다. "그러므로 이 문제를 철저하게 논의하기를 바란다면 혁신자들이 독자적인 위치에 있는지, 아니면 남들에게 의존해야 하는지를 반드시 알아보아야 한다. 다시 말해 그들이 자신들의 과업을 완성하기 위해 다른 사람들을 설득해야 하는지, 아니면 무력으로 그렇게 할 수 있는지를 알아보아야 한다. 전자의 경우 그들은 신통한 성공을 거두지 못하며, 결국 아무것도 성취하지 못한다. 그러나 오직 자신에게만 의존하면서 무력을 사용할 수 있다면 위험에 처하는 일이 거의 없다. 바로 이를 근거로 무장한 예언자들은 모두가 승리했으나 비무장 예언자들은 패망하고 말았다는 말이 나오게 된 것이다."

의와 불의

마키아벨리가 말한 혁신자인 예언자를 이해하기는 어렵지 않다. 사회학자 막스 베버는 신흥 종교의 탄생에 대해 예언자와 추종자라는 유명한 역할을 설정했다. 예언자는 군중에게 강력한 매력(카리스마)을 발휘하고, 세속적인 규칙을 파괴하고 기적을 행하며, 전통적인 신을 떠나 새로운 신을 믿도록 대중의 변혁을 이끈다. 혁신하려면 통찰력이 필요하고 미래의 기회를 포착할 수 있어야 한다. 혁신자는 대중을 초월하는 식견과 매력을 갖춘 지도자로, 민중은 그들이 제시하는 새로운 사회의 청사진을 받아들여 그들을 따른다. 이러한 의미에서 혁신자는 사회 개혁에 예언자적 역할을 담당한다고 할 수 있다.

한편 학생들은 "비무장 예언자들은 패망하고 말았다"는 주장에 의문을 가졌다. 학생 대다수는 기독교 배경의 가정에서 자라 성경에 등장하는 예언자에 비교적 익숙하다. 특히 신약성경에서는 예수가 바로 예언자이고 비무장 예언자였다. 2,000여 년 동안 기독교는 작은 종파에서 시작하여 세계적인 종교로 확대되었다. 오늘날 이렇게 많은 사람들이 예수를 믿고 그 도덕적 가르침에 따라 생활하는데 어떻게 예수가 실패했다고 말할 수 있겠는가?

마키아벨리는 《군주론》에서 가장 위대한 무장한 예언자를 바로 모세라고 생각했다. 마키아벨리가 유일하게 언급한 비무장 예언자는 동시대인인 지롤라모 사보나롤라Girolamo Savonarola다. 그는 누구인가?《군주론》의 역자가 제공한 주석에 따르면 그는 피렌체의 종교개혁가로, 당시 교회와 성직자의 부패와 타락을 규탄하고 개혁과 종교 부흥을 주장하여 공화정부를 세웠다. 1491년 그가 산마르코 수도원 원장이 되자 피렌체 정치에 미치는 그의 영향력이 점점 커진다. 1494년 메디치 일가가 피렌체에서 쫓겨난 뒤 지롤라모 사보나롤라는 피렌체 지배권을 장악했고 1494년 헌법 제정을 주관했으며 1497년까지 전성기를 누렸다. 그러나 교황 알렉산데르 6세는 그를 적대시했고 그의 세력은 급속히 약화된다. 결국 그는 1498년 이단으로 체포되어 화형당했다.

마키아벨리는 비무장 예언자를 언급할 때 복수의 대명사li disarmati를 사용하는데, 이로 미루어보아 지롤라모 사보나롤라 외에도 분명 다른 비무장 예언자가 존재했을 것이다. 학생들은 그들에게 익숙한 비무장 예언자로 인도의 간디와 미국의 마틴 루터 킹 목사를 떠올렸다. 그들을 '예언자'라 일컬은 이유는, 첫째 그들은 도덕적 통찰력이 있었고 어떤 역경과 고난 속에서도 자신의 생각을 지켰다. 둘째 그들은 타인에게 도의적 외침을 주장했고 정의의 목소리를 전달했다. 그들은 자신들이 내세우고 전파한 '의'로써 통치자의 '불의'에 저항했다. 셋째 예언자의 의는 세상의 가장 고귀한 가치이기 때문에 종교적 신앙이 있는 사람들은 신을 의의 최고 권위로 여기고, 신을 믿지 않는 사람들은 '하늘'이나 인간의 선천적인 '양심' 또는 보편적 '인권'으로 신의 최고 권위를 대체할 것이다.

성경 속 예언자들의 의는 모두 신에게서 유래했기 때문에 성경에 익숙한 학생들은 현대의 예언자를 연상할 때 의를 특히 중시하는 경향을 보였다. 사실 고대 아시아 서남부 및 아프리카 동북부 지역에서 예언자는 일종의 직업 집단에 속했고, 가업을 이어받아 직업이 평생 바뀌지 않았다. 그들은 궁정이나 신전같이 권력자들을 위해 일하는 체제 내의 인물이었다. 그 외에도 예언자로 일컬어지는 또 다른 부류가 있는데, 그들은 미래를 예견할 수 있는 기인으로 신의 영감을 받아 세상 사람들에게 신의 말을 전했다.

구약성경의 〈이사야서〉에는 두 종류의 예언자가 등장하는데, 이들의 차이는 분명하지는 않다. 예를 들어 〈열왕기〉의 엘리야Elijah와 엘리사Elisha는 예언자 집단의 구성원이었고, 집권자도 그들을 예언자로 인정했다. 그들은 비록 집권자를 위해 일했으나 집권자에게 적잖이 불편한 존재였고, 이렇게 보면 완전히 권력에 고용된 것은 아니었다. 반면 〈이사야서〉의 이사야Isaiah는 예언자 집단의 구성원은 아니었으나 집권자의 예우와 존경을 받았다. 〈예레미야서〉의 예레미야Jeremiah는 레위인 성직자였고 집권자의 인정을 받았지만 나중에 반란 및 반역죄로 엄중한 처벌을 받는다.

일반적으로 말하면 성경에 기록된 예언자들은 그 직업을 가졌거나 집권자의 인정을 받아서가 아니라, 신의 부르심을 받아 세상 사람들에게 신의 뜻을 전달하는 사람들이다. 성경 속 예언자들은 대다수가 집권자를 비판하며 그들의 총애를 구하지도, 핍박을 두려워하지도 않는다. 이러한 예언자의 존재를 반기지 않는 집권자는 권력으로 그들을 반역자로 몰고 갈 수도 있지만 오히려 그들을 두려워하는 모습을 보인다. 이러한 의미에서 예언자는 변혁과 법의 개정을 외치는 지식인이나, 정의를 위해 죽음을 마다하지 않는 인의仁義의 사도처럼 오늘날의 비판적 지식인의 선조로 볼 수 있다.

예언자의 언어와 역할

예언자의 언어는 예리하고 격렬한 특징이 있는데, 운명을 점치는 '가짜 예언자'의 언어와는 다르다. 고대에 집권자의 근심을 해소하고 미래를 예견하던 예언자와, 오늘날 체제 내에서 일을 주도하는 예언자는 모두 이 가짜 예언자에 속한다. 성경의 시대에는 나라가 어려운 상황을 맞았을 때 국왕이 나서서, 혹은 일반인이 어떤 일에 의문이 생길 때 종종 예언자에게 신의 뜻을 물었다. 타인에게 고용된 예언자는 신의 말을 전할 때 말이 어색하고 기계적이며 지나치게 조심한다.

반면 뜻있는 비평가적 예언자는 다르다. 그들은 돈을 받고 다른 사람의 궁금증을 풀어주거나 대책을 궁리해주지 않는다. 더 높은 사명이 있어 전할 말이 있을 때는 망설이거나 경솔하지 않으며 말에 반드시 깊은 뜻이 있다. 예언자는 그들만의 독특한 언어 방식이 있다. 전하고자 하는 말이 있으면 요청하지 않았어도 말을 못 하게 해도 반드시 하고, 그 내용 역시 듣기 어려운 진실을 담고 있다. 지나치게 몸을 사리고 어색하며 기계적으로 환심을 사는 교묘하고 능수능란한 언어는 그들의 언어가 아니다.

예언자의 언어는 대개 격분의 언어로, 예리하고 신랄하며 비난하고 조롱하여 사람들을 깨우치고 새로운 삶을 살도록 하는 데 그 뜻이 있다. 예언자의 언어가 신랄한 이유는 그들이 '의'를 위해 말하기 때문이다. 그들의 말은 망설임도 없고 경솔하지도 않으며, 일반인들은 그 언어를 통해 신의 질책을 듣는 것과 같다. 사람들이 예언자에게 신이나 하늘에서 전한 좋은 소식을 기대하는 모습이 비단 기독교 문화에만 있는 것은 아니다. 성경에서 예언자들은 인간과 신의 언약에 주목하는데, 이를 깨뜨리는 것은 주로 '불의'와 '우상숭배' 두 가지 죄악으로 지적된다.

　우상숭배의 본질은 공리주의적이며, 오직 자신의 이익을 꾀하고 눈앞의 이익에만 급급한 숭배다. 신은 의의 화신으로, 의를 상징하고, 의로써 세상 사람들을 구원한다. 따라서 우상숭배는 의가 아닌 이익을 좇는 가짜 신앙이다. 성경 속 예언자들은 인간 세상의 불의를 비판한다. 그것은 주로 돈 있는 사람이 부를 위해 악을 행하고, 국가의 부가 소수에게만 집중되며, 사람들을 가혹하게 착취하고, 가난한 사람의 피땀을 빨아먹는 탐욕과 냉혹함, 무정함이다. 불의를 행하는 것은 우상을 숭배하며 신을 공경하지 않는 것과 마찬가지로 모두 신에 대한 크나큰 배신이다. 마키아벨리는 기독교 예언자의 말을 활용하는 것처럼 보이지만, 사실 그의 정치학은 그가 성경 속 전통적 예언자들의 도덕관을 완전히 버렸음을 말해준다.

　마키아벨리 정치학이 말하는 도덕관을 어떻게 평가할 것인가 하는 문제를 두고, 학생들은 크게 세 가지 다른 견해를 보였다. 첫 번째는 마키아벨리의 정치학은 '부도덕'하다는 견해다. 그는 승리자가 왕이 되고 패배자는 도적이 된다고 주장하면서, 군주에게 음모와 계략이라는 잔악하고 무자비한 수단을 가르쳤기 때문이다. 두 번째는 마키아벨리의 주장이 '비도덕적'이라는 견해다. 이는 부도덕한 것과는 다른데, 비도덕은 정치적 성공을 도덕과 무관한 것으로 보기 때문이다. 마키아벨리는 전통적 도덕을 반대하지는 않았으나, 그것은 정치에 적용될 수 없고 정치를 위해 그것을 고수할 수 없다고 주장했다. 세 번째는 마키아벨리 자신의 견해이기도 한데, 자신의 주장이 완전히 부도덕하거나 비도덕적인 게 아니라 그저 '상대적인 도덕', 즉 상황에 따라 도덕을 정하는 것이라는 견해다. 다시 말하면 가능한 경우 도덕을 중시하는 것은 무방하지만 부도덕한 경우라도 도덕을 고수할 필요는 없다.

　부도덕과 비도덕, 상대적인 도덕의 개념은 마키아벨리의 "무장한 예언자들은 모두가 승리했으나 비무장 예언자들은 패망하고 말았다"라는 말을 이해하는 데 도움을 준다. 예언자는 종교적 인물로, 신을 향해 말하는 사람이고, 신과 인간 사이에 소식을 전하는 사람이다. 그러나 무장한 예언자는 종교적 인물이 아니고, 신의 뜻을 받은 사람이 아닐 수도 있다. 그들은 모세와 같이 진정한 의미에서 '입법자'이고 제도를 세우는 사람이며, 인민 사상의 개조자로 인민의 통치자가 되었다. 이러한 무장한 예언자는 도적 무리의 우두머리가 아니라 교육자와 지도자, 즉 스승이다. 이는 플라톤이 말한 '철인왕哲人王'이나 아리스토텔레스가 말한 '도시의 고상한 정치가'와 다르다. 무장한 예언자의 정치적 성공은 세속적 의미의 도덕적 성취와는 무관하고 심지어 그 반대 방향으로 갈 수도 있다.

　학생들은 지식의 관점에서는 마키아벨리를 이해할 수 있었지만, 가치관 측면에서는 그의 정치학설을 받아들이기 어려워했다. 학생들은 민주주의 생활 방식에서 자랐기 때문에 그들의 배경지식을 기반으로 마키아벨리를 읽고 평가한다. 마키아벨리는 인의에 의지하는 것만으로는 승리할 수 없고, 국민을 두렵게 하는 것이 승리를 얻고 그것을 유지하는 필수 조건이라고 말했다. 학생들은 바로 이런 점을 받아들이지 못했다.

　물론 학생들의 그런 반응도 이유가 없는 것은 아니다. 소위 말하는 '무장'은 직접적으로 군대가 있다는 것을 의미한다. 또한 성공을 얻고 유지하려면 폭력 사용이 불가피하고 피의 진압이 필요하다는, 폭력을 미화하고 속이는 수단을 가리킬 수도 있다. 이는 민주주의에서 부도덕한 정치적 수단이다. 현실 정치에서 이런 것들을 피하는 게 가능한지 여부를 묻는 것이, 바로 카뮈의 '깨끗한 손'과 사르트르의 '더러운 손' 논쟁이 던지는 질문이다(정치적 폭력을 거부한 카뮈는 제2차 세계대전 이후, 좋은 사회를 만들겠다는 구실로 폭력을 너무 쉽게 합리화하는 공산주의와 뚜렷하게 거리를 둔다. 그는 《한 독일인 친구에게 보내는 편지Lettres à un ami allemand》에서 '깨끗한 손'을 하고서만 전쟁에 참여하고, 폭력은 절대적으로 필요할 경우에만, 그것도 일정한 한계 내에서, 생명에 중대한 위협이 가해질 경우 그에 응수하기 위해서만 사용해야 한다는 입장을 분명히 한다. 반면 사르트르는 이 세계는 폭력에 물들어 있고, 폭력은 세계를 구성하는 중요한 구조라는 생각을 갖고 있었다. 그는 희곡《더러운 손Les Mains sales》에서 주인공 '외데레르'를 통해, 목적을 위해서라면 폭력이나 공산주의의 악행과 같은, 손을 더럽히는 행위도 불사해야 한다는 사고방식을 드러낸다. 이후 사르트르는 카뮈의 고향인 알제리의 현실에 빗대어 식민지에서 어떻게 폭력이 사회질서와 공동체 정립에 기여하는지를 보여준다. 이러한 논쟁들과 정치적 입장 차이로 인해 두 사람은 단절하기에 이른다. 더 자세한 내용은 로널드 애런슨의《사르트르와 카뮈》[연암서가, 2011] 참조. 옮긴이).

정치의 운과 덕

오늘날 '더러운 손'은 '현실 정치Realpolitik'의 대명사가 되었다. 현실 정치라는 표현은 19세기 프로이센의 철혈 재상 비스마르크가 처음 제기한 것으로, 현실의 이익을 최고의 고려 대상으로 하고 감정이나 도덕 논리, 이상, 심지어 의식 형태의 요소를 배제하는 것을 가리킨다. 마키아벨리는 현실 정치의 진정한 창시자로 여겨지는데, 그는 정치적 성공을 이루려면 손을 더럽히는 것을 두려워해서는 안 되며 손을 더럽히지 않는 정치는 결코 성공할 수 없다고 주장했다.

마키아벨리는 《군주론》에서 기원전 6세기에 페르시아 왕국을 건설한 키루스Cyrus, 로마 건국의 전설적 인물 로물루스Romulus, 아테네의 영웅 테세우스Theseus와 함께 모세를 언급했다. 포악하고 잔인한 방법으로 세력을 확장하고 권력을 지킨 군왕들처럼, 모세도 위대한 사업을 성취하기 위해 우상숭배를 한 수백 명의 백성들을 학살하라고 명령한 바 있기 때문이다. 마키아벨리가 말하고자 한 바는 모세처럼 역사에서 도덕적인 존재로 칭해지고 하느님의 말씀을 대신하는 예언자도, 상대적으로 비절대적인 도덕을 견지했다는 것이다.

마키아벨리는 정치와 도덕의 분리를 주장했는데, 그는 정치를 모든 수단을 동원해 승리를 쟁취하는 일종의 '예술'로 보았다. 이는 르네상스 시기의 이탈리아에서는 결코 낯선 생각이 아니었다. 당시 이탈리아의 모든 예술은 사람들의 열정적인 관심을 받았다. 마키아벨리가 보기에 이탈리아는 비록 다양한 예술 영역에서 빛을 발하며 유럽을 이끌었지만, 이탈리아를 통일하고 강대하게 만들 효과적인 정부가 없었다. 마키아벨리는 강한 힘이 있는 정부를 수립하는 것도 예술이고, 그것은 '덕을 갖춘' 지도자에게 달려 있으며, 그는 숙련되고 정교하게 정치 기술을 사용할 수 있어야 한다고 말했다. 마키아벨리가 말한 덕은 기독교 도덕의 미덕과는 전혀 다르다. 덕이 가리키는 것은 도덕적 출중함이 아니라 뛰어난 정력과 지력, 안목과 판단력, 즉 성공을 얻기 위해 필수적으로 갖춰야 할 능력이다. 이렇게 덕에 대한 놀라운 견해를 직설적으로 제시해 세상을 놀라게 했으니, 마키아벨리 스스로 예언자의 역할을 한 셈이다.

마키아벨리가 주장한 정치 예술에서 가장 중요한 기술과 없어서는 안 될 덕은 '기회'를 포착하는 데 능숙하고 '운'에 기대지 않는 것이다. 기회와 운은 《군주론》 제6장과 제25~26장에서 다루는 가장 중요한 주제다. 라틴어에서 덕virtú의 어원 vir는 '남성'을 뜻하고, 운은 여성성을 띤 운명의 여신 포르투나Fortuna에서 비롯된다. 마키아벨리 시대에 남성은 여성에 대해 절대적인 우월적 지위와 지배 권력을 가지고 있었다. 마키아벨리가 보기에 덕과 운의 성별이 다른 것은 우연이 아니었다. 그는 이렇게 말했다.

　　"포르투나는 여인이며… 그녀를 두들기고 부딪쳐야 한다." 그는 정말로 여인을 무력으로 쳐야 한다고 말한 게 아니라, 운은 근본적으로 덕의 대상이 아니며, 덕은 운을 정복할 수 있음을 말한 것이다. 운은 도구일 뿐이고 그것이 복인지 화인지는 그것을 다스릴 능력과 덕의 여부에 달려 있다. 덕이 있는 사람은 역경이 있더라도 그것을 바로잡을 수 있고, 역시 관건은 '기회'를 포착할 수 있는 능력에 있다. 손을 더럽혀야 할 때 조금도 주저하지 않고 손을 더럽히는 것이 바로 기회를 포착하는 능력이다.

　　마키아벨리는 '덕'이나 '운'이 한 사람의 평민을 군주가 되게 도울 수 있지만, "운에 덜 의존한 사람일수록 자신의 지위를 더 잘 지켰다"고 말했다. "운이 아니라 자신의 덕에 의해 군주가 된 경우라면, 나는 가장 뛰어난 인물들로 모세, 키루스, 로물루스, 테세우스 등을 들겠다." 그들이 모세와 같은 예언자였던 것은 모세처럼 기회를 붙잡았기 때문이고, "운으로부터 기회 외의 다른 어떤 것을 얻었다고 보이지는 않는다. 그들이 좋아할 만한 형태를 도입할 수 있도록 해줄 물질을 제공한 것도 바로 기회였다. 이러한 기회가 없었다면 그들의 정신에 깃든 덕la virtù dello animo은 소멸해버렸을 것이고, 또한 그러한 덕이 없었다면 기회도 허사가 되어버렸을 것이다."

기회는 종종 역경 속에 존재하고 역경과 운은 정반대 개념이다. 분열된 이탈리아는 역경이었지만 동시에 통일 이탈리아를 위한 기회이기도 했다. 이는 다음과 같은 논리를 따른다. "모세의 덕을 알기 위해서는 이스라엘인들이 이집트에서 노예가 되어야 했고, 키루스가 지닌 기백의 위대함을 깨닫기 위해서는 페르시아인들이 메디아인들의 억압을 받아야 했으며, 테세우스의 탁월함을 깨닫기 위해서는 아테네인들이 뿔뿔이 흩어져야 했다." 운은 신이 내려주는 것이다. 그러나 "신은, 우리에게서 자유 의지와 우리에게 속한 그 영광의 부분을 빼앗지 않기 위해, 모든 것을 다 행하려 하지 않는다."(《군주론》 제26장)

마키아벨리는 기회를 포착하는 능력이 무장한 예언자가 승리를 얻는 수단이라고 생각했다. 그에게 무장한 예언자는 여전히 고전적인 정치적 설명이었다. 오늘날 정치 토론에서 예언자라는 단어를 사용하는 것은 주로 수사적 효과를 위해서이기는 하나, 여전히 사람들은 고전에 나오는 예언자의 전통적인 모습을 떠올린다. 여기에는 마키아벨리가 덧붙인 새로운 의미도 포함된다.

예를 들어 폴란드의 역사학자 아이작 도이처Isaac Deutscher의 예언자 3부작 《무장한 예언자 트로츠키The Prophet Armed: Trotsky, 1879~1921》(1954), 《비무장의 예언자 트로츠키The Prophet Unarmed: Trotsky, 1921~1929》(1959), 《추방당한 예언자 트로츠키The Prophet Outcast: Trotsky, 1929~1940》(1963)는 트로츠키에게 씌워진 오명을 깨끗이 씻었고, 다시 그를 원칙과 이상, 패기와 능력이 있는 예언자로 회복시켰다.

마키아벨리는 《군주론》으로 로마 공화국과 기독교 제국의 정치와 도덕적 요소를 변화시켰고, 우리가 오늘날 '현대'라고 부르는 새로운 정치학설을 탄생시켰다. 이런 의미에서 그는 곧 예언자였으며, 총과 대포가 아닌 언어를 무기로 한 예언자였다. 그는 군대와 근거지도 없었고, 세수와 보급품도 가지고 있지 않았다. 그러나 그는 유배를 당해도 포기하지 않았고 실패한 뒤에도 새로 힘을 길러 재기했다. 콜럼버스가 아메리카대륙을 발견한 것처럼, 그는 오늘날의 선과 악, 정치와 도덕의 관계에 대한 새로운 인식을 발견했다. 그는 마치 예언자 같아서 우리는 그의 말을 이해하지 못할 수는 있으나 생각하지 않을 수는 없다. 모든 예언자들의 지혜와 마찬가지로 정치에 대한 그의 견해는 간단하게 옳고 그름, 좋고 나쁨으로 이해하고 판단할 수 없다. 그것은 새로운 해답을 제시한 것이 아니라 새로운 문제를 제기했고, 새로운 사유의 과정을 열었다는 데 그 의미와 역할이 있기 때문이다.

16

데카르트의 《방법서설》과
갈릴레이의 《시데레우스 눈치우스》

인문학은 과학적 지식을 어떻게 확장하는가

인문교육의 '위대한 고전' 읽기 목록 가운데 과학이 차지하는 비율은 매우 낮다. 나는 대학 내 인문대학에서 학생들을 가르쳤는데, 대다수가 물리, 화학, 생물 같은 과학(자연과학) 전공 학생들이 아니었다. 그러나 이런 비과학 전공 학생들도 과학을 몇 과목은 이수해야 하고, 그 내용과 수준도 매우 전문적이었다. 이는 '교양 교육'의 일부로, 필수적인 인문교육 과정에 포함되지 않는다. 고전 읽기에서의 과학은 전공 지식을 요구하기보다는 일반 지식에 근거하여 진행된다.

그리스 사상 수업에서 학생들은 유클리드의 《기하학 원론》 제1부를 읽고, 르네상스부터 17~18세기의 사상 수업에서는 갈릴레이의 《시데레우스 눈치우스Sidereus Nuncius》(1610, '별의 메신저'라는 뜻)와 데카르트의 《방법서설Discours de la Méthode》(1637)을 읽는다. 인문학 수업에서 이러한 작품을 읽고 토론할 때는 진실 또는 진리로 대표되는 이른바 '과학 정신'를 탐구하는 데 중점을 두지 않는다. 이러한 지식의 개념은 다른 학과목에서도 배울 수 있기 때문이다.

과학과 일상적 사고

인문학 수업에서 과학 토론을 진행하면, 지식과 관련된 문제의 토론으로 발전된다. 인식론적 지식의 문제뿐 아니라, 지식의 논리, 개념, 지식과 사회 문화의 관계, 지식인의 사회 지위와 정치적 상황 등 '인간적 지식'에 관련된 문제도 포함된다. 지식은 과학보다 더 광범위한 화두다. 기원전 4세기 플라톤은 확실한 '지식'과 틀릴 수도 있는 '견해'를 구분했다. 성경의 〈창세기〉에는 인류가 몰래 먹은 '지혜의 열매'가 주는 교훈이 기록되어 있다. 르네상스 시기에는 경험을 기본 방법으로 하는 과학이 등장하면서 '아는 것이 곧 힘'이라는 신념이 출현했다. 그 뒤 과학은 이 세상에 전례 없는 물질문명을 가져왔으며 동시에 (올더스 헉슬리의 《멋진 신세계Brave New World》에 나타난 우화 같은) 큰 재해도 만들었다. 20세기 컴퓨터 및 21세기 '구글' 시대가 도래하면서 그래픽과 뇌를 대체할 수 있는 기술이 등장했는데, 이는 모두 인문학 수업에서 끊임없이 등장하고 확장되는 토론의 화두다.

지식의 확장과 과학 사이에는 자연적인 연관성이 있다. 과학science이라는 단어의 라틴어 어원인 scientia는 바로 '지식'이라는 뜻이다. 과학은 이성이 풀이할 수 있고 신뢰할 수 있는 활용 가능한 지식이다. 오늘날 사람들이 특별히 과학으로 지칭하는 것은 이러한 지식(대개 물질세계와 관련된 지식)뿐 아니라, 지식을 추구하는 방법(경험을 통해 실증을 얻는 것이 기본인 '과학적 방법'), 나아가 그 방법이 체현하는 진리의 가치를 가리킨다(이른바 과학 정신). 인문학이 설명하는 과학 정신은 사람들이 특히 강조하는 '실사구시實事求是'와는 다르다.

예를 들어 18세기 영국 고전 정치경제학자 애덤 스미스는 "과학은 격정과 미신에 매우 효과적인 해독제"라고 말했다. 19세기 영국의 생물학자 토머스 헉슬리Thomas Huxley는 과학을 일반 사람이 두루 활용할 수 있는 사고방식으로 보았다. 그는 "과학은 가장 우수한 상식에 불과하며, 엄격하고 정확하게 관찰하고 논리를 엄수하여 사고하는 것"이라고 말했다. 아인슈타인은 과학적 사고를 신비화하는 것에 반대했다. 그는 "모든 과학은 일상적 사고를 전제한 것"이라고 말했다. 이러한 표현은 사고하는 사람의 특별한 경험을 빛내주고, 인문학 사상에 흥미를 더할 수 있다.

인문학 수업에서 학생들은 냉정하게 이성적, 상식적으로 지식의 문제를 논의하고, 과학을 다른 지식과 연관 지을 수 있다. 이것을 인문교육에서는 '주변 지식의 확장contextualization'이라 하는데, 이는 대학 교육이 학생들에게 요구하는 '지식 정보의 융합contextualized information'의 기본이다. 지식의 연계는 고대부터 이미 존재해왔다. 가령 플라톤은 《메논Menon》에서 소크라테스와 지식의 철학적 문제를 토론할 때 기하학을 예로 들었다. 고대 그리스 최초의 과학자는 기원전 6세기 밀레토스에서 등장했다. 그들은 처음으로 전통 신화나 종교로 주변 세계의 현상을 설명하기를 거부하고 이성을 사용했는데, 이것이 곧 그들이 말하는 '이론'이었다. 그들은 기하학과 정치학에도 동일한 열정이 있었다. 기하학(본래 의미는 '토지를 측량한다'는 뜻)은 이론과학이자 실용과학이었다. 당시에는 토지가 가장 귀한 재산이었기 때문에 새로운 도시를 건설할 때 토지를 자세히 측량하고 그 평균을 분할하여 식민지 주민에게 분배했다. 따라서 기하학과 정치는 밀접한 연관이 있었다.

학생들은 유클리드의 《기하학 원론》에서 수학적 지식보다는 인문학적 가치를 관심 있게 본다. 예를 들어 그리스 기하학은 전형적인 언어에 기초한 개념 논리 체계이며, 고대 이집트의 이미지 중심의 기하학과는 다르다. 그리스 기하학은 가장 기본적인 '점'의 정의(점은 위치만 있고 공간을 차지하지 않는다)에서 출발하여 선, 각, 원 등으로 확장되고 마침내 구조가 복잡하고 완전한 개념의 세계를 형성한다. 가장 완벽한 점은 인류의 상상 속에만 존재하고, 그릴 수 있는 모든 점은 사람의 눈으로 볼 수 있는 점으로, 진정한 점이라 할 수 없다. 점은 위치만 있고 아주 작은 공간이라도 차지해서는 안 되기 때문이다. 동일한 이치로 우리가 볼 수 있는 직선도 진정한 직선이 아니다. 우리가 볼 수 있는 원도 진정한 원이 될 수 없다. 유클리드의 진정한 기하학은 문자로만 표현될 수 있고 상상을 통해서는 결코 진입할 수 없는 세계다.

이 기하학의 세계와 문학의 세계, 역사의 세계, 논리의 세계 등은 특성이 결코 다르지 않다. 따라서 유클리드 기하학은 오늘날까지 다양한 영역의 사상가들을 매혹시키는 일련의 문제들을 제기했다. 이를테면 언어와 이념의 관계(언어는 현실을 반영하는가, 언어가 현실을 구성하는가), 이상과 현실의 관계(전형적인 플라톤의 문제, '이념'과 '현실' 가운데 무엇이 더 진짜인가?), 인간의 논리 능력의 문제(칸트는 논리와 시공간을 인간의 규정성으로 확정했고, 비트겐슈타인은 '윤리'와 '논리'를 세계 존재의 조건으로 규정했다), '제1 철학'에 관한 문제(모든 위대한 사상 체계는 점의 정의와 같이 간단한 기본 개념으로 돌아갈 수 있는가?) 등이다.

학생들은 이러한 문제들을 고찰하며 지식에 대해 다양한 사고를 할 수 있고 이는 종종 격렬한 토론으로 이어지기도 한다. 예를 들면 어떤 학생은 만약 완벽한 '점'이 우리의 상상 속에만 존재하고, 또 우리가 눈으로 영원히 볼 수 없는 사물을 상상할 수 있다면, 그 신기한 상상력은 과연 어디에서 오는 것이냐고 물었다. 상상은 인간이 가진 지식의 능력인가?(아인슈타인은 "인류의 진정한 지식은 상상으로 표현된다"고 말했다) 상상은 인간의 본성인가, 신의 선물인가? 이러한 논쟁은 어떠한 해답에 이르기보다는 그 자체로 흥미진진하고 교육적 의미도 있다. 정답과 상관없이 인간의 상상과 이성, 자유 의지, 존엄성을 새롭게 주목해보면 매우 신기하고 신성하다. 또한 인간의 자유로운 생각과 상상에 대한 통제를 인성에 위배되는 잔인한 행위로 볼 수도 있다.

또 다른 예로, 눈에 보이는 모든 점이 실은 이념적으로 존재하는 점보다 완벽하지 않은 것처럼, 사회에 존재하는 좋은 사람이나 현실에서 행하는 선한 일도 사실은 이념적으로 존재하는 '좋고 선한 것'보다 못하지 않은가? 사회에서 도덕과 윤리는 구체적으로 '어떤 좋은 사람을 통해 학습'할 수 있는가, 아니면 이상적인 '좋고 선한 것'을 호소할 수밖에 없는가? 이러한 좋고 선함은 보편성을 가지는가? 또 그 지식과 개념은 어떻게 형성되는가?

이러한 토론은 학생들의 관심을 기하학 지식의 특정 내용에만 국한하지 않고, 철학적 인식론에서 논리와 의미에 관한 문제로 확장할 수 있다. 사실 소크라테스 이전의 철학자들은 물질세계의 구성에 관심을 가졌고, 소크라테스는 이러한 관심을 논리 및 인간이 상호 관계와 사회조직에서 만들어내는 역할의 문제로 전환했다. 이 전환은 오늘날까지 인간이 충분히 인식하는 과학의 이로움과 해로움, 과학과 통치 권력 간의 관계에서 여전히 현실적인 의미를 갖는다. 바로 여기에 그리스 사상 수업에서《기하학 원론》을 읽는 인문교육의 의미가 있다.

과학과 인간의 보편적 문제

인문학 수업에서 과학을 토론하는 목적은 다른 문헌(문학, 역사, 종교, 정치철학 등)을 토론하는 목적과 동일하다. 그것은 바로 학생들이 '인간의 보편적 문제'를 사고하고 질문할 수 있는 능력을 키우게 하기 위함이다. 그중에는 지식과 권력의 관계도 물론 포함된다(이는 프랑스의 뛰어난 '사상 체계의 역사학자' 미셸 푸코가 가장 주목한 문제다).

갈릴레이의 《시데레우스 눈치우스》를 읽을 때, 지식과 권력의 관계 문제가 상당히 두드러진다. 이 시기의 인문학 고전 작품으로 뉴턴이 아닌 갈릴레이를 선정한 것은 상당한 고민을 거친 결정이었다. 이는 갈릴레이의 과학적 공헌이 뉴턴보다 더 위대해서가 아니라 두 가지 측면에서 인문학 수업의 교육 목적에 더 부합했기 때문이다. 그의 작품에서 과학 이면의 인류 정신을 볼 수 있고, 피할 수 없는 정치(당시는 종교 정치) 권력의 억압이 있더라도 진실한 지식을 구현하는 것은 절대 억압당할 수 없는, 지식에 대한 신념임이 드러나기 때문이다. 이 신념은 자유와 굴종을 대하는 과학자의 인격을 반영하는데, 오늘날도 역시 마찬가지다. 인문교육이라는 말에서 이미 알 수 있듯이, '인간의 자유 교육'과 자유의 인격은 이 과정이 학생들에게 제시하는 주요 목표다. 그러나 자유에는 조건이 있으며 이 조건을 무시하면 자유를 진정으로 이해할 수 없다.

타이완 신주新竹 시에 자리한 국립칭화대학교 쉬샤성徐遐生 학장은 《시데레우스 눈치우스》의 중국어판 서문에 갈릴레이가 "과학을 고등교육의 수준으로 끌어올렸다"고 찬사를 했다. 과학의 측면에서 보면 갈릴레이는 "실험과 이론의… 적절한 비율"을 실현했다. 이는 역사적인 도약으로서

"실용적 지식과 추상적 지식에 대한 감식력이 없으면 현대 과학은 탄생할 수 없다. 고대 그리스에서 이론과 추상의 감식력은 정점에 달했고, 실제 실험으로 얻은 결과물이 가져온 경제 이익을 중시했으며, 고대 중국에 이르러 최고 정점에 달했다. 그러나 두 문명 모두 물리 과학을 발전시키지는 못했다. 과학이 발전하는 데 필수 요소인 두 가지 방향성, 바로 이론과 실험을 충족하지 못했기 때문이다. 고대 그리스 시기에는 이론은 있으나 실험이 없었다. 세밀한 수학과 철학(그리고 정치적 운영의 민주적 원리)을 탄생시켰으나 실질적으로 적용할 수가 없었고, 물리 법칙을 실제로 실현하는 단계까지 깊이 파고들지 못했다. 반면 고대 중국은 실험은 했으나 이론이 없었다. 유한한 부를 창출하고 의료 개선 및 군사 능력을 증강시켰지만, 그 안에 숨겨진 깊은 이해가 없었기에 기본 원리의 진보에는 도움이 되지 못했다."

갈릴레이의 《시데레우스 눈치우스》는 인문교육 측면에서 고등교육의 수준을 끌어올렸다. 이 작품은 인간 능력의 풍부함과 다양성을 보여주고 과학자가 권력 체제(가톨릭교회)와 심각한 충돌을 빚을 때, 인격적 특징이 흐릿해질 수 있음을 시사한다. 그럼에도 그는 우리에게 여전히 친숙한 인물이다. 그는 공공 의식이 있는 과학자다. 과학 연구에 종사했을 뿐 아니라 자신이 소중히 여긴 과학적 발견을 널리 알렸다. 이를 위해 그는 문자언어를 활용하는 재능을 구비할 필요가 있었다.

갈릴레이가 당시 교회의 박해를 받았다는 사실은 학생들 모두가 다 아는 내용이다. 그러나 《시데레우스 눈치우스》를 읽으면 갈릴레이에게서 단순히 '지식의 순교자'가 아니라 자신의 안전을 위해 권력의 환심을 사고 타협할 줄 알며, 자신에게 이로운 학술적 지위를 얻는 데 능숙한 '영리한 인간'을 볼 수 있다. 이러한 면모는 당시 지식을 독단적으로 검열하는 권력에 대처하기 위한 어쩔 수 없는 방편이었다. 그러나 이것이 비록 불가피한 자기방어 전략이었다 해도 진실과 진리를 위해 지불해야 하는 도덕과 인격의 대가였음은 부인할 수 없다.

따라서 갈릴레이는 '자유롭지 못한 지식인'의 상징적 인물이 되었고, 권력의 강력한 통제를 받는 지식과 지식인의 보편적 처지를 보여주었다. 그는 한 사람의 과학자일 뿐 아니라 르네상스 시기의 특징을 가진 인물이었다. 그는 복잡하고 다면적이며 모순되고 우리와 같이 평범한 인생을 살았다. 이런 모습은 과학 교육에서 자주 접할 수 있는 몰개성적인 과학자와는 전혀 다르다. 갈릴레이는 사회와 정치에서 인간에 큰 관심을 가졌고, 여기서 그의 뚜렷한 개성을 엿볼 수 있다.

《시데레우스 눈치우스》는 자연 세계의 미묘한 작동 원리를 밝혔을 뿐 아니라, 과학의 배후에 있는 인류의 정신을 드러냈다. 갈릴레이는 세심한 장인이었고 당시 세상에서 가장 정교한 망원경을 만들었다. 그는 사려 깊고 주도면밀하며 약간의 빈틈도 없는 이론가였다. 경험에서 관찰한 현상을 아주 조심스럽게 그러나 아주 대담하게 종합적으로 귀납했고, 그 기본 원리에 깊숙이 파고들었다. 사람들을 놀라게 한 관측가였던 그는 새로운 계측기로 해결할 수 있는 문제를 영민하게 판단할 수 있었으며, 그 중대한 발견의 중요성을 상세하게 설명했다.

또 하나 재미있는 사실은 그가 이야기를 잘하는 사람이었다는 것이다. 그래서 자신의 과학 이론과 견해를 지키고 설득하기 위해 이야기를 '과학의 전략'으로 삼아 다른 사람이 이해하기 쉽게 풀어냈다. 설명으로 독자를 설득할 수 있었고, 다른 한편 철학 및 종교계 인사가 제기할 수 있는 사상의 심사와 반대에 대비하여 대답할 수 있었다. 그는 독자에게 익숙한 지구 표면의 현상을 이용해 햇빛이 어떻게 동틀 무렵 달의 표면에 떨어지는지 묘사했고, 먼저 산꼭대기를 비춘 뒤 산골짜기를 비춘다고 설명했다. 이렇게 독자의 이해를 유도했고, 어두운 곳에 나타나는 빛이 어떻게 달의 지형이 울퉁불퉁함을 암시하는지도 설명했다. 반면 앞선 연구자들은 그것을 단지 매끄러운 구면상의 얼룩이라고 생각했다. 갈릴레이는 이를 통해 달이 다양하게 변화하는 여신이 아니라, 지구와 같이 자연 세계에 속하며, 한 달 동안 자연현상이 끊임없이 변화함을 입증했다.

그뿐 아니라 갈릴레이는 정치적 야망이 있는 사람이었다. 당시 과학자들은 자신의 명예와 이익에 도움이 되는 세력가에게 잘 보이길 원했고, 이런 현상은 오늘날에도 그다지 크게 변하지 않았다. 갈릴레이는《시데레우스 눈치우스》를 피렌체의 통치자 메디치 가문에 바쳤고 목성의 위성 네 개를 메디치 가문의 이름을 본떠 명명했다. 그 덕분에 그의 바람대로 유럽 최고 권세가의 지지를 받았다. 오늘날 사람들은 목성의 위성 네 개를 더는 '메디치 위성'이라 부르지 않고 그것이 메디치 가문에 속한 것으로 여기지도 않는다. 하지만 후대의 과학자들이 자신의 연구 성과를 특정 지도자나 정당에 귀속시키거나 정치적 명칭을 붙이는 것에 비교하면, 갈릴레이의 타협 행위는 과학을 수치스럽게 만드는 행위는 아니었다. 왜냐하면 메디치는 분명 역사상 극히 드문 깨어 있는 전체주의 지도자였기 때문이다.

정치는 정치에 속하고 과학은 과학에 속하는 세상은 여전히 요원한 꿈이다. 위대한 과학적 발명이 인류에게 행복을 가져다줄 수 있다 해도 과학의 사용은 통치 권력의 이익에 위배되면 안 된다. 같은 과학기술이 좋은 일에 쓰일 수도 있고 나쁜 일에 쓰일 수도 있다. 과학자는 세상과 격리되어

상아탑에 머무는 '순수한 지식인'이 아니다. 그들은 사회와 정치의 관계 속에서 살며, 필요한 경우 지식 활동을 제한하는 권력에 대응하고 각종 제도적 한계와도 싸울 수 있다.

과학과 절대적 진리

17세기에는 과학관에 근본적인 변화가 발생했다. 그 변화에 큰 영향을 미친 사람으로는 르네 데카르트와 프랜시스 베이컨Francis Bacon이 있는데, 베이컨은 그 변화를 대표하는 인물이라고도 할 수 있다. 그럼에도 인문학 수업에서 베이컨이 아닌 데카르트를 선택한 데는 아주 중요한 이유가 있다. 데카르트는 우리에게 이성과 신앙(종교적 또는 의식 형태적)이 과학자에게서 만들어내는 모순을 더욱 전형적으로 보여주기 때문이다. 의심을 통해 진정한 지식을 확정하는 원칙을 지키면서, 다른 한편으로 어떤 의심도 할 수 없는 '신앙'에 굴복하는 것이다. 이러한 분열된 인격은 과학자와 지식인에게서 뚜렷하게 나타나는데, 분열을 일으키는 것은 종종 과학자의 진짜 신앙이 아니라 무언가에 대한 '두려움'이다.

학생들은 데카르트의 《방법서설》에서, 갈릴레이가 1633년 교회로부터 핍박당한 일 때문에 데카르트가 두려워했음을 어렵지 않게 읽어냈다. 그는 '두려워하는' 과학자였고 지식인에 대한 통치 권력의 핍박은 그에게 효과가 있었다. 데카르트는 이성적 의심을 견지했으나, 그것이 불변의 진리로 여겨지는 정치와 도덕적 가치관을 파괴할 수도 있음을 알고 있었다. 그는 이성이 새로운 원칙을 찾아내고 그것을 유지할 수 있을 때까지

'임시의 도덕 원칙'을 수립해 타협했다. 동시대인인 베이컨과 비교해보면 데카르트는 종교와 하느님의 문제에 훨씬 더 조심스럽고 신중하게 접근했다. 갈릴레이처럼 교회의 질책을 받을까 봐 두려워했기 때문이다. 그는 1633년 코페르니쿠스의 학설에 대한 신념을 포기할 것(공개 조사와 사상의 오류를 시인하는 것)을 강요당했으며, 갈릴레이의 견해와 유사한《세계와 빛에 대하여 Traité du monde et de la lumière》(1633년 완성)의 발표도 포기했다.

데카르트를 읽을 때 학생들은 주로 현대 과학 방법의 형성 및 이른바 '이론', 즉 '과학'이라 불리는 이론을 어떻게 이해해야 하는가를 두고 토론했다. 인문학 수업에 참여한 학생들은 르네상스와 17세기에 근대 과학의 개념에 발생한 근본적인 패러다임의 전환에 관심을 가졌다. 그래서 나는 아리스토텔레스의 정신mind, 지식knowledge, 과학science에 대한 관점을 소개했다. 아리스토텔레스에게 있어 (머릿속에서 발생하는 것이기도 한) 정신은 추리와 이해에 국한된다. 인간의 감각기관, 상상, 의지 등은 마음 외의 것을 가리키기 때문에, 순전히 지능이 아니라 단지 인간과 외부 세계 사이의 연결일 뿐이다. '내가 어떻게 느끼는가'와 '외부에 무엇이 있는가' 사이에는 차이가 없다. 따라서 감각기관의 경험은 인간에게 외부 사물에 대한 직접적인 지식을 전달한다.

데카르트는 17세기 신과학 패러다임 형성에 중요한 공헌을 했다. 그는 인간의 감각기관 경험, 상상과 의지, 추리와 이해를 '정신 현상'의 항목으로 분류했다. 그는 '내가 어떻게 느끼는가'와 '외부에 무엇이 있는가' 사이에 경계선을 그었고 근본적인 의심을 제기했다. 우리는 자신이 느끼는 사물을 확신할 수 있는가? 만약 우리가 감각기관이 느낀 사물을 확신하지 못한다면(예를 들어 물컵 속의 '휘어진' 젓가락은 사실 직선이다) 관찰을 통해 이른바 '과학적 진리'를 도출할 수 없다. 과학적 관찰은 결코 순수하게 객관적인 것이 아니라 인간의 의지가 해석한 행위이고, 그 과학성(신뢰할 수 있는 지식성)을 결코 쉽게 결론지을 수 없다.

그러나 데카르트는 절대적으로 확실한 부정否定을 철저하게 규정하지 않았다. 그의 의심론("나는 생각한다, 고로 존재한다")은 여전히 아리스토텔레스의 패러다임에서 도저히 얻을 수 없는 지식 확정성을 얻기 위한 것이었다. 오늘날 우리는 과학에서 절대적인 확정성을 얻을 수 없고, 절대적으로 과학적인 진리란 근본적으로 존재하지 않음을 잘 안다. 우주적 진리는 더 말할 필요도 없다. 지적 사기꾼들은 항상 자신의 사리를 진리로 위장하고 그것을 과학적 수단으로 얻었다고 과시한다.

학생들이 토론에서 특히 흥미를 보인 부분은 과학 이론도 전부 기본 '가설hypothesis'에서 시작되었고, 어떤 정확한 원리에서 추론된 '증명demonstration'이 아니라는 점이었다. 학생들은 '보증warrant'의 인지 효과에 특히 흥미를 가졌다. 많은 학생들이 종교적 배경이 있는 가정에서 자랐기 때문에 신앙적 보증과 과학적 증명의 차이를 이미 이해하고 있었다. 가령 평면 기하학의 피타고라스의 정리에는 수십 가지 증명이 있는데 증명이 하나 추가되었다고 해서 그 신뢰성이 증가되지는 않는다. 그러나 신앙이나 신념의 경우에는 증명을 추가할 수 있고, 다양한 측면에서의 지지가 많을수록 신뢰성도 높아지고 사람들의 믿음을 더 얻게 된다. 종교적 역사 이야기, 사례와 인물, 도덕적 감화, 신학 연구 등은 모두 이러한 보증을 제시한다. 이론을 가설로 보는 것은 사실 이론에서 해석하는 현상을 일종의 보증으로 삼는 것이다.

이론이 사람들의 신뢰를 받는 것은 그것이 경험의 지지를 받기 때문이다. 이론 중에는 보증이 지지하는 신념이 있고, 신념은 감각기관과 사유기관의 상호 결합에서 생긴다. 이를테면 뉴턴의 역학 법칙을 사람들이 굳게 믿는 이유는 케플러가 원래 제시한 결과와 일치된 내재적 원인을 찾아냈을 뿐 아니라, 이후 무수한 실천으로 그것을 보증했기 때문이다. 그러나 이러한 보증은 결코 충분하지 않다. 더 깊은 연구는 이 신념에 부합하지 않는 실례를 발견해낸다. 현대 역학 연구는 운동하는 물체의 속도가 광속에 도달할 때 뉴턴 법칙의 결론과 실험 결과 사이에 편차가 매우 분명함을 발견했고, 이때 아인슈타인의 상대성이론을 활용했다. 그러나 뉴턴역학의 보증이 조건적이라 해도 사용 가능한 조건 범위 안에서는 여전히 아주 신뢰할 만하다. 비록 상대성이론이 뉴턴역학보다 더 정확성을 지닌 보증된 지식이지만, 뉴턴역학은 결코 그 가치에 뒤지지 않는다. 인류의 일상생활에서 발생하는 현상은 모두 뉴턴역학이 보증하는 조건 내에 있으므로 이는 일상생활에서 상대성이론보다 더 광범위하게 이용된다.

이러한 과학 지식은 학생들이 기타 지식 및 기타 운용 범위와 조건을 이해하는 데 큰 도움이 된다. 우리는 이를 통해 과학의 성취는 절대적으로 확실하고 의심의 여지가 없는 지식(이른바 '어디에서도 항상 옳은' 절대적 진리)이 아니라, 어떠한 보증적 이론(즉 가설)을 얻는 데 있음을 알 수 있다. 인류는 이성에 품는 의심(비이성적 의심주의와 견유주의와는 다르다)을 통해 지식을 얻을 수 있고, 이는 자연과학만이 아니라 인문과학에서도 활용 가능하다.

인문학 수업에서 과학 토론을 하다 보면 다양한 인류 사상사와 관념의 발전, 철학, 정치, 사회와 관련된 문제를 두루 살펴볼 수 있다. 이런 분야들을 일일이 깊게 파헤치지 않더라도 학생들은 스스로 사고하고 적극적으로 토론에 참여한다. 토론은 일종의 대화이고 자신의 생각과 질문, 대답과 관심 문제가 토론의 주요 내용이 된다. 교사의 역할은 토론을 보조하는 것일 뿐 지식 주입lecture은 아니다. 이는 분명 자연과학 수업의 '특수 지식의 전수'와는 다르다. 따라서 동일한 인문학 수업이더라도 각 수업마다 토론 내용은 달라지게 마련이다. 인문학 토론 수업seminar에서 학생 수는 20명을 넘지 않는데 그 이유는 학생 모두에게 충분한 발언 기회를 보장하고, 특정 형식에 구애를 받지 않고 자유롭게 진행하기 위함이다. 대화라는 지식 활동 자체의 특성상, 토론은 함께 읽은 고전에서 시작되어 자연적으로 발생되며, 하나의 화제에서 다른 화제로 왔다 갔다 할 수도 있다. 그 과정과 범위는 모두 예측할 수 없고, 토론의 질은 학생들의 사고 능력과 인문학적 소양에 따라 결정된다.

과학을 전문적으로 연구하는 사람들이 보기에 과학을 토론하는 인문학 방식은 비전문적으로 보일 수도 있다. 그러나 인문교육의 목표는 학생들의 사고 능력과 정신적 소질을 높여주는 데 있으며, 특수 전문 지식을 전수하는 과정이 아니다. 마틴 루터 킹은 현대 과학이 인간의 정신적 고양을 소홀히 한 점을 비판하며 이렇게 말했다. "우리의 과학 능력은 이미 정신 능력을 넘어섰다. 우리는 폭탄을 정확한 방향으로 조준할 수 있지만, 우리 자신은 잘못된 방향으로 이끌고 있다." 미국의 생화학자이자 뛰어난 과학 소설가인 아이작 아시모프Issac Asimov도 탄식하며 말했다. "과학 지식의 축적 속도는 사회 지혜의 축적 속도를 초과했고 이것이 우리 삶의 가장 불행한 부분이다." 인문학 수업에서의 과학 토론은 단순히 어떤 자연과학적 지식을 축적하려는 게 아니라, 세상의 이치를 보다 잘 이해하고, 과학 이해의 중요성을 깨닫게 하는 데 그 목적이 있다.

17

몽테뉴의
《수상록》

글은 어떻게 지식이 될 수 있는가

많은 학생들이 미셸 드 몽테뉴Michel Eyquem de Montaigne의 《수상록Les Essais》
(수상록은 그때그때 떠오르는 느낌이나 생각을 적은 글로 수필과 비슷한 뜻이나,
초판이 발행된 1580년에는 아직 장르로서의 수필이 확립되지 않았다. - 옮긴이)
을 읽을 때 인용문이 너무 많다고 느낀다. 어떤 부분은 왜 인용문을 썼는
지 그 의도가 불분명하고, 오히려 현학적인 내용이 많아져 도움이 되지도
않을뿐더러, 가독성도 떨어진다고 느꼈다. 그래서 인용문은 차라리 그냥
넘어가는 게 더 낫다고 말했다. 몽테뉴는 자신의 독서 경험에서 축적한 격
언(그리고 명구, 재담, 잠언 등)을 인용했는데, 통계를 보면 라틴어 인용문은
1,300여 곳에 쓰였다. 몽테뉴 자신이 쓴 글 가운데에도 훗날의 독자들에게
'인용할 만한' 것으로 여겨지는 명구나 재담, 격언, 지혜의 말들이 많다. 사
실 몽테뉴의 수필과 격언에는 역사적 기원이 있고, 격언의 역사적 지식을
안다면 몽테뉴를 더 잘 이해할 수 있게 될 것이다. 그뿐 아니라 인류의 다
른 문화권에도 있는 '지혜의 글쓰기'를 이해할 수 있다.

격언에서 수필로

수필은 몽테뉴가 1591년 고향 집으로 내려와 '발명'한 장르가 아니다. 수필은 몽테뉴보다 훨씬 이전의 다른 글쓰기에 이미 그 시초가 존재했고, 후에 이것이 점차 수필로 발전되었다. 그 과정에서 몽테뉴는 중요한 '촉매 작용'을 담당했는데, 촉매는 분명 발명과는 다른 개념이다. 수필의 진화와 발전, 형성 과정에서 결정적인 역할을 한 요소는 바로 '격언'이다. 몽테뉴와 동시대인인 영국의 수필가 프랜시스 베이컨은 38편의 단편을 모은 《수필집Essays》(1612) 헌사에서 이렇게 말했다. "수필은 가장 최근에 나타난 것 같지만 이것은 옛날부터 이미 있었다. 만약 세네카의 《루실리우스에게 보내는 편지Epistulae morales ad Lucilium》를 자세히 읽어본다면 그것이 바로 수필이며 분산된 사색임을 알 수 있을 것이다."

고대 히브리어의 지혜문학Wisdom Literature(앞서 말했듯이 구약성경의 〈욥기〉〈잠언〉〈시편〉〈전도서〉 등이 포함된다) 가운데 특히 〈집회서Ecclesiasticus〉('벤 시라의 지혜'라고도 하며, 유대교에서는 '외경'으로 인정한다)와 〈전도서Ecclesiastes〉에 산문의 초기 형태가 있다. 여기서 우리는 '산문'이 이해하기 쉬운 속담proverb이나 격언maxim에서 어떻게 발전되었는지 알 수 있다. 속담이나 격언은 (다른 사람보다 관찰, 체득, 전달에 뛰어난) 어떤 사람이 간단하고 생동감 있는 언어로 타인과의 공동 경험을 총괄한 것이다.

예를 들어 고대사회에서 물물교환을 시행했는데 그때 기만행위가 생겨났다. 어떤 이가 정곡을 찌르는 한마디로 모든 사람의 보편적 경험을 요약했는데, 오늘날 우리는 〈집회서〉에서 바로 그런 문장을 읽을 수 있다. "말뚝이 돌멩이 사이에 단단히 박히듯 죄악은 팔고 사는 가운데에 쐐기를 박으리라."(〈집회서〉27:2) 이런 표현들은 간결하나 힘이 있고 기억과 전달이 쉬워 사람들의 경험과 느낌을 나타내는 기성적 표현으로 자리 잡았다. 기성적 표현을 최초로 쓴 사람은 심사숙고 끝에 이런 표현을 생각해냈을 것이므로, 이것은 '문학'의 예술성과 유려한 언어의 특징을 갖게 된다. 다양한 격언과 잠언이 합쳐져 문집이 구성되고, 이것이 모여 좀 더 큰 문집이 된다. 구약성경의 〈잠언〉은 이러한 '문집의 문집'이다.

격언과 잠언을 선호하는 인간의 습성은 종교에만 국한되지 않았고, 그것을 통합하는 작업은 매우 광범위하게 오래전부터 진행되어왔다. 격언과 잠언은 오늘날까지 '우정, 성실' 등과 같이 주제에 따라, 또는 '누구의 명언'으로 분류된다. 격언식 지혜는 줄곧 작가들의 사랑을 받아왔다. 몽테뉴는 격언과 잠언을 좋아했고 세르반테스의 《돈키호테》에도 관용구가 많이 등장한다. 미국 독립혁명의 지도자 벤저민 프랭클린의 《가난한 리처드의 달력Poor Richard's Almanac》(프랭클린이 리처드 손더스Richard Saunders라는 필명으로 20대에 발행한 달력. 1733년부터 1758년까지 꾸준히 발행되었으며, 달력에 들어가는 일반적인 정보 외에 격언이나 유머 등 다양한 정보들이 들어 있었다. - 옮긴이)에도 격언이 많이 있다. 오늘날 사람들은 이러한 격언들을 '격언의 고전'으로 인식한다.

격언이 수필로 전환되는 과정에는 여러 방식이 있는데, 몽테뉴의 작품에서도 적지 않은 예를 찾을 수 있다. 초기 수필에서는 유사한 격언을 함께 두고, 사유 중에 격언과 서로 연계하여 글을 구성했다. 후기 수필에서는 하나의 격언을 출발점으로 삼아 자신의 견해를 드러냈고, 글이 길어질수록 화제에서 멀어지며 확장되었다. 후기에 이르러 몽테뉴는 비로소 자신의 생각을 집중적으로 전달할 수 있었고, 자신의 언어를 돋보이게 하고 보조하는 데 격언을 사용했다.

　격언과 수필은 비록 뿌리가 서로 얽혀 있지만 역할은 사뭇 다르다. 격언은 일반적인 표현 방법이고 이미 지나간 보편적 경험을 이야기하며, 그 역할은 현재와 미래의 행위와 행동에 지침을 마련해주는 것이다. 반면 수필의 역할은 평론criticism이며 작가가 구체적인 사물에 대한 자신의 견해를 표현한 것이다. 격언은 대개 작가가 없다. 고대에는 '작가'라는 개념이 없었고 설령 후에 경구의 원작자가 누구인지 알려지더라도 그것이 경구를 이해하는 데 필수 조건은 아니었다.

　반면 수필은 개인의 의견으로, 누가 이야기하고 무엇을 이야기하는지는 서로 연관되어 있다. 몽테뉴 같은 수필가는 독자들에게 그가 무엇을 말하는지와 왜 그것을 말하는지를 알려준다. 따라서 수필도 어떤 '이치'와 연관된 의견이 된다. 몽테뉴는 "내가 쓰는 것은 곧 나 자신이다"라고 말했다. 즉 내가 쓰는 것은 내 견해이고, 이는 '나'라는 사람의 것으로 다른 사람의 것이 아니고 다른 사람을 대표할 수도 없다. 수필은 형식이 매우 다양해서 모든 작가가 몽테뉴처럼 쓰는 것은 아니다. 따라서 '나 자신을 쓴다'는 것은 곧 몽테뉴 수필의 특징이 된다.

　몽테뉴는 타인을 인용하여 서술하는 방법을 좋아했는데, 나는 여기서 학생들에게 '상호 텍스트성' 개념을 소개했다. 수필은 상호 텍스트성의 특징이 강한 글쓰기 형식이다. 상호 텍스트성은 서로 다른 텍스트 간의 관계를 의미하며, 미국의 문학이론가 조너선 쿨러Jonathan Culler의 표현에 따르면 "한 원문과 다른 원문의 관계"다. 프랑스의 비평가 제라르 주네트Gérard Genette는 상호 텍스트성을 "한 텍스트가 다른 텍스트에 등장하는 것"이라고 설명했다.

상호 텍스트성의 표현 방식은 1960년대에 처음 등장했으며 일반적으로 프랑스의 문학 비평가인 줄리아 크리스테바가 처음 사용한 용어로 알려져 있다. 크리스테바는 러시아의 문학 비평가 미하일 바흐친에게서 영감을 받아 "모든 텍스트는 인용의 모자이크로 구성된다. 그리고 모든 텍스트는 다른 텍스트들을 흡수하고 변형한 결과물이다"라고 말했다. 작가들은 실질적으로 다른 작가의 영향을 받았고 다른 작가와 관계가 있다는 것은 이미 크리스테바 이전부터 잘 알려진 사실이다. 크리스테바는 이것을 '상호 주관성intersubjectivity'이라고 했고 나중에 '상호 텍스트성'이 더 정확한 표현이라고 생각했다. 주체를 작가에서 원문으로 이동시킨 것은 읽기의 중점이 '작가'에서 '집필'로 이동했음을 의미한다.

반드시 상호 텍스트성의 개념을 먼저 이해하고 몽테뉴를 읽거나 해석할 필요는 없지만, 그 개념을 알고 읽으면 많은 도움이 된다. 몽테뉴의 작품은 다른 문학작품에서 따온 다양한 인용문이 많이 등장하기 때문에 다른 원문과 밀접한 관계가 있다. 다양한 작품이 인용문 형식으로 몽테뉴 작품에 등장하고, 이는 곧 몽테뉴가 집필한 작품의 구성 요소가 된다. 학생들에게 상호 텍스트성을 소개함으로써 몽테뉴 작품에서 인용문이 불필요하고 눈에 거슬리는 요소가 아님을 알려주고, 작품을 충분히 이해할 수 있도록 도울 수 있다.

몽테뉴는 격언을 좋아하여 글에 인용하는 것뿐 아니라 이를 서재의 들보에 적는 것도 좋아했다(57개나 있다). 이러한 격언 인용문은 모두 그리스, 로마 작가에게 얻은 것으로 오비디우스와 타키투스, 베르길리우스와 호라티우스, 키케로와 세네카 및 플루타르코스도 포함되어 있었다. 몽테뉴의 초기 수필은 거의 각종 인용문의 집합체로 이를 '상감inlay'이라 칭했다. 그는 세네카를 좋아했고 플루타르코스를 흠모했다. 그래서 수필을 쓸 때 플루타르코스의 여러 작품에서 따온 문장들을 400여 군데에서 인용했다. 그는 플루타르코스가 창조한, 품격이 고상하고 재능이 출중한 영웅적 인물을 좋아했고, 자신이 살고 있는 시대가 너무 평범하다고 판단하여 고대인을 본보기로 삼아야만 훌륭해질 수 있다고 생각했다. 이는 르네상스 시기 여러 인문주의자들의 생각과 일치했다.

수필 속의 인용문과 지식

르네상스 시기 인문주의자들은 고전 작품의 인용문을 격언으로 여겼다. 에라스무스는 16세기 북유럽의 르네상스를 대표하는 뛰어난 인물로, 그가 엮은 《격언집Adagia》(1500년에 초판이 발행된 이후 에라스무스가 사망한 1536년까지 계속해서 증보되었다. ― 옮긴이)에는 3,000여 개의 인용문이 수록되어 있다. 미국의 비교문학 교수인 로절리 콜리Rosalie Colie는 "몽테뉴가 쓰기 시작한 수필은… 세심하게 선택한 격언을 평하는 글이었다. 이러한 객관적인 집필 목적은 몽테뉴가 개성이 강했던 탓에 빠르게 약화되었다. 사실상 수필은 격언 집필의 부산물이라 할 수 있다. 격언을 새로운 언어 환경에 놓는 과정에서 수필은 독립적인 글쓰기 형식으로 발전했다." 몽테뉴의 초기 수필은 에라스무스의 《격언집》에 나오는 항목들과 제목이 매우 유사하다. 에라스무스는 격언을 먼저 인용하고 나서 화제를 끌어들여 서술한 뒤 자신의 의견을 부연 설명했다.

몽테뉴의 초기 수필은 《수상록》의 〈나태에 대하여De l'Oisiveté〉 〈슬픔에 대하여De la Tristesse〉에서처럼 거의 고전 작품에서 관련된 인용문을 수집한 것으로, 이를 주제로 삼아 그가 생각하는 정의와 사리에 맞고 설득력이 있는 이치를 서술했다. 그러나 나중에는 인용문을 활용하는 방식에 점차 변화가 생겼다. 후기 수필에서 인용문은 그저 자신의 논점과 견해를 뒷받침하는 권위를 제공할 뿐 아니라, 대화 중에 새로운 목소리를 도입하는 방식이었다. 인용문의 이러한 변화는 프랜시스 베이컨의 수필에서도 나타난다. 그의 초기 수필은 몽테뉴와 마찬가지로 마치 경구와 격언을 모아놓은 것 같았으나, 후기에는 작가 자신이 말하고자 하는 바를 주 내용으로 삼았고, 인용구는 종종 의견을 보완하거나 보류하는 표현이 있을 때 사용했다.

오늘날 학술적 수필과 논문(특히 학술 논문)에서 인용문의 역할은 이미 일반 수필과는 그 성격이 다르고, 수필의 표준적인 인용 방식은 논문의 인용 방식에는 적용될 수 없다. 가장 뚜렷한 차이는, 일반 수필은 인용문을 사용할 때 주석이 필요 없으나 논문(학생의 논술문)에는 인용문의 주석이 필요하다는 점이다. 인용문의 주석이 있고 없고는 사실 표면적인 차이지만, 수필과 논문이 제공하는 지식이 서로 다른 관심사를 가진, 완전히 동일하지는 않은 두 종류의 지식이라는 점에서 실질적인 차이가 드러난다. 수필이 관심 있게 논하는 것은 '일반 지식'으로, 18세기 영국의 철학자 토머스 리드Thomas Reid는 일반 지식은 보통의 일상적인 언어로 표현되는 '상식'이라고 지적했다. 이와 비교하면 논문이 제공하는 것은 전문 지식으로, 논문에 사용되는 전공 언어는 비전문가인 보통 사람들이 이해하기 어려운 '전문 용어'다. 인문학 수업의 토론에서 사용하는 언어는 일반 언어이고 토론하는 내용도 일반 지식이다.

논문에서 인용문을 사용할 때는 정확함과 확실함이 중요한데, 그래야 독자가 필요할 때 관련 지식을 편리하게 찾아볼 수 있기 때문이다. 인용문의 주석은 이러한 목적을 가지며, 현학적이거나 장식적인 의미에서 제공되는 것이 아니다. 이와 비교하면 수필의 인용문은 훨씬 더 자유로우며 보다 다양하다(물론 지나치게 임의대로 할 수는 없다). 어떤 수필 작가는 인용문을 사용할 때 기억에 의존하거나, 원문의 뜻만 전달되면 된다고 생각한다. 몽테뉴의 경우도 기억에 의존한 일부 인용문은 정확하지 않다. 브리티시컬럼비아대학교의 비교문학과 교수 그레이엄 굿Graham Good은 수필 형식의 글쓰기를 논한《자아 관찰하기: 수필의 재발견The Observing Self: Rediscovering the Essay》(1988)에서 다음과 같이 언급했다. 많은 수필 작가들이 그러하듯이 몽테뉴의 '부정확한' 인용법은 "만약 독자가 '학자'가 아니라면 그 인용문을 찾아보거나 확인하지 않을 것"이라고 생각한 데서 비롯된다.

비록 설명은 이렇게 했지만, 인문학 수업에서 글쓰기를 할 때 교사는 학생들에게 원문에 충실하고 정확하게 인용문을 쓰도록 한다. 물론 인용문을 자신의 말로 바꿔서 쓸 수도 있다. 교사는 학생들에게 인용문이든 자신의 말로 바꿔 쓴 것이든, 글을 쓸 때는 반드시 타인의 말을 인용했다는 점을 밝혀야 한다고 알려준다. 이러한 윤리적 필요(성실, 표절하지 않는 것)는 지식적 필요와 결부되기 때문이다.

학교는 글쓰기에서 '표절을 용납하지 않는다'는 규정을 정해놓고 있다. 이것은 타인의 말을 자신의 말인 양 속여서는 안 되고, 타인의 지식을 자신의 지식인 척해서는 안 된다는 뜻이다. 인용문은 직간접적으로 출처를 분명히 밝혀야만 올바르게 해석될 수 있다. 표절plagiarism이라는 단어가 영어에서 가장 처음 등장한 것은 1620년경으로, 그 시기와 현대의 지식 개념은 상이하므로 표절의 개념에도 차이가 있다. 오늘날 우리는 표절을 중

대한 문제로 여기지만 르네상스 시기의 인문주의자들은 표절을 학문의 윤리적 문제로 보지 않았다.

몽테뉴는 〈아이들의 교육에 대하여〉에서 오늘날이라면 표절 작가 취급을 받을 수 있는 말을 했다. "금세기 일부 작가들은 신중치 못하여 일고의 가치도 없는 작품에서 고대 작가들의 문장 전체를 베낀다. 자기 얼굴에 금칠을 하는 격이지만 그 효과는 정반대다. 베낀 문장과 자신이 쓴 문장의 수준 차이가 확연해서 오히려 자신의 글을 초라하게 만들고 부족함을 드러내는 꼴이니, 득보다 실이 더 많다 하겠다." 몽테뉴가 비판한 작가들은 도덕적 또는 지식 윤리적 잘못을 범하지 않았다. 다만 그들은 '모방'하는 글쓰기 능력이 부족하고 다른 사람의 의견을 '차용'하는 기술이 없는 탓에 흔적을 남긴 것이다. 소위 중국인들이 "당시唐詩 300수를 열심히 읽으면 시를 짓지는 못해도 훔칠 수는 있다"고 하는 말과 같다. 여기서 '훔치다'라는 말은 무도덕한 윤리에 대한 질책의 의미가 아니라, 빈틈없이 융합하고 연결하는 법을 배우지 않더라도 어설프게나마 차용할 수 있다는 뜻이다.

수필 속 인용구는 대개 어떤 견해를 '지지' 또는 '증명'하는 데 사용되지 않고, 설명이나 풀이에 이용되거나 어떠한 '대화'를 구성한다. 인용구는 어떤 말을 해야 할 필요가 있을 때 사용하고, 말하고자 하는 바를 쉽게 표현하는 수단이 된다. 인용문으로 대답을 하거나 자기가 쓴 문장을 보조하는 것은 말하기 '방식'의 하나이며 어떤 특정한 '내용'을 전달하지는 않는다. 이것이 전공 논문이나 정식 논문과 다른 점이다. 물론 수필과 정식 논문에서도 외부의 압력이 있을 경우에는 의견을 직접 드러내지 못하므로, 인용문이 '다른 사람의 입을 빌려 말하는' 역할을 할 수 있다.

몽테뉴는 다음과 같이 말했다. "나는 더 솔직하게 말하기 위해 다른 사람을 인용한다." "내가 직접 하기 힘든 말은 다른 사람이 대신 하게 한다." "검열관을 불편하게 만들 수도 있는 말을 한다." 한편 그레이엄 굿은 이렇게 말했다. "수필은 논문과 다르다. 수필의 목적은 '의심할 여지없이 확실한' 것을 덧붙이려는 게 아니다. 다시 말해 사람들에게 어떤 현상의 정확한(바꿀 수 없는) 해석을 제시하려는 게 아니다." 일반적인 상황에서 의심할 여지없이 확실한 지식은 그 목적상 논문과 수필을 가르는 차이가 될 수 있다. 논문의 목적은 의심할 여지없이 확실한 지식을 전달하는 것이다. 그러므로 다른 새로운 증거나 방법이 나오면 이전의 확실한 지식은 더는 확실하지 않게 되고, 결론은 곧 뒤집히거나 대체된다. 그러나 수필의 목적은 그와는 다르며, 전달하는 정보 역시 의심할 여지없이 확실하다고 할 수도 없다. 따라서 설령 새롭고 전혀 다른 견해가 나타나더라도 기존의 견해가 뒤집히거나 대체되지 않는다.

인문학 수업에서 토론과 수필 창작은 서로 밀접하게 연관되고, 두 방식에 내포된 지식의 성질도 매우 유사하다. 굿은 다음과 같이 지적했다. "수필 작가의 지식은 학문이 아니라 경험(상식)에서 온다. 수필의 '진리'는 어떤 방법이나 결과가 작품 전체와 서로 연관되고 일치됨으로써 얻어지는 게 아니다. 수필에는 협력이나 확실한 증거 같은 방법이 필요하지 않다. 다만 개인의 경험이 융통성 있게 활용되어야 한다. 수필은 일정한 언어 규칙을 강요하지 않고 작가의 경험에 따라 산문 형식으로 쓴다. 수필에 담긴 지식은 판단을 불러일으킬 수 있으나 경험(상식)적 판단(즉 선입견)보다 우선하지 않는다. 수필에서도 어떤 결론을 얻을 수 있지만 그것은 예견할 수 있는 결론은 아니다…. 이러한 결론은 그저 일시적인 것으로 구체적인 상황과 분리될 수 없다. 수필의 사고는 특정한 경험에서 생겨나며 특정한 경험으로 되돌아간다."

수필이 제시하고 실현하는 것은 '사상'보다는 '사고'라고 할 수 있다. 수필의 진실은 한계가 있는 지식이고 경험적 상식에 기초하는데, 그 경험은 어떤 제약을 받으므로 경험에서 나온 지식 역시 제약을 받는다. 수필의 사고는 사건이나 대상의 변화에 따라 변화하고 무작위적이며, 토론의 화제도 예측할 수 없는 방식으로 발전하고 전환된다. 토론에서 학생들은 떠오르는 대로 말했고, 스스로 생각한 것이라면 그것으로 족하다. 사고는 어떤 의견을 만들어내는 것보다 더 중요하고, 학생들 자신의 생각이 참신한지, 독창적인지 여부를 염두에 두거나 고려할 필요가 없다. 그들의 사고는 그들 자신의 경험과 하나이며, 경험에서 생겨나고 다시 경험으로 돌아간다. 따라서 자기 경험을 이야기할 수도 있고 다른 사람의 경험을 들을 수도 있다. 독립적으로 사고할 수만 있다면 모두 다른 사람과 나눌 가치가 있고 관심을 기울이고 경청할 가치도 있다.

18

홉스의
《리바이어던》

오늘날 민주주의 국가에서 주권의 의미는 무엇인가

인문교육 과정의 '르네상스부터 17~18세기의 사상' 수업에서 마키아벨리의 《군주론》을 읽고 몇 주 뒤, 토머스 홉스Thomas Hobbes의 《리바이어던 Leviathan》(1651)을 부분적으로 읽었다. 학생들은 홉스가 주장하는 통치자의 '무한한 주권'에 반감을 드러낸 반면, 제2부 21장 〈백성의 자유에 대하여 Of the Liberty of Subjects〉의 일부 내용에는 수긍하는 입장을 보였다. 그중 21장 마지막 부분에서 홉스가 말한 "백성은 절대적인 천부의 자유를 회복할 권리가 있다"는 부분도 수긍했다.

천부적 자유와 혈통 계승

홉스는 천부적 자유를 회복하는 네 가지 상황을 논했다. 그중 첫째는 "군주가 스스로 주권을 포기하거나 후계자에게 승계를 포기한 경우, 백성은 절대적인 천부의 자유를 회복한다"이다. 학생들은 오늘날의 민주주의 국가에서 만일 군주(또는 기타 전제주의 통치자)가 없다면 자신과 그 후계자를 위해 주권을 포기하는 상황도 존재하지 않으므로, 모든 사람들이 절대적인 천부의 자유를 누린다고 이해했다. 이는 분명 '혈통 계승'에 이미 반대하는 입장에서 홉스의 견해를 읽은 것이다.

　이것은 오늘날 학생들의 전형적인 이해다. 하지만 홉스의 원래 의도와는 맞지 않는다. 그러나 인문학 수업의 한 가지 원칙은 학생들이 자신의 문제의식에서 출발하는 것을 막지 않고, '자신의 관점을 견지한 읽기'를 하게 하는 것이다. 물론 원문을 자세히 읽어야 하나, 이른바 '원문의 본의' 또는 '작가의 본래 의도'를 무조건 따라야 한다는 의미는 아니다. 원래 의미를 알기 위해서만 읽는 것은 읽기를 위한 읽기, 즉 실질적인 목적이 없는 정교한 놀이가 되어버린다. 사고 능력이 뛰어난 학생들은 대개 그런 읽기에 만족하지 않는다. 마치 독립적 견해를 가진 지식인이 정교한 학술 언어로 하는 놀이에 만족하지 않고, 언제나 '자신의 관점이 있는 학문'을 하는 것과 같다. 인문교육은 공공의 문제의식을 높이는 교육이므로 '자신의 관점을 견지한 읽기'를 할 수 있도록 학생들을 격려해야 하고, 그에 상응하여 지도하고 훈련해야 한다.

　그렇다면 홉스는 '혈통 계승'을 어떻게 다루었는가? 이른바 혈통이란, 물론 군왕(절대적 통치권자) 또는 통치 집단과 그들의 2세가 관계되는 문제다. 그러나 2세라고 해서 전부 저절로 계승자가 되지는 않는다. 2세 계승자는 반드시 군왕이 직접 선발해야 한다. 홉스는 이렇게 말했다. "왜냐하면 누가 군주의 자식이며 누가 가장 가까운 혈연인지를 누구나 쉽게 알 수 있다고 해도, 누가 후계자인지는 군주 자신의 의지에 달려 있기 때문이다. 따라서 군주가 후계자를 원하지 않으면 주권도 복종도 없어진다. 또한 알려진 친족도 없고, 선포된 후계자 없이 주권자가 죽은 경우에도 사정은 마찬가지다. 후계자가 누구인지 알 수 없으므로 당연히 복종도 없다." 그러나 사실 홉스가 언급한 '군주가 후계자를 원하지 않는 경우'는 인류역사상 그 예를 찾아보기 어렵다.

설령 군주가 없는 국가라도 계승자를 선발할 특권을 확보하는 것은 제도가 계속 존속할 수 있는 근본 조건이다. 그러나 민주주의 제도는 예외다. 예를 들어 미국은 제도적으로 특정인 또는 정당이 후임자를 선발하는 것을 방지하는 국가다. 그러니 혈통 계승으로 후임자를 선발하는 것은 더 말할 필요도 없다. 이는 미국이 제도의 존속을 보호할 필요가 없기 때문이 아니라, 그들의 신념이 '혈통 계승'과는 무관하고, 혈통 계승으로 인해 오히려 제도에 해를 끼칠 수도 있기 때문이다. 미국의 민주주의 제도에서 주권은 한 사람이나 소수 집단의 정치적 혈통에서 비롯되는 게 아니라 국민 전체가 참여한 선거의 결과에서 비롯된다.

학생들은 홉스의 혈통 계승론을 읽을 때 과거에 읽었던 마키아벨리의 《군주론》에 등장하는 두 종류의 군주 국가를 떠올렸다. 그것은 세습 군주국과 혼합 군주국이다. 세습 군주국은 혈통으로 유지되는 정치제도다. 여기서 혈통 계승은 새 군주가 자연적 혈통의 합법성을 가진다는 이점이 있다. 평범한 국민들은 이에 맞설 방법이 전혀 없고 오래전부터 군주 일가의 통치를 받는 데 익숙하다. 따라서 새 군주의 자질을 막론하고 오래 집권하면 할수록 성공한 것으로 여겨졌다.

마키아벨리는 이렇게 기록했다. "군주의 자손이 통치하는 것에 익숙한 세습 군주국에서 정권을 유지하기란 새로운 국가보다 훨씬 쉽다. 군주가 혈통에 기반을 둔 선조들의 제도를 거스르지 않는 한, 의외의 사건이 일어나더라도 형세를 관망하며 잘 대응하기만 하면 되기 때문이다." 이런 군주는 보수 성향이 강하고 위협의 가능성을 특히 두려워하는 특징이 있다. 이에 마키아벨리는 "새로운 군주는 보통 정도의 능력으로도 자신의 지위를 항상 유지할 수 있지만, 자신을 쫓아낼 만큼 강력한 힘에 부딪히면⋯ 군주의 자리를 빼앗길 가능성도 있기 때문"이라고 말했다. 그러나 그 혈통 덕분에 "설사 권력을 빼앗기더라도 찬탈자가 불리해지면 언제든지 권력을 되찾을 수 있다." 혈통에 의한 통치자가 가장 두려워하는 것은 같은 혈통의 찬탈자인데, 이 경우 "권력을 되찾기"가 매우 어려울 수 있기 때문이다. 따라서 혈통 통치자끼리 육친을 살해하는 일은 비교적 흔한 일이다.

마키아벨리가 말한 또 다른 군주국은 '혼합 군주국'인데 역시 통치 혈통이 중요한 역할을 하나 그 혈통은 새롭게 만들어진 것이다. 이전의 혈통 군주제와 비교하면 '완전히 새로운 것은 아니고 일부만 새로운 것'이다. 따라서 '전체적으로 보면 혼합적'이라 할 수 있다. 신구의 요소가 혼합된 제도에서 "주로 변동 상황들은 우선 모든 신 군주국에 존재하는 자연적인 어려움에서 비롯된다. 즉 사람들은 자신들의 처지가 더 나아진다고 믿으면 기꺼이 군주를 바꾸려 한다는 것이다. 그리고 이러한 믿음으로 그들은 군주에 대항해 무기를 들게 된다." 즉 신 군주국은 그 자체가 다른 군주국을 무너뜨리고 수립된 것으로, 당시 사람들은 자신의 처지를 개선하려고 무기를 들어 이전의 군주국을 무너뜨리도록 도운 것이다. 마키아벨리는 이렇게 기록했다. "그러나 사람들은 잘못 생각하고 있는 셈인데, 나중에야 자신의 처지가 더 나빠졌음을 경험으로 알게 되기 때문이다. 이런 상황은 자연적이고도 통상적인 또 다른 필연성에서 비롯된다. 즉 신 군주는 권력을 획득하는 와중에 군대를 통해 그리고 무수한 침탈을 통해 사람들에게 해를 입히지 않을 수 없고, 그리하여 그들의 원한과 분노를 산다." 배부른 모기를 쫓으니 배고픈 모기가 찾아온다는 속담이 떠오른다.

학생들은 혈통 계승 문제를 토론할 때 영국의 군주제를 떠올렸다. 영국은 입헌군주제를 신봉하며, 정치적 관례에 따라 정권은 수상과 내각, 상원 의원 및 하원 의원으로 구성된 의회가 완전히 장악한다. 군주는 의회의 무당파 구성원이다. 군주의 실질적인 역할은 (훈장 수여와 같은) 당파적 기능이 없는 일에 국한되며, 이것은 19세기부터 확정되었다. 한 학생은 영국의 작가이자 기자인 월터 배젓Walter Bagehot이 《영국 헌정English Constitution》(1867)에서 말한 내용을 소개했다. "군주는 영국 정부의 '장엄한' 한 부분으로 비실용적인 부분이다. 만일 상하 의원이 여왕의 사형 판결을 결정한다면 여왕 본인은 어쩔 수 없이 서명해야 한다."

이를 듣고 다른 학생은 여왕의 '천부의 자유'가 홉스가 묘사한 신민의 자유보다 못한 것 같다고 말했다. 홉스는 국민이 주권자를 따르더라도, "그(주권자)가 나(국민) 자신을 죽이라고 명령하면 그것을 따라야 한다"는 이 한 가지는 제외된다고 말했다. 하지만 여왕은 본인의 사형 판결문에 서명하지 않을 수 없다. 오늘날 영국 왕실의 계승자 서열 1위인 왕세자 찰스 윈저의 말이 떠오른다. "군주제 같은 이 기이한 제도는 국민의 지지가 없다면 지속될 수 없다. 결론적으로 국민이 군주제를 원하지 않으면 군주제는 없을 것이다." 국민이 필요한 제도를 스스로 결정하게 하면 국민이 동의하지 않을 경우 혈통 계승도 합법성을 잃게 된다. 혈통 계승의 관점에서 보면 찰스 왕세자의 깊은 견해는 확실히 깨어 있는 것이다.

부패와 인식

인문학 수업에서 토론을 진행하다 보면 학생들의 다양한 문화적 배경과 경험으로 말미암아 서로 다른 문제에 흥미를 가지는 현상을 볼 수 있다. 멕시코 출신의 한 학생은 《리바이어던》에서 홉스가 말한 '부패'에 대해 일반적인 미국 학생들과는 사뭇 다른 관심을 보였다. 이는 아마 멕시코 사회에 존재하는 심각한 부패 문제와 관련이 있는 것 같았다. 홉스가 직접적으로 부패를 언급한 부분은 아주 적다. 또한 그가 말한 부패도 오늘날 우리가 말하는 탐욕이 주를 이루는 부패와는 상당한 차이가 있다. 이 학생은 기말 리포트 주제를 '부패에 대한 홉스의 관점'으로 정하고 싶어 했다. 그는 내 연구실에 직접 찾아와 몇 차례 이야기를 함께 나누었고, 홉스의 어떤 작품을 찾아 읽었고 어떤 연구 자료를 수집했으며 어떤 집필 계획을 가지고 있는지 말해 깊은 인상을 남겼다. 그가 수집한 자료 가운데 현재 영국 킹스칼리지 런던King's College London의 정치학과 부교수인 에이드리언 블라우Adrian Blau의 논문 〈홉스의 부패론Hobbes on Corruption〉(2009)이 있었다.

블라우가 주로 논한 것은 '인지적 부패cognitive corruption'로 이는 사유의 왜곡과 심리 상태의 변이, 논리의 혼란으로 인해 발생한 부패(나쁜 신념)다. 이러한 정의에서 보면, 노예근성, 권력에 아첨하기, 자신을 최고라고 여기기, 우주의 진리를 장악하기, 마약 밀매 조직의 두목을 영웅시하기, 조직의 규범을 원칙으로 신봉하기, 히틀러 같은 인물을 위대한 지도자로 받들기 등은 '나쁜 신념'의 부패에 속한다. 부패를 이렇게 보는 관점은 오늘날 부패를 재물이나 여색을 탐하는 타락한 생활 혹은 살인, 강도, 절도, 강간으로 여기는 것과는 확연한 차이가 있다.

나는 그 학생에게 '인지적 부패'에 왜 그렇게 흥미를 가지느냐고 물었다. 그는 오늘날 우리에게 큰 영향을 미치는 부패가 과연 어떤 인지의 왜곡과 오류에서 시작되었는지, 또 어떤 잘못된 관념의 지지를 받는지 알고 싶다고 대답했다. 이런 관념은 겉보기에는 '합리적'이나 기만적이고 특히 해롭다. 블라우가 말한 것처럼 홉스의 인지적 부패관은 "이지, 욕망, 사고, 교육, 관념 주입 등 일련의 요인"을 포함하고, 이에 따라 '인지'도 거의 모든 정치와 사회와 관련된 개념으로 이해할 수 있다. 관념의 부패는 모든 정치와 사회 부패의 시작이다.

예를 들어 멕시코의 마약 밀매 조직은 폭력과 돈으로 마약 제국을 건설하여, 거기서 나오는 이익을 균등하게 분배하고 상급자에게 절대 복종하는 조직 운영 체제를 갖추었다. 이런 조직은 왜곡된 사회 정의와 조직 기강, 부자의 재산을 빼앗아 가난한 사람을 구제하는 등의 관념 위에 세워진 것이다. 우리는 그들의 가치관에 동의하지 않기에 그들과 그들이 사회에 미치는 영향을 부패로 여긴다. 그러나 마약 밀매 조직원의 입장에서는 세상은 원래 폭력이 만연한 밀림 같은 세계이고, 폭력이 없으면 질서도 없으므로 결코 자신이 틀렸다고 생각하지 않는다. 이 학생은 자신의 경험을 통해 '인지적 부패'를 이해했고, 홉스가 부패를 어떤 관점을 보는지 논증했다. 교사인 나도 그의 고찰을 통해 배울 수 있었다.

홉스가 말한 부패는 인간이 다시 본래의 '자연 상태'로 회귀하는 것을 의미했고, 인간이 어떻게 자연 상태에서 벗어날 수 있었는가를 고찰하는 것이 바로 그의 정치학설의 중심 내용이었다. 홉스는, 인간은 정치의 힘을 빌려야만 자연 상태에서 벗어날 수 있고 더 나아가 문명 상태에 이르러야 생명이 비교적 안전하고 재산이 보장되는 생활 질서를 찾을 수 있을 거라고 생각했다. 또한 그는 인간의 본성이 인간을 자연 상태로 이끄는데, 인간은 천성적으로 자신의 이익을 추구하고 잔학하며 싸우기 좋아하고 만족할 줄 모른다고 판단했다. 인간은 자연 상태에서 마음대로 행동할 수 있기에, 힘없고 자신이 적대시하는 대상을 함부로 괴롭히며, 약자는 그저 영원한 불안과 공포 속에서 살아갈 수밖에 없다. 자연 상태는 악한 본성의 부패 상태, 즉 '무정부 상태의 의미'를 갖는다. 인류가 강력한 정부를 원하는 것은 이러한 상태를 통제하고 변화시키기 위해서다.

홉스의 부패관은 정치관을 이해하는 데 독특한 시각을 제공했다. 그가 주장한 최고의 '주권자(국가)'는 사리사욕을 도모하는 사람이 아니다. 국민은 주권자의 공정한 통치와, 안전·평화·문명 질서의 보호를 교환하는 조건으로 권리를 포기한 것이다. 홉스는 《리바이어던》에서 이렇게 말했다. 국민이 포기한 권리는 한 사람 또는 한 집단에게 부여되고 "다수의 사람들이 하나의 인격으로 결합되어 통일되었을 때 그것을 국가Commonwealth(라틴어로 키위타스Civitas)라 부른다. 이것이 위대한 리바이어던(〈욥기〉 41장에 나오는 바다 괴물로, 인간의 힘을 능가하는 매우 강한 동물을 뜻한다. 홉스는 국가라는 거대한 창조물을 이 동물에 비유했다. – 옮긴이) …또는 유한한 신motral God의 탄생이다. …이 인격을 지닌 자가 주권자이며 주권을 가졌다고 할 수 있다. 그 외 모든 사람은 그의 백성이다."(제17장 〈국가의 기원, 발생, 정의에 대하여 Of the Causes, Generation, and Definition of a Commonwealth〉)

국가에서 생활하는 인간은 '인간이 만든 인간'으로 '자연의 인간'이 아니다. 홉스는 인간의 구조를 이용해 국가의 구조를 상상했다. 주권은 영혼이고 관료는 관절이며 상벌은 신경, 자산은 부와 힘, 국민의 안전은 사업, 공평과 법률은 이치와 의지, 화목은 건강, 혼란은 질병, 내전은 사망 등이다. 정치의 부패는 국가 유기체에 대한 심각한 유해물이고, 거기에는 정치 파벌이 자신의 이익을 위해 독단적으로 행동하고, 관료가 사리사욕을 채우기 위해 직권을 남용하며 뇌물을 받는 것이 포함된다. 결국 관건은 사적인 이익이 국가의 '질병'을 일으키는 것이다.

'부패corruption'는 원래 '철저한 붕괴'라는 뜻으로, 일반적으로 철학과 신학에서 정신이나 도덕이 어떤 이상적인 상태를 벗어나 때 묻고 더러워지는 것을 가리킨다. 오늘날 우리는 횡령, 뇌물 수수, 주색酒色 등을 부패로 보며, 이는 도덕적으로 깨끗한 이상과 상반되는 행위들이다. 홉스가 말한 부패는 이와는 다르다. 그것은 자연적이고 야만적인 자연 상태로 다시 빠지는 것이며, 자연 상태에서 모든 인간은 고독한 야수처럼 행동하여 그저 생존과 자기만족이라는 두 원초적인 충동의 지배를 받으며 도덕에 구속받지 않는다.

이것은 루소의 '고상한 야만인bon sauvage(루소가 직접 이 말을 사용한 것은 아니지만 "인간은 선하게 태어나지만 사회 속에서 타락한다"는 그의 말에서 고상한 야만인의 개념을 읽을 수 있다. – 옮긴이)'과는 상반되는 인간상이다. 루소는 인간이 사회 속에서 부패한다고 생각한 반면, 홉스는 정치 조직화된 국가와 사회를 부패에 대항하는 유일한 방법으로 인정했다. 또한 그는 영과 육을 양분하여 보는 관점에서 육체의 '불결'과 영혼의 '순결'을 대립시키지 않았다. 오히려 인간의 신체를 이용해 국가의 건강을 상상했고, 인간의 질병을 이용해 국가 부패의 해로움을 인식했다. 이는 일종의 '체화된 인지embodied cognition' 또는 '체화된 상상embodied imagination'이라 할 수 있다.

부패의 체화된 상상

오늘날 우리가 사용하는 도덕적 평판과 질책에 대한 용어 가운데 사용 빈도가 가장 높은 것은 아마도 '부패'와 '타락'일 것이다. 이 두 단어와 유사한 '더러움, 불결함, 천박함' 등은 모두 체화된 상상이 우리의 도덕적 상상에 미치는 영향을 구체적으로 보여준다. 도덕의 체화된 상상은 인체의 감각기관을 이용해 직접적으로 인간이 사회에서 하는 행위의 옳고 그름, 좋고 나쁨, 선과 악을 변별하고 판단한다. 그러나 이러한 체화된 상상의 효과는 각각 좋은 점과 나쁜 점이 있다.

윤리 및 도덕적 행위와 신체의 관계를 이야기하면 사람들은 일반적으로 거수경례, 악수, 허리를 굽혀 인사하기, 무릎을 꿇고 절하기 등 '예의'를 표하는 행위를 가장 먼저 떠올린다. 이러한 신체 언어는 어떤 사람의 예의나 교양(예절 또는 가정교육)을 드러내고 대개 좋게 여겨지며 긍정적인 도덕적 의미를 지닌다. 이와 반대로 (대개 손동작을 이용한) 모욕적인 신체 표현은 부도덕한 사회적 행위로 여겨진다.

각 사회와 문화마다 무엇이 모욕적인 신체 표현이고, 어떤 신체 표현이 어떻게 모욕적인 의미를 지니는지에 대해 서로 다르게 이해할 것이다. 영국의 동물학자이자 인간행동학자인 데즈먼드 모리스Desmond Morris는 《제스처의 기원과 분포 Gestures: Their Origin and Distribution》(1979)에서 훌륭한 분석과 다양한 사례를 제시했다. 어떤 사회에서 호의적인 손동작은 다른 사회에서는 모욕적인 의미를 가질 수 있고 따라서 부도덕하고 반도덕적인 행위가 된다. 예를 들어 엄지와 검지로 동그라미를 만들어 칭찬을 표시하는 것(OK 손동작)은 어떤 나라에서는 몹시 저속한 표현이다. '포옹'이라는 신체 언어, 특히 공공장소에서 이성 간의 포옹은 어떤 나라에서는 친밀함의 표현이지만 어떤 나라에서는 절대로 용납할 수 없는 금기 행위다.

지난 수십 년간 여러 심리학자들은 신체와 도덕의식 및 행위의 관계에 대해 '체화된 도덕(또는 신체화된 도덕embodied morality)'의 연구를 진행했다. 체화된 도덕은 사회 문화적 차이와 관련이 없다. 이것은 인간의 직감적인 본능에 의존하며 사회 문화적 습관이 아니기 때문에 사회 문화의 차이를 초월하는 보편성을 지닌다. 가령 인류의 체화된 감각 가운데 '신(선을 상징)'은 모든 문화에서 인간의 머리 위인 하늘에 존재하고 '마귀(악을 상징)'는 모두 인간의 발아래인 땅에 숨어 있다.

한 심리학자는 체화된 인지를 연구하면서 이러한 상하 의식이 인체의 직립 자세와 관련이 있음을 발견했다. 인류는 신체를 통해 존재하며, 인간의 신체는 인식과 인식 과정에서 매우 결정적인 형상화 역할을 담당한다. 따라서 그 과정에서 다양한 비유 방식은 모두 신체와 관련이 있고, 인간의 신체적 경험을 직접적으로 반영한다. 직립이라는 자세 때문에 선악의 도덕적 상하 구분이 형성되었고, 선하고 좋은 것은 위쪽(고상함, 숭고함, 천국)에, 악하고 나쁜 것은 아래쪽(저급, 타락, 지옥)에 존재한다. 상하와 연관된 언어 표현은 수사적 비유뿐 아니라 매우 기본적인 인지 방식을 드러내며, 이를 떠나서는 선과 악, 좋고 나쁨의 개념은 형성되기 어렵다.

상하의 개념은 '권세'의 관점에도 영향을 미쳤다. 한 연구자는 여러 층으로 구성된 건물에서 지도자의 사무실은 언제나 맨 위층에 있고 지하실에 있는 경우는 절대로 없음을 발견했다. 여기서 인간은 개념적으로 권세가 있는 사람은 위에 있다고 생각하고, 권세가 없는 사람은 아래에 있다고 생각한다는 사실이 드러난다. 이런 의미에서 혁명은 위에 있는 것을

'뒤집어엎는 것'으로, 권세 있는 자들을 '땅으로 끌어내리고 발로 밟아' 가장 낮은 위치에 있게 만드는 것이다.

　신체의 직립뿐 아니라 순수함도 중요한 체화된 형상이다. 신체의 깨끗함과 순수함, 단정함, 더럽지 않음은 도덕의 좋음, 선함과 연관된다(고결한 인품, 공명정대한 태도). 반면 신체의 더러움과 불결함은 사람들에게 보잘것없이 느껴지고, 비열하고 미심쩍고 엉큼하고 저질인 나쁜 사람(비겁한 속내, 천박한 인품)으로 간주된다. 특히 강력한 생리적, 심리적 표현으로 '혐오감'이 있는데, 이는 인간의 자기 보호 작용이 심리적으로 진화된 것이다. 혐오감은 썩은 음식물, 고약한 냄새, 시체와 같이 더럽고 부패한 사물에 대한 반감으로, 혐오감을 느낌으로써 감염과 해독害毒의 근원에서 멀리 떨어지게 만든다.

　그러나 체화된 감각은 직감적 본능의 비이성적 반응으로, 비록 유용할 수는 있지만 항상 신뢰할 수는 없고 심지어 잘못된 방향으로 이끄는 경우도 있다. 이를테면 혐오감은 독버섯이나 독이 든 음식을 가려낼 수 없다. 혐오감은 냄새가 좋지 않은 것을 거부할 수 있지만, 발효 두부나 삭힌 오리알 같은 독성이 없는 음식을 가려낼 수도 없다.

　어떤 행위를 사회 도덕적으로 혐오하는 것 역시 일종의 체화된 반응으로, 각각 장단점이 있어 세밀한 구분이 필요하다. 정치인이나 정부 관료의 위선과 탐관오리의 뻔뻔한 태도를 사람들이 혐오하는 것은 당연하다. 그러나 (절대 권력의 전제적인 해로움과 같이) 혐오감만으로 깊이 숨겨진 부패를 알아차릴 수 있는 것은 아니고, 무해하고 유익한 것을 유해한 것으로 오해할 수도 있다.

　영국의 인류학자 메리 더글러스Mary Douglas는 《순수와 위험Purity and

Danger》(1966)에서 다음과 같이 지적했다. "사람들은 종종 매우 높은 수준의 순결을 주장하여 오히려 기만으로 향한다…. 생활하는 데 전혀 지장을 받지 않으려면 신체의 이미지에 변형과 왜곡이 가해질 수도 있음을 알아야 한다." 예를 들어 탄자니아의 차가Chagga족은 남자가 성인식을 할 때 항문이 평생 막힌 것처럼 가장한다. 이 의식을 경험한 남자는 더는 배설할 필요가 없다고 여겨진다. 이런 행위는 배설을 하지 않으면 안 되는 부녀자나 아이들과 그들을 구분시켜준다(인류학자 오토 라움Otto. F. Raum의 연구 참조). 이러한 가장된 순수함은 차가족 남자들이 장차 어떤 곤혹스러운 상황에 빠져들지 상상하게 해준다. 여러 완벽한 영웅의 체화된 상상도 이와 유사하다.

홉스는 자신의 정치학설을 일종의 과학으로 간주했다. 그는 인류 또는 인류의 어떤 부류(이른바 선구적 인물)가 '높은 수준의 청결함'을 갖추었을 거라는 환상을 갖고 있지 않았다. 그가 싫어한 것은 자기기만이었다. 그는 정치를 이해할 때 당시 과학 탐구 정신의 영향을 받았고, 그가 인지한 부패의 개념에는 당시 정치 심리학에 대한 인식이 포함되어 있었으며 이는 지금까지도 우리에게 영감을 준다. 홉스가 부패를 이해한 방식이 토론으로 가치가 있는 것은, 그가 어떤 특별한 과학적 정의를 내렸기 때문이 아니라, 사회 부패의 근본적 해로움을 지적했기 때문이다. 즉 개인의 이익이 우선시되는 통치는 공공의 이익을 파괴할 뿐 아니라, 사회의 전반적 부패의 근본 원인이라는 것이다. 어떠한 사회에서도 부패, 특히 영향력이 크고 제도적인 부패는 갑자기 생겨나지 않는다. 그것은 개념의 부패와 왜곡에서 시작되어 점점 퍼져나가며, 마침내 사회의 철저한 도덕적 타락과 해체를 초래한다.

19

로크의
《시민정부론》

권력은 어디서 나오고 또 어떻게 유지되는가

존 로크John Locke(1632~1704)의 《시민정부론An Essay Concerning the True Original Extent and End of Civil Government》(1690)(《통치론Two Treatises of Government》은 각각 다른 시기에 쓰인 두 개의 논문으로 구성되는데, 제1론은 《로버트 필머 경 및 그 추종자들의 그릇된 원칙과 근거에 대한 지적과 반박The False Principles and Foundation of Sir Robert Filmer and His Followers are Detected and Overthrown》이고, 제2론이 바로 《시민정부론》이다. 이 논문의 원제는 '시민정부의 참된 기원, 범위 및 목적에 관한 시론'이다. ─옮긴이)을 읽을 때, 학생들은 자주 사용하는 단어의 특수한 의미를 그냥 지나치는 경우가 많았다. 그 예로 《시민정부론》 제5장 〈재산에 대하여 Of Property〉에서 논하는 '재산(소유권)'을 들 수 있다. 재산이란 대다수 학생들에게 개인 컴퓨터나 옷, 장신구, 집, 자동차, 통장 등 자신 또는 부모가 소유한 물건에 지나지 않는다. 대개 학생들은 자신의 머릿속에 있는 재산의 개념으로 로크가 말하는 '재산'의 개념을 이해하려고 한다. 로크는 이 개념에 특별한 정의를 내리지는 않았지만 일련의 예를 들어 재산이 무엇인지 설명했다. "야만적인 인디언들은 토지 구역의 개념을 이해하지 못하며 자신의 사슴이나 과실을 키우는 곳이 곧 자신의 토지다. 그것은 자기 재산의 일부분이 되며 다른 사람은 그에 대한 권리를 주장할 수 없다." 즉 재산이란 자기 소유로 만들 수 있는 것이며 다른 사람은 누릴 수 없는 것으로 이해할 수 있다.

또 다른 예로, 어떤 사람이 참나무에서 떨어진 과일을 직접 손으로 주우면 그 열매는 곧 그의 재산이 된다. "노동은 공공의 물건과 차이가 있으며, 노동은 만물의 어머니인 자연이 이미 완성한 작품 위에 더해진 것으로, 노동을 통해 공공의 물건은 사유의 권리가 될 수 있다." 즉 재산은 한 사람이 소유하는 것이자 일종의 권리이며, "(한 사람이) 어떤 물건을 자연이 준 상태에서 벗어나도록 노동을 더했으므로, 다른 사람의 공동 권리는 배척된다. 노동은 노동자의 확실한 자연적 소유물인 만큼, 그 증익분에 대해서는 다른 어떤 사람도 권리를 누릴 수 없다."

재산의 의미

자유인은 신체적 노동을 통해 원래 자연에 속한 것을 자신의 재산으로 만들 수 있다. 이렇게 재산을 이해하면 로크가 왜 자유, 생명, 재산, 이 세 가지 요소를 분리할 수 없는 자연적 권리로 여겼는지 알 수 있다. 이 세 가지를 기반으로 자유인은 공동체를 구성하고 사회 조약을 맺어 정부를 형성한다. 로크는 "인간이 공동체를 구성하는 중요한 핵심 목적은 바로 재산을 보호하기 위한 것"이라고 말했다. 그는 이렇게 정치의 목적을 직설적으로 사유재산의 보호라고 규정했는데, 일부 학생들은 너무 노골적이며 지나치게 단순화한 것 같다고 판단하기도 했다. 여기서 우리는 아리스토텔레스의 '인간은 정치적 동물'이라는 표현을 떠올릴 수 있는데, 적어도 로크에게 인간은 재산의 동물이다.

사실 재산을 이해할 때 자유와 생명은 따로 떼어놓고 생각할 수 없다. 자연이 선사한 모든 인간의 재산에는 제한조건이 있는데, 누구나 다른 사람의 생존 자원의 권리를 낭비하면 안 되기 때문이다.

로크는 이렇게 말했다. "'우리에게 모든 것을 풍성히 주시어 그것을 누리게 해주시는 하느님께 희망을 두라'(〈디모테오 전서〉6:17)는 말은 신의 계시가 증명한 이성의 목소리다. 그러나 신은 어떤 한도로 우리에게 재산을 주었는가? 바로 우리가 누릴 만큼 주었다. 생활의 필요를 위해 어떤 물건이 망가지기 전까지 충분히 그것을 사용하면, 노동을 통해 그 물건에 대한 재산권을 주장할 수 있다. 그러나 그 한도를 넘으면 그가 마땅히 얻어야 할 몫이 아니므로 타인의 소유가 되어야 한다. 인간이 파괴하고 더럽히라고 신이 세상을 창조한 것은 아니다."

물질은 생명을 보호하기 위한 것이지 탐욕을 만족시키기 위한 게 아니다. 누구나 자신의 능력을 발휘하여 야생의 과실을 최대한 많이 채집할 수 있고, 최대한 많이 사냥할 수 있으며, 짐승을 포획하거나 기를 수 있다. 그러나 "만약 그것이 그의 손안에서 합당하게 이용되지 못하고 파괴된다면, 만약 그가 소비하기도 전에 과일이 썩거나 상한다면, 그것은 자연의 공동 법칙을 위반한 것이므로 벌을 받을 수 있다. 그는 이웃이 가져야 할 몫을 침범했으며, 필요한 용도와 정도를 초과했을 때 소유를 주장할 수 있는 권리를 잃게 된다."

이처럼 로크는 재산을 강조했는데, 그가 뜻한 바는 인간이 물건이나 재물을 소유할 수 있다는 사실 자체가 아니다. 재산이 각 개인과 그 신체 (노동)와 서로 연결된다는 사실과, '자연의 공동 법칙'에 기초한 사람과 '이웃' 간의 합당한 관계를 뜻하는 것이다. 각 사람은 태어나는 순간부터 이미 재산의 소유자이며 재산이란 바로 자신의 신체다. 로크에게 재산이란 단순히 어떤 소유물이 아니라, 생명과 자유, 노동의 결과물을 포함한 모든 것을 의미했다. 이는 가장 원초적인 의미에서, 또 가장 본질적인 의미에서 재산이라 할 수 있다. 영어로 재산은 'property'인데, 가장 본질적인 의미에서 '나와 인류에 적합한 물건 things proper to me and human beings'이다.

로크는 재산의 개념을 단어의 의미상 재산의 보편적 정의로 해석한 게 아니라, 그 개념을 《시민정부론》에서 새롭게 규정한 stipulate 것이다. '규정'이란 '어떤 협의의 일부로 제한하여 정한 것'이라는 뜻이 있다. 로크도 '재산'을 규정할 때 《시민정부론》의 전체 의미 가운데 재산을 그 일부로 보고 이해한 것이다.

하늘의 의미

로크는 제14장 〈특권에 대하여 Of Prerogative〉에서 '하늘 heaven'을 언급했는데, 이 역시 겉보기에는 보편적이고 누구나 이해하는 개념으로 생각되지만 전체적 의미의 한 부분으로 이해해야 한다. 로크가 언급한 특권이란 당시의 의미로는 '군주 국가와 우수하게 구성된 정부'의 권리다. 군주의 특권은 관습법(때로는 민사법)이 군주에게 보장하는 특별한 권리 또는 사면권이며, 법 외적 권리다.

반면 오늘날의 특권은 '행정 특권'으로, 미국 건국 이래 미국 대통령은 행정 특권을 행사하기 시작했다. 초대 대통령 조지 워싱턴은 어떤 자료의 의회 제출을 거부한 적이 있고, 링컨 대통령은 남북전쟁 당시 '인신보호령habeas corpus'을 잠정 중단한 적이 있다. 불법적인 체포와 재판을 금하는 인신보호령은 법적 절차의 하나로, 기본 인권 및 개인의 자유를 보장하는 중요한 수단이다. 구금될 시 누구나 법원에 구금의 합법성을 물을 수 있고, 그에 따른 신속한 조치를 받을 수 있다. 다른 국가에서도 이 절차가 국가의 긴급 상황에서 일시 정지된 적이 있다.

로크는 입법자라도 법률이 규정한, 사회에 유리한 모든 일들을 예견할 수는 없다고 판단했다. 따라서 "규정할 수 없는 일은 집행권을 가진 사람의 자유재량으로 판단해야 하며, 대중의 복리와 이익의 필요에 따라 처리해야 한다"고 말했다. 이는 곧 행정적 특권을 의미하며, 그 필수 조건은 '대중의 복리와 이익'이다. 로크는 만약 도시에 큰 화재가 발생했을 때, 무고한 사람의 집을 철거하여 불길의 확산을 막는 경우를 예로 들었다. 이것이 가능한 이유는 "이런 상황에서 융통성 없이 엄격하게 법을 집행하는 것이 오히려 부정적 효과를 불러일으킬 수 있기 때문"이다. 오늘날 도시 건설을 위해 무고한 사람들의 집을 철거하는 상황이 연상되는 부분이기도 하다.

로크는 특수한 상황에서 정부가 행정적 특권을 행사하도록 허용하는 것은 "특권에 대한 해묵은 질문인, 누가 그 합당성 여부를 판단할 것인가" 하는 문제와 연관된다고 보았다. 로크는 다음과 같이 기록했다. "특권을 보유한 집행기관과 입법기관 사이에는 판관이 존재할 수 없다. 이와 마찬가지로 권력을 장악한 뒤 국민을 마음대로 부리거나 박해할 경우, 입법 기관과 국민 사이에도 판관이 존재할 수 없다. 이런 경우 판관이 존재하지 않는 세상의 다른 경우와 마찬가지로 그것을 바로잡을 방법이 없고 그저 하늘에 호소할 수 있을 뿐이다." 국민이 그저 하늘에 호소할 수밖에 없는 상황은 통치자가 "국민이 가지지 못한 권력을 마음대로 행사"하기 때문에 생긴다(국민이 자신을 해하는 자에게 통치를 맡기는 것은 상상할 수 없다).

그러면 로크가 언급한 '하늘에 호소한다'는 말은 무슨 뜻인가? 공동체의 법치 질서에 위기가 발생할 경우, 국민은 이치를 따지거나 바로잡을 공정한 권위가 없어 절망 속에서 속수무책으로 하늘의 뜻만을 바란다는 의미인가? 로크가 전달하고자 한 것은 하늘에 호소할 수밖에 없는 것이 아니라 '하늘에 호소할 권리가 있다'는 뜻이다. 이때 하늘에 호소하는 것은 "인류의 명문법보다 먼저 존재하고 그 위에 존재하는" 국민의 권리다.

국민이 하늘에 호소한다는 것은 그들이 포기할 수 없는 권리를 행사하는 것으로, 나쁜 정부를 해체하는 것이다. "이러한 결정권은 대다수 사람들이 그 폐해를 느끼고 참을 수 없을 지경에 이를 때, 또한 바로잡을 필요가 있다고 느낄 때 행사하는 것이다." 로크는 《시민정부론》 제19장 〈정부의 해체에 대하여Of the Dissolution of Government〉에서 이를 본격적으로 논했다. 국민과 정부의 입법과 행정 사이에 충돌이 발생하여 사회적 신뢰가 와해될 때, 정부가 해체되어야 하는지는 누가 판단할까? 로크의 답은 바로 국민이다. 이 역시 국민이 혁명적 권리를 행사하는 것이다. 미국혁명 당시 〈독립선언문〉에서 선포한 내용이 바로 이러한 미국 국민들의 권리다. 그들은 이 권리를 근거로 삼아 무력으로 정부 교체를 요구했으며, 새로운 사회 조약을 체결했다.

신학 외의 분야에서 하늘은 신법神法과 자연법의 또 다른 표현이다. 로크는 하늘을 최후의 판관으로 생각했고, 이 권위자를 인류의 정의와 공정, 공의에 대한 이성적 인지의 반석 위에 올려놓았다. 국민의 권리가 법의 보호를 누리면 하늘에 도움을 구할 필요가 없으나 "어떤 집단이나 개인이 권리를 박탈당하거나, 정당한 권리에 기대지 않은 권력에 휘둘리거나, 인간 세상에서 더는 말할 곳이 없을 때… 그때 비로소 하늘에 호소할 권리가 있는 것이다." 하늘의 권위자는 인간이 만든 모든 실정법보다 우선하고 우위에 있다. 로크가 말한 하늘은 인류가 이성적으로 인식하는 정부보다 더 높은 권위자이고, 인류 자신을 위해 지키는 최후의 권리다. 바로 이로 인해 강권 앞에서 굴복하고 귀를 막는 신민이 되지 않을 수 있다. 어떤 집단에서 사람들이 하늘에 대한 의식을 잃었거나 그것을 포기하면, 철저한 자포자기 상태와 도덕적 타락에 빠져버린다.

인문학 서적을 읽다 보면 종종 익숙하지 않은 단어나 개념을 만나게 된다. 예를 들면 로크의 타불라 라사tabula rasa(백지 상태의 마음)와 루소의 자존amour-propre과 자애amour de soi 같은 경우다. 이런 전문 용어들은 낯설어서 그 의미를 따로 찾아보지 않으면 무슨 뜻인지 알 수 없다. 오늘날 이용할 수 있는 가장 편리한 방법은 바로 인터넷 검색이다. 전문 용어들의 개념에 함축된 의미는 과거라면 아마도 특별한 전문 지식에 속했을 테지만, 오늘날에는 인터넷에서 누구나 손쉽게 얻을 수 있는 일반 지식(상식)이 되었다고 할 수 있다.

그렇기 때문에 오히려 일반적인 단어로 간주되는 개념을 소홀히 하기 쉽다. 비교적 익숙한 일상 용어는 흔히 그 뜻을 잘 안다고 생각하는 경우가 많고, 고정관념에 사로잡혀 깊이 알려고도 하지 않는다. 그래서 원문을 읽는 데 방해가 되기도 한다. 전문적인 개념을 제외하면 고전 정치철학자들이 일반적으로 쓰는 언어는 대개 일상 언어다. 일상 언어는 학생들이 본문을 읽는 데 편리함을 주지만 그것을 깊이 이해할 때는 문제가 생길 수 있다. 어떤 개념에 충분히 관심을 갖지 않아서 그것이 본문에서 차지하는 중요성과 특수한 의미를 충분히 이해하지 못할 수도 있다. 따라서 교사는 인문교육에서 반드시 학생들이 본문에 쓰인 일반 용어가 지닌 특별한 의미와 전체 의미와의 관계를 이해할 수 있도록 도와야 한다.

20

파스칼의
《팡세》

인간에게 원죄가 있는가

17세기 프랑스의 사상가 블레즈 파스칼 Blaise Pascal(1623~1662)의 《팡세 Pensée》(1670) 가운데 제164절(셀리에 판)을 읽고 토론한 적이 있다. 주요 토론 주제는 기독교의 '원죄' 문제로, 파스칼이 인간의 조건을 논할 때 가장 큰 관심을 가진 문제다. 성경에 등장하는 원죄 이야기는 모두가 잘 알고 있을 것이다. 하느님은 최초의 남자인 아담과 최초의 여자인 이브를 창조하고 에덴동산에서 함께 살게 했다. 하느님은 그들과 그 자손들에게 영원히 하느님 명령에 순종하게 하고 이 세상을 다스리게 했다. 그러나 아담과 이브는 하느님의 계명을 어김으로써 원죄를 범하고 말았다. 이 원죄는 후대에까지 이어져 모든 사람들이 오늘날까지 원죄를 갖게 되었다. 인간은 예수가 이 세상에 다시 오시어 인간을 구원하고 원죄를 벗겨줄 그날을 기다린다. 그래야만 하느님이 세상을 창조할 때의 원초적 관계를 회복할 수 있기 때문이다.

제164절에서 파스칼은 원죄를 매우 전통적으로 해석했다. 그는 자신

이 답할 수 없는 문제에 부딪혔는데, 바로 오늘날 세상을 살아가는 인간이 6,000년 전 선인들이 지은 원죄를 지는 것이 공정하고 정의로운가 하는 문제였다. 파스칼은 인간은 이 질문에 결코 답할 수 없다고 생각했고, 이 문제는 인간의 가장 이해할 수 없는 신비가 되었다. 인간 앞에는 두 가지 난제가 있다. 하나는 이 신비를 풀 수 없다는 것이고 다른 하나는 이 신비가 없이는 살아갈 수 없다는 것이다. 이 역시 파스칼이 한 말로, "이 신비가 없이 인간이 자기 자신을 상상한다는 것은 더욱 어려운 일이다." 그렇다면 이 풀기 어려운 신비를 안고 살아가는 것은 곧 인류의 숙명이다.

원죄에 대한 해석

많은 학생들이 기독교 가정 출신으로 그들은 원죄의 전통적 해석에 익숙하다. 그러나 일부 학생들은 파스칼의 해석에 동의하지 못했다. 어떤 학생은 한 사람의 원죄는 다른 사람에게 전달될 수 없으므로, 타인이 범한 원죄를 책임질 필요가 없다고 주장했다(반대로 고대 중국 사회에서는 범죄자와 친족을 함께 처벌했다). 이것은 분명 원죄의 자유주의적 해석이다. 누구도 다른 사람이 아주 오래전에 저지른 일에 책임을 질 필요가 없으며, 오직 자신이 저지른 잘못만 책임을 질 수 있다.

한 학생은 죄가 인류 대대로 전해지는 것은 실질적으로 불가능할 뿐아니라 도의적으로도 정의롭지 못하다고 말했다. 많은 학생들이 그 의견에 동의했다. 개인의 책임을 강조하는 미국의 민주주의 문화에서 이는 학생들이 가장 쉽게 납득할 수 있는 견해였다.

어떤 학생은 인류학에서 배운 경험을 토대로, 원죄를 문자 그대로 읽을 게 아니라 하나의 신화이자 상징으로 보자는 의견을 냈다. 이런 관점으로 본다면 개인이 반드시 경험해야 하는 변화를 알 수 있는데, 그것은 바로 도덕적 순수(단순히 알지 못하는 것, 자아의식이 없는 것)에서 자아의식을 가진 도덕적 자각으로의 변화다. 이렇게 이해할 때 원죄는 대물림되지 않으며 따라서 인류 역사와 관계가 없다. 원죄는 개인적인 사안이며, 각 개인의 원죄는 자신의 일생에 영향을 미치는 개인적인 것이다.

또 다른 학생은 사회학적 관점에서 원죄의 대물림을 '파괴된' 결과물로 이해할 수 있다는 견해를 밝혔다. 최초의 도덕 서약이나 기타 규칙이 파괴되면, 그로 인해 발생한 도덕적 훼손이나 손상은 모든 타인에게 영향을 미칠 수 있고, 심지어 그 후대의 자손에게까지도 영향을 미칠 수 있다. 이는 세계 역사에서 증명된 것이다.

두 학생의 견해는 현대의 공공적 의미를 지닌다. 역사의 어떤 순간에 악이 이 세상에 들어왔다. 악(비정의)이 세상에 들어와 존재하게 되면 곧 파괴 작용을 하므로 이 세상은 더는 원래의 모습이 아니게 된다. 악 혹은 죄는 모든 인간관계 및 개인의 행위를 변화시킬 것이고, 그 정도는 일반인의 상상을 초월할 수 있다. 따라서 그 영향을 받은 사람들은 부도덕한 행위를 하게 되고, 그것이 널리 퍼져서 모든 사람들이 악을 행하는 삶의 환경을 만든다.

이런 상황에서 사람들이 저마다 악을 행하면 다른 사람도 영향을 받아 악에 동참한다. 타인과 격리된 사람은 아무도 없기 때문이다. 모든 것은 개인의 자유 행위처럼 보이지만 사실 개인의 선택에서 비롯된 것이 아니다. 그들의 선택과 행위는 그가 속한 사회 및 타인과 밀접하게 연관된다.

이런 의미에서 미국의 노예 제도는 원죄에 해당한다.

　　원죄와 개인의 관계를 이렇게 분석하는 것은 독일의 정치 이론가 한나 아렌트Hannah Arendt와 에스파냐의 역사학자 하비에르 투셀 고메스Javier Tusell Gómez의 분석과 상당히 일치한다. 그들은 독재주의가 인류의 도덕적 생활환경을 파괴한다고 주장한 바 있다. 그렇다면 원죄는 어떤 개념과 주의, 신념에서 비롯되는가? 아니면 어떤 인물이나 폭력, 사건에서 비롯되는가?

원죄 토론의 인문학적 의미

　　설령 우리가 이 문제에 명확한 해답을 얻을 수 없더라도 원죄 문제를 토론하는 것은 인문학적으로 의미가 있다. 파스칼이 말한 바와 같이 이 문제는 우리에게 수수께끼다. 그러나 우리가 이 수수께끼를 토론하는 것은 그것을 우리 생존의 숙명으로 여기기 때문이 아니라, 그에 저항하고 변화하기 위해서다.

　　원죄는 기독교에서 유래한 개념으로, 기독교 신앙의 핵심 중 하나다. 반면 비기독교도에게는 상대적으로 낯선 개념이다. 종교의 신앙은 새로운 자아 인식에 이르게 하고, 인간 존재의 비밀을 새롭게 이해하게 해준다는 데 진정한 의미가 있다. 만약 기독교의 원죄 개념이 자아 인식과 이해에 도움이 된다면, 신자나 신학자뿐 아니라 모든 사람이 자기 생존의 문제를 인식하는 것과 연관될 수 있다.

　　인류 문화가 창조한 개념 가운데 죄와 원죄는 아마 사람들이 가장 받아들이기 어려워하는 개념일 것이다. 파스칼이 원죄의 문제를 제기한 의미가 바로 여기에 있다. 죄가 아무리 사람들이 받아들이기 어려운 문제라 해도 인간은 반드시 그 현실을 인정해야 한다. 죄를 통찰하고 반성하지 않고는 자신을 깊이 이해할 수 없고, 더욱이 자신의 변화를 논하기는 어렵기 때문이다. 죄를 받아들이는 것은 그 깊숙한 내면에서 벗어날 수 없는 이유나 핑계를 찾아내기 위함이 아니라, 자신을 더 좋게 변화시킬 수 있는 방법과 활로를 찾으려는 것이다. 이렇게 해야만 우리는 죄의 파괴가 치러야 할 대가를 낭비하지 않을 수 있다.

21

볼테르의
《캉디드 혹은 낙관주의》

이성주의의 관점에서 성경을 어떻게 볼 것인가

'르네상스부터 17~18세기의 사상' 수업에서 학생들과 함께 볼테르Voltaire 의 《캉디드 혹은 낙관주의Candide ou l'Optimisme》(1759)를 읽었다. 함께 읽은 텍스트는 미국의 번역가 로웰 베어Lowell Bair의 영역본이고, 이 번역본 앞에는 프랑스의 작가 앙드레 모루아André Maurois의 해제 〈페르네의 현자The Sage of Ferney〉가 붙어 있다. 모루아는 해제에서 볼테르가 프랑스와 스위스 국경에 인접한 작은 도시인 페르네에 은거했을 때 비로소 진정한 볼테르가 되었다고 언급했다. 당시 볼테르는 이미 파리에서 자유 계몽사상 운동에 참여한 백과전서파 친구들과 함께 위험에 처해 있었고, 마침 외진 페르네에 머물면서 프랑스의 계몽운동이 20년 동안 계속되도록 힘썼다.

볼테르는 이성주의의 사상적 지도자였다. 그가 규탄한 주요 대상은 바로 기독교였고 그는 자신만만하게 "열두 제자가 기독교를 세웠다니 듣기 싫다. 나는 그들에게 기독교를 파괴하는 데는 한 사람이면 충분함을 증명할 것이다"라고 말했다. 여기서 한 사람이란 당연히 자기 자신이다. 그는 친구에게 보낸 서신에서 거의 대부분 'Ecrasons l'Infâme(수치스러움을 파괴하자)'라는 말로 끝을 맺었다. 어떤 때는 아예 약자로 'Ecr.l'inf.'만을 사용하기도 했다.

무엇이 수치스럽단 말인가? 우선 볼테르의 마음속에서 수치스러운 것은 미신이었다. 미신은 극단적이고 고집스러운 것으로, 인간에게 많은 불필요한 불행을 가져온다. 모루아는 해제에서 페르네 시기의 볼테르는 '파괴자'였고, 전능한 신인 하늘나라와 인간 세상의 창조자가 놀랍게도 베두인Bedouins 유목 민족 가운데 한 작은 유대인 부락에서 선정되었을 뿐이라는 사실을 사람들에게 알렸다고 소개했다. 볼테르는 이런 신화가 황당하다고 믿었다. 볼테르는 성경에 이렇듯 수많은 모순과 믿기 어려운 일이 수두룩함을 세상 사람들에게 말하고자 했다. 그는 특히 신약성경에서 이야기하는 것은 무도덕하고 무지한 사람이 주워들은 터무니없는 말에 불과하다고 여겼다.

이성주의와 이적

모루아의 이러한 해석은 학생들에게 큰 인상을 남겼다. 학생들 대다수는 기독교를 믿는 가정 출신으로 기독교에 대한 볼테르의 비난에 동의하지 못했다. 그러나 볼테르가 성경을 이성주의의 관점에서 본 것은 이해했다. 계몽사상가이자 미국 건국의 아버지인 토머스 제퍼슨도 같은 관점에서 성경을 보았는데, 학생들 대부분은 《제퍼슨 성경 Thomas Jefferson's Bible》을 알고 있었다.

제퍼슨은 비록 기독교를 부정하지는 않았으나 성경을 좋아하지는 않았다. 특히 '이적異蹟' 부분을 좋아하지 않았다. 1804년 당시 미국 대통령이었던 제퍼슨은 《킹 제임스 성경King James Bible》(흠정역 성경)의 신약 부분에서 철저한 삭제를 진행했고, '동정녀의 아들' 및 '부활' 사적과 같이 예수의 이적과 관련된 부분을 전부 삭제했다. 나중에 '나사렛 예수의 삶과 도덕The Life and Moral of Jesus of Nazareth'이라는 부제를 붙인 《제퍼슨 성경》은 그 분량이 원문의 10분의 1에 불과했다. 《제퍼슨 성경》에서 예수는 그저 갈릴리Galilee 지역에서 일생 동안 우화와 격언을 전파한 지혜로운 자였고, '미국의 예수'로 희화되어 불리기도 했다. 이러한 계몽주의 색채를 띤 세속화된 예수가, 오늘날 미국의 대다수 기독교도 또는 학생들의 마음속에 있는 예수인지는 분명 말하기 어렵다. 그러나 학생들은 제퍼슨이 왜 이러한 시도를 했는지 이해할 수 있었다. 학생들은 현대식 교육의 영향을 받은 결과, 이적을 이야기할 때 자연스럽게 어떤 자연 규율에 맞는 이성적 해석을 시도하게 되기 때문이다.

성경은 미국 학생들에게 가장 익숙한 고전이나, 대다수가 성경을 깊이 생각해본 적은 거의 없었다. 그들에게 성경을 읽는 일은 종종 어릴 적부터 해오던 일로, 습관과 가정 문화에서 비롯된다. 인문학 수업은 성경을 읽고 토론하기 위한 완전히 다른 환경을 제공하는데, 이것이 인문학 수업에서 중요한 점이다. 종교적 신앙이 있든 없든, 또는 어떠한 종교적 신앙을 가지고 있든 이 수업에 들어오는 학생들은 저마다 자신의 관점과 기적에 대한 견해를 가지고 있으며 다른 관점과 견해를 접할 기회도 얻는다. 다만 그들은 토론에서 서로 다른 견해를 교환할 뿐 서로의 관점을 바꾸려고 하지 않는다.

나는 학생들에게 '기적'을 보는 두 가지 상반된 견해를 소개했다. 첫 번째는 영국의 진화생물학자이자 무신론자인 리처드 도킨스Richard Dawkins가 한 말로, "기적은 그 단어를 보고 뜻을 짐작할 수 있듯 과학에 위배된다"이다. 두 번째는 미국 뉴브런즈윅대학교 철학과 교수인 로버트 라머Robert A. Larmer가 한 말로, "기적을 믿는 것은 완전히 합리적이다. 기적은 종교적 신앙에 어려움을 조성하지 않을뿐더러, 오히려 신의 창조에 대한 열망과 이러한 창조가 계속됨을 증명한다."

한 학생은 비록 그들이 기적을 말할 때 모두 'miracle'을 사용했지만, 무신론자인 도킨스는 아마도 자연계의 '기적奇跡'을 가리킨 것으로 생각된다고 말했다. 그는 분명 자연과학의 '과학'을 언급했기 때문이다. 반면 라머가 말한 것은 '이적God's miracle'으로, 그가 의도한 바는 신이 세계를 창조할 때 발생한 일이다.

또 한 학생은 기적의 과학적 해석은 결코 종교적 의미의 이적을 부정할 수 없다고 말했다. 이적은 신의 뜻 또는 천명과 마찬가지로 원래 종교가 신에게 부여하는 기본적인 신성 가운데 하나다. 신이 이적을 행할 수 있다는 믿음은 모든 종교의 특성이다. 종교는 신의 의지와 지혜, 능력에 인간과 자연을 초월하는 성질을 부여했고, 이것은 일신론 종교에 따르면 모르는 게 없는 '전지'와 불가능한 게 없는 '전능'이다. 이적 행위에는 두 가지 큰 특징이 있는데, 하나는 '특수하다'는 것이고 다른 하나는 '비정상적'이라는 것이다. 신은 자연의 규칙과 다른 만큼 당연히 자연 법칙을 이용해 해석할 수 없다.

나는 학생들에게 이러한 문제의식을 가지고 《캉디드 혹은 낙관주의》를 읽어보고, 비非신학의 관점으로 신학의 관점을 이해할 수 있는지 생각해보자고 제안했다. 라이프니츠는 "가능한 모든 세계 중에서 최상의 세계"라는 예정조화설을 주장했는데, 볼테르는 이러한 주장을 비판하기 위해 《캉디드 혹은 낙관주의》를 썼다. 예정조화설은 이성주의자의 결정론으로, 라이프니츠는 신이 창조한 세계는 조화롭다고 믿었다. 전지전능하고 선한 창조주인 신이 최고의 이성 원칙을 모든 만물에 부여했고 그 뒤 각 만물은 자기의 내재적 원칙에 따라 자유롭게 발전했다.

라이프니츠가 보기에 기계론적 유물론과 기회원인론(모든 개별적 원인은 진정한 원인이 나타나는 하나의 기회에 불과하며, 그 진정한 원인은 신에게만 있다는 이론. − 옮긴이) 모두 물체의 상호 작용이 단지 개별 단위의 불분명한 표상에 불과함을 인식하지 못했다. 실제로 작용하는 것은 예정조화의 원칙인데, 그들은 모두 신을 맞지 않는 시계를 만든 서툰 시계공으로 폄하했다. 라이프니츠의 예정조화설에서 신은 뛰어난 시계공이고 그는 스스로 움직이는 선천적인 법칙을 그가 창조한 시계, 즉 우주에 부여했다. 이 시계의 각 부품은 질서정연하게 각자의 내재적 원칙에 따라 작동하고 동시에 전체와 조화롭게 유지되므로, 신은 이런 작은 부품들을 수시로 다시 손볼 필요가 전혀 없다.

라이프니츠는 신약성경의 복음서들이 바로 이러한 '작은 부품'을 기록한 것이라고 보았다. 복음서에는 예수가 행한 세 종류의 이적이 나온다. 첫째는 자연계의 이적으로 물 위를 걷고 풍랑을 잠재우는 등의 이적이고, 둘째는 의술의 이적으로 앞 못 보는 자를 고치거나 듣지도 말하지도 못하는 자를 낫게 한 것이다. 셋째는 부활의 이적으로 예수가 나사로와 과부의 아들을 살린 것과 예수의 부활이 가장 중요한 이적이다.

신을 믿지 않는 사람들은 이러한 이적을 미신으로 본다. 그러나 신자라면 이적은 그저 예사롭지 않은 일이 아니라, 신이 평상시 하던 일을 예사롭지 않은 방식으로 행한 것이라고 생각할 것이다. 예수의 부활은 그저 믿을 수 있느냐 없느냐를 논할 수 있는 사건이 아니라, 그 이적을 믿어야만 기독교 신앙을 세울 수 있고 비로소 신자가 될 수 있다. 신약성경에서 예수는, 이적은 신에 대한 신앙의 힘이 창조한 것이라고 말했다(〈마태오복음〉 17:20). 예수가 승천한 뒤 제자들은 그들이 하느님의 이름으로 기적을 행하여 세상 사람들에게 예수님의 부활을 증명할 수 있게 해달라고 하느님께 기도드렸다(〈사도행전〉 4:29~31).

따라서 이적은 그저 종교서에 등장하는 기적이 아니며, 신과 이적을 믿는 목적은 하나인 것이다. 이적은 굳건한 신앙을 통해 나타나며 신앙이 있는 사람은 이적을 의심하지 않는다. 라이프니츠는 이적의 정당성을 널리 알렸다. 그러나 그가 알린 것은 신약성경의 복음서에 나오는 작은 이적들이 아니라, 하느님이 세상의 조화를 창조한 큰 이적이었다. 그는 단지 신학이 아닌 철학에서 이적을 확신했고 이적은 그의 철학적 낙관주의를 지지해주었다. 그 유명한 표현이 바로 "우리의 우주는 어떤 의미에서 하느님이 창조한 가장 좋은 것"이다. 이것이 바로 볼테르가 《캉디드 혹은 낙관주의》에서 온갖 방법으로 풍자한 것으로, 볼테르가 공격한 것은 사실 라이프니츠의 이적에 관한 생각이 아니라 철학적 낙관주의였다.

기적에 관한 논리

라이프니츠가 생각한 이적과, 학생들이 이해한 기적 및 이적에는 큰 차이가 있었다. 학생들은 주로 성경에 나오는 '작은 이적'에 관심을 가졌다. 성경 속의 기적을 두고 토론할 때 한 학생이 이런 질문을 던졌다. 과학적 해석은 기적을 더 신뢰할 수 있게 해주는가 아니면 오히려 불신하게 하는가? 일반적인 상식에 근거해 이해하면 과학이 설명할 수 있는 기적은 믿을 만하다. 이러한 기적은 자연계에서 분명히 발생하기 때문이다. 종교적으로 이해한다면 이런 기적은 믿을 수 있느냐 없느냐 하는 관점과는 무관하다. 그것은 '자연현상'이기 때문에, 비록 (신이 만들어낸) 이적이기도 하지만 가장 본질적인 의미에서는 (오직 신만이 그 이유를 알 수 있는) 이적은 결코 아니기 때문이다. 따라서 과학이 풀 수 있는 기적이 모두 (신이 행한) 이적은 아니다.

비록 기적과 이적을 구분할 수 있기는 했지만, 여전히 학생들은 기독교가 어떻게 무신론자의 도전에 대응했는지 알고 싶어 했다. 무신론의 기본 논점은 이적이 신의 존재를 증명하기 위해 조작되었다는 것이다. 이적이 자연현상에 불과함을 과학으로 증명할 수 있으므로 신은 존재하지 않는다. 이러한 도전에 기독교인들은 두 가지 전략으로 대응한다.

첫 번째는 이적으로 신성을 증명할 필요가 없음을 강조하고 설명하는 것이다(《제퍼슨 성경》이 바로 그러한 예다). 사실상 세계 여러 지역에서 기독교의 전도 전략은 서로 다르다. 문화 수준이 비교적 높은 지역에서는 이미 이적의 도움으로 전도하는 경우는 드물어졌다. 그러나 빈곤하고 질병에 시달리며 낙후된 생활을 하는 지역에서는 비교적 전통적이고 여전히 이적을 중시하는 전도 방식을 활용한다. 이 지역의 사람들은 기독교가 그들의 생활에 '신기한 치유' 작용을 해주기를 기대하고, 이적은 곧 이러한 신기한 치유를 형상화한 것이기 때문이다.

두 번째 전략은 이성적으로 설득하는 방식을 통해 이적이 왜 신기하고 믿을 만한지 재해석하는 것이다. 인문학 수업에서 이러한 이성적 설득 방식을 이해하는 것은 학생들이 공공 논리를 배울 때 생생한 재료가 된다. 그렇다고 학생들이 반드시 이런 논리에 설득당할 거라는 의미는 물론 아니다. 예를 들어 무신론자는 이런 논리를 따른다. "이적은 자연현상에 불과하고, 교육을 받은 적 없는 사람이나 이적이라 오인하는 것이다."

이에 대해 종교 논리는 무신론자가 (지진, 전염병, 산사태 같은) 성경 속의 자연현상이 발생한 타이밍을 간과한 것이라고 반박한다. 이적의 신비로움은 바로 이적이 발생한 순간에 있다. 예를 들어 구약성경에서 아론Aaron이 모세를 도와 이스라엘인들을 데리고 이집트에서 탈출한 이야기를 해보자. 아론이 지팡이를 나일 강에 집어넣자 강물은 곧장 피로 변했다. 무신론자는 이런 현상이 나일 강의 붉은 토양 때문이며, 붉은 토양에는 붉은색을 내는 편모류flagellates가 뒤섞여 있다고 생각한다.

한편 자연현상을 이렇게 해석하는 데 대해 성경에서 말한 강물은 붉은 진흙탕이 아니라 피로 변했다고 반박할 수 있다. 〈출애굽기〉(7:14~21)를 자세히 읽어보면 이 이적이 발생한 시점은 아론이 모세의 지시에 따라 지팡이를 물속으로 뻗은 그때였다. 나일 강의 변색이 설령 자연현상이라 해도, 아론은 빠르지도 늦지도 않게 딱 그 순간에 손을 뻗어 지팡이를 물속에 넣었다. 이 시점 역시 기적이다. 또 다른 예로, 이스라엘인들이 약속의 땅Promised Land으로 들어가려고 준비할 때, 높이 차오른 요르단 강의 수위가 그들을 가로막았다. 구약성경에는 이렇게 기록되어 있다. "드디어 궤를 멘 이들이 요르단에 다다랐다. 수확기 내내 강 언덕까지 물이 차 있었는데, 궤를 멘 사제들이 요르단 강 물가에 발을 담그자, 위에서 내려오던 물이 멈추어 섰다. 아주 멀리 차르탄 곁에 있는 성읍 아담에 둑이 생겨, 아라바 바다, 곧 '소금 바다'로 내려가던 물이 완전히 끊어진 것이다. 그래서 백성은 예리코 맞은쪽으로 건너갔다."(〈여호수아기〉3:15~16)

이것이 지진이나 산사태 때문에 발생한 것인가? 성경에서 이러한 사실을 지적하지는 않았지만 이 사건은 늦지도 빠르지도 않은 바로 그 순간에 발생했고, 이는 진정 신기한 일이다. 왜냐하면 그것은 매우 정확하게 하느님이 예언한 바로 그 순간에 발생했기 때문이다(〈여호수아기〉3:7).

이러한 '때마침 그 순간의' 기적에 대해 한 학생은 현실 생활 속의 예를 들었다. 2014년 3월 8일, UPI 통신은 〈오클랜드 트리뷴Oakland Tribune〉에 '지하철로에 떨어진 시각장애인의 기적Blind Man's Subway Fall Miracle'이라는 기사를 내보냈다. 기사에 따르면 2014년 3월 7일, 47세의 한 시각장애인이 로스앤젤레스의 한 지하철역 승강장을 걷다가 철로로 떨어졌다. 마침 그는 그의 몸에 딱 맞는 움푹 팬 공간에 떨어졌고, 열차가 그 위로 지나갔지만 그는 조금도 다치지 않았다. 로스앤젤레스 교통부 대변인 폴 곤잘레스는 기자에게, 만약 이 시각장애인이 다른 방향으로 떨어졌다면 결과는 감히 상상하기 어렵다고 말했다. 또 그는 "나는 이것을 기적이라 부르겠다. 아무래도 다른 말은 여전히 떠오르지 않는다"고 말했다.

그 시각장애인이 목숨을 건진 것은 때마침 바로 그 순간에 그의 몸이 안전하게 의지할 구덩이에 떨어졌기 때문이다. 만약 열차가 다른 시각에 지나갔다면 그 구덩이에 떨어진 것만으로는 결코 기적이라 할 수 없었을 것이다. 만약 그가 아주 큰 지하 통로에 떨어졌다면 그 또한 기적이라 하기에 불충분했을 것이다. 만약 그가 충분히 크지 않은 구덩이에 떨어져 불행을 겪었다면 그것은 더더욱 기적이라 부를 수 없었을 것이다. 심지어 어떤 사람들은 떨어져도 마침 그런 구덩이에 떨어지다니 안타깝다고 할 것이다. 그것은 운명이 정한 것으로 그가 운이 없다 할 수밖에 없을 것이다. 이른바 '재수가 없다'는 것은 기적의 반대편에 있는 개념이다.

성경에 대한 이해

인문학 수업에서 성경을 읽으면, 성경을 '어떻게' 이해할 것인지 방법적인 문제가 거론된다. 따라서 성경의 이해 방법에 따라 기적의 이해도 달라질 수 있다. 신학자와 종교인들은 성경에 기술된 기적을 두 가지 상이한 방식으로 이해한다. 하나는 기적을 확실한 사건으로 여기는 것으로, '성경 문자주의Biblical Literalism'라 부른다. 다른 하나는 '함축된 의미를 이해'하는 것으로 기적을 비유, 우화 또는 주해로 보는데, 기적을 부정하는 게 아니라 시각을 바꿔서 기적을 대한다.

인문학 수업 토론 시간에 극소수 학생들은 엄격히 문자의 표면적인 의미에 따라 성경의 기적을 이해하는 방식을 지지했다. 이런 태도는 그들이 학교에서 배운 과학 교육 및 지식 구조와 분리할 수 없다. 예를 들어 구약성경에는 발람Balaam이라는 인물과 말하는 당나귀 이야기가 나온다(〈민수기〉 21:21~35, 22:1~40, 23:1~30, 24:1~25). 만약 이 이야기를 문자 그대로 이해하려면 정말로 말하는 당나귀가 있다고 믿어야 하고, 그렇지 않으면 이 이야기는 곧 거짓이 된다. 그런데 참이나 거짓 외에 또 다른 가능성이 있는가?

10세기의 유대인 랍비 사디아 가온Saadia Gaon과 12세기의 유대교 철학자 모세스 마이모니데스Moses Maimonides는 이 이야기를 글자 그대로는 이해할 수 없다고 했다. 이런 이야기는 선지적 예언의 성격을 가지고 있고 예언은 일종의 꿈속의 광경과 환각이라고 말했다. 어떤 사람들은 이런 꿈의 세계와 환각 자체를 곧 '당연한 이치로는 해석할 수 없는' 기적으로 볼 수 있다고 생각한다. 따라서 예언자는 비로소 비범한 능력을 가진 '기인'으로 여겨지는 것이다.

헝가리 태생의 유대인 성경학자 요세프 헤르츠Joseph H. Hertz는 말하는 당나귀 이야기가 다음을 '묘사'한다고 말했다. 즉 잠재의식에서 발람의 영혼 속 사고력과 도덕이 끊임없이 충돌한다는 것, 당나귀가 하는 말은 발람에 대한 경고라는 것, 발람에게 신의 계명을 어기지 말라는 뜻을 전달하는 것이라고 지적했다. 탐욕스러움은 돌아올 수 없는 길이기 때문이다. 이러한 해석은 이미 문학적 서술과 매우 근접해서 특히 문학을 전공하는 학생들이 쉽게 이해했고, 다른 학생들도 흥미롭게 받아들였다.

《캉디드 혹은 낙관주의》 제14장 〈캉디드와 카캄보는 파라과이의 예수회 신부들에게 어떤 대접을 받았는가〉에 기적을 언급한 부분이 있다. 여기서 기적이란 '상식적인 이치로 해석할 수 없다'는 뜻이다. 주인공 캉디드는 남아메리카의 파라과이에 도착해 우연히 고국의 동포를 만난다. 두 사람이 모두 놀라고 기뻐하는 가운데 캉디드가 이렇게 외친다. "이런 기적이!" 이보다 더 큰 기적은 그 동포가 놀랍게도 그가 한시도 잊지 못한 옛 연인의 오빠라는 것이었다.

《캉디드 혹은 낙관주의》에는 운명의 돌변이나 생각조차 못한 기적 같은 일이 많이 일어나는데, 작가는 매번 독자에게 그러한 일이 발생한 원인을 밝힌다. 학생들은 세상에 원인 없이 일어나는 일은 없고 그저 우리가 그 원인을 모르는 것일 뿐임을 말하고자 했던 볼테르의 의도를 이해할 수 있었다. 그러면서도 《캉디드 혹은 낙관주의》의 기적(기이한 일)을 두고 토론할 때는 줄거리의 기괴한 변화의 신뢰성에 의심을 드러냈다. 이것은 마치 비기독교도가 기적의 우의적 해석을 받아들이더라도 여전히 성경의 이적을 믿기 어려워하는 것과 같다.

《캉디드 혹은 낙관주의》는 줄거리가 급격히 변화하는 소설이며, 인물의 운명도 수시로 바뀌고 계속해서 역경이 일어난다. 그러나 그런 와중에 행운을 만나기도 한다. 캉디드가 놀라면서 "이런 기적이!"라고 외친 것은 그가 좋은 일을 만났을 때다. 기적은 예상치 못한 일일 뿐 아니라 예상치 못한 좋은 일이고, 예상치 못한 나쁜 일은 기적이 아니라 그저 '역경'으로 간주된다. 《캉디드 혹은 낙관주의》는 풍자소설로, 볼테르가 이렇게 비합리적인 운명의 변화를 설정한 것은 그 나름대로 의도가 있었다. 그가 풍자한 것은 "가능한 모든 세계 중에서 최상의 세계"라는 라이프니츠의 철학적 낙관주의였다. 볼테르의 눈에 이러한 낙관주의는 맹목적인 것이었다.

《캉디드 혹은 낙관주의》에서 줄거리 전개는 변화무쌍하고 그 변화를 예측하기 어려우며, 인물의 운명이 전혀 자신의 손에 있지 않아 인간의 자유 의지는 마치 아무런 역할도 하지 않는 것처럼 보인다. 이 역시 운명의 비관주의를 초래할 수 있다. 소설의 주인공인 두 명의 '조언자' 팡글로스Pangloss와 마르탱Martin이 상징하는 것은 바로 '낙관주의'와 '비관주의'의 양극단이다. 낙관주의와 비관주의의 차이는 '결정론'과 '우연론'의 차이다. 인생은 결국 '어둠 속에 모두 정해진 운명이 있다'는 결정론 아니면, '모든 것은 다 우연이다'라는 우연론(비결정론)으로 귀결된다. 이 두 가지모두 절대적인 '이성주의'의 삶의 태도다. 이들은 겉보기에 서로 대립되는 것 같지만 사실 모두 동일하게 인류는 본능적으로 하나의 기본 원칙을 장악할 수 있고, 그다음에 이 원칙에 따라 나머지 모든 지식을 유도해낼 수 있다고 생각한다.

《캉디드 혹은 낙관주의》는 이 두 가지 극단적 이성주의 인생철학은 모두 바람직하지 않다고 말한다. 이것은 바로 이성주의자 볼테르의 이성주의에 대한 비판이다. 《캉디드 혹은 낙관주의》에는 결단력 있는 자강불식自强不息의 인물이 하나 등장한다. 그는 팡글로스와 마르탱보다 더 진실하고 온화하며 믿을 수 있는 인물이다. 그는 유럽 이성주의의 세계 밖에서 온 '이방인' 카캄보로, 캉디드가 남아메리카의 카디스에서 데려온 심부름꾼이었다. "그는 에스파냐 해안이나 식민지에서 흔히 볼 수 있는 전형적인 인물이었다. 그는 투쿠만 태생으로, 그의 아버지가 에스파냐인과 원주민 사이의 혼혈인이었으므로 결국 그는 4분의 1만큼 에스파냐 핏줄인 셈이다. 어릴 때 그는 성당에서 복사服事 노릇을 했고, 커서는 성당지기를 했다. 성당을 나와서는 선원, 수도사, 거간꾼, 군인, 하인 등 안 해본 노릇이 없었다."

성실하고 영리하며 민첩한 카캄보는 처세에 능하고 기회를 잘 포착할 줄 알아서, 다른 인물처럼 그렇게 빈번히 역경을 만나지 않았다. 물론 그들처럼 운 좋은 기적도 필요하지 않았다. 카캄보 같은 사람에게 인생은 분명 우연과 불확실성으로 가득 차 있고, 화와 복은 수시로 변하며 예측하기 어려웠을 것이다. 그러나 그의 자유 의지, 판단과 선택, 행동은 그가 자신을 장악하게 해주었다. 이로 말미암아 그는 운명이나 신의 뜻, 사회와 정치 환경의 힘에 지배되고 통제되는 장난감이 되지 않을 수 있었다.

22

미국
〈독립선언문〉

글에 자기주장을 어떻게 담아야 하는가

미국 〈독립선언문United States Declaration of Independence〉(1776)은 분량이 매우 짧다(우리가 선택한 텍스트 기준으로 3장 분량이었다). 미국인 학생들은 이미 중고등학교 역사 시간에 배워서 선언문의 시대적 배경을 어느 정도 이해하고 있었고, 기본적으로 원문 내용도 모두 익숙한 것이었다. 이는 인문학 수업에서 〈독립선언문〉을 다시 읽고 토론할 때 배경지식이 된다. 인문학 읽기 수업에서 학생들은 〈독립선언문〉의 내용과 수사修辭의 관계를 가장 많이 논하는데, 수사의 관점에서 어떻게 그 특수한 논리 방식을 이해할 것인지를 다룬다.

〈독립선언문〉은 '르네상스부터 17~18세기의 사상' 수업의 읽기 자료로, 이 수업은 2학년 1학기 필수 과목이다. 학생들은 1학년 두 학기 동안 두 개의 작문 과목을 필수로 이수해야 한다. 그중 하나는 논리적 작문Persuasion and Argument인데, 이에 따라 학생들은 논리와 수사의 관점에서 〈독립선언문〉을 토론할 지식을 갖추게 된다.

격문과 선전

〈독립선언문〉을 공공 논리의 교과서로 삼는 것은 학생들에게 이 선언의 논리 방식과 작문 수업에서 배우는 공공 논리의 조건이 다르다는 점을 보여주기 위해서다. 〈독립선언문〉은 본질적으로 선전용 텍스트이고, 일반적인 공공 논리는 결코 선전이 아니라 탐구와 설득, 협상을 목적으로 삼기 때문이다. 〈독립선언문〉은 영국인과의 협상에서 설득할 수 없는 것을 '선언'하고 규탄과 질책의 역할을 하는 '격문檄文'으로, 이는 아주 특수한 논리를 따른다.

논리를 설명하는 목적은 대개 청중이 누구인지, 무엇을 설득할지 또는 어떤 영향을 미칠지, 설득하거나 촉구하는 대상에게 어떤 행동을 하게 할지 등에 따라 결정된다. 논리의 목적은 또 어떤 논리 방식과 언어 수사를 선택할지에 직접적으로 영향을 미친다. 일반적인 공공 논리에서는 선전 논리의 정치적 언어 수사의 요소는 피해야 한다(학생들은 토론에서 이러한 수사적 요소를 조심했다). 그것은 청중의 이성적 사고보다 감정에 더 호소하기 때문이다. 미국에서 흔히 볼 수 있는 정치 언어에는 선거 공약, 각종 선거 연설, 제안, 정책 제의가 있고, 이들은 모두 다양한 선전 언어의 특징을 가지고 있다.

그러나 민주주의 국가의 선전과 전제주의 국가의 선전에는 중요한 차이점이 있다. 민주주의 국가의 선전은 일방적인 논리에 따르지 않고, 수시로 공개적인 반박을 당할 수 있다. 따라서 반드시 일정한 논리 규범을 준수해야 선전 효과를 발휘할 수 있다. 선전이 사용하는 수사적 수단은 종종 '연설'과 유사한데, 효과적이라고 해서 다 좋은 것은 아니다. 선전의 수사적 수단을 분석하는 이유는 공공 연설에서 이런 수단을 모방하려는 게 아니라 피하기 위함이다.

이러한 분석에는 비판적 측면이 있다. 인문학 수업에서 〈독립선언문〉을 읽는 것은 바로 그 수사적 수단을 비판적으로 분석하고자 함이지 찬미하기 위함이 아니다. 이것은 '신격화하지 않는' 토론이다. 모든 국가에는 모두 자신의 중요한 정치 역사적 문헌이 있다. 그러나 결코 모든 국가가 학생들이 수업시간에 이런 방식으로 그 문헌을 토론하는 것을 허용하지는 않는다.

〈독립선언문〉을 토론할 때 한 학생은 이 선언문에 행복, 자유, 폭정, 직권 남용, 강권, 착취, 강탈, 유린, 참해 등과 같은 감정적인 색채가 분명한 단어가 많이 사용되었다고 지적했는데, 이는 전형적인 선전 수사의 수법이다.

이에 다른 학생은 이 수사 기법은 〈독립선언문〉이 '격문'의 성격을 갖고 있기 때문에 합리적으로 사용된 것으로 보아야 한다고 대답했다. 격문은 일종의 항의이고, 항의자들은 자신이 당한 불공평함과 부정의에 통감하여 항의하는 것이므로 여기에는 당연히 강렬한 정서가 있다. 아무 관계가 없는 사람처럼 객관적이고 침착할 수 없는 것이다. 또 한 학생은 〈독립선언문〉의 목적이 대중에게 독립의 이유를 알리기 위함뿐 아니라, 그들이 독립을 위해 행동하게 만들기 위한 것이었다고 말했다. 따라서 이성에 호소하는 것만으로는 부족하고 감정에도 호소해야 했다. 이때 수사는 정서상 대중의 행동을 종용하는 효과적인 수단이다.

또 어떤 학생은 선전의 성공 여부는 바로 청중이 듣고 싶어 하는 말을 하는 것에 달려 있다고 했다. 토머스 제퍼슨이 집필한 〈독립선언문〉 초고에서 영국인을 규탄하는 내용 중 4분의 1은 노예제 문제를 다루고 있었다. 그는 아메리카 식민지의 노예제를 영국 왕의 과실로 돌렸다. 그러나 〈독립선언문〉의 서명인 가운데 온건파 인사들은 이를 너무 급진적이라고 여겼고, 더 많은 사람의 지지를 얻기 위해 아메리카 노예제에 대한 내용을 삭제하자고 요구했다.

한 학생은 대중매체 수업에서 배운 내용을 언급했다. 즉 매체 보도는 객관적이고 중립적이어야 하며 한쪽으로 편향되어서는 안 된다. 또한 강한 부정적 측면과 질책하는 의미의 단어 사용을 지양해야 한다. 예를 들어 영국 BBC 방송국의 편집 가이드는 최대한 보도에서 '테러 습격'이나 '테러리스트' 같은 어휘를 지양하고, '사실성' 있는 어휘를 사용하라고 권장한다. 즉 테러리스트 습격terrorist attack 대신 폭력 습격violent attack을, 테러리스트 대신 폭파범, 공격자, 저격범, 무장 세력 등을 쓸 수 있다. BBC는 타 방송사 보도를 인용할 때, 인용에서 나올 수도 있는 '테러리스트 습격'이나 '테러리스트' 등의 용어를 그대로 사용하고 일부러 삭제하지는 않는다. 그러나 그 단어에 반드시 인용 부호를 붙여서 해당 단어가 BBC가 사용한 것이 아님을 명시한다.

보도 용어의 자기 규제에 대해 학생들의 견해가 일치하지는 않는다. 어떤 학생은 지나치게 중립적이거나 편향되지 않은 것은 매체를 대중과 멀어지게 할 수 있다고 생각했다. 대중이 매체에서 구하는 것은 단지 객관적인 정보만이 아니라, 사회 전체적이고 정서적인 '동의'이기 때문이다. 대중은 폭력 사건이 발생하면 '9·11' 습격 또는 공공장소의 대규모 총격 사건과 같은 강렬한 정서적 충격을 받는다. 그들의 정서는 분명 언어적 수사에 대한 직감적인 반응으로 표현될 것이다.

한 학생은 정서가 반드시 이성과 객관적 사고를 방해하지는 않는다고 말했다. 〈독립선언문〉 같은 격문이 시작 부분부터 적대적인 의식을 가지고 있는 것은 먼저 강한 정서와 정서 동력으로 쓰였기 때문이다. 또한 문자적 표현에도 북받치는 감정이 실려 있어야 한다. 그러나 우리가 평소 하는 말에 적대 의식이 있어서는 안 된다. 따라서 설령 정서적 동인이 있더라도 이러한 동인과 정서를 억제하는 글쓰기 과정을 구분해야 한다.

다른 학생은 정서를 억제하면 구체적 폭력 사건을 편견으로 대하는 것을 막을 수 있다고 말했다. 만약 개인이나 소수의 분노로 인한 살인을 테러 사건으로 말하면, 그것은 곧 '폭력'의 특수한 엄중성과 악함을 약화시킬 수 있다. 논리적 글쓰기에서 감정적 색채가 뚜렷한 어휘 사용을 지양하는 것은 절대적인 금기 사항이라기보다는 스스로 자제하고 적절하게 표현하려는 이성적 의식이라 할 수 있고, 이는 글 쓰는 사람 자신이 스스로 지켜야 한다.

격문 속의 정의 주장

한 학생은 〈독립선언문〉의 또 다른 특징은 바로 핵심 개념에 정의를 내리거나 해석을 더하지 않은 것이라고 말했다. 이 역시 하나의 선전 기법으로, 청중이 실제로 그 뜻을 이해하지 못한 상황에서 자신이 이해했다고 느낄 수 있게 만드는 것이다(표어나 구호가 종종 이런 방법을 사용한다). 〈독립선언문〉의 서언Introduction을 예로 들어보자. "인류 역사에서 한 민족이 다른 민족과의 정치적 결합을 해체하고 세계 여러 나라에서 자연법Law of

Nature과 자연의 신Nature's God의 법이 부여한 독립 및 평등을 취해야 할 필요가 생겼을 때, 우리는 인류의 신념을 엄정하게 고려함으로써 독립을 요구하는 여러 원인을 선언하지 않을 수 없다." 여기서는 결코 '자연법'이나 '자연의 신'을 정의하거나 해석하지 않았다. 이것을 논리적 결함으로 볼 수 있을까?

학생들은 이 질문에 상반된 견해를 보였다. 한 학생은 여기서 말하는 자연법, 즉 자연, 신, 하느님은 일반인이 모두 이해하는 개념으로, 정의나 해석이 없어도 상관없다고 말했다. 사실상 우리가 이야기하면서 사용하는 모든 단어를 일일이 설명할 수도 없고 또 그럴 필요도 없다. 말하는 사람은 듣는 사람과 암묵적 혹은 공통된 인식에 따라 말해야 하고 그렇지 않으면 설득의 효과를 얻기 어렵다.

어떤 학생은 자연과 신의 의미는 〈독립선언문〉의 전언Preamble의 첫 번째 문구에서 이미 설명하고 있다고 말했다. "우리는 다음을 자명한 진리로 생각한다." 이 문구는 자연법의 의미를 포함한다. 즉 "모든 사람은 평등하게 태어났으며 신은 그들에게 누구도 빼앗을 수 없는 몇 가지 권리를 부여했다. 여기에는 생명과 자유와 행복 추구의 권리가 포함된다."

어떤 학생은 〈독립선언문〉의 목적에서 자연법과 자연의 신이라는 표현을 명확히 이해해야 한다고 주장했다. 자연법은 〈독립선언문〉이 독립을 요구하는 이론적 근거로, 계급투쟁이 마르크스주의 혁명의 근거였던 것과 같다. 모든 이론적 근거는 말로 표현하면 이론이나 과학이 되고, 사실이는 하나의 신념이다. 그들의 진실성은 사실을 증명할 수 없는 것이며, 거짓도 마찬가지로 증명할 수 없으므로 비로소 진리가 된다. 어떠한 혁명도 이러한 이론적 근거가 없을 수는 없다.

또 어떤 학생은 전언에서 이 부분도 아주 중요하다고 말했다. "이 권리를 확보하기 위해 국민은 정부를 조직했으며, 정부의 정당한 권력은 국민의 동의에서 나온다." 이것은 논리 전달에서 '정의 주장claim of definition'에 해당한다. 정의 주장의 논리 구조는 일반적으로 두 부분으로 구성된다. 첫째는 기준을 세우는 것으로, 예를 들면 '좋은 부모는 자녀에게 관심을 가진다' 같은 것이다. 둘째는 이러한 기준으로 정의 주장의 대상을 평가하고 판단의 결론을 얻는 것이다. 가령 요한의 부모는 그를 버렸고 그는 고아원에서 자랐다. 따라서 요한의 부모는 좋은 부모가 아니며 부모가 될 자격이 부족하다. 〈독립선언문〉의 논리도 바로 이러하다. 좋은 정부는 국민의 권리를 보장하나, 영국 정부는 미국 식민지 국민의 권리를 보장하지 않았다. 따라서 영국은 통치자가 될 자격이 없고 미국은 독립해야 한다.

한 학생은 〈독립선언문〉의 전체 구조도 정의 주장의 논리적 확장으로 볼 수 있다고 말했다. 서언에서는 먼저 정부의 '의'의 기준을 세운다. 이어지는 고발indictment 부분에서는 영국 국왕과 의회의 '불의'를 고발한다. 영국의 나쁜 정부가 저지른 '악'과 그들이 입힌 '해'를 일일이 나열한 뒤이어서 식민지가 견뎌온 원통함과 억울함이 언급된다. "이러한 탄압을 받을 때마다 우리는 겸손한 언사로 시정을 탄원했다. 그러나 여러 차례의 진정에 대해 돌아온 것은 여러 차례의 박해에 지나지 않았다. 이와 같이 그 성격이 모든 행동에서 폭군이라는 정의를 내리지 않을 수 없는 국왕은 자유로운 인민의 통치자로서는 적합하지 않다." 결론은 우리는 반란을 일으키지 않을 수 없고, 독립을 선포해야 하며, 이는 필연적인 것이라는 것이다. "핍박에 못 이겨 어쩔 수 없이 반항하는 것"은 거의 모든 반역과 혁명의 가장 중요한 이유이고, 물론 종종 핑계로 쓰이기도 한다.

격문 속 자명한 진리의 원칙

〈독립선언문〉은 격문이지만 동시에 논리를 전달한다. 그 논리적 신뢰성은 삼단논법에서 비롯되는데, 대전제 자체가 곧 '자명한 진리'다. 만약 누군가 이 진리나 그 진실성에 동의하지 않으면 〈독립선언문〉의 설득력은 크게 약화되거나 완전히 상실될 수 있다. 수사 논리의 대전제는 바로 정치상의 '기본 원칙'이다.

한 학생이 정치의 기본 원칙이 있느냐고 묻자 학생들은 의견이 분분했다. 어떤 학생은 중요한 것은 있고 없고의 문제가 아니라 필요한가 필요하지 않은가의 문제라고 말했다. 일반적인 민주정치에서는 아마도 정치의 기본 원칙이 강하게 필요하지는 않을 것이다. 이를테면 미국 양당 경선에서는 결코 헌정 법치와 국민 정치의 명목을 매번 설명할 필요가 없다. 그러나 비상 상황의 정치에서는 특별히 이러한 필요가 요구된다. 가령 고르바초프가 '공개성' 구호를 외치고 여론 환경이 개방되었을 때는 '공개가 비공개보다 좋다'는 것을 자명한 진리로 여길 필요가 있었다. 미국 독립도 마찬가지다. 〈독립선언문〉은 독립의 격문이기 때문에 자명한 진리의 기본 원칙이 필요하다.

한 학생은 '미국 정치' 수업에서 《연방주의자 논집The Federalist Papers》 제31편을 읽었는데, 여기서 정치의 근본 원칙과 가장 중요한 원칙 문제를 토론한 적이 있었다고 말했다. 이 논집에서 알렉산더 해밀턴Alexander Hamilton은 정치에서 '가장 중요한 원칙'이라고 생각한 바를 다음과 같이 말했다. "모든 논문에는 모든 추론이 종속되는 주요한 진리 또는 가장 중요한 원칙이 있다. 진리와 원칙에는 모든 생각과 공동 행동에 우선하여 마음의 동의를 지배하는 내적 증거가 들어 있다. 그것이 이런 결과를 도출하지 못한다면 이는 분명 인식 기관의 결점에서 비롯되었거나, 어떤 강한 이익, 열정 또는 선입견의 영향 때문일 것이다. 기하학 원리는 이러한 성격을 띤다. '전체는 부분보다 크고, a=b이고 b=c이면 a=c이며, 두 직선은 한 평면을 둘러쌀 수 없고, 모든 직각은 서로 같다.' 기하학과는 다르지만 윤리학과 정치학에도 비슷한 원칙이 있다. 즉 원인 없이 결과가 있을 수 없고, 수단과 목적은 균형을 이루어야 하며, 모든 권력은 그 목적에 상응해야 한다. 그 자체에 한계가 없는 목적을 이루기 위해 권력에는 한계가 없어야 한다. 윤리학과 정치학에는 다른 진리들도 있다. 진리에 등급이 있다고 가정할 수 없다면 이러한 진리들 역시 극히 직접적인 추론에서 비롯되고, 그 자체로 매우 분명하며, 자연스럽고 순수한 상식의 명령과 조화를 이루므로 둘 다 저항할 수 없는 힘과 신념으로 건전하고 편파적이지 않은 사고의 공감을 얻어내려 한다."

한 학생은 해밀턴이 말한 원리는 결코 기하학 원리가 아니라고 말했다. 어떤 원리는 사실 상식으로, '전체는 부분보다 크다'처럼 기하학에도 적용되고 윤리학이나 다른 분야에도 적용된다. 다른 학생은 상식적으로 말하면 '두 직선은 한 평면을 둘러쌀 수 없다'와 같이 기하학 원리에만 적용되는 것도 있다고 말했다. 해밀턴이 말한 권력과 관련된 원리는 정치적 원리뿐이다. 그러자 한 학생이 정치 원리에는 해밀턴이 말한 원리만 있느냐고 물었다. 예를 들어 "국민 개인의 이익과 일치하는 공공 이익만이 가장 잘 보장될 수 있다"라는 원리 같은 것이다. 질문이 끝나자마자 한 학생이 당연히 아니라고 말했다. 전제주의를 주장하는 정치학설도 정치 원리이기 때문이다.

또 다른 학생은 '미국 건국의 아버지Founding Fathers of the United States'가 미국의 가장 근본적인 정치 원리로 본 것은 저마다 달랐을 수 있다는 의견을 제기했다. 〈독립선언문〉은 《연방주의자 논집》보다 11년 먼저 발표되었으나, 해밀턴은 정치 원리를 언급하면서 제퍼슨이 〈독립선언문〉에서 말한 '자명한' 정치 원리를 거론하지 않았다. 해밀턴은 그것이 진리가 아니라고 여긴 것일까 아니면 굳이 말하지 않아도 자명한 진리라고 여긴 것일까? 이 질문에 정확한 답변이 있을 수는 없겠지만 의미 있는 질문인 것만은 확실하다. 이러한 질문이 있기 때문에 '절대적 진리'라 불리는 모든 정치적 근본 원칙이 불확정성을 죄다 드러내게 되었기 때문이다.

인문학 수업의 토론은 어떻게 진행될지 예측하기 어렵고, 상당 부분 학생들의 흥미와 지식 준비, 현장의 사고에 따라 결정된다. 그들의 사고와 교류는 결코 일정한 궤적이 없고, 현장에서 거의 즉흥적으로 전개된다. 바로 이 때문에 토론에서 예상 밖의 문제를 사고하는 즐거움을 얻을 수 있다.

2부

고전을 통해
무엇을
알 수 있는가

1

《소크라테스의 변론》과
《크리톤》의 시민의 복종

2,400년 전 소크라테스는 불공정한 사형선고를 받았다. 제자들은 그가 탈옥하도록 도우려고 했으나 그는 끝내 거절하고 의연히 죽음을 택했다. 소크라테스의 죽음은 후대에게 법이 공정하지 않다고 해서 마음대로 어겨서는 안 된다는 규율을 똑똑히 보여주었다. 만약 사람들이 자신이 공정하지 않다고 여기는 법을 마음대로 어긴다면 우리가 사는 사회에 질서를 유지하기가 어려워진다. 법치는 인류의 가장 좋은 선택은 아니지만 그렇다고 가장 나쁜 선택도 아니다. 불합리한 법도 수정되고 폐지되기 전까지는 반드시 지켜야 한다.[1]

소크라테스는 사상 범죄를 저질렀다. 소크라테스는 독립적 사상과 자유 의견 때문에 죄를 얻었고, 법률적 판결로부터 도망칠 기회가 있었으나 사형 집행을 받을 것을 선택했다. 그러나 그의 선택이 순종 혹은 복종의 의미에서 판결에 승복한 것인지는 오늘날까지도 여전히 의견이 분분하다. 《크리톤Criton》은 주로 소크라테스가 말한 '시민 복종'의 근거로 인용되며, 《소크라테스의 변론Apologia Sokratous》은 '시민 불복종'의 근거로 인용된다. 소크라테스가 말한 시민 복종은 《소크라테스의 변론》과 《크리톤》 사이에 나타난 일치나 모순을 어떻게 해석할 것인가보다는, 해석하는 사람 본인이 시민 복종이나 불복종에 대해 어떤 정치적 입장을 갖고 있는지와 더 크게 관련된다.

소크라테스가 살아 있을 때 무슨 일을 했고 어떻게 했는지를 배운다고 해서, 우리가 그것을 따라야 한다는 의미는 아니다. 먼저 우리는 소크라테스가 그렇게 한 이유를 알고 나서 그 옳고 그름을 판단해야 한다. 설령 소크라테스에게 있어 사형 집행을 받는 것이 판결에 승복하는 것이었다 해도, 우리는 소크라테스의 행위와 그 이유를 여전히 스스로 독립적으로 판단해야 한다. 그 판단은 우리 자신의 도덕적 원칙과 정치적 입장에 달려 있다. 소크라테스는 일생 동안 자유사상과 독립적 판단을 고수함으로써 후대의 존경을 받고 있다. 따라서 우리는 그의 행위가 아니라 그의 사유 방식을 본받아야 한다. 소크라테스의 행위를 따라 하기만 하고 사유 방식을 소홀히 여긴다면 주객이 전도된 것이나 다름없다.

《소크라테스의 변론》 속 소크라테스

소크라테스는 독립적 사상에 대한 죄와 자유 언론에 대한 죄를 범했다. 독립적 사상은 곧 자유사상으로, 여기서 '자유'란 단지 좋아서 추종하는 사상이 아니라 자신의 마음속에 있는 덕성의 이념과 서로 일치되는 사상을 가리킨다. 소크라테스의 독립적 사상은 두 가지 측면을 포함한다. 첫째 독립적 사상은 '자아 일치'의 사상이다. '다른 사람이 그렇게 생각하니까 나도 그렇게 생각한다'는 것도 아니고, '다른 사람이 그렇게 생각하니까 나는 일부러 그렇게 생각하지 않겠다'는 것도 아니다. 독립적 사상은 사상을 늘 일관되게 고수하는 것이고, 이것이 곧 자아의 일치다. 소크라테스는 자아의 일치를 최고 원칙으로 삼았고 '일반 대중demos'의 의견과 상반되는 것을 두려워하지 않았으며 오직 자기 자신과 상반되는 것을 두려워했다.

둘째 독립적 사상은 도덕적 입장을 취하는 사상이다. 소크라테스의 도덕적 입장은 양심적 반항으로 표출되었고, 그 대상은 정치적 권위와 사회 풍속, 규칙과 규범, 종교 교리식의 사상적 구속 등이었다. 독립적 사상을 가진 사람은 자신의 이성에 근거해 도덕적으로 일관성을 유지하는 사람이다. 그는 더 높은 진리나 도덕적 권위에 맹목적 태도를 취하지 않았고, 따라서 종종 개별적인 도덕에 사상적으로 반항하기도 했다. 이러한 독립적 사상의 전통에는 몽테뉴와 헨리 데이비드 소로Henry David Thoreau 같은 계승자가 있었다.

《소크라테스의 변론》에서 그는 이성적 양심의 입장을 보여준다. '아니다'라는 것은 종교적 교리처럼 이미 체화된 절대적 도덕에서 비롯되는 게 아니라, 두 가지 도덕적 결론의 모순에서 비롯된다. 하나는 독립적 사상(변론)이 얻은 결론이고, 다른 하나는 많은 사람 또는 법정이 내린 결론이다. 후자가 늘 비이성적인 결론은 아니지만(미혹과 선동을 당하는 것은 별개다) 전자에 비해 감정적이고 편견적인 요소가 더 많이 포함된다. 소크라테스는 권위(법관, 정치인)가 지나치게 대중을 두려워한 나머지 일관성을 유지하지 못하는 일이 되풀이되는 것을 두려워했다. 독립적 사상가는 바로 이러한 일관성을 유지하는 방법을 묻는다. 도덕적 원칙은 언제나 한결같아야 하기 때문이다.

소크라테스의 사형선고는 501명으로 구성된 배심원들이 결정했다. 《소크라테스의 변론》에서 소크라테스는 총 세 차례, 즉 최초의 변론, 유죄선고 후의 변론, 사형선고 후의 변론을 했다. 첫 번째 변론은 다음과 같이 요약할 수 있다. 하나, 나는 궤변가가 아니다. 둘, 나는 지혜로운 사람이 아니다. 내가 다른 사람과 논쟁할 때 증명하고자 한 것은 그가 스스로 말하는 것처럼 지혜로운 사람이 아니라는 것이었다. 셋, 나는 청년들을 타락시키지 않았다. 넷, 나는 공격자들이 말하는 것처럼 신성을 모독하지 않았다. 다섯, 나는 생명을 대가로 치러야 한다 해도 철학자의 사유를 멈추지 않을 것이다. 여섯, 나를 죽이면 이 도시는 진실한 벗 하나를 잃을 것이다. 일곱, 나는 항상 사석에서 사람들과 의견을 나누었고 정치에 대해 적극적으로 따져 물은 적이 없다. 여덟, 나는 많은 사람들이 있는 이곳에 세 자녀를 데려와 울며 용서를 구하지 않을 것이다.

501명의 배심원들은 280 대 221표로 표결했고 소크라테스에게 신성모독죄와 청년들을 타락시킨 죄를 선고했다. 소크라테스를 고발한 멜레토스Meletus는 그를 사형에 처하라고 요구했다. 배심원들은 소크라테스에게 다른 형벌을 자청하라고 요구했다. 이때 그는 어떤 벌을 '받고 싶은가'가 아니라 어떤 벌을 '받아야 하는가'를 고민했다. 이에 그는 두 번째 변론을 했다. 그는 평생을 아테네인이 추구하는 덕성을 권면하며 살았고 개인적인 이해득실을 지나치게 따지지 않았다고 말했다. 따라서 자신은 형벌이 아닌 상을 받아야 하며 아테네인들은 올림픽에 참가한 선수들을 위해 잔치를 여는 프리타네움Prytaneum에서 오히려 자신에게 식사를 대접해야 한다고 말했다. 소크라테스는 농담처럼 자신이 고의로 타인을 해하지 않은 이상 죄를 범하지 않았다고 주장했다.

소크라테스는 자신의 '죄'에 합당한 형벌을 스스로 제안하기를 거절했다. 의도적으로 다른 사람을 해하지 않은 이상 그는 무죄이므로, 자신이 받을 형벌을 제안하는 것은 곧 자신의 유죄를 인정하는 행위였기 때문이다. 그는 감금, 유배, 벌금을 포함한 사형 외 모든 형벌을 거절했고, 더 중요한 것은 목숨을 부지하기 위한 대가로 자신의 철학적 삶과 사유 방식을 포기하기를 원하지 않았다. 마지막으로 그는 만약 벌금을 낸다면 1므나mina(고대 그리스의 화폐 단위. 약 4파운드에 해당함. - 옮긴이)를 내겠다고 말했다. 그것이 그가 낼 수 있는 전부였기 때문이다(소크라테스는 과거에 전 재산이 5므나라고 한 적이 있다). 그의 제자들은 그를 대신해 30므나를 내겠다고 했다.

배심원들은 다시 표결했고 유죄라는 원심을 유지했다. 이에 소크라테스는 세 번째 변론을 했다. 그는 자신이 살날이 얼마 남지 않은 칠순 노인이라고 말했다. 죽음은 악한 것이 아니며, 선한 사람에게는 살아 있는 동안이나 죽은 뒤에나 악한 것은 하나도 없다고 했다. 마지막에 그는 이제 떠날 때가 왔다며, "나는 죽으러 가고, 여러분은 살러 가야 합니다"라고 말했다. 그러나 어느 쪽이 더 나은지는 오직 신만이 알 수 있을 뿐이라고 했다.

소크라테스가 배심원들의 판결에 불복한 것은 판결 결과를 바꿀 수 없는 상황에서 자신만의 사상적 투쟁을 지속한 것이었다. 이 때문에 소크라테스는 소포클라스의 《안티고네》와 함께 최초의 '시민 불복종' 사례로 인용되곤 한다. 그러나 시민 불복종이라는 단어는 상당히 모호해서 소크라테스가 어떻게 불복종을 한 것인지 알기 어렵다.

소크라테스의 주체적인 사상이 시민 불복종의 의의를 가진다면, 안티고네의 반항은 다른 성격의 시민 불복종이다. 안티고네는 국왕 크레온의 명령을 어기고 오빠의 장례를 치러주면서 국왕의 권위에 공개적으로 도전했다. 안티고네는 국왕의 법보다 높은 신법神法을 근거로 국왕의 비정의성을 지적했다. 크레온은 안티고네에게 "네가 감히 법에 불복종하는 것이냐?"라고 물었다. 안티고네는 대답했다. "그렇습니다. 그 명령은 정의가 아닙니다…. 저는 국왕의 명령이 신의 법을 뒤엎을 힘이 있다고 생각하지 않습니다."**2** 크레온이 국왕의 명령에 믿음이 있었던 것처럼 안티고네도 신의 법에 굳은 믿음이 있었다. 두 사람 다 어떠한 절대적 진리를 믿은 사람들이었다.

한편 소크라테스는 안티고네와 달리 모든 절대적 진리에 의심을 품었다. 그는 의심을 품은 대상을 받아들이기를 거부했고, 신의 뜻이 아닌 자신의 도덕적 판단에 근거해 그 실체를 알고자 했다. 소크라테스는 자신을 변론할 때 상위 법을 근거로 들지 않고 기존에 있는 아테네의 법으로 자신이 불공정한 대우를 받고 있음을 피력했다. 그는 심판 과정이 법의 심의 과정에 부합하지 않고 지나치게 어설프다고 지적했다. 또한 상벌에 대한 처우가 분명한 아테네 법에 따르면 자신은 벌이 아닌 상을 받아 마땅하다고 주장했다. 이처럼 실재하는 법을 근거로 그 정당성을 논하는 것은 사상가 소크라테스의 정치적 기술이었다.

《소크라테스의 변론》에서 소크라테스는 시민 불복종과 관련된 두 차례의 지난 일을 언급했다. 그는 아테네의 공직을 맡은 적은 없으나 위원회 자문 역을 맡은 적이 있었다. 기원전 406년, 아테네 해군은 아르기누사이 Arginusae 해전에서 스파르타에 크게 승리했으나 큰 풍랑이 닥쳐 부상당한 병사들을 구하지 못했다. 이로 인해 10명의 고위 장교가 기소를 당했고 위원회는 그들에게 사형선고를 내렸다. 소크라테스는 위원회에서 유일하게 사형에 반대한 사람이었다. 그는 자신을 변호하며 말했다. "그 사형선고를 지지하는 정치가들은 나를 고발하고 체포할 태세였고 여러분은 그렇게 하라고 고함을 쳤지만 나는 구금이나 죽음이 두려워 그런 부당한 결정을 지지하느니 차라리 법과 정의의 편에 서서 위험을 무릅쓰겠노라고 생각했습니다."(《소크라테스의 변론》32b행. 이하 해당 책의 인용 부분을 나타냄)[3]

기원전 404년, 아테네가 펠로폰네소스전쟁에서 스파르타에 패한 뒤 민주주의를 폐지하고 과두정치 체제가 9개월간 통치한 것을 이르러 '30인 참주정'이라 한다. 소크라테스를 포함한 네 사람은 참주 30명의 호출을 받았다. 살라미스로 가서 레온Leon을 체포하고 사형을 집행하도록 그를 아테네로 연행해 오라는 임무였다. 당시 이 명령 때문에 살라미스로 여러 사람이 보내졌다. 소크라테스는 이를 참주들이 악한 일을 행할 때 최대한 많은 사람들을 공범으로 만들기 위한 수법으로 생각했다. "부당하고 불경한 짓을 하지 않는 것이 내 모든 관심사임을 말과 행동으로 보여주었습니다." 다른 네 사람은 살라미스로 가서 레온을 연행해 왔지만 소크라테스는 그 자리를 떠나 "집으로 돌아갔다." 소크라테스는 "과두정부가 그렇게 빨리 무너지지 않았다면 나는 진작 목숨을 잃었을 것"이라고 했다(32d행).

위의 두 일화는 소크라테스의 일생에서 행위상의 시민 불복종일 것이다. 소크라테스는 정치적 행위에서 시민 불복종이 얼마나 위험한지 잘 알고 있었다. 그는 배심원에게 말했다. "만일 내가 공무에 종사했다면, 선량한 사람으로서 정의의 편을 들고, 당연한 일이지만 그렇게 하는 것을 무엇보다 우선시했다면 내가 이토록 오랜 세월 살아남았을 거라고 여러분은 생각하십니까? 어림없는 일입니다. 아테네인 여러분, 그리고 다른 누구도 똑같이 살아남지 못했을 것입니다."(32d행) 소크라테스는 자신이 공무에서나 사적인 일에서나 평생 한결같은 태도로 임했다고 주장하며, "그 누구에게도 정의에 반하는 일을 용인한 적이 없다"고 말했다(32e행). 그는 자신과 친구가 되고자 하는 사람들에게만 영향을 주었을 뿐이며, 한 번도 보수를 받은 적이 없으므로 결코 그들의 스승이라 할 수는 없었다. 이로써 그는 줄곧 자신이 궤변가와는 다르다고 주장했다.

살라미스로 가서 레온을 체포해 오라는 임무를 거부한 것이 행위상의 시민 불복종이라면, 그가 사적인 일에서도 '악한 일을 행하지 않는다'는 원칙을 고수한 것은 사상적 시민 불복종이라 할 수 있다. 20세기에 다른 정치적 견해를 가졌던 사람들이 행한 것이 바로 이러한 시민 불복종이었다(동유럽 지식인의 비정치 또는 반정치의 정치).

소크라테스는 행위와 사상 외에도 철학적 의의가 있는 시민 불복종을 행했는데, 그것은 바로 항변이었다.《소크라테스의 변론》속의 소크라테스는 바로 이런 불복종을 한 것이다. 그가 불복한 대상은 국가(30인 참주정)도 아니고 (이견을 용납하지 않고 억압하는) 정치 질서도 아닌 '집단적 의사결정'이었다. 소크라테스에게 유죄판결을 내린 사람은 501명의 시민으로 구성된 배심원들이었다. 소크라테스는 그들의 집단적 의사결정을 받아들일 수 없었기에 그들에게 항변했다. 소크라테스는 공공 변론으로 항상 상대방을 설득할 수 있는 것은 아님을 알고 있었다. 변론을 마친 뒤 배심원들이 여전히 자신에게 유죄판결을 내리는 것을 보고 그는 "이번 결과가 자신의 예상을 벗어나지 않았다"고 생각했다(35e행). 두 번째 변론에서도 그는 원심을 뒤집을 수 없음을 이미 알고 있었지만, 다른 이들의 토론과 대화를 인내심을 가지고 들었다. 그렇지 않으면 그들을 설득하기가 쉽지 않으리라는 것을 알았기 때문이다(37c행).

고대 그리스인들은 이미 변론의 설득력이 제한적이라는 사실을 잘 알았다. 투키디데스의 기록에는 이런 사례들이 적지 않게 등장한다. 예를 들어《펠로폰네소스 전쟁사》의 〈스파르타 논쟁과 전쟁의 선포〉에서 스파르타인이 내린 결정은 설득을 당했기 때문이 아니라 자신의 이익에서 비롯된 것이었다.

변론이 반드시 실질적인 효과를 발휘하지 않는 상황에서도 말로 자신의 논리를 주장하는 것은 그 자체로 하나의 원칙이다. 실질적인 이익을 얻을 수 있느냐 없느냐에 관계없이 항상 원칙을 고수하는 것이다. 행동의 시민 불복종이든 사상의 시민 불복종이든 이러한 원칙은 없어서는 안 된다. 사실상 시민 불복종은 단지 어떤 행동을 하거나 어떤 생각을 거부하는 것만으로는 부족하다. 여기에는 왜 거부하는지에 대한 설명, 즉 논리가 필요하고 적절한 이유와 근거가 될 수 있는 도덕적 원칙이 필요하다.

결국 시민 불복종은 그저 '아니라고 말하는 것'이 아니라 왜 그것이 아닌지를 설명해야 한다. 소크라테스는 자신이 항변하는 목적을 이렇게 진술했다. "나는 누군가 오해하는 것처럼 오직 나만을 위해서 변호하는 게 아닙니다. 신이 여러분에게 내려준 선물인 나에게 여러분이 유죄 투표를 함으로써 죄를 짓지 않도록, 나는 여러분을 위해 변론하는 것입니다." 소크라테스는 아테네인들에게 아테네는 혈통이 좋지만 몹시 굼뜬 말이고, 자신은 그 말을 깨우기 위해 신이 보낸 박차라고 말했다. "신은 박차의 역할을 하라고 이 도시에 나를 보낸 것입니다."(30e행)

《크리톤》속 소크라테스

《소크라테스의 변론》에서 소크라테스는 한 사람의 국민이지만 아테네의 공공 생활 방식과 늘 일치된 모습을 보이지는 않는다. 그러나《크리톤》에서는 소크라테스의 또 다른 모습을 볼 수 있다. 여기서 그는 국민과 공공 생활의 권위, 특히 법과 일치되어야 할 필요를 강조한다. 그는 친구 크리톤의 제안을 거절했고 탈옥을 원하지 않았다. 그는 사형선고를 어기고 생명을 부지하는 것은 나쁜 일이고 악한 일이라고 말했다. 개인이 법률 절차에 따른 합법적 판결에 불복종할 경우 국가 전체의 질서에 해를 끼치기 때문이다.

《크리톤》에서 사람들이 가장 주목하는 것은 국가를 부모에 비유한 부분이다. 소크라테스는 스스로 이렇게 물었다. "신들과 지각이 있는 사람들에게 국가는 부모나 조상보다 더 영예롭고 더 존엄하며 더 신성하고 더 존귀한 존재임을 알지도 못했단 말이오? 아버지보다 국가를 더 받들고 더 순종하며, 아버지가 분노할 때보다 국가가 분노할 때 더 달래드려야 한다는 것, 국가를 설득하거나 아니면 국가가 명령하는 것은 무엇이든 이행해야 한다는 것, 국가의 명령이라면 두들겨 맞든 구금이든 잠자코 인내해야 한다는 것을 말이오."(51a~b행) 소크라테스가 국가를 '설득'하려 한 이상, 그는 분명히 국가가 영원히 옳다고 생각하지는 않았다. 그래도 그 설득이 효과가 없으면 국민은 반드시 국가에 '복종'해야 한다고 소크라테스는 말했다.

여기서 복종은 두 가지 뜻으로 해석 가능하다. 첫째 말로만 복종하고 마음속으로는 복종하지 않는 것이다. 소크라테스는 자신의 주체적인 사상과 덕성의 판단을 끝까지 지키기 위해서라면 국가를 설득하는 데 실패하더라도 자신의 생각을 결코 포기하지 않았다. 비록 그는 법의 판결을 받아들이고 기꺼이 죽겠다고 했지만 마음속으로는 판결이 달갑지 않았으므로 말과 마음이 일치된 완전한 복종은 아니었다.

둘째 말과 마음으로 복종하는 것이다. 다시 말해 국가가 그의 변론을 인정하지 않았기 때문에 소크라테스도 자신의 생각을 포기하고 마음을 바꾸었다는 것이다. 비록 억울하고 잘못된 일이지만 자신은 억울하지도, 잘못되었다고 여기지도 않는 것이다. 이렇게 국가와 뜻이 일치된 소크라테스를 여전히 소크라테스라 할 수 있는가?

그렇다면 말로만 복종하고 마음속으로는 복종하지 않는 상황에서 판결에 승복하는 것은 진정한 '승복'인가? 먼저 승복承服이라는 단어에 대해 생각해보아야 한다. 만일 '복服'이 외력의 억압이 없는 상태에서 개인의 마음에서 우러나와 자유롭게 찬성하는 행위를 뜻한다면, 법적 처벌은 이러한 '복'을 전제로 할 필요가 없다. 법적 처벌 자체는 강제성을 띠기 때문에 유죄판결을 받으면 원하든 원하지 않든 반드시 처벌을 받아야 한다. 이를 따르지 않으려면 외국으로 도망가거나 신분을 숨기고 살아야 할까? 이 질문은 다소 '수준이 낮아' 보이지만 소크라테스가 《크리톤》에서 실제로 고민한 문제였음을 잊지 말아야 한다.

소크라테스는 유죄판결을 받았을 당시 이미 칠순 노인이었고, 설령 도주할 기회가 있었다 해도 결코 쉽지는 않았을 것이다. 그렇다면 친구의 제안처럼 외국으로 도주하는 것은 어땠을까? 소크라테스는 이렇게 생각했다. 첫째 만약 자신이 친구의 도움을 받아 다른 나라로 도주하면 그의 친구들도 사건에 연루될 것이다. 친구들은 "추방당하거나 시민권을 박탈당하거나 재산을 잃을 위험이 있었다." 둘째 사실상 소크라테스는 마음 편히 숨을 만한 나라가 없다고 생각했다. 테베와 메가라처럼 '훌륭한 법을 갖춘 이웃 나라'는 도망 온 소크라테스를 "정부의 적으로 간주하고, 자기 나라를 염려하는 사람들은 모두 그를 경계하여 법의 파괴자라 생각할 것이다." 도주는 단지 형벌이 무서워 스스로 종적을 감춘 것이라는 사람들의 추측에 부응할 뿐이다. 그렇다면 테살리아처럼 극도의 무질서와 방종이 난무하는 이웃 나라로 도주하는 것은 또 어떤가? 아마도 사람들은 그가 도주했다는 이야기를 듣고 재미있어할 것이다. 더욱이 그런 곳에 '정의와 도덕의 대화'가 있을 리 없다. 다시 말해 소크라테스는 그런 곳에 자신의 아이들을 데려가 키우기를 원하지 않았다(52e~53b행). 아무리 생각해봐도 소크라테스는 아테네에서 죽는 것만 못하다고 판단했다.

어떤 사람은 법이 자신의 죄를 판결하면 무조건 그것이 옳다고 여기고 기꺼이 처벌을 받을 것이다. 그러나 소크라테스는 그런 사람이 아니었다. 우선 그는 자신의 죄에 대한 판결이 옳지 않다고 여겼다. 그리고 법의 불공정한 처벌을 받아들이는 것은 기존의 법질서를 지키기 위한 의도 외에는 다른 뜻이 없었다. 이렇게 말로만 복종하고 마음속으로는 복종하지 않는 '승복'은 소위 다른 방법이 없어 어쩔 수 없이 복종하는 것이다. 승복과 법치에 대해 성현의 지식이 있느냐 없느냐는 관계가 없다.

불공정한 법적 처벌에 승복하는 것을 모든 사람이 이행해야 하는 국민의 의무로 보는 것은 민주주의 국가뿐 아니라, 민주주의의 이상을 발전시켜나가는 국가조차도 받아들이기 어렵다. 정치적 권위와 국가의 권력을 사수하기 위해 전력을 다한 홉스도 그로부터 피해를 입은 사람에게 그 운명에 순전히 복종하라고 요구하지는 않을 것이다. 가령 소크라테스가

'항변할 수는 있지만 불복종할 수는 없다'는 국민의 의무관을 제시했다면, 이러한 관점을 받아들여야 하는가? 이 질문에 답하기 전에 먼저 소크라테스가 법과 인간의 관계를 어떻게 보았는지 살펴보아야 한다. 이것이 소크라테스의 법치관을 이해하는 열쇠다.

소크라테스가 본 법과 인간의 관계

소크라테스는 법을 의인화하여 법에 복종해야 하는 이유를 설명했다. 이 '법의 목소리'는 소크라테스에게 법에 복종해야 하는 이유로 해석된다. 소크라테스에게 법은, 만약 그가 도주해서 법의 처벌에 불복종하면 곧 법을 파괴하는 것이 되고, 법을 기반으로 질서를 유지하는 국가 전체를 파괴하는 것이 된다. 국가는 법을 기반으로 유지되고 (정의롭지 않은 상황을 포함한) 어떠한 상황에서도 지켜질 때 구속력을 가진다. 국가가 그에게 유죄라고 잘못된 판결을 내린 것은 물론 정의롭지 못하나, 그는 어떤 상황에서도 법에 복종하겠다고 이미 동의했다. 국민이 법에 복종하느냐 마느냐는 마음대로 선택할 수 있는 게 아니며, 모든 법에 복종하든지 법 자체에 복종하지 않든지 할 수 있을 뿐이다.

또한 법은 소크라테스에게 자신이 그를 만들어냈다고 말했다. 즉 법이 없으면 소크라테스도 없다. 소크라테스의 부모는 법적으로 결합하여 소크라테스를 낳았다. 소크라테스는 법의 질서 안에서 성장하고 학습하고 음악과 체육 훈련을 받았다. 따라서 법과 소크라테스 사이에는 아버지와 아들, 주인과 노예와 유사한 관계가 성립된다. 아들이나 노예가 벌을 받는 것은 당연하며, 자신을 보호하기 위해 부모나 주인에게 해를 가할 수는 없다. 또한 법은 개인이 국가에 복종하는 것은 가정에 복종하는 것보다 우선시되어야 하므로 더욱 법에 복종해야 한다고 했다. 소크라테스가 사형집행을 받지 않으려면 도망을 가는 대신 판결을 바꾸도록 법을 설득해야한다.

우리는 소크라테스의 대화를 쓴 사람이 플라톤이라는 사실을 알고있다. 법을 의인화하는 것, 의인화된 법과 소크라테스가 나누는 대화는 단지 집필 '방식'이나 '스타일'이 아니라, 법과 정의의 관계에 대한 특수한이해를 내포한다. 고대 그리스인들에게 '정의'는 추상적 개념이 아니었고, 정의와 비정의는 구체적인 대상이었다. 정의는 타인에 대한 의무를 다하는 것이고, 비정의는 타인에게 해를 입히는 것이다. 따라서 소크라테스가(아마도 플라톤이) 탈옥을 한다면 이는 곧 비정의의 행위다. 그러나 누구를 대상으로 한 비정의인가? 비정의는 필시 해를 입은 대상이 발생하기 마련인데, 소크라테스의 도주는 과연 누구에게 해를 입히는가?

《소크라테스의 변론》을 보면 멜레토스가 소크라테스를 고발했고 배심원들이 사형선고를 한 것을 알 수 있다. 플라톤은 그들의 방법에 찬성하지 않았으므로 소크라테스의 도주로 인해 멜레토스 등의 사람들이 해를 입을 것이라고 말하지 않았다. 그렇다면 해를 입을 수 있는 대상은 오직 '국가'와 국가의 법뿐이다. 이 역시 플라톤(소크라테스)이 법을 의인화한중요한 이유다.

소크라테스(또는 플라톤)는 법을 일반인이 아닌 '부모'와 같은 사람으로 의인화했다. 법은 소크라테스를 태어나게 하고 성장하게 하고 교육을받게 했다. 법은 그저 사람을 두렵게 하는 처벌을 위한 규약이 아니라, 한 사람을 키우고 가르치는 고마운 권위의 대상이다. 그런데 그로써 길러지고 교육을 받은 사람이 법을 무시하고 공경하지 않는다면 법은 해를 입게 될 것이다. 따라서 법에 불복종하는 것은 정의롭지 않은 행위다.

그런데 법은 소크라테스를 공정하게 대했는가? 그렇지 않다. 왜냐하면 소크라테스는 법의 공정한 판결을 받지 못했기 때문이다. 소크라테스는 법에 복종하는 순간에도 자신의 유죄를 인정하지 않았다. 여기서 소크라테스가 말한 국민은 어떠한 상황에서도 법에 복종해야 한다는 말을 어떻게 이해해야 하는가? 이렇게 해석할 수 있다. 사실 비정의의 법에 복종한 것은 소크라테스가 일관되게 주장한 '논박elenchus'을 행동으로 실천한 것이다. 논박은 상대방이 스스로 자신의 오류를 인식하게 하는 방법으로, 부모 또는 부모에 비유되는 법에 적용될 수 있다. 무고한 소크라테스가 법의 부당한 판결로 인해 죽었기에 법의 비정의가 드러난 것이다. 소크라테스는 자신의 죽음으로 법이 미처 보지 못한 오류를 스스로 알도록 한 것이었다. 법은 부당하게 소크라테스를 처벌했기 때문에 소크라테스는 이 처벌을 받을 필요가 없었다. 그러나 그는 처벌을 받음으로써 법이 자신의 부정의함에 직면하게 했다. 이는 소크라테스가 법을 상대로 정의를 도모한 것이자 논박의 원칙을 행동으로 실천한 것이다.

한편 이러한 해석의 전제는 소크라테스가 아테네의 법을 좋게 여겨 자신을 희생해서라도 그 법을 돕고자 했다는 것이다. 만약 소크라테스가 아테네의 법을 무시하고 절대 그 질서를 인정하지 않았다면, 도주하거나 법에 불복하는 것 모두 정의롭지 못한 행동은 아니었을 것이다. 그러나 소크라테스는 아테네의 법과 생활 질서를 인정했고, 이는 《크리톤》에서 명확히 드러난다. 소크라테스는 평생을 아테네에서 살았고, 불과 몇 번 아테네를 잠시 떠났을 뿐이다. 축전에 참가하거나 아테네를 위한 군사 행동에 참여하기 위해서였다. 심지어 다른 많은 아테네인들과 달리 소크라테스는 외국 여행도 한 번 가본 적 없고, 다른 나라의 풍속과 법을 이해하러 떠나지도 않았다. 그는 칠십 평생을 줄곧 아테네에서 행복하게 살았다. 《소크라테스의 변론》에서 소크라테스가 외국으로 망명하지 않고 차라리 아테네에서 죽겠다고 말한 근본적인 이유는 그가 아테네의 법을 인정했기 때문이었다. 소크라테스는 아테네를 자유롭게 떠날 수 있었을 때에도 떠나지 않았는데, 법이 떠나지 못하게 막았다면 어떻게 몰래 떠날 수 있었겠는가?

소크라테스와 의인화된 법의 관계를 아버지와 아들 또는 주인과 노예 사이의 정의正義 관계로 이해하는 것은 고대 그리스 철학자들에게는 아마도 효과가 있었겠지만, 오늘날 민주주의 의식을 가진 대다수 사람들에게는 통하기 어렵다. 사실 이러한 견해는 아테네의 평등한 국민관과 부합하지 않는다. 평등한 시민은 순차적으로 통치하고 통치를 받으며, 따라서 신분은 바뀔 수 있다. 그러나 주인과 노예의 신분은 서로 바꿀 수 없다. 이 때문에 오늘날 우리는 《크리톤》의 "국민은 어떤 상황에서도 법에 복종해야 한다"와 "시민의 불복종은 절대 있을 수 없다"는 말을 간단히 받아들이지 못할 것이다. 철학자 소크라테스의 "법은 곧 사람과 같다"는 철학적 가설은 현대사회에서 개인과 법의 관계에 대한 문제를 해결하는 데 충분한 도움이 되지 않는다. 근본적으로 시민 복종이나 불복종은 철학적 명제가 아니라 정치적 문제이기 때문이다.

오늘날의 기준에서 본 아테네 민주주의

현대 민주주의 관점에서 보면 '법을 아버지와 주인에, 국민을 아들과 노예'에 비유하는 것은 권위주의적 정치관이다. 그러나 플라톤의 시대에 참주정치나 과두정치 같은 권위주의 정치 체제는 현대의 정치 체제보다 훨씬 더 합법성이 있었고, 그 근거는 민주주의(특히 아테네와 같이 다수결에 따르는, 다수가 소수를 억압할 수 있는 '급진적 민주주의')보다 덕성 면에서 훌륭하다는 것이었다. 이러한 권위주의 정치 체제의 '훌륭함'은 완전한 참주 또는 소수 권력을 쥔 엘리트 본연의 덕성과 훌륭함에 근거한다. 즉 참주나 과두의 덕성이 훌륭하고 지혜롭기 때문에 아버지가 자녀를 사랑하고 좋은 주인이 노비를 아끼는 것처럼 국민을 사랑하는 것이다. 따라서 국민은 그에게 절대적으로 복종해야 하고 어떠한 상황에서도 불복종해서는 안 된다. 이러한 진보적인 전제주의의 개념은 오늘날 민주주의 국가의 국민들에게 이미 배척된 지 오래다.

현대 민주주의의 기본 이념에서 주권은 국민에게 있다. 국가는 국민의 뜻으로 형성된 산물이지 국민을 뛰어넘고 그 위에 군림하는 주권의 실체가 아니다. 사회계약이란 국가와 국민 간에 서로 복종하는 관계를 가리키는 것이 아니라 국민 간 협의를 뜻하며, 이 협의에 따라 모든 국민은 공동의 법률 질서 안에서 화합하며 살 수 있는 것이다.

한편 《크리톤》에 나타난 국민과 국가 간의 관계는 플라톤의 정치적 이념을 반영한다. 플라톤에게 사회계약이란 국민과 국민 간에 수립되는 게 아니라 개별 국민과 법 사이에 형성되는 것이다. 플라톤은 이렇게 개인과 법의 계약 관계를 이해했고, 국민은 그 계약 관계에 참여할지 말지를 선택할 수 있는 절대적인 자유가 있다고 생각했다. 그는 국민 가운데 성인(남자)이라면 모두 법이 자신에게 적합한지 자율적으로 결정할 수 있다고 판단했다. 아테네 국민(남성)이라면 누구나 17세에 법률 지식에 관한 시험을 치른 뒤에야 확실한 국민의 신분을 획득할 수 있었다. 만일 아테네 법에 찬성하지 않으면 자유롭게 아테네를 떠날 수도 있었다. 그러나 시험 후에도 아테네에 남았다면 그것은 법에 복종하겠다는 공개적인 동의를 의미했다. 따라서 개인이 법을 파괴하는 것은 자신과 법의 계약 관계를 파괴하는 행위였다.

이러한 계약관은 플라톤의 《국가De Re Publica》에 드러난 이념과 일치하나 고대 그리스 아테네의 실제 상황은 아니었다. 플라톤이 말한 것처럼 정말 17세의 아테네 청년이 국민 신분을 선택하고 결정하기 위해 법률 지식을 공부했다면, 아테네 법률 외에 다른 국가의 법률도 함께 공부해야 하지 않겠는가? 아테네의 법률만 배운다면 그 선택은 무슨 의미가 있겠는가? 사실상 아테네도 현대사회와 마찬가지로 거기서 태어났기 때문에 그 나라 국민이 되는 것이었고, 정치적 이념 때문에 다른 나라의 국민 신분을 스스로 선택하는 사람은 언제나 극소수에 불과했다.

플라톤 시대와 오늘날 우리 시대의 민주주의에 대한 인식은 근본적인 차이가 있다. 고대 그리스 철인과 달리 현대인은 민주주의는 신뢰하지만 전제주의는 신뢰하지 않는다. 그렇다고 현대에서 전제주의가 이미 자취를 감추었다는 뜻은 아니다. 다만 전제주의를 시행하더라도 그것이 민주주의로 포장되고, 민주주의라는 이름으로 시행될 수 있다는 뜻이다. 전제주의 통치자는 전제주의 정치 체제를 직접적으로 변호하지 않는다. 그는 자신은 특별한 민주주의를 시행한다고 말해야 하고, 또 그렇게 말할 수밖에 없다. 오늘날 민주주의는 전제주의와의 전쟁에서 이미 승리를 거두었다. 민주주의가 결코 완벽한 것은 아니지만 합법적으로는 이미 전제주의를 이겼다는 뜻이다.

그러나 플라톤 시대의 정치철학은 민주주의 정치 체제의 결함을 목격했기 때문에 그것을 대체할 더 완벽한 정치 체제로 진보주의적인 전제주의를 떠올렸다. 오늘날 민주주의도 여전히 결함이 있으나, 그 결함을 대하는 사람들의 태도와 방식은 근본적으로 달라졌다. 불완전한 민주주의에는 민주주의를 포기하고 전제주의로 대체하는 것이 아닌, 완전함을 향해 가는 것이 필요하다. 사람들이 여전히 아리스토텔레스가 말한 '혼합정치 체제'에 관심을 가지더라도, 미국식 공화주의 헌정제도 같은 현대의 공화주의 정치 체제는 모두 민주주의에 속하며, 다른 어떠한 정치 체제로는 합법성을 확립할 수 없다.

질서와 국민 간의 아버지와 아들 또는 주인과 노예의 계약 관계와, 평등과 자유를 포기하는 국민 간의 계약 관계는, 수동적이고 소극적인 '좋은 국민'관을 선택하는 것이다. 이러한 관점에서 국민에게는 두 가지 의무가 있다. 정의로운 일을 하고 법에 복종하는 것, 즉 좋은 사람이 되는 것과 좋은 국민이 되는 것이다. 만약 국민이 어떠한 조건에서도 법에 복종해야 함을 강조한다면, 국민의 두 가지 의무는 동등하게 중요시되지 않는 셈이다. 법이 인간의 가장 중요한 의무를 정하면, 인간이 법에 따라 일을 하는 것은 자동적으로 정의로운 일을 하는 것이 된다. 유대인을 학살한 나치의 법에 복종한 독일 국민들은 바로 이런 피동적이고 소극적인 국민 모델을 선택하거나 선택을 강요당한 것이다.

만일 《크리톤》에서 소크라테스가 말한 "국민은 반드시 복종해야 한다"를 곧이곧대로 이해한다면, 개인으로 행동하는 것과 국민으로서 행동하는 것 사이에 괴리가 발생할 수 있다. "우리는 개인의 자격으로는 자신을 살필 책임이 있고 의롭지 못한 일을 하지 않을 것이다. 그러나 국민으로서는 (개인이) 책임을 지지 않으며 복종으로 인한 결과에서 책임을 회피할 수 있다…. 여기서 '무사유'의 아돌프 아이히만Otto Adolf Eichmann을 떠올릴 수 있다. (유대인을 학살한) 아이히만은 재판을 받는 과정에서 도덕적 의무와 법적(복종의) 의무를 계속 뒤섞어 말했다. 그는 자신이 수행한 지도자의 명령은 제3제국(히틀러가 권력을 장악한 시기의 독일 제국.‒옮긴이)의 법적 근거가 있었으므로 결코 범죄를 저지른 것이 아니라고 변론했다." 오늘날 독재정치는 "'좋은 사람'과 '좋은 국민'을 따로 떼어놓으면 그 결과는 아리스토텔레스가《정치학》제3권에서 상상한 것과 아주 거리가 멀어진다"는 것을 보여준다.[4]

소극적이고 수동적인 국민관과 달리, 적극적이고 능동적인 국민관은 주체적인 사고를 가진 사람(좋은 사람)과 법치에 복종하는 사람(좋은 시민)은 동일하며 하나가 될 수 있다고 생각한다. 국민은 모든 법이 아니라 정의의 법에 복종한다.《크리톤》에서 법은 소크라테스에게 복종을 요구하면서 세 가지 이유를 들었다. 첫째 법은 그의 부모이고, 둘째 법은 그의 수호자이며, 셋째 만약 법이 틀렸다면 법을 바꾸도록 '설득'할 수 있다. 법은 소크라테스에게 법을 바꾸도록 '설득'하거나 법에 '복종'하는 두 가지 선택을 허용했다. 잘 알려진 '설득 아니면 복종persuade or obey'이 바로 여기서 나온 것이다.

노스웨스턴대학교 철학과 교수인 리처드 크라우트Richard Kraut는 복종을 '정의의 찬성'으로 해석했다. 그리고 '설득 아니면 복종'을 해석함으로써 국민이 정의롭지 못한 법에 불복종할 수 있을 뿐 아니라 그래야 할 의무가 있음을 강조했다.[5] 만약 법이 언론의 자유를 금하고 계약을 파괴했다면 법 스스로가 법에 복종해야 하는 국민의 의무를 없앤 것이다. 국민은 논리를 주장할 권리를 잃은 동시에 저항할 권리를 얻은 것이다.

《소크라테스의 변론》에서 소크라테스는 법의 결정을 바꾸도록 설득했으나 성공하지 못했다. 따라서 《크리톤》에서 그는 법의 결정에 복종했다. 소크라테스는 자신에게 사형선고를 내린 법을 여전히 정의롭다고 여겼고, 법의 판결이 그에게 유리한지 아닌지로 법의 정의를 평가하지 않았다. 아테네에 대한 소크라테스의 태도는 '이 나라를 사랑한다면 떠나라'라고 결코 간단하게 말할 수 없는 것이었다. 소크라테스가 평생 아테네에서 산 것은 그가 아테네에서 태어났기 때문만이 아니라(법률은 부모와 같으므로), 아테네가 국민에게 민주주의 헌법과 자유를 제공했기 때문이다. 과두정치 체제의 스파르타나 크레타 같은 다른 국가의 국민들도 법을 준수하고 규율을 지켰을 것이나, 소크라테스는 분명 아테네의 민주주의 입헌 정치 체제를 더 선호했다.

페리클레스가 펠로폰네소스 전쟁에서 죽은 이들을 위해 추도 연설에서 말한 것처럼, 아테네 입헌정치는 국민에게 자유와 평등뿐 아니라, 그리스 세계의 다른 어느 곳과도 비교할 수 없는 자유와 관용을 가져다주었다. 소크라테스는 죽음에 이르기까지, 다른 나라에서는 아테네에서 습관이 된 철학의 삶을 누리지 못할 것이라고 여겼다.

소크라테스는 아테네의 민주주의와 법을 인정했지만 맹목적으로 복종하는 국민은 아니었다. 그는 오히려 국민을 자세히 살펴보고 비판하는 것을 자신의 의무로 여겼다. 그는 국민에게 자신의 영혼에 관심을 가지라고 호소했고, 자기만 옳다고 생각하지 말 것이며, 지혜와 진리가 이미 그들의 손안에 있다고 자만하지 말라고 충고했다. 여기서 우리는 대다수 아테네인들과 다른 방식으로 아테네에 충성하는 소크라테스를 볼 수 있다. 당시 대다수 아테네인들은 이러한 충성을 받아들이지 않았고, 그래서 소크라테스는 유죄판결을 받았다. 소크라테스가 판결에 복종한 것은 맹목적으로 권위(법 또는 국가)에 복종한 게 아니라, '설득 아니면 복종'이라는 공공의 약속을 받아들인 것이었다. 여기에는 위험이 따르지만 이것은 그가 자발적으로 받아들인 약속이었다. 사회에서 사상의 자유가 결여될수록 이러한 위험은 더욱 커진다. 오늘날의 기준에서 보면 아테네는 민주주의를 따랐으나 자유사상에 대한 포용력이 부족한 나라였다.

소크라테스의 정치적 기술이 갖는 의미

소크라테스는 우리에게 시민 불복종이 아닌 주체적이고 자유로운 사상가의 본보기를 보여준다. 어떤 학자들은 이러한 주체적인 사상에서 (악한 일을 하지 않는) 개인의 양심을 특히 강조한다. 그러나 문제는 개인의 양심을 지나치게 중시하다 보면 비정치적인 문제로 변질될 수 있다는 점이다. 이것이 바로 한나 아렌트가 《공화국의 위기Crisis of the Republic》중 〈시민 불복종Civil Disobedience〉에서 보여준 관점이다.[6] 한편 이것을 사상가(철학자)의 '정치적 기술'의 특징으로 보는 학자들도 있다. 사상가의 정치적 기술은 양극단의 중간 지대에 위치한다. 한쪽 끝은 공과 사, 정치적 공공성과 도덕적 개인을 완전히 분리한 것으로, 양심적 순결을 지키기 위해 개인은

세계와 접촉을 끊고 깨끗한 손이 더러워지지나 않을까 두려워하며 살아
간다. 다른 쪽 끝은 정치의 원칙을 개인의 양심으로 대체하는 것으로, 추호
의 타협도 원하지 않는 것이다.[7]

소크라테스는 양극단을 피하고 그가 만든 중간 지대에 자리했다. 거
기서는 도덕 원칙으로 공공의 일을 직접 변화시키는 것보다 도덕 원칙으
로 공공의 일을 바라보는 것이 훨씬 더 중요하다. 소크라테스는 독립적인
사상가로서 개인적인 생활을 누렸지만 보통 사람과 같은 생활은 아니었
다. 그는 자기 나름대로 철인의 삶을 살았고, 정의의 진정한 수호자는 정치
에 직접 관여하지 않는다는 견해를 고수했다. 이것이 소크라테스의 정치
적 기술이지만 그렇다고 그가 아예 정치에 참여하지 않았다는 뜻은 아니
다. 그는 정치에 직접 참여하는 것이 아닌, 사상과 사변의 방식으로 정치에
참여하는 다른 국민들의 능력과 덕성에 영향을 미쳤다.

사상가는 국가의 폭력으로부터 자신을 온전히 보호할 능력이 거의
없기 때문에, 국가의 권력 앞에서 실제로 할 수 있는 시민 불복종은 극히
제한적이다. 따라서 소크라테스의 정치 기술은 실질적인 고민에 의한 것
이었고, 나름대로 활로를 찾은 것이었다. 이러한 정치 기술에서 드러나는
개인의 양심은 모든 행위의 결과를 고려하지 않은 게 아니다. 어떤 사람들
은 세상을 바꾸고 악을 소탕하기 위해 수많은 생명의 희생도 마다하지 않
는다. 그러나 "소크라테스는 자신의 도덕적 정직함을 유지하고자 했고, 그
로 인한 결과도 자기 자신으로만 제한했다. 그는 차라리 죽을지언정 악한
일을 하기를 원하지 않았고, 세상의 악을 없애려는 과도한 욕심을 부리지
도 않았다."[8]

화를 면할 수 없는데도 사회에서의 퇴출을 받아들인다면 그것은 기

꺼이 사지로 뛰어드는 것과 같다. 이것은 겸허한 정치 기술이고, 이러한 겸허함은 소크라테스의 기본적인 도덕 원칙에 부합한다. 소크라테스의 기본적인 도덕 원칙은 무엇을 해야 한다고 목소리 높여 주장하는 게 아니라, 겸허하게 '악한 일을 하지 않는다(정의가 아닌 것을 피한다)'는 영원히 포기할 수 없는 원칙을 지키는 것이다. 크게 떠들어대는 진리를 맹신하지 않고 겸손하게 기본적인 도덕적 신념을 지키는 것이 소크라테스의 주된 사상이었다. 즉 '가장 좋은 것을 의심하는 것'과 '가장 나쁜 것을 피하는 것'이다. 이러한 신념을 가졌다면 과연 국민은 어떠한 상황에서도 무조건 모든 법에 복종할 수 있겠는가?

2

셰익스피어의
《줄리어스 시저》속 정치와 인간성

셰익스피어의 《줄리어스 시저Julius Caesar》(1599)(율리우스 카이사르의 영어식 표기. – 옮긴이)는 400여 년 동안 관객과 독자들에게 시저를 살해하는 것이 마땅한가라는 질문을 던졌다. '시저를 살해하는 것'은 자연스럽게 '폭군을 제거하는 것'을 연상시킨다. 그러나 시저를 살해하는 것과 폭군을 제거하는 것은 똑같이 정당한가? 이 두 사건의 옳고 그름은 항상 같은가? 이 문제의 옳고 그름을 간단하게 답하기는 어렵다.

1649년 1월 30일, 영국의 국왕 찰스 1세가 처형되자 시인 존 밀턴John Milton은 같은 해 발표한 《왕과 위정자의 재임The Tenure of Kings and Magistrates》에서 다음과 같이 기록했다. "폭군이나 사악한 국왕이 자신의 죄를 책임지도록 하려면, 판결 후에 그를 사형에 처해야 한다…. 이는 합법적이다." 밀턴은 공화주의를 동정했지만 시저 살해에 대해서는 이견이 있었다. 그는 《영국 국민을 위한 해명A Defence of the People of England》(1651)에서 다음과 같이 기록했다. 시저는 그의 시대에 가장 뛰어난 사람들에게 살해당한 폭군으로, 로마의 위대한 정치가 키케로도 그를 살해한 행위를 찬양했다. 그러나 "만약 한 명의 폭군을 용서할 수 있다면, 나는 그가 시저이길 바란다"고 했다. 또 그는 《비망록Commonplace Book》에서 "고귀한 브루투스와 카시우스는 국가에 정신적 자유를 얻어주었으나, 이 국가가 자유에 적합하지 않다는 사실을 미처 고려하지 않은 잘못을 범했다"고 썼다.[1]

밀턴은 폭군을 제거하는 것이 보편타당한 정치적 정의의 원칙이라면, 국민의 자유가 아직 성숙하지 않은 상황에서는 시저를 살해하지 않는 것(시저를 제거하지 않는 것)이 예외가 될 수 있다고 했다. 시저를 살해하지 않는 것은 현실 정치의 선택이 되고, '폭군을 시해하는' 정치적 행동은 개인적인 감정이나 도덕적 윤리관, 이상, 심지어 이데올로기의 지배를 받지 않고 국가의 이익이 최고의 고려 조건이 되어야 한다. 현실 정치의 원리에 따르면, 국민이 아직 자유를 받아들이고 행사할 준비가 안 된 예외적 상황에서, 폭군은 국가의 안정과 발전에 유익하므로 계속 전제 통치를 하도록 해야 한다. 시저는 비록 전제주의 통치자였지만 능력이 있었고 심지어 추앙을 받기도 했다. 시저를 죽이면 로마에 이득이 없었고, 시저의 죽음을 정치적 혼란이나 또 다른 폭군으로 대체한다면 그를 제거하는 것은 실질적인 의미가 없다. 효과적인 전제와 불확실한 자유 사이에서, 시저를 죽여야 하느냐 마느냐는 이러기도 저러기도 어려운 선택이다.

전제주의에 저항한 고전

1599년 《줄리어스 시저》가 초연되던 때, 영국 관객들은 극 중 인물인 브루투스가 과연 시저를 죽이고 로마공화정을 수호할 만한 정치적 지혜가 있는 인물인지 의심을 가질 수밖에 없었다. 당시 영국은 (가톨릭과 개신교의) 심각한 종교적 갈등에 처해 있었고, 외국의 침략 위기에 직면해 있었다. 왕조 교체는 지속적인 전란을 불러일으켜 영국인들은 강력한 인물이 정국을 안정시켜주기를 기대했다. 《줄리어스 시저》 속의 브루투스는 고귀한 신분의 로마인이자 정의로운 영웅이었지만, 강력한 정치인으로서의 결단과 수단이 부족하여 목숨을 다해 그에게 충성할 만한 강한 민심을 응집시킬 수 없었다. 이와 비교하면 시저는 비록 로마의 자유를 위협하는 인물이었으나 실력 있는 통치자였기에 그가 있어야만 안정적인 질서를 유지할 수 있었다. 비록 그 질서가 좋지 않은 질서라 해도 질서가 없는 것보다 낫다. 이것이 아마도 《줄리어스 시저》가 전달한 최초의 교훈일 것이다.

그러나 17세기를 시작으로 영국의 정치 환경과 문화에 중대한 변화가 발생했다. 17세기 영국은 '혁명'의 시대에 진입했다. 찰스 1세의 재위 기간 동안 세 차례에 걸친 내전으로 영국인의 10분의 1이 목숨을 잃었다. 1351년 영국의 '반역법'은 '국왕의 시해를 꾀하고 상상하는 것'을 반역죄로 규정했고, 국왕은 국가의 최고 권위자이자 영원히 올바른 존재였다. 그러나 1648년 혁명 후, 의회는 찰스 1세를 법정에 세운다. 1649년 당시 젊은 변호사였던 존 쿠크John Cooke는 근거할 수 있는 기존 법이 전혀 없는 상황에서 청교도의 경건함과 국민의 자유에 대한 열망으로 '왕권신수'에 도전하여 국왕을 단두대에 올렸다. 이로써 '폭정'은 하나의 죄명이 되었다. 영국인이 찰스 1세에게 내린 판결은 자기 국민을 상대로 전쟁을 일으킨 국가 원수를 심판한 최초의 사례가 되었다.

17세기 영국인은 이미 다른 시각으로 로마 시대의 시저를 보았다. 자유를 위해 시저에 저항하고 그를 죽이는 것은 자유를 수호하는 고상한 일로 여겨졌다. 영국의 정치가 시드니Algernon Sidney는 시저에 저항하다 죽은 마르쿠스 카토 우티첸시스Marcus Porcius Cato Uticensis를 본받았고, 스코틀랜드의 시인 제임스 톰슨James Thomson은《사계절The Seasons》에서 시드니를 '영국의 브루투스'라고 칭송했다. "의지가 곧고 두려움 없이 용감하다/고전이 그의 마음을 포근하게 하였구나/깨우친 사랑으로 고대의 자유를 갈망했구나."[2]

시드니는《정부론Discourse Concerning Government》(1698)에서 시저는 무력과 속임수로 권력을 찬탈했고, 브루투스와 카시우스가 시저를 죽임으로써 로마가 다시 자유롭고 '숭고한 시도noble attempt'의 기회를 얻게 되었다고 썼다. 그는 국민이 왕을 파면할 권리가 있으며, 왕의 권력이나 혁명가의 권력 모두 국민의 자유와 권리를 능가할 수 없다고 굳게 믿었다.[3]

1688년 영국에서 명예혁명이 발발했고, 역사학자 클라크M. L. Clarke는 당시 영국의 상황을 이렇게 묘사했다. "명예혁명 이후 영국은 이미 더는 전제주의 통치를 끝낼 브루투스가 필요하지 않았다. 당시 군주제는 이미 충분히 길들여졌으며, 여전히 국왕이 있기는 했지만 영국인은 자신들의 국가를 자유의 낙원으로 여겼다." 명예혁명은 민심을 얻지 못한 국왕 제임스 2세를 내몰았을 뿐 아니라, 진정한 입헌정치 체제를 수립하고 국왕의 권력을 법률로 확실히 제한했다. 이것은 영국이 비로소 진정한 민주국가가 되었음을 의미했다. 18세기 영국 국민이 생각한 고대 로마의 쇠망 원인은 전제주의 통치자인 시저를 잃었기 때문이 아니라 로마인이 자유를 잃었기 때문이었다. 이로써 법치국가인 영국은 이미 자유주의 로마공화정의 자랑스러운 계승자가 되었다.[4] 영국의 시인 존 다이어John

Dyer(1699~1757)는 《로마의 폐허The Ruins of Rome》(1740)에서 '자유'를 이렇게 표현했다.

> 너는 고귀한 영국인에게 어떻게 통치해야 하는지를 가르쳐주었다,
> 포학한 통치를 어떻게 막아야 하는지와,
> 거만과 횡포를 없애고, 평화를 심는 즐거움도.[5]

조지 리틀턴Sir George Lyttelton은 로마에서 시인 알렉산더 포프Alexander Pope에게 한 편의 시를 보냈다.

> 지혜와 자유의 뮤즈들이여,
> 그녀들은 폭군과 수도자들로부터 멀리 날아갔구나.[6]

18세기 영국의 수필가이자 극작가 조지프 애디슨Joseph Addison의 비극 《카토Cato》(1712년 완성, 1713년 초연)는 고전의 자유를 숭상하는 영국인의 의식을 최고조로 끌어올렸다. 카토는 로마공화정 후기에 참의원직을 맡은 정치가로, 시저의 전제주의에 맞서다 실패한 뒤 북아프리카 우티카Utica 섬으로 망명해 저항을 계속하면서 투항에 거부하고 자살로 생을 마감했다. 《카토》는 영국에서 오랜 기간 상연되었고, 여왕도 애디슨에게 이 공연을 자신에게 헌정하라고 요구했다.

이 공연은 미국 건국의 아버지로 하여금 자유를 찬양하고 고무하도록 격려하기도 했다. 《카토》는 미국의 초대 대통령 조지 워싱턴이 가장 사랑한 연극이었고, 그는 미국 독립혁명 당시 군인들이 밸리 포지Valley Forge

에서 어려움을 겪을 때 이 연극을 상연하여 사기를 진작시켰다. 미국 독립 이후 연방주의자와 반연방주의자가 논쟁을 벌일 때 반연방주의 작가 두 사람이 '카토'라는 필명을 사용했고, 그중 한 명은 '카토 우티첸시스Cato Uticensis'라는 필명을 사용했다. 그들은 강대한 연방정부의 권력이 최종적으로는 국민의 공화국을 파멸시킬 것이라고 믿었기에, 카토는 그들 마음속에서 자유의 상징이었다. 미국 건국 시기의 교육가이자 사전 편찬자인 노아 웹스터Noah Webster가 엮은 교과서에도 《카토》의 한 단락이 수록되어 있다. 이 교과서는 1785년 이후 약 50년 동안 77차례나 출판되어 한 세대 이상의 미국 국민들의 교육을 담당했다.

애디슨의 《카토》에서 주인공 카토는 공화주의의 이상을 수호하고 시저에 저항하다 죽었다. 《카토》의 주제는 매우 분명하고 명확하다. 짐작하기 어렵고 다층적인 의미를 지닌 셰익스피어의 《줄리어스 시저》와 대조를 이루는 지점이다. 카토는 시저가 유린하고 파괴한 공화주의 이념을 명확히 대표했다. 《줄리어스 시저》에서 브루투스는 운명을 받아들이고 머뭇거리지만, 카토는 확고한 결단을 내렸고 강직한 모습을 보여준다. 현대의 독자들이 보기에 카토가 원칙을 고수하는 정도는 '고집스러운' 수준일 것이다. 그러나 18세기 영국에서 카토는 고전의 자유를 향한 완벽한 이상을 상징했고, 카토의 '고집'은 미국 독립혁명 시기의 혁명가들을 고무시킬 가장 격정적인 자유의 목소리를 전달했다.

패트릭 헨리Patrick Henry가 주창한 미국 독립혁명의 구호 '자유가 아니면 죽음을 달라'는 바로 이러한 자유관을 나타낸다. 《카토》는 미국의 많은 혁명가들에게 인용되거나 차용되었다. 미국의 애국지사 네이선 헤일Nathan Hale은 독립전쟁 중 영국에 간첩죄로 처형당해 민족적 영웅이 되었다. 그는 "조국을 위해 바칠 수 있는 목숨이 하나밖에 없는 것이 안타까울 뿐이다"라는 유명한 유언을 남겼다. 이것은 《카토》의 "국가에 봉사하기 위해 단 한 번만 죽을 수 있다니 이 얼마나 유감스러운 일인가"라는 말에서 따온 것이다.

자유에 대한 굳건한 요구는 개인과 정치의 관계를 변화시켰고, 점점 더 많은 사람들이 자유를 갈망했다. 사람들은 효과적인 전제와 불확실한 자유 중 하나를 선택하기를 거부했다. 인간의 근본적인 자유가 전제주의 권력의 위협과 억압을 받는 순간에 사람들 앞에 놓인 선택은 효과적인 전제냐 불확실한 자유냐가 아니었다. 노예로 살 것인가 자유롭게 살 것인가, 즉 자유가 없는 질서에서 노예처럼 굴욕적이고 비참하게 살아갈 것인가를 고민해야 했다. 극 중 카토가 자살을 결심했을 때, 그는 "정의가 독재에 굴복하고, 정복당한 세계는 시저의 것이며, 거기에 카토의 자리는 없다"고 생각했다. 같은 극 중 인물인 로마의 참의원 루시우스Lucius는 카토의 죽음을 알리며 이렇게 말했다.

오늘 이후로, 전쟁을 멈추지 않는 국가들은 들으라.
나라의 불안정이 낳은 무시무시한 결과가 무엇인지,
이는 우리나라에 경종을 울린다.
로마가 무력의 희생양이 되자
속임수와 잔인함, 고투가 생겨났고
이 죄 있는 세계가 카토의 생명을 앗아갔다.

루시우스가 말한 '안정'이란 시저가 상징하는 안정이 아니라, 로마공화정이 자유로써 보장한 안정이다. 시저는 무력으로 공화제도를 짓밟았고, 이미 오래전 카토와 루시우스 및 미국 혁명가들이 소중히 여긴 안정을 파괴했다. 전제주의의 안정은 무사 평안이 아니라 자유의 박탈과 상실이었다. 이러한 삶의 여건은 인간의 존엄성을 박탈했고, 인간은 어떤 가치도 의미도 없이 짐승처럼 살았다. 목숨을 부지하기 위해 그들이 지급한 대가는 너무도 값비싼 인간으로서의 삶이었다.

《카토》에서 드러난 고집스러움에 가까운 이성주의적 자유관은 왜 폭군을 제거해야 하는지에 답하고 있다. 무릇 혁명은 폭군을 제거하려는 이유에 답해야 하고, 모든 혁명 이론도 이에 필연적으로 답해야 한다. 폭정과 폭군에 저항하는 절대적인 정치적 이성을 제시해야 사람들은 혁명의 이성과 비이성을 덜 의심하고 고민하게 된다. 그러나 셰익스피어의《줄리어스 시저》는 폭군을 제거하는 이성에도 많은 비이성적 요소가 섞여 있을 수 있음을 보여준다. 이는 정치적 행동을 실행하는 사람 개인의 성격과 도덕 윤리관, 이상, 기대 및 인류의 자유롭지 못한 요소와 밀접한 관계가 있다.《줄리어스 시저》는 폭군을 제거하는 중요한 임무에서 실패의 책임은 누가 져야 하는지《카토》보다 더 많은 생각을 하게 해준다.

《줄리어스 시저》 속의 이성

《줄리어스 시저》는 고대 로마의 이성을 전체적으로 조감할 수 있게 해준다. 간결하고 명료한 언어, 절제된 수사적 표현, 공공 정치인의 등장, 로마 제국의 운명이 달린 사안, 이 모든 요소로 인해《줄리어스 시저》는 셰익스피어의 작품 가운데 이성적 색채를 가장 많이 띤 작품이 되었다. 극 중 인물들은 가장 흥분이 고조되는 순간에도 최소한의 수사적 언어를 사용하고 그들의 공공 신분에 부합하는 단호하면서도 설득력 있는 언어를 사용한다.

시저는 바로 이러한 로마식의 결연한 이성을 나타낸다. 그의 극 중 대사는 130행에 불과하지만 당당하고 침착하며 결단력 있고 비범한 위엄을 보여준다. 브루투스도 결단력 있고 절제된 태도로 자신의 결심을 드러낸다(《줄리어스 시저》I막 2장, 82ff, 162ff. 이하 해당 책의 인용 부분을 나타냄).[7] 그는 시저 살해 음모에 참여한 자들에게 맹세로 결심을 표명하자는 카시우스의 제안을 거절했다. 그는 말했다. "아니, 맹세하지 마시오. 우리 마음의 고통과 사람들의 표정이 이 시대의 부패하고 흉악한 세력을 제거하는 유력한 동기가 아니라면, 빨리 해산하고 각자 돌아가 쉬는 것이 낫소."(II막 1장 120~124행) 그의 연설은 당당하고 공명정대하며 결단력 있는 지혜를 드러낸다. 브루투스의 아내 포르키아Porcia는 더 엄숙한 언어를 사용하나, 마찬가지로 명쾌하고 결단력이 있다.

《줄리어스 시저》에서 등장인물들은 종종 3인칭으로 자신과 상대방을 지칭하여 최대한 객관적인 효과를 만들어낸다. 인물들의 이름은 한 개인을 가리킬 뿐 아니라, 그 사람이 견지하고 상징하는 이념을 가리킨다. 브루투스, 포르키아, 카시우스와 같은 이름으로 불리는 것은 영예이고, 이렇게 불리기 위해서는 반드시 그 이름에 떳떳해야 한다. 이 이름이 내포하는 정직하고 고귀한 인품은 사람들이 볼 수 있는 것이어야 한다. 이러한 인물들은 대중 앞에서 일반인에게는 없는 투명성을 보여주며, 그들 마음속의 형상은 대중의 눈에 비친 모습과 영원히 일치한다. 이러한 일관성과 일치성은 완전한 인격의 증거이고, 이는 가장 완벽한 의미에서의 '정직'이다.

　이러한 언어와 표현 방식을 통한 설득력은 순간적인 감정에 호소하는 게 아니라 듣는 사람의 사고와 이성에 호소한다. 따라서 아서 험프리 Arthur Humphrey는 《줄리어스 시저》의 스타일을 '이성적 서정'이라고 불렀다. "'이성'은 극의 내용을 통해 뚜렷하게 볼 수 있는 굳센 신념을 의미하고, '서정'은 대사의 음절과 의미 사이의 일관된 유연성을 가리킨다."[8]

　험프리의 평가는 정확했다. 《줄리어스 시저》에는 우아한 공공 언어의 스타일이 있고, 사적인 대화에서도 흥분하거나 과격하지 않은 온화한 어조를 사용한다. 항상 해석하고 설명하며, 비유와 예증을 통해 증명이 아닌 해석을 함으로써 뚜렷한 의도와 명확한 유추를 보여준다. 이러한 공공 언어는 전달과 의미 사이에서 매우 적절한 균형을 이루고, 막힘없는 유창함과 어조의 변화는 자연스럽게 서로 어울리며, 억지로 폼을 잡거나 꾸미지 않는다. 이런 방식으로 말하는 것은 마치 당연한 것처럼 자연스럽다. 말의 표현이 간단하지도 복잡하지도 않게 매우 적절하며, 말의 의미가 자연스럽게 드러나 말하는 사람은 어려운 말로 수준 높은 척 애쓸 필요가 없다.

　독일의 철학자 한스 게오르크 가다머는 이를 '이성'으로 세계를 파악하는 경지라고 칭했다. 이성과 언어 가운데 이성이 우선하고, 이성이 명확한 생각(의미)을 정립하면 언어의 표현도 자연스럽게 형성된다.[9] 이 견해에 따르면 불명확한 언어는 모두 빈약한 이성과 불명확한 사유의 결과이고, '수준이 높은 것'과는 완전히 무관하다.

　《줄리어스 시저》의 줄거리 및 행위의 이성은 '이성적 서정'의 언어와 잘 어울린다. 이성적 행위는 목적 이성의 지배를 받아 선택한 방식과 결과를 포함한다. 《줄리어스 시저》에서 거의 모든 인물들의 행위는 어떠한 수단과 목적이 일치된 선택이다. 행위자는 적당한 방식을 선택하고 행하여 합리적 목적에 도달함으로써 이 세계에 개입한다. 이러한 행위는 질서와 법률을 강조하는 공공 사회의 특징을 지니며, 개인의 행위는 공공의 결과를 가져오므로 공공 행위가 된다.

《줄리어스 시저》에서 인물들의 행위는 모두 이러한 유형에 포함된다. 캐나다의 문학비평가 노스럽 프라이Northrop Frye는 셰익스피어 작품에는 세 편의 '사회적 비극'이 있다고 지적했다. 《줄리어스 시저》《맥베스》《햄릿》이 세 비극에는 모두 세 가지 유형의 인물이 등장한다. 첫째는 '질서'를 대표하는 역할로, 각각 《줄리어스 시저》의 시저, 《맥베스》의 덩컨, 《햄릿》의 햄릿의 아버지다. 둘째는 '배반'하는 역할로, 질서 역할을 하는 자는 배반 역할을 하는 자에게 살해된다. 세 비극에서 배반 역할을 하는 인물은 브루투스, 맥베스, 클로디어스다. 셋째는 '복수'의 역할로, 죽임을 당한 사람을 위해 복수하지만 그 죗값을 받는다. 복수의 역할은 각각 안토니우스와 옥타비아누스, 맬컴과 맥더프, 햄릿이 맡는다.

이 세 비극의 '살해 계획'을 비교해보면 《줄리어스 시저》의 행위적 이성을 알 수 있다. 브루투스가 시저를 죽인 것은 《맥베스》처럼 세 마녀가 맥베스의 머릿속에 무서운 생각을 몰래 주입했기 때문이 아니라, 순전히 정치와 도덕적인 이유에서 비롯된 것이다. 쉽게 결단을 내리지 못하고 망설이던 햄릿과 달리, 안토니우스가 브루투스를 죽음으로 내몬 것은 세심한 계획을 통해 실행한 정치 및 군사적 행위였다. 암살과 복수의 이성적 방식은 모두 인물의 이성과 밀접하게 연관된다.

《줄리어스 시저》 속에 등장하는 인물들은 모두 이성적이기로 이름난 로마 시민이다. 음모를 꾸미는 자들, 특히 브루투스와 카시우스는 로마를 진실과 영예, 대장부의 국가로 자랑스럽게 여겼다. 처음부터 그들이 저항하고자 한 것은 바로 그들 눈에 비이성적으로 보였던 시저의 야심이었다. 시저는 야심에 미혹되어 로마공화정의 이념에서 벗어났고 결국 독재자로 전락했다. 카시우스는 로마인이 이미 시저의 노예가 되었다는 이유를 들어, 브루투스에게 시저에 저항하는 행렬에 참여하자고 권했다(I막 2장 150ff; I막 3장 103ff). 브루투스는 로마를 위해 결국 배반에 동참한다. "설마 로마가 독재자의 수하에 들어갈 것인가? 우리 로마가 어떤 로마인가? 타르퀴니우스Tarquinius가 스스로 왕위에 올랐을 때 우리 선조들은 그를 로마 거리에서 추방했다…. 그들은 내가 정의를 위해 바른말을 하고, 용감하게 나아가 폭군을 제거하기를 원한다. 로마여! 나 브루투스는 반드시 전력을 다해 너를 구할 것이다!"(II막 1장 52~58행)

로마인에게 자연법에 따르는 것은 곧 이성을 따르는 것이었다. 키케로는 《국가론》에서 이렇게 기록했다. "정확한 이성의 진정한 법은 자연과 일치한다. (법은) 보편적으로 적용되고 영구불변하며, 그 법령은 의무를 부르고 처벌로써 잘못된 행위를 방지한다. 법을 고치려는 것은 곧 죄악이며, 법의 어떠한 부분도 수정이 허용되지 않는다…. 로마와 아테네에는 다른 법이 존재하지 않으며, 오늘과 미래의 법에도 차이가 없다. 모든 국가와 시대를 막론하고 오직 하나의 영원불변한 법이 존재한다."**10**

키케로가 말한 것은 자연의 질서와 규칙에 순응하는 자연법이다. 인간의 이성은 반드시 자연의 법칙에 순종해야 한다는 것은 브루투스의 정치와 도덕의 준칙이 되었다. 그는 시저를 '뱀의 알'처럼 없애기로 결심한다(I막 2장 32행). "시저의 행위는 감정 혹은 비이성의 지배를 받는다"고 민었기 때문이다(I막 3장 20~21행). 만약 시저가 왕의 칭호를 받는다면, 그것은 곧 시저의 천성에 위배된다고 브루투스는 생각했다. "그가 왕관을 쓰면 그의 천성이 어떻게 바뀔지 정말 문제다."(I막 3장 12~13행) 그뿐 아니라 시저는 다른 사람의 이성적 권고를 절대 듣지 않았고, 공화주의의 자연 법칙에서 점점 더 멀어졌다. 이때 남은 유일한 선택은 이성을 이용해 그를 설득하는 게 아니라, 바로 무력으로 시저를 제거하는 것이었다. 브루투스는 자신이 '인간사의 (자연적인) 조류'에 순응하고 있으며, 따라서 조금도 주저하지 않고 정의를 위해 나아가고 있다고 굳게 믿었다(IV막 3장 218~228행).

브루투스는 자신의 행위를 말할 필요 없이 자명한 이성적 선택으로 이해했다. 그의 행동은 필연적인 이성의 체현이자, 로마공화정의 원칙을 따른 것이었다. 고상한 사업을 위해 정당한 목적을 택하고, 효과적인 수단을 활용하여 그 목적에 도달한다. 이를 위해 주도면밀한 계획을 세우고, 매 단계마다 감정으로 인해 잘못된 길로 빠지지 않는다.

문체나 줄거리, 인물 측면에서 보면 《줄리어스 시저》는 마치 이성의 극 또는 이성에 관한 극이라는 결론을 얻을 수 있을 것 같다. 그러나 그 이성의 표면 아래에는 이성과 부합하지 않거나 모순되는 것이 숨겨져 있다. 그것은 바로 '비이성'적 요소다. 이성의 공공 행위와 정치 행위의 겉모습 속에는 형언하기 힘든 욕망과 격정, 불안이 존재한다. 이런 모든 것을 따지지도 않고 어떠한 대가도 고려하지 않는 이성적 선택은 완전한 이성으로 해석하기 어렵다.

이성에 부합하지 않는 요소를 비이성이라 부르려면 먼저 비이성을 정의해야 한다. 비이성은 반드시 이성에 반대되지는 않으며, 이성을 거부하는 '반反이성'도 아니다. 비이성은 이성의 끝자락에 위치하며 논리와 이성적인 방식으로는 해석할 수 없는 심리다. 비이성을 이렇게 취급하는 것은 기독교가 '악'을 해석하는 것에 가깝다. 즉 악은 실재하지 않으며 단지 선의 '상실'과 '부재'를 가리킨다. 악이 선과 똑같은 실질적 의미를 갖지 않는 것과 같이 삶의 비이성도 이성과 똑같은 실질적 의미를 갖지 않는다.

삶이나 사회생활에서의 비이성은 문학에서의 비이성과는 또 다르다. 이성에서는 항상 비이성을 읽어낼 수 있는데, 이것은 신뢰 체제의 문제와 관련된다. 신뢰가 부족한 상황에서는 이성적 언어와 행위로 신뢰를 얻을 수 없고, 오히려 회의주의와 냉소주의의 공격 대상과 희생양이 되기 쉽다. 만약 이성에서 비이성을 굳이 읽어내려는 것이 보편적인 심리가 된다면, 사회의 기본적인 이성의 질서를 동요시킬 수 있다. 민주주의, 법치, 공정, 정의, 인권 모두 이러한 기본적인 이성의 질서다.

이성에서 비이성을 읽어내는 것은 구조적 읽기 방법이다. 이것은 철학과 문학에서는 흥미로운 읽기 방법이지만 실생활에서는 신중하게 사용되어야 한다. 구조 분석은 사람들이 말하는 '객관적' 읽기보다 못하기 때문이다. 구조 분석은 정치적 동기나 결과가 없을 수 없다. 분석 전에는 존재했던 필요와 가치 있는 사회·정치적 인식이, 분석 후에 이견이 생기고 일치된 결론을 내릴 수 없게 될 수도 있다. 그래서 까닭 없이 부정되거나 버려질 수 있다. 구조 분석은 목적이 있어야 하고 이성적 선택에 기초해야 한다. 무턱대고 이성을 구조적으로 분석하려는 것은 그 자체가 비이성적인 행위다.

《줄리어스 시저》 속의 비이성

《줄리어스 시저》는 역사가 아니라 문학이며, 로마 역사에서 어떤 사건을 재현한 것이 아니라 예술을 통해 재창조된 '극'이다. 이 이성의 극에서 '비이성'의 요소를 읽어내는 것이 곧 문학적 읽기다. 문학은 일상생활에서 인간을 풍부하게 만들고, 인간의 행위와 동기, 심리를 문자로 고정시켜 독자들이 자세히 감상하고 깊이 생각할 수 있게 해준다. 문학은 사람들이 일상에서 얻기 어려운 심미성과 사유의 필요를 만족시켜줄 수 있다. 《줄리어스 시저》에서 비이성적 요소를 읽어내면 바로 이러한 문학적 심미성과 사유의 즐거움, 깨달음을 얻을 수 있다.

《줄리어스 시저》에서 비이성은 항상 인물의 마음속과 잠재의식에 깊이 감추어져 있고, 겉으로 드러난 이성적 행위에 대한 '반어법'이 된다. 극중 브루투스의 유명한 독백이 바로 그 예다. 이 독백은 브루투스의 결단("시저를 죽일 이 방법만 있다면")을 시작으로 그 결단의 이유를 선포하는데, 여기서 그는 "시저에게 개인적인 원한은 없고, 다만 대중의 이익을 위해서"임을 드러낸다(II막 1장 10~12행). 그러나 동시에 독자는 시저를 죽이자는 카시우스의 설득이 브루투스에게 통한 것은 카시우스의 교묘한 아부 때문이었음을 알 수 있다. 여기서 브루투스는 비이성적 정서의 영향을 받았다고 할 수 있다. 마케도니아의 필리피Philippi에서 안토니우스와 옥타비아누스에 맞서 전투를 벌이기 전날 밤, 브루투스는 초조해하고 화를 내며 충성심 가득한 카시우스를 거칠게 대하고 그의 권고도 듣지 않았다. 브루투스 마음속의 억누르기 힘든 초조함과 불안도 비이성적이다.

또한 브루투스는 카시우스가 부당한 수단으로 자금을 조달한 것에 분노했고, 자금 조달을 도운 친구도 벌하려 했다. 이러한 과장되고 지나친 분노는 사실 자신의 불안한 양심이 투사된 것이었고, 잠재의식 속에서 자금을 조달받은 자신의 도덕적 과실을 다른 사람에게 전가하려 한 것이었다. 브루투스는 시저 살해를 도모했고, 이는 그 동기가 얼마나 고귀하든지 간에 자신의 정서를 배반한 행위였다. 안토니우스가 브루투스를 책망하여 그 심리적 급소를 공격하자, 브루투스는 안토니우스와 최후의 승부를 두고 더욱 생사를 걸었고 전략적으로도 마음이 어지러워졌다. 그래서 그는 카시우스의 정확한 군사적 판단을 거부했고, 다르다넬스Dardanelles 해협을 건너 필리피에서 안토니우스와 옥타비아누스에 맞서 싸우기를 고집하며 실패의 요인을 제공했다.

카시우스는 이성적인 인물로, "온정을 경계하고" "여자같이 좁은 소견"을 경멸했다(I막 3장 83행). 그는 시저가 "병든 여자아이처럼" 행동하는 것을 멸시했다(I막 2장 127행). 그러나 그는 브루투스와 논쟁을 벌일 때 자신의 견해가 "여자같이 좁은 소견"이고, "어머니로부터 급한 성격을 물려받았다"고 시인했다(IV장 3막 118행). 카시우스가 시저에 저항한 정치적 행위는 잠재의식 속에 개인적인 동기가 있었는데, 그것은 바로 시저를 향한 질투였다. 그러나 그는 이러한 감정적인 동기를 억누르기 위해 항상 '영예'와 '고귀함'으로 동료들을 설득했다. 그는 사실 그들을 속인 게 아니라 자기 자신을 속인 것이었다. 그에게 이성으로 보였던 목적은 사실 의식과 잠재의식이 모호하게 혼합된 동기였다.

《줄리어스 시저》에서 의식적인 이성이 장악한 정치적 현실은 항상 잠재의식의 몽환적 색채를 지닌다. 극 중 뜻밖의 폭풍이 일어나고 기이한 일이 발생하기도 한다. 이는 현재 일어나는 정치적 행위와 사건에서 기인한 색이 입혀진 것이다. 브루투스는 악몽에 시달렸다. "나는 지금껏 잠을 자지 못했다. 위험한 행동을 계획하고 행동을 시작한 사이 얼마 동안, 마치 무서운 악몽 속에 있는 것 같았고 온갖 환상에 시달렸다."(I막 1장 63~65행) 시저를 죽일 준비를 하던 음모자들은 "백귀가 돌아다니는 밤"에 활동했다. 그들은 "어두운 밤"의 엄호 아래 몰래 일을 도모했고, 로마공화정을 수호하고 폭군을 제거하는 떳떳하고 정당한 사업은 바로 자신의 그림자조차 무서워하는 인물이 암흑 속에서 벌인 것이었다(II막 1장 77~85행).

브루투스의 잘못은 죄다 이성을 지나치게 맹신해 빚어진 결과라 할 수 있다. 첫 번째 잘못은 공모자의 충성 맹세를 거부한 것이다. 그 결과 어떤 사람이 기밀을 누출해 적의 편인 아르테미도로스Artemidoros에게 정보가 새어나갔고, 그는 이 기밀을 종이쪽지에 적어 시저에게 전했다. 순전히 그들이 운이 좋았거나 시저가 대의를 맹신한 탓에, 일은 다행히 발각되지 않았다. 두 번째 잘못은 키케로를 데려와야 한다는 제의를 거부한 것이다. 천재 연설자 키케로는 원래 그들을 도울 수 있는 사람이었다. 나중에 안토니우스가 뛰어난 웅변술로 브루투스의 배반을 질책했을 때, 브루투스 쪽에는 안토니우스에 필적하는 말재주를 가진 사람이 없었다. 이것은 브루투스 진영의 불운의 시작이었다. 세 번째 잘못은 안토니우스를 죽이라는 제안을 거부한 것으로, 훗날 그들을 사지로 내몬 사람이 바로 안토니우스였다.

브루투스에게 도덕은 영예와 성실, 순결, 남자의 기개를 의미했고, 그의 신념에서 공공 생활과 개인 생활의 미덕은 모두 절대적이고 보편적인 것이었다. 그러나 실제 생활에서 이러한 미덕은 심각한 문제에 부딪힐 수 있었다. 일의 성패는 절대적인 도덕이나 미덕이 아니라 계획과 결단을 세우는 것에 달려 있었다. 브루투스는 미덕을 '일시적 대책'이 아닌 본질적 의미를 지닌 가치로 여겼다. 미덕이 본질적 가치 속성이 있는 것은 공공 생활과 개인 생활에서 유익하고 유용하기 때문이다. 브루투스는 도덕적 우월은 필연적으로 정치적 승리를 가져오고, 도의적인 사람은 도움을 많이 얻을 수 있기에 승리할 수 있다고 생각했다. 이것은 도덕적 이상주의의 비이성적인 믿음이다. 《줄리어스 시저》는 도덕적 이상주의의 승리가 아니라 오히려 그 실패를 보여준다. 브루투스는 자신의 도덕 원칙을 고수했기 때문에 권모술수에 능한 안토니우스에게 패했다. 그의 도덕적 이상주의는 자신뿐 아니라 그의 친구와 추종자들에게도 해를 끼쳤다.

한편 카시우스도 브루투스와 마찬가지로 이성주의의 비극적 인물이다. 그는 영리한 정치적 재능을 가졌고 브루투스의 마음을 움직이는 법을 알고 있었다. 그러나 자신이 브루투스보다 도덕적으로 훌륭하지 않다고 생각하여 그를 숭배했고, 바로 이 때문에 그들의 공동 사업은 한순간에 무너지고 말았다. 브루투스와 논쟁이 붙었을 때 그는 항상 먼저 양보했고, 필리피 전투에서는 옳은 주장을 하면서도 브루투스의 도덕적 권위 앞에서 포기하고 말았다. 카시우스가 자살한 이유는 그의 대사에서 드러난다. "내 가장 좋은 친구가 내 앞에서 잡혀가는 것을 바라만 보면서, 비겁한 나는 이 세상에서 구차하게 살고 있구나!"(V막 3장 134~135행)

일보다 친구를 더 중요하게 여긴 것은 이성적 결단으로 볼 수 없다. 로마공화정은 브루투스의 군사적 실패 때문이 아니라 카시우스의 자살로 최후의 기회를 잃고 말았다. 카시우스는 브루투스보다 영리하고 실무적이었지만 브루투스처럼 미덕 자체의 가치를 굳게 믿었고, 결국 브루투스처럼 도덕적 이상주의 때문에 정치와 군사의 실패자가 되었다.

안토니우스는 정치적 투쟁의 비이성적 요소를 파악하는 능력에서 브루투스와 카시우스를 훨씬 능가했다. 안토니우스는 사악한 사람이 아니라 포용력 있고, 고귀하며, 어질고 너그러운 사람이었다. 그러나 그는 미덕으로 자신을 옭아매는 인물은 아니었다. 그는 실제 정치적 필요에 어떻게 대응해야 하는지 알고 있었다. 그의 성공 비결은 민중을 어떻게 다루고 현혹해야 하는지를 알고, 수시로 변하는 그들의 정서를 이용할 줄도 알았던 것이다.

그의 연설과 브루투스의 연설을 비교해보면 설령 그의 미덕이 브루투스보다 못하더라도 정치적 기술은 훨씬 뛰어났음을 알 수 있다. 브루투스의 연설은 시가 아닌 산문이 사용됐고, 정서를 움직이는 게 아니라 논리를 말해 듣기에 매우 무미건조하다. 군중은 그의 도덕적 고상함을 느낄 수는 있었지만 그에게 설득되지는 않았다. 안토니우스가 연설을 시작했을 때, 군중은 앞서 브루투스의 연설을 기억하고 있었기 때문에 안토니우스에게 별 호감이 없었다. 안토니우스는 연설을 시작하자마자 '영예심 가득한' 상대인 브루투스에게 존경을 표했고, 그의 겸손은 빠르게 청중의 호감을 얻었다. 그는 공개석상에서 브루투스의 영예를 칭송했으나, 사실 이것은 청중이 자신을 믿도록 조종하는 반어적 수법이었다. 그는 브루투스의 영예는 진정한 영예가 아니며, 오직 자신이 정의와 도의, 영예를 가장 중시함을 암암리에 드러냈다.

안토니우스는 청중의 마음을 움직이기 위해 시저의 죽음으로 인한 자신의 괴로움을 드러냈다. 이렇게 그는 청중의 감정에 호소했고, 연설에서 반어법, 격정, 아부, 비웃음의 교묘한 언어 수법을 사용했다. 그는 브루투스가 시저를 죽인 것은 국민 자신의 이익에 위배되는 나쁜 일임을 청중이 직감적으로 느끼게 만들었다. 결국 군중은 안토니우스의 미혹과 조종에 넘어갔고, 이로써 그들의 비이성은 철저히 드러났다. 군중은 자신만의 사유 방식과 논리가 있으나, 일관된 기준이 없고 다른 사람의 감정에 전염되기 쉽고 화를 잘 내고 잘 변한다. 또한 미혹되고 선동당하기 매우 쉬우며 맹목적으로 순종하기도 한다. 이러한 군중의 비이성적 특징은 프랑스의 사회학자 귀스타브 르 봉Gustave Le Bon이 《군중심리La psychologie des Foules》(1895)에서 체계적으로 분석했다.

정치와 인간성

《줄리어스 시저》는 폭군 제거, 전제주의, 자유주의를 연상시키지만 정치극은 결코 아니다. 오히려 인간의 욕망, 행위의 이성과 비이성, 도덕적 이상주의, 역사적 변화에서 "사람의 셈은 하늘의 셈보다 못하다人算不如天算" 같은 기본적인 인간성과 인문학적 주제에 주목한다. 이러한 보편적인 인문학 문제 때문에 일부 독자들은 정치를 연상할 수 있으나, 모든 독자가 다 그런 것은 아니다. 독자의 경험과 관심, 문제의식, 읽기 습관은 정치적 연상에서 중요한 역할을 하며, 꼭 모든 사람이 그러하거나 그래야 하는 것은 아니다.

정치적 연상과 비정치적 연상 사이에는 절대적인 구분이나 거리가 없다. 예를 들어 "사람의 셈은 하늘의 셈보다 못하다"를 두고 정치적 연상을 할 수도 있고 비정치적 연상을 할 수도 있다. 안토니우스는 브루투스와의 투쟁에서 승리를 얻었다. 그는 기회주의자였고 상황에 따라 민첩하게 행동해 우연히 기회를 붙잡은 사람이었다. 그가 승리한 것은 그의 셈이 늘 하늘의 셈을 따랐기 때문이다. 비록 사람의 셈은 하늘의 셈보다 못하지만, 사람의 셈으로 하늘의 셈을 파악할 수는 있다. 안토니우스는 하늘의 셈에 의한 기회를 붙잡았으나 그것이 하늘의 셈에 속한 것은 아니었다. 왜냐하면 그는 최후의 승리자가 아니었고, 하늘의 셈이 정한 진정한 최후의 승리자는 옥타비아누스였기 때문이다. 옥타비아누스는 아무것도 하지 않았고, 승리의 과실이 자기 수중에 들어오기만을 기다렸다. 옥타비아누스의 승리는 순전히 하늘이 계산한 결과였다. 하늘의 셈이 역사와 정치적 변화의 운명을 좌지우지한다면 브루투스의 말이 맞을 것이다. 로마의 운명을 결정하는 것은 사람이 아니라 하늘의 뜻이다. "인간의 일은 운명의 흐름이 결정한다."(IV막 3장 218~224행)

사람의 셈과 하늘의 셈의 정치적 사건은 시저 이후의 역사에서도 발생했다. 그러나《줄리어스 시저》는 후세의 정치적 사건을 예언하는 정치적 우화는 아니다. 만약 이 극이 정치적 연상을 불러일으킬 수 있다면, 정치와 정치 행위 자체가 영원한 인간성의 요소와 반복되는 규칙을 포함하기 때문일 것이다. 비록《줄리어스 시저》는 시저가 제목에 등장하지만 극의 중반에 이르면 시저는 죽고, 전반부의 4분의 3은 시저가 등장하지도 않는다.

오히려 브루투스가《줄리어스 시저》의 주인공이다. 셰익스피어의 작품 속에 등장하는 브루투스는 로마의 역사학자 플루타르코스가 기록한 브루투스가 아니다. 셰익스피어는 브루투스를 역사적 인물로 원래 모습 그대로 모사했다기보다는 자신의 창작 의도에 따라 결함은 있지만 온전한 '인간'으로 형상화했다. 극이 끝날 때 안토니우스는 브루투스를 이렇게 평가한다. "그는 가장 고귀한 로마인이다. 그 외의 모든 반역자들은 시저를 질투해 악랄한 수단을 쓴 것이다. 오직 그만이 정의의 사상에 기초하여 대중의 이익을 위해 그 전선에 참가했다. 그는 평생 선량했고 덕이 있어 조물주조차도 경건한 마음이 들게 하였으므로 '이는 인간이었다'고 온 세계에 선포할 수 있었다."(V막 5장 78~80행)

셰익스피어가 만들어낸 브루투스는 정치가이기 이전에 우선 한 인간이었다. 한 비평가는 브루투스가 남에게 사랑받지 않는 역할이었다고 말했다. 그는 "허풍쟁이에 고집이 세고 자기만 옳다고 여겼다."[11] 고전 속의 역사적 인물 브루투스는 아마도 이런 결점이 있었을 것이다. 그러나 셰익스피어의 브루투스는 더 복잡해 보이고 더 인간미가 있으며, 그저 허풍쟁이에 고집이 세고 자기만 옳다고 여기는 역할과는 거리가 멀었다. "시저를 죽일 이 방법만 있다면"(II막 1장)이라는 그의 독백에서 우리는 그가 시저를 죽이려 한 동기가 무엇인지 어렵지 않게 알 수 있다. 그는 시저의 죽음으로부터 개인적인 어떠한 이득도 얻으려 하지 않았음을 알 수 있다. 그러나 동시에 그러한 도덕적 포부가 있었음에도 자신의 감정을 잘 파악하지 못하는 그의 모습을 볼 수 있다. 어쩌면 셰익스피어가 관심을 가진 것은 순수한 정치 문제가 아니라 곤혹스러워하는 인간의 마음이었는지도 모른다.

셰익스피어는 로마공화정에 깊은 식견이 없었고 그것에 대한 연민도 적었다. 그는 《줄리어스 시저》를 통해 천하의 폭군을 경고하거나 후대에게 폭군 살해를 고무한 것은 아니었다. 물론 의도치 않게 브루투스와 그 일당이 시저를 모살하려 했기 때문에 정치적으로나 도덕적으로 그들을 평가하거나 질책했다. 그러나 브루투스는 최후에 실패했다. 그는 죽이지 말아야 할 사람을 죽였거나 해서는 안 될 일을 했기 때문이 아니라, 바로 자기 자신의 연약함 때문에 실패했다. 어쩌면 그는 시의 적절치 않은 미덕과 도덕주의 때문에 실패한 것인지도 모른다.

셰익스피어는 정치적 투쟁보다 인간의 문제에 훨씬 더 주목했다. 따라서 브루투스라는 인물을 통해 그의 실패 요인은 정치적 요소가 아니라 그 자신의 성격적 요소가 더 크게 작용했다고 이해할 수 있다. 브루투스는 몹시 예민했고 지나치게 걱정했고 또 너무 고상했다. 이런 사람은 영원히 적의 상대가 될 수 없다. 포용력 있고 측근을 신임하며 자신의 도의를 굳게 믿는 사람은 대개 실패한다. 19세기 영국 수필가 윌리엄 해즐릿William Hazlit이 말한 것처럼 "마음씨 좋은 사람들은 다른 사람도 마음씨가 좋을 것으로 여기므로 자신을 보호하기 어렵다. 그들은 자신들의 성실함과 인간성 때문에 불의와 폭군에 저항하는 것이며, 이들은 권력을 휘두르는 교활한 자들의 상대가 될 수 없다."**12** 정말 그렇다면 선은 악의 상대가 될 수 없다. 이것은 브루투스 한 사람의 비극이 아니라 인류의 실패와 불행이다.

3

스페로니의
《이탈리아 르네상스의 해학과 지혜》

찰스 스페로니Charles Speroni의 《이탈리아 르네상스의 해학과 지혜Wit and Wisdom of the Italian Renaissance》(1964)에서 스페로니가 해학과 지혜를 나란히 사용한 것은 적절했다. 르네상스 시기의 해학은 지혜와 연결되기 때문이다. 이후 17~18세기의 해학(또는 익살)은 유럽 문학의 스타일이자 심미성의 척도가 되었고, 예지, 식견, 이해, 언어와 글쓰기의 사고 능력을 강조했다. 이것이 더는 지혜라 불리지는 않지만 해학은 여전히 비범한 능력, 고상한 견해, 독특한 표현을 의미한다.

《이탈리아 르네상스의 해학과 지혜》에서 우리는 농담 또는 익살에 포함된 해학과 지혜를 접할 수 있는데, 이것이 바로 르네상스 시기의 '재담facetiae'이다. 르네상스의 인문주의자들은 이미 오래된 농담과 재담을 수집했다. 《이탈리아 르네상스의 해학과 지혜》에서 첫 번째로 소개한 사람은 최초로 농담을 수집한 인문주의자 포조 브라치올리니Poggio Bracciolini다. 인문주의자들은 민중의 일상생활에 관심이 많았다. 그들은 15세기 시인이자 수사학자 하인리히 베벨Heinrich Bebel처럼 큰 노력을 들여 농담을 수집하거나(《재담록Facetiae》, 1506) 속담을 수집하기도 했는데(《독일 속담집 Proverbia Germanica》, 1508), 이것은 모두 일반인이 좋아하는 언어 형식이다. 16세기 로도비코 도메니치Lodovico Domenici(1515~1564)의 《농담집Facetie, motti et burle》(1565)에는 981개의 농담이 수록되어 있다. 이런 종류의 문집은 르네상스 시기에 '풍부함, 말의 풍부한 내용이나 표현'을 뜻하는 '코피아copia'라고 불리던 예술에 속했고, 변화가 다양한 같은 종류의 표현을 최대한 많이 수집했다.

농담은 르네상스의 인문주의자들만이 수집했다. 훌륭한 인문주의자 에라스무스는 《격언집》(초판은 1500년 800여 개의 격언을 모아 《Collectanea Adagiorum》이라는 제목으로 발행했고, 1508년에는 3,000여 개로 증보하여 《Adagiorum chiliades》로 발행했으며, 에라스무스 사후인 1536년에는 《Adagia》라는 제목으로 4,151개의 격언을 담아 완성되었다)과 《데 코피아》(1512년 《De duplici copia rerum ac verborum commentarii duo》로 초판을 발행했고, 나중에 《De Utraque Verborum ac Rerum Copia》로 제목을 바꾸었으며, 일반적으로 줄여서 'De Copia'라고 부른다)를 포함하여 다양한 표현을 수집했다. 이 저서가 제시한 인문학 공부법은 당시 유럽의 학교들에 지대한 영향을 미쳤고, 그가 살아 있을 때만 최소 85판이 발행되었다. 책에는 라틴어 상용구인 "네 편지가 나를 기쁘게 한다"가 146가지 표현으로 수록되어 있고, "나는 평생 너를 기억할 것이다"도 200가지 표현이 담겨 있다.

인문주의자들에게 주목받은 농담

스페로니의 《이탈리아 르네상스의 해학과 지혜》에 수록된 농담은 일화나 우스갯소리를 담은 짧은 이야기로 볼 수 있다. 그는 이렇게 썼다. "르네상스 시기에 고대의 고전 작품과 교류가 다시 시작되었을 때, 고대의 격언과 경구의 영향을 받은 일화는 새로운 단계로 진입해 독립된 생명을 얻었다. 이 점을 주목해보면 매우 흥미롭다. 이것은 주로 짧은 일화로, 키케로는 그것을 '재담 facetia(이탈리아어로 facezia, 영어로 facetiae)'이라 불렀고, 고전 인문학 연구의 전성기에도 같은 이름으로 불렸다." 우리는 스페로니가 제시한 고대의 경구와 격언이 르네상스의 재담에 미친 영향에 주목할 필요가 있다.

그렇다면 '농담'이란 무엇인가? '농담(재담)'을 제목에 넣은 최초의 작품은 15세기 중반에 출판된 포조 브라치올리니의 《재담록 Facetiae》으로, 희극적인 익살과 해학을 담은 일화가 다수 실려 있으며 동시에 문자적 해학을 중시한 여러 문장들이 보인다. 이야기와 문자는 다른 종류의 해학에 속하는데, 이 두 사항은 포조의 저서에서 조화를 이룬다. 포조의 《재담록》에서 농담이나 우스갯소리는 그저 웃기기 위한 것이 아니라, 독자에게 키케로의 《웅변가에 대하여 De oratore》(II권 54~71행)에 나오는 농담을 알려주기 위한 것이다. 키케로는 농담을 매우 중시했다. 적절하고 딱 들어맞는 농담과 재담은 연설에서 반드시 필요한 수사적 수단이기 때문이다. 유머와 농담은 연설자와 청중의 거리를 좁히고 연설의 효과를 높일 수 있다.

아리스토텔레스의 뒤를 이어 키케로는 유머를 두 종류로 구분했다. 하나는 연설에서 시종일관 드러나는 것으로 '카윌라티오 cǎvillātǐo'라 한다.

다른 하나는 개별적인 재미나 해학적인 말로 '디카키타스dīcácĭtas'라 한다. 키케로는 해학도 두 가지로 구분했는데, 하나는 서술성in re이고 다른 하나는 특별한 언어 활용 방식in verbo을 통해 생겨난다. 전자는 다른 언어로도 서술되기 쉬운 반면, 후자는 상당수가 번역을 통해서는 전달하기 어렵다. 오늘날 사람들의 유머 감각을 기준으로 보면, 르네상스 시기에 수집되거나 쓰인 농담들은 재미가 있기도 하고 없기도 하다. 특정 집단에서 재미있다고 여긴 것이 다른 집단에서는 그렇지 않을 수 있기 때문이다. 또한 특정 시기에 재미있는 것이 어느 정도 시간이 지나면 재미가 없을 수도 있다.

따라서 《이탈리아 르네상스의 해학과 지혜》에 수록된 내용들을 재미나 가치가 없는 것으로 여기는 것은 적절하지 않다. 이 책에는 다양한 고전의 일화, 중세의 종교적 설교에 삽입된 '교훈적 이야기exempla', 우화, 관용구, 속담, 자전적 이야기, 좌우명, 수수께끼를 비롯해 경구, 격언, 잠언(특히 뒤에서 언급할 아포리즘aphorism과 아포템apothegm)을 포함한다는 점에서 가치가 있다. 그러므로 《이탈리아 르네상스의 해학과 지혜》를 르네상스 시기를 이해하는 작은 문화 교과서로 여겨도 무방하다.

르네상스의 훌륭한 인문주의자들은 왜 있는 힘을 다해 농담을 찾고 수집했을까? 밴더빌트대학교의 프랑스 문학 및 비교문학 교수인 바버라 보웬Barbara C. Bowen은 《르네상스 시기의 100가지 농담One Hundred Renaissance Jokes》(1988) 서문에서, 그 답을 명확히 찾기는 어렵지만 대개 농담의 주요 용도와 활용 상황과 관련이 있다고 했다. 농담은 연회 테이블에서 대화할 때 주로 쓰였고, 문인들은 진지한 공부 외에도 농담 속에서 긴장을 풀기도 했다. 그중 많은 농담집이 정치적 인물에게 헌정되기도 했는데, 정치인에게 농담은 심심풀이와 오락이었고 완곡한 충고의 수단이기도 했다. 물론 수집자에 따라 동기가 다를 수는 있다.

온갖 지식을 왕성하게 수집한 시대인 르네상스 시기에는 수집 자체에 특별한 이유가 필요하지 않았을 수도 있다. 미셸 푸코는 르네상스가 '주석'에서 '평론'으로 지식이 전환되는 시기였으며, 수집은 아직 주석에 속하고 완전히 전환된 지식 형태는 아니었다고 생각했다. 주석의 임무는 주로 수집이고 그다음이 첨가다. 어떤 대상이나 화제에 관하여 선인들이 쓴 것들을 최대한 수집하면, 누가 썼는가 또는 직접적인가 간접적인가와 관계없이 모두 전체 지식으로 통합할 수 있다. 이것이 바로 에라스무스가 한 작업이다. 이러한 지식 형태에서 '작가authors'는 자동적으로 지식의 '권위자authority'가 되는데, 이 두 단어는 어원이 같다. 지식을 구하는 자는 '저서'를 매우 존중했는데 저서를 소중한 지식으로 여긴 것은 당연하다. 선인들이 무슨 말을 했는지 최대한 많이 알면, 그것이 곧 박학다식하고 지식이 풍부한 것이었다.

당시 많은 인문주의자들은 격언, 잠언, 경구, 좌우명, 수수께끼, 농담과 같이 오늘날 그저 자잘한 문학으로 보이는 것들을 수집했다. 수집한 방식도 지금과는 다르다. 오늘날 수집은 대개 개별적인 '주제'가 있거나, 특정한 역사 인물이나 가문이 기준이 된다. 르네상스 시기에는 이러한 수집 방식이 없었고, 수집자는 오로지 '기억할 만한 것'을 수집하는 데 그쳤다. 당시 '속담' 수집은 알파벳 순서에 따랐는데, 프랑스의 작가이자 인쇄업자 질 코로제Gilles Corrozet가 수집한 《귀족들과 기독교 유명 인물들의 기억할 만한 다양한 표현들Les Divers Propos Mémorables Des Nobles Et Illustres Hommes De La Chrestienté》(1557)이 대표적이다. 당시 수집자들은 한 문집 안에 '기억할 만한 것들'을 모두 수집할 수 있다고 여겼다. 따라서 자연히 격언, 잠언, 경구, 속담 등을 특별히 구분할 필요가 없었다.

농담이 르네상스 시기 인문주의자들에게 주목받은 한 가지 중요한 원인은 아마도 농담이 해학과 지혜의 적절한 결합이기 때문일 것이다. 르네상스 시기에는 해학(웃음)facetiae과 지혜(식견)sententia라는 단어 사이에 명확한 경계선이 없다. 독일어의 Witz도 기지와 익살 두 가지 의미를 모두 포함하고, 이탈리아 르네상스의 선구자인 프란체스코 페트라르카Francesco Petrarca도 농담과 격언apophthegmata을 동일한 의미로 여겼다.

생각과 문자 능력으로 해학을 사용할 수 있다면 학식이 있고 실질적인 능력이 있다는 뜻이었다. 해학에 능한 사람은 말투가 평범하지 않고, 특히 언어 교류와 사교 능력이 뛰어나 다른 사람에게 특별한 영향을 미칠 수 있다. 또 해학은 사람을 대하는 태도이자, 기민하고, 영리하고, 총명하고, 유머 감각이 있는 특색을 의미한다. 기민하고 유머가 있는 사람은 '임기응변의 재치'가 있고, 풍자하고, 비꼬고, 비웃기를 잘하며, 누구와 이야기해도 절대 손해를 보지 않는다. 상대방의 공격에 맞닥뜨렸을 때, 그들은 즉시 간결하면서도 날카롭고 유머러스한 말로 '응수repartee(르네상스 시기 인문주의자들이 수집한 용어)'한다. 그러나 이것은 교양 있는 응수로, 거친 욕을 쓰거나 지나치게 날카롭고 매몰찬 응수와는 달랐다. 이처럼 해학은 교양을 드러내는 것으로, 그 기민함과 풍자, 조소는 사람들을 웃게 만들었을 뿐 아니라 미적으로도 감상할 가치가 있었다.

해학은 지혜와 뗄 수 없고, 지혜 및 교양과 항상 함께해야 한다. 지혜와 교양이 없는 해학은 겉은 그럴듯하나 실속 없는 말이 될 수 있고, 가볍게 입만 놀리는 것과 별반 차이가 없다. 르네상스 시기의 지혜는 꼭 특별히 신기하고 새로운 생각을 의미하지는 않았다. 왜냐하면 많은 지혜가 선인으로부터 적용되거나 차용된 것이었기 때문이다. 그러나 그 표현은 반드시 절묘해야 했고, 특히 간단하고 명쾌하며 입에 잘 붙고 외우기 편리해야 했다. 따라서 당시 성행하던 각종 경구, 격언, 명언, 속담, 잠언 등은 모두 해학적 요소를 포함했다. 이러한 지혜의 언어는 상당수가 고전의 문화유산에서 전해진 것이어서 공공 재산으로 여겨졌고, 학식이 풍부한 사람들도 이들을 광범위하게 채집하여 책으로 편집하거나 번역, 각색했다. 이들 모두 정당한 활용이었고, 오늘날의 지적 재산권이나 학술적 표절의 기준으로는 가늠할 수 없는 가치다.

격언과 경구

르네상스 시기 영국의 사상가 프랜시스 베이컨은 《학문의 진보The advancement of Learning》(1605)에서 글쓰기를 두 가지로 분류했다. 하나는 '방법method'이고 다른 하나는 '격언aphorism'이다. 방법은 정식 토론을 가리키는데, 논리적 순서와 문장구조, 체계적인 구성, 각 부분 간의 상호 연계가 중요하고, 그 예로 과학 논문이나 문학적인 글이 있다. 격언은 이렇게 많은 구조적인 규칙이 없으며, 끊어졌다 이어졌다 하고, 잡다하고 소소하며, 반드시 통일될 필요가 없고 서로 연관될 필요도 없다. 그저 느낌과 견해가 많으면 말도 많이 하는 것이다. 격언의 장점은 잠시 동안의 생각이 사람의 정서를 건드릴 수 있고, 깊은 의미를 담고 있어 스스로 돌이켜 생각하게 만든다는 것이다. 《이탈리아 르네상스의 해학과 지혜》는 바로 베이컨이 말한 격언의 글쓰기에 속한다. 길이가 긴 것도 있고 짧은 것도 있는데, 긴 것은 이야기로 읽을 수 있고 짧은 재담은 경구나 격언으로 볼 수도 있다.

고대에 '격언과 경구'는 두 개의 단어로 표현되었다. 하나는 아포리즘(짧고 해학과 깨달음이 있는 경구로 처음에는 격언이라 불렸다)이고, 다른 하나는 아포템(군더더기가 없고 기억하기 쉬우며 독특한 견해를 담은 경구로 처음에는 잠언이라 불렸다)이다. 르네상스 시기 이전에 아포리즘은 과학 지식의 원칙을 가리켰고, 아포템은 철인 현자의 철학적 이치와 도덕, 윤리, 종교적 가르침을 뜻했다. 르네상스 이후부터는 이 두 단어가 자주 혼용되기 시작했다. 예를 들어 베이컨은 《신구격언Apothegms New and Old》(1625)에서 아포리즘을 300여 개 수집했다. 아포템의 전통은 기원전 2500년 고대 이집트로 거슬러 올라간다. 고대 이집트 왕과 대신들은 간결한 가르침으로 자녀와 아랫사람들을 교육하고 지도했다. 고대 이집트에서 살았던 유대인들은 이러한 방식을 습득했고, 유대인이 이집트에서 쫓겨난 뒤 이 방식을 토라Torah(일반적으로는 율법서를 말하며, 구약성경의 율법서인 모세오경을 가리킨다. - 옮긴이)와 '탈무드'의 종교적 가르침과 지도에 적용했다. 이러한 고대의 가르침은 문자 기록으로 전해 내려온 뒤 최초의 '지혜문학'이 되었다.

고대 그리스의 경구와 격언은 오늘날 종종 아포리즘으로 불린다. 최초의 고대 그리스 경구와 격언은 의학의 창시자인 히포크라테스의 《격언집Aphorisms》(기원전 400년)에 나오는 격언들로 다음과 같다. "인생은 짧고 의술은 길다. 병의 징후는 금방 사라져버리는데 경험에 의존하는 것은 위험하고 진단하기는 어렵다. 의사 스스로 올바른 처신을 하도록 준비되어 있어야 할 뿐 아니라, 환자와 간호인 등 주변 사람들이 서로 협력해야 한다." "지나침은 자연을 거스르는 행위다." "회복에는 시간이 필요하나 때로는 기회가 필요할 때도 있다."

인생철학과 관련된 격언도 전해지는데, 델포이의 아폴로신전 기둥에 새겨진 "너 자신을 알라"처럼 수수께끼 같기도 하다. 이러한 지혜에 담긴 잠언의 함의는 명백하고도 심오하여, 철인과 학자들은 수천 년 동안 끊임없이 그 의미를 해석하려고 애썼다. 이러한 잠언들은 다양한 해석을 통해 반복적으로 인용되고 오랫동안 전해져왔다.

고대의 지혜가 담긴 잠언 가운데 성경의 〈지혜서〉〈전도서〉〈집회서〉〈잠언〉에는 지금까지도 현실적 의미를 가지는 경구와 격언이 많이 있다. 〈집회서〉의 격언들은 다음과 같다. "백성들에게 공정하지 못한 판단을 내려 민중 앞에서 체통을 잃는 일이 없도록 하여라."(7:7) "어떤 거짓말도 하려 들지 마라. 거짓말을 거듭하면 끝이 좋지 않다."(7:13) "같은 죄를 두 번 짓지 마라. 정녕 단 한 번의 죄악도 벌을 면할 수 없으리라."(7:8)

〈잠언〉의 격언들은 사람들이 잠언과 지혜를 어떻게 대해야 하는지도 알려준다. "잠언과 비유, 현인들의 말씀과 수수께끼를 이해하게 될 것이다."(1:6) "지혜가 바깥에서 외치고 광장에서 목소리를 높인다."(1:20) "지혜에 네 귀를 기울이고 슬기에 네 마음을 모아라."(2:2)

초기 기독교도는 고대 이집트와 유대인의 전통을 계승했다. 4세기에 전심으로 하느님을 찾는 사람들에게 종교와 사람에 대한 가르침은 아주 귀중한 것이었다. 이러한 가르침은 경건하고 도덕적인 현자들의 가르침에서만 얻을 수 있었다. 지도자는 성심성의껏 자신이 심사숙고하여 깨닫고 쌓은 진리를 전수했고, 지도를 받는 사람은 기쁜 마음으로 그 가르침을 받았다. 이것은 훗날 교조적 진리를 선전하는 것과는 분명 달랐다.

종교적 가르침은 일반적인 처세술이나 성공 비결이 아니라 매우 심오한 인생의 지혜였고, 인생의 지혜를 구하기 위해서는 반드시 큰 희생이 필요했다. 고대 이집트의 일부 외딴 지방에서 고행은 구도자들의 생활 방식이었다. 그들은 자신의 영혼과 마음이 신께 더 가까이 다가가도록 사막에서 굶주림을 견디고 육체적 괴로움과 고통을 겪었다. 그들은 성현의 명성을 좇아 가르침을 구했고, 성현들의 말씀은 기록으로 전해져《교부들의 격언집Apophthegmata Patrum》이 되었다. 이러한 가르침과 잠언은 중세까지 전해져 귀하게 여겨졌으며, 선교사들은 선교할 때 이야기나 유머의 요소를 추가하기도 했다. 이에 대해 스페로니는 이렇게 기록했다. "교부들의 저서 및 여러 '교훈적 이야기'들은 선교사의 입에서 지혜와 도덕이 전수되는 과정이었고, 해학과 유머는 부수적인 것에 불과했다. 그러나 해학과 유머는 때로는 청중을 끌어당겼고 그들의 관심을 끄는 중요한 재료였다."

수집되고 보존된 교부들의 가르침은 당시의 언어 환경을 보존하기도 했다. 상당수는 이야기로 되어 있는데 어떤 가르침은 아주 간단하다. 예를 들어 4세기 이집트의 초기 사막 교부인 아바 알로니오스Abba Alonios는 "내가 나 자신을 철저하게 파괴하지 않으면, 나 자신을 다시 세울 수 없다"고 말했다. 또 어떤 것은 1,000여 자에 이를 만큼 길어서 누가 누구에게 지혜를 구하러 갔고 무엇을 위해 갔으며, 구도자가 어떤 질문을 했고 현자나 설교자는 또 어떻게 대답했으며, 그 뒤 어떻게 되었는지 등을 담고 있다. 비교적 긴 가르침의 경우 마치 우화 같기도 하다. 이탈리아 르네상스 시기의 재담도 종종 유사한 이야기로 되어 있고, 그저 말의 표현뿐 아니라 말할 당시의 언어 환경도 포함하고 있다.

르네상스 시기에 베이컨이 언급한 격언은 이미 고대와 다른 함의가 있었다. 베이컨은 과학 지식에 중점을 두었고, 그에게 격언은 더는 수양하는 사람의 정신적 가르침이 아니라 유명한 인물의 존경할 만한 명언이었다. 따라서 경구나 격언도 일상생활과 연관되었고 실질적으로 쓰이는 '멋진 표현'이었다. 베이컨의 수필에는 이런 성격의 멋진 표현들이 많은데, 사실 이미 고대적 의미가 사라진 격언이다. 예를 들면 다음과 같다. "아는 것이 힘이다." "시간을 선택하는 것이 곧 시간을 절약하는 것이다." "독서는 완전한 인간을 만든다." "사람들은 순탄할 때 행운을 바라고 역경 중에 행운이 오면 신기해한다."

오늘날 많은 사람들은 이러한 경구와 격언이 정말로 지혜를 담고 있어서 좋아하는 게 아니라(물론 사람마다 지혜를 다르게 이해할 수 있다) 유용하기 때문에 좋아한다. 이러한 경구나 격언을 글로 쓰고 활용하는 일은 정교하고 효과적인 수사법으로, 훌륭한 진리나 보편적 지혜에 보탬이 되는 일은 아니다. 따라서 격언은 생각을 분명하고 간결하게 전달하는 것이고, 경구는 표현을 훌륭하게 만들고 사람들을 매료시킨다. 이제 격언과 경구는 하나로 합쳐져 더는 근본적인 차이점이 없다.

스페로니가 수집한 재담은 시기적으로 베이컨보다 이른 것이지만 그 내용이 다르고 뚜렷이 일상화된 특징이 있다. 이탈리아 르네상스는 일반적으로 14세기에 시작된 초기 르네상스를 가리키고, 종교와 밀접하게 연관된 15~16세기 북유럽의 후기 르네상스와는 차이가 있다. 이탈리아 초기 르네상스는 '인문주의'로 유명한데, 이 시기 재담의 해학과 지혜는 깨달음을 얻은 성현보다는 평범한 일반인과 더 밀접하게 관련된다. 스페로니는 이렇게 말했다. "당시 재담은 짧은 이야기처럼 르네상스 시기 이탈리아의 아름다운 풍토와 인심의 장면들을 보여주었다. 예를 들어 종교 의식, 기념일, 혼인, 맹세, 주술, 전통, 역사적 사건과 관련된다."

재담은 삶의 정경을 담은 짧은 희극이고, 사람의 마음을 구원한다기보다는 평범한 사람들의 모습을 한 발짝 떨어져서 관조하며 우스갯소리로 희화화함으로써 대상을 풍자한다. 르네상스는 인간성의 이성적이고 우아하며 고상하고 존엄한 면뿐 아니라, 옹졸하고 엉큼하며 익살스럽고 우스꽝스러운 면도 인식했다. 인간은 반은 천사이고 반은 악마라고 생각한 마키아벨리는 당시 인간성의 악함을 가장 날카롭게 꿰뚫어본 인문주의자였다. 불완전한 인간과 인간성에 대한 그의 통찰은 르네상스 이후 17세기 경구를 뒤흔들 만큼 명철했다.

오늘날 아마 재담을 문학으로 읽는 사람은 거의 없을 것이다. 그러나 '경구 문학'은 분명 문학의 한 형식이다. 프랑스의 작가들은 이러한 글쓰기에 가장 뛰어난 사람들이었다. 이 전통은 17세기 프랑수아 드 라 로슈푸코François de La Rochefoucauld와 블레즈 파스칼을 시작으로, 보브나르그Vauvenargues, 니콜라 드 샹포르Nicolas de Chamfort, 리바롤Antoine de Rivarol, 조제프 주베르Joseph Joubert 등을 거치면서 끊임없이 재능 있는 작가들이 배출되어 문학적 전통을 형성했다.

경구 문학은 이미 사람들에게 익숙하고 사랑을 받았기 때문에 오늘날 경구를 듣고 의학과 같은 '과학'을 다시 떠올리는 사람은 거의 없을 것이다. 그러나 〈옥스퍼드 영어사전The Oxford English Dictionary〉은 아포리즘을 여전히 "어떤 과학 원칙에 대한 간단명료한 서술A concise statement of a scientific principle"로 정의한다. 르네상스 시기에 사람들은 아포리즘을 그렇게 이해했다. 그러나 이후에는 도덕이나 철학적 원칙을 가리키는 말로 사용되었고, 점차 도덕이나 철학의 의미가 더 중요해지면서 이것이 경구의 주요 의미가 되었다. 이러한 변화는 18세기 초에 이미 완성되었다. 당시 의사이자 시인이었던 리처드 블랙모어Sir Richard Blackmore는 히포크라테스의 《격언집》을 '농담집'이라 불렀고, 누구나 아는 상투적인 표현에 불과하다고 생각했다. 블랙모어는 이러한 격언을 전혀 중요시하지 않았다. 영국의 작가 새뮤얼 존슨Samuel Johnson은 《영국 시인전 Lives of the Poets》(1779~1781)에서 블랙모어의 거만함을 비판했다. "놀랍게도 그는 계승된 지식을 용감하게 무시하고 조롱했다."

새뮤얼 존슨 자신은 아포리즘을 "일종의 잠언maxim, 짧은 문구로 표현한 교훈, 독립적인 견해"로 정의했고, 18세기 사람들도 잠언을 이렇게 생각했다. 〈옥스퍼드 영어사전〉은 maxim을 "보편적인 진리나 행동 규칙을 표현하는 짧고 함축적인 글 A short, pithy statement expressing a general truth or rule of conduct"로 정의한다. 오늘날 잘 알려진 가장 유명한 경구와 격언은 바로 라로슈푸코의 《잠언집Maximes》이다. 따라서 경구와 격언과 가장 비슷한 말이 바로 잠언이다.

르네상스 시기에 사람들은 잠언에 늘 진정한 지혜가 있는 것은 아니며, 잠언을 쓴다고 해서 지혜를 표현하는 것은 더더욱 아님을 이미 알고 있었다. 잠언이 표현하는 도덕과 행위의 가르침은 단지 기존에 있는 말이나 식별하기 쉬운 표식, 상투적 표현에 지나지 않고, 사람들을 속이거나 명예를 훔치고 선으로 위장한 것도 있다. 르네상스의 위대한 극작가 셰익스피어는 《햄릿》에서 이러한 잠언을 희극적으로 풍자했다. 폴로니어스는 햄릿이 사랑한 오필리아의 아버지다. 그는 다른 사람의 아첨을 좋아하는 노인이다. 굉장히 인상적이고 익살스러운 이 인물은 어리석고 독선적이며 늘 자신이 최고라고 생각한다. 1막 3장에서 폴로니어스는 아들 레어티즈가 영국을 떠나 프랑스로 향하는 길에 쉴 새 없이 처세에 관한 잠언을 쏟아내며 아들을 배웅한다.

"네 생각을 입 밖으로 내뱉지 마라. 무르익지 않은 생각을 행동으로 옮기지 마라. 사람들에게 친절하되 절대 천박하게 굴지는 마라. 친구들을 겪어보고 우정을 확인했다면 쇠테를 둘러서라도 그들을 네 영혼에 단단히 묶어두어라. 그러나 신출내기 철없는 허세꾼들을 환대하느라 손바닥이 무뎌지면 안 된다. 싸움에 휘말리지 않게 조심해라. 그래도 말려들게 된다면 상대에게 본때를 보여주어라. 귀는 모두에게 입은 소수에게만 열고, 비판은 모두 받아들이되 판단은 유보해라. 주머니 사정이 허락하는 한 좋은 옷을 해 입되 요란하지 않게, 고급스러우나 화려하지 않게 입어라. 입고 있는 옷을 보면 그 사람을 아는 수가 많으니까. 프랑스 상류층 고관들은 이 방면에서 가장 까다롭고 기품 있기로 손꼽히지. 돈은 꾸지도 말고 빌려주지도 마라. 빚 때문에 돈도 잃고 친구도 잃는다. 또 돈을 빌리면 절약심이 무뎌진단다. 무엇보다 네 자신에게 진실해라. 그러면 밤이 낮을 따르듯 남을 속이지 않는 법."

이러한 상투적인 처세를 알려주는 잠언은 옛 동화책이나 가훈, 교훈서들에 매우 많다. 그러나 이는 독창적인 문학적 경구와는 거리가 멀다. 쓸모가 없다는 뜻이 아니라 형식이 지나치게 낡았고 새로운 뜻이 전혀 없으며, 진부하고 고지식하고 싫증 나게 만들 뿐이다. 속담이나 사람을 격려하는 격언을 과도하게 사용해도 이런 역효과를 낳을 수 있다. 그러나 참된 지식과 견해가 담긴 경구와 격언은 대개 가르침이 아닌 전복적인 사고를 목적으로 한다는 점에서 처세에 관한 잠언과 다르다. 그 목적은 단순히 경구와 격언의 내용을 본받게 하려는 게 아니라 사고를 촉진하는 데 있다. 즉 나비가 아니라 말벌에 가까우며 대개 달콤하지 않고 쓰고 떫다. 남이 말하는 대로 따라 하는 게 아니라, 독자적인 의견을 가지고 스스로 믿는 바를 행하고, 남의 말을 앵무새처럼 모방하지 않으며, 심사숙고하여 독자적인 경지에 이르도록 하는 것이다.

라 로슈푸코의 《잠언집》은 바로 이러한 경구와 격언의 대표적 예다. 그의 쓰고 냉혹한 잠언에는 인생에 대한 분명하고도 불안한 비관주의가 스며 있다. 그는 "우리의 덕성은 종종 변장한 악과 같다"라고 말했다. 엄숙한 척하는 사람들뿐 아니라 우리 모두를 겨냥한 말이다. 그는 또 이러한 말도 했다. "군주의 너그러움은 민심을 농락하는 정치적 태도다." "사람들이 서로를 속이지 않으면 사회에서 오래 살아남지 못할 것이다." "깨끗하고 성실하고 정당한 행동이 성실함에서 비롯되었는지 교활함에서 비롯되었는지 판단하기는 어렵다." 마키아벨리와 홉스의 인생관이 떠오르는 대목이다.

이렇게 날카롭고 예리하게 인간성을 해부하는 경구는 간결하고 명쾌할 뿐 아니라, 정치, 사회, 일상에서 보편적으로 활용될 수 있다. 또한 인생, 생명, 사랑, 고통, 고뇌, 부패, 타락 등 인생의 문제를 생각하는 데 많은 도움이 되기 때문에 끊임없이 인용된다.

경구보다는 속담이 인용문에서 더 많이 활용되는 것 같다. 경구와 격언은 작가가 있고, 속담은 대개 작가가 없다. 그래서 속담은 인용의 대상이고, 경구와 격언은 인용하여 서술하는 대상이 된다. 예술성의 유무가 둘을 가르는 중요한 차이점이므로, 경구와 격언은 일종의 문학 형식이 될 수도 있다. 또한 매우 개성적인 특징이 있어서 개인의 독특한 스타일이 드러난다. 경구와 격언은 보편적인 이치를 다루는 동시에 작가의 흔적이 드러나는 개성적인 표현이다.

속담은 간결하고 깊이 생각하지 않고 말할 수도 있으나, 경구는 항상 간결하지는 않다. 물론 시구처럼 간결한 경구도 있으나 파스칼의 《팡세》에 나오는 것처럼 상당히 긴 경우도 있다. "인간은 자연 가운데서 가장 연약한 한 줄기 갈대에 불과하다. 그러나 그것은 생각하는 갈대다. 그것을 부러뜨리기 위해 온 우주가 무장할 필요는 없다. 한 방울의 수증기, 한 방울의 물로도 그를 죽이기에 충분하다. 그러나 우주가 그를 부러뜨린다 해도 인간은 그를 죽이는 우주보다 훨씬 더 고귀다. 왜냐하면 그는 자신이 죽는다는 것과 우주가 자기보다 우월함을 알고 있기 때문이다. 우주는 그에 대해 아무것도 알지 못한다."(셀리에 판 231절) "그러므로 우리의 모든 존엄성은 생각에 존재한다. 우리가 자신의 품위를 높여야 할 것은 바로 이 생각에 의해서이지, 우리가 채울 수도 없는 공간이나 수명에 의해서가 아니다. 따라서 열심히 생각하도록 노력하자. 바로 여기에 도덕의 원리가 있다."(232절) "생각하는 갈대. 나는 결코 공간에 의해서가 아니라 생각을 조절함으로써 나의 존엄성을 찾아야 한다. 내가 더 많은 땅을 소유한다고 해서 더 우월한 자가 되는 것은 아니다. 공간에 의해 우주는 나를 포함한다. 그리고 나를 하나의 점인 것처럼 삼켜버린다. 그러나 나는 생각에 의해 우주를 포함한다."(145절)

이러한 경구는 인용한 사람에 의해 압축되어 '인용구'가 된다. 인용구를 수집한 책은 경구와 격언을 모아놓은 문집과는 이미 그 성격이 다르다. 인용구들은 각종 시, 문장, 역사 또는 기타 담론의 다양한 표현들에서 수집했을 것이고 경구로 한정되지는 않는다. 오늘날 도서관에서 볼 수 있는 '인용구'를 모아놓은 책은 사전이나 백과사전 같은 참고서지, 더는 읽기를 위한 책으로 생각되지는 않는다.

경구와 격언은 종종 단독적 사상, 기민한 답변, 민첩한 반격, 임기응변의 응답을 담고 있기도 하다. 그리고 겉으로는 심각해 보이지만 실제로는 얄팍한 관념적 설교나 주류 관점에 반대한다는 사상적 가치가 있다. 관념적 설교는 주로 사상적 게으름뱅이를 만들어낸다. 경구와 격언은 관념적 설교의 천적으로, 선입견에 도전하고 세속을 조롱하며 사람들이 악습을 미덕으로 여기지 않도록 경고한다. 또한 인간성의 어두운 면으로 돌아가지 않게 해주고, 인간과 삶에서 나타나는 모호함, 모순, 황당무계함을 무시하지 않게 해준다.

거기에는 종종 의심과 조소도 들어 있다. 영국의 작가 로건 피어설 스미스Logan Pearsall Smith가 말한 것처럼 "우리의 추한 성격을, 세심하게 다듬은 짧은 문장 속에 못 박아 넣은 것"이다. 스미스는 사상적 산문에 뛰어날 뿐 아니라 경구와 격언을 많이 연구했다. 그는 자신이 편집한 《영국 격언 선집 A Treasury of English Aphorisms》(1928) 서문에서 이렇게 지적했다. 실망과 비관을 표현한 경구와 격언도 많고, 때로 이들은 지나치게 음울하고 분개하며 침울하고 심지어 신랄하기까지 하다. 그는 경구와 격언에도 "이탈리아인이 말한 '나쁜 생각cattivo pensiera'이 있을 수 있으며, 이러한 나쁜 생각은 착한 생각보다 사람들의 관심을 더 끈다. 우리의 타락한 천성이 바로 이렇다"고 말했다. 그러나 만약 경구와 격언의 가혹함이 이 정도 수준이라면 이는 곧 지루한 냉소적 의견으로 변할 수도 있다. 경구와 격언은 변화하고 발전하기 쉬운 언어이고 간단명료한 이치이며, 자세히 보면 간단하지 않지만 지나치게 자세히 보면 오히려 너무 심각해져서 이해하기 어려울 수 있다.

경구는 원래 단편적이고 자잘한 생각으로, 책으로 편집한 것은 읽기에 편리하게 만든 것이다. 벨기에의 문인이자 외교관인 리뉴공 샤를 조제프 라모랄Charles-Joseph Lamoral de Ligne은 경구집을 읽는 방법을 이렇게 설명했다. "경구집을 읽고 지루함을 느끼지 않을 유일한 방법은 아무 쪽이나 펴서 흥미로운 부분을 읽었으면 즉시 책을 덮는 것이다." 경구집을 연속해서 읽으면 이내 지루해질 수 있고, 재담을 연이어 읽는 것도 마찬가지다. 독일의 음악가 리하르트 바그너(그는 니체를 좋아하지 않았고, 니체의 경구도 좋아하지 않았다)도 경구와 격언집을 비꼬며 책 속의 경구는 마치 벼룩이 춤추는 것을 보는 것과 같다고 말했다. 표현이 다소 각박하긴 하나(그래서 경구가 될 수 있는 것이기도 하다) 전혀 틀린 말은 아니다.

《루바이야트Rubáiyát》(원래는 페르시아어로 된 4행시를 의미하나, 11세기 페르시아의 시인 오마르 하이얌 이후에는 대체로 그의 시집을 가리키는 말로 사용된다. 이 작품에 나오는 시구도 상당 부분 경구로 읽을 수 있다. - 옮긴이)를 정리하고 번역한 영국의 시인 에드워드 피츠제럴드Edward Fitzgerald는 경구집 《폴로니어스Polonius》(1852)를 펴냈는데, 서문에서 "경구집보다 더 음울한 책은 드물다"고 말했다. 그러나 경구는 여전히 매력적이다. 로건 피어설 스미스도 경구집은 대개 특정한 질서가 없고 "자잘한 단편적 진리가 수록되어 있을 뿐이어서 이런 책은 계속 읽기 어렵다"고 말했다. 그러나 경구집은 계속해서 인쇄되고 출판되며 언제나 판로가 끊이지 않는다. 경구집은 사람들에게 읽혔다 멀어지기를 반복하지만 그래도 여전히 읽히는 책이다. 르네상스 시기의 재담집도 아마 독자들에게 비슷한 느낌을 주었을 것이다.

해학의 목적과 묘미

스페로니의 《이탈리아 르네상스의 해학과 지혜》는 다른 농담 및 재담집과는 다소 다른 점이 있다. 그는 책 마지막에 발데사르 카스틸리오네Baldesar Castiglione의 《궁정론The Book of the Courtier》에서 토론 중의 농담, 일화, 신사적 교양에 관한 글을 발췌하여 실었다. 이탈리아의 궁정 신하이자 외교관, 시인이자 학자였던 카스틸리오네의 시대에 신사의 이상적 모범은 바로 그가 말하는 '신하'였다. 궁정 신하, 인문주의자, 군주는 모두 사람들에게 익숙한 르네상스 시기의 사회적 인물의 형상이다. 인문주의자는 르네상스의 특수 지식인 무리였고 중세 지식인인 '수도자'와 구분되었다. 신하는 사람들이 '총애받는 신하'를 생각할 때 갖는 부정적인 인상이 아닌 고귀한 신사의 새 신분으로, 그들만의 독특한 자질과 포부, 이미지를 드러냈다. 신하가 이러한 새로운 이미지를 가지게 된 것은 카스틸리오네 덕분이다.

카스틸리오네는 해학과 유머, 농담은 신사의 교양을 갖추어야 하고, 신사의 예의에 어울리는 행위와 언어여야 한다고 생각했다. 키케로가 해학과 유머를 연설가가 반드시 가져야 할 능력으로 본 것과 일맥상통한다. 예의와 예절은 중세 궁정과 관련하여 생겨났으며, 그리스나 키케로의 로마 시대에 궁정은 아직 존재하지 않았다. 로마 제국에 궁정 비슷한 것이 있었다 해도 르네상스와 같은 궁정 문화는 아직 형성되지 않았다. 역사학자 피터 버크는 이렇게 지적했다. "10세기부터 중세 작가가 궁정을 묘사할 때 키케로가 품위와 관련해서 썼던 '시민의 예의urbanitas'와 '적절함decorum'과 같은 단어들이 등장하는 것을 볼 수 있다. 처음에는 품위 있는 궁정 주교가 추앙을 받았고, 나중에는 이러한 기품이 있는('예의 있다'와 같은 형용사) 기사도 찬양을 받았으며… 이는 모두 품행이 궁정corte의 요구에 부합함을 암시했다." 카스틸리오네의 《궁정론》은 본성과 행실이 완벽한 궁정 신사가 되는 방법을 논하며, 거기에는 그들이 반드시 배워야 하는 '적절한 유머'도 포함되었다.

카스틸리오네가 논한 적절한 유머에는 실질적인 비판이 담겨 있다. 예를 들면 어떤 상황에서 어떤 농담을 누구에게 해야 하는지, 상대방의 기분을 해치지 않으면서 농담하는 방법에는 어떤 것이 있는지 등이다. 그는 이렇게 말했다. "르네상스 시기의 재담과 농담은 수차례 부도덕하고 제멋대로라고 평가되었다. 의심의 여지없이 실제로 재담록 대부분은 원칙에 구애받지 않고 방탕하며 음란하고 저속하다. 그러나 재담만 그런 것은 아니다. 동시대 희극과 소설만 보아도 쉽게 알 수 있다!" 유머의 예법을 만든 것을 보면 상징적으로 르네상스 시기에 상류사회의 유머와 민중의 유머 사이에 차이가 있었음을 알 수 있다. 이 차이는 오늘날까지 이어지며 이것을 어떻게 평가할 것인지는 또 다른 문제다.

미하일 바흐친은 《프랑수아 라블레의 작품과 중세 및 르네상스의 민중문화Tvorčestvo Fransua Rable i narodnaja kul'tura srednevekov'ja i Renessansa》(1965)에서 예의가 유머를 길들이는 것을 언급했다. 프랑수아 라블레François Rabelais의 《가르강튀아와 팡타그뤼엘La vie de Gargantua et de Pantagruel》(1534)에 나오는 민중의 유머처럼 방탕하고 거칠고 쓸개 빠진 것 같은 유머는 시간이 흐르면서 이미 사람들이 좋아하지 않게 되었다. 르네상스부터 계몽운동에 이르기까지 유럽 사회가 숭상하던 이성의 정신은 사람들의 생각과 관념을 말끔히 씻어냈고, 문화와 문명을 기조로 원시적이고 몰상식한 민중의 유머는 점점 이성의 문화와 문명의 새로운 규범으로 순화되었다(이러한 순화를 어떻게 평가할 것인지는 여전히 문화 연구에서 논쟁의 여지가 있는 문제다). 카스틸리오네의 적절한 유머는 곧 민중의 유머를 다루는 최초의 규범이었다.

카스틸리오네는 '신사의 유머'를 주장했다. 궁정의 신사처럼 그 교육은 당연히 민간에서는 행해지지 않았고, 심지어 학교가 아닌 궁정에서 진행되었다. 이러한 교육은 학교 교육보다 더 전문적이지만 보다 광범위한 의미를 지녔다. 여기서는 지식뿐 아니라 영예롭고 문명화된 예의civility를 교육했다. 이러한 내용은 오늘날까지도 여전히 유럽 교육에 큰 영향을 미치고 있으며 학교 지식 외의 품격과 수양을 길러준다. 몸가짐, 옷차림, 손님맞이뿐 아니라 해학과 유머의 방식까지, 한 나라의 예의나 교육문화는 전통으로 계승되어야 한다. 교양 있는 사람의 말은 일반적으로 유머가 있고 완곡하며, 정치가가 연설이나 사회적 교류에서 마찬가지로 유머를 잘 활용한다면 이는 문화적 전통과 관련이 있다고 볼 수 있다.

유머나 해학은 교양과 품위를 갖추고 예의와 태도에 주의해서 사용해야 한다. 이런 이치만 안다면 지나치게 진지해지거나 곤경에 처하는 상황을 막을 수 있고 신랄함을 피할 수 있으며, 무례한 태도를 비꼬고 경각심을 갖게 만들 수도 있다. 《프랑스인의 해학과 지혜 그리고 험담 1,000선A Thousand Flashes of French Wit, Wisdom and Wickedness》(1886)을 지은 피노드 J. De Finod는 나쁜 말이 좋은 말보다 경구가 되기는 더 쉽지만, 후세에 전해지는 격언이 될 수 있을지는 가늠하기 어렵다고 말했다. 재담도 마찬가지로 엄숙한 말을 사용하면 안 된다. 사람들은 나쁜 이야기를 더 듣고 싶어 하고 재미있어하기 때문에 입에서 입으로 전한다. 따라서 재담은 '나쁜 말로' 청중을 끌어들이는 경향이 있다. 그러나 이 경향을 함부로 남용한다면 재담을 훼손하는 일이 된다. 오늘날 유행하는 저속한 농담이나 저질 유머가 바로 그런 예다. 또한 요즘 인터넷에서 나쁜 말과 험담으로 많은 사람들을 끌어들이는 사례가 적지 않은데, 이런 언어는 우스꽝스러울 수는 있지만 진정한 해학은 아니다.

진정한 해학의 목적은 웃기거나 익살스럽게 만드는 것이 아니다. 해학은 매우 민첩한 이해와 적절한 표현이며, 목적이 아닌 이해한 결과를 전달하는 수단이다. 영국의 수필가 윌리엄 해즐릿이 말한 것처럼 "해학은 음식이 아니라 소금"이다. 해학은 기발하고 세밀하며 또렷하게 관찰할 수 있고, 교묘하고 적절하게 표현할 수도 있다. 경구도 마찬가지로 음식이 아니라 양념이라고 말할 수 있다. 해학의 묘미는 그저 사람들을 웃기거나 포복절도하게 만드는 게 아니다. 정확한 인식과 견해가 결여된 해학은 잔재주나 말장난에 불과하다.

해학의 정확한 인식과 견해는 종종 예상을 뛰어넘는다는 특징이 있다. 16~17세기 문학에서 해학으로 유명한 시가 있는데 바로 영국의 형이상학파 시metaphysical poetry다. 형이상학파 시는 신기한 형상과 깊이 있는 사고를 중시하고, 예상을 뛰어넘으면서도 이치가 담긴 생각을 표현하여 참신하며 깨달음을 준다. 형이상학파의 대표 시인인 존 던John Donne은 컴퍼스를 사랑에 비유한 작품을 썼다. 한 쌍의 연인은 컴퍼스의 두 다리가 서로를 의지하듯 서로 의지해야 비로소 원을 그릴 수 있다(원은 원만함과 완벽한 사랑의 상징이다). 두 사람은 언젠가 헤어질 수도 있지만 서로 멀어질수록 더 서로를 의지하게 되고 더 큰 원을 그릴 수 있다. 존 던이 인식한 사랑은 컴퍼스와 사랑 사이의 예기치 못한 연관 관계로 표현되었다. 이것이 바로 해학이다. 미국의 작가 마크 트웨인은 "해학은 서로 다른 생각 사이에서 갑자기 일어나는 결합으로, 그 생각들은 결합 전에는 서로 아무 관계가 없었다"고 말했다. 그는 형이상학파 시 및 해학의 본질을 아주 정확하게 설명했다.

해학에는 반드시 지혜가 담겨 있어야 하고 정확한 인식과 견해를 전달해야 한다. 18세기 문학 비평에서 진짜 해학과 가짜 해학을 구분하는 기준은 바로 이것이었다. 당시에도 해학을 중시하는 것처럼 보이는 일부 형이상학파 시인이 있었으나, 어휘 선택에만 주의를 기울인 나머지 내용이 지나치게 심오해지고 표현이 난해해졌다. 이러한 시는 의미가 공허하고 해학도 내실 없는 현란한 재주에 그쳤다. 알렉산더 포프는 《비평론 Essay on Criticism》(1711)에서 진짜 해학은 사람들이 자주 생각하지만 적절하게 표현하지 못하는 것을 담아야 한다고 말했다. 해학은 보통 사람들이 누구나 이해할 수 있는 참된 지식과 견해가 아주 적절하게 표현된 것을 가리킨다.

해학 속에 담긴 참된 지식과 견해를 강조하면 '웃기는' 것이 가장 중요한 특징이 되지 않는다. 그러나 해학은 여전히 웃음과 관련이 있다. 해학은 "서로 다른 생각 사이에서 갑자기 결합할 때" 맞는 것 같지만 틀리거나 틀린 것 같지만 맞는 수법을 사용한다. 교묘하고 민첩하며 재미있고 웃긴 표현은 전달하고자 하는 의미와 충돌해 웃음을 터뜨리게 만든다. 이러한 웃음의 효과는 유머를 듣고 박장대소하는 것에서 끝나지 않고, 보다 치밀하게 생각할 기회를 주며 쉽게 잊히지 않는다. 생각지 못한 내용 때문에 실소하지만 그 뜻을 이해하고 나서 비로소 새어나오는 웃음은 한층 지적이고 성숙한 웃음이다. 내용 자체가 웃음을 유발한다기보다 말하는 방식이

웃기거나 독자를 시험하는 특징이 있다.

해학은 고의적으로 독자의 무의식적인 기대를 무시할 수 있고, 전혀 예기치 못한 놀라움과 기쁨을 줄 수도 있다. 가령 영국의 역사학자 필립 구에달라Philip Guedalla는 "역사는 반복된다. 역사학자들은 서로 반복된다"라고 말했다. "역사는 반복된다"는 상투적인 표현이지만, 뒤의 구절과 합쳐져 참신하고 적절하기에 해학적이다. 두 구절이 서로 받쳐주고 보완하는 것은 역사학자들을 조롱하는 것인가 아니면 인정하는 것인가? 독자 스스로 결론을 얻어야 할 것이다.

또 다른 예를 들어보자. 어떤 사람이 "돈을 불리는 유일한 방법은 바로 돈을 접어 주머니 속에 넣는 것이다"라고 말했다. 이 말은 웃기지만 결코 웃음만 불러일으키지는 않는다. 이 문장은 돈을 잘 간수하고 쓰지 않는 것이 돈을 모으는 가장 좋은 방법이라는 사소한 진리를 교묘하게 전달한다. 칸트는 사람은 자신이 기대한 일이 발생하지 않을 때 웃는다고 말했는데 이것이 바로 해학이다. 미국의 문학 비평가 에이브럼스Meyer H. Abrams는 칸트의 이 표현을 조금 변형할 수 있다고 했다. 즉 사람은 자신이 기대한 일이 예상치 못한 방식으로 갑자기 발생할 때 웃는다.

《이탈리아 르네상스의 해학과 지혜》에는 익살스러운 일, 인물, 상황이 유발하는 웃음과 고의적으로 독자의 예상을 수포로 돌아가게 하여 유발하는 웃음이 나온다. 전자가 폭소라면 후자는 미소다. 물론 어떤 재담은 오늘날 독자에게 전혀 재미있지 않은 것도 있다. 어떤 종류의 웃음이든 대부분은 악의가 없는 해학적 웃음이다. 해학적 웃음은 사람을 해치거나 난감하게 하거나 비꼬거나 폄하하려는 목적이 없으므로, 프로이트가 말한 '무해한 웃음'이다. 만약 이러한 유머나 재담의 윤리에 어긋나면 웃음은 유해한 웃음으로 변하고 만다.

스페로니는 《이탈리아 르네상스의 해학과 지혜》에서 르네상스에서 각양각색의 사람들의 해학적 일화와 민중의 희극을 볼 수 있었다고 말했다. "농부와 부녀자, 성직자들은 풍자적인 일화의 주요 대상인 것 같다. 그러나 이는 전통이며 그 풍자는 얼핏 볼 때와 달리 그다지 신랄하지 않고 모독하려는 의도는 더더욱 없다. 모두가 웃기기 위한 취지였다." 그렇다고 르네상스에 유해한 웃음이 없었다는 뜻은 아니다. 스페로니가 《이탈리아 르네상스의 해학과 지혜》를 엮을 때 취사선택한 기준은 유해한 웃음을 제거하고 무해한 웃음을 보존하는 것이었다. 이는 유익한 웃음이 무엇인지 이해하는 데 도움을 준다.

4

마키아벨리의
《로마사 논고》와 부패의 발단

미국 경제학의 거장 소스타인 베블런Thorstein B. Veblen은 《유한계급론The Theory of the Leisure Class: An Economic Study in the Evolution of Institutions》(1899)에서 '제도주의 경제학'을 주장했다. 그가 내린 제도institutions의 정의는 오늘날 사회 문화의 구조를 바라보는 관점에 영향을 미쳤다. 제도는 권력이 분배하고 구성한 구조만이 아니라 대다수 사람들이 공유하는 '고정된 사유 습관'이라는 것이다. 이는 특정한 시간과 장소에서 통치의 지위를 점유하는 "고정된 방법과 습관, 행위 준칙, 권력, 재산 원칙"을 의미한다. 따라서 (민주공화, 군사독재, 전제독재와 같은) 제도를 이해하기 위해서는 조직을 묘사하는 것만으로는 부족하고, 기본적인 사회 문화 형태 및 그 발전을 분석할 필요가 있다. 부패도 사회 문화의 기본 형태이므로, 묘사가 아닌 역사적 분석이 필요하다.

정치 세력의 연합과 분열, 권력자의 성공과 실패, 권력 투쟁의 음모와 계략 등 제도의 실패는 역사서가 주목하고 기록하는 쟁점들로, 다른 주요 실패 요인은 등한시되었다. 공화제의 실패 요인 가운데 가장 등한시된 것은 바로 가장 결정적인 요소인 부패였다. 부패는 마키아벨리가 16세기 초 고전 공화주의의 부흥을 위해 고대 로마 공화제의 역사를 연구할 때 가장 주목한 문제였다. 그는 《로마사 논고 Discorsi sopra la prima deca di Tito Livio》 (1517년경)를 집필하여 공화제의 부패를 계속해서 거론했다. 이 작품은 오늘날 부패를 분석하는 데 여전히 많은 깨우침을 준다. 이 고전에서 마키아벨리는 인간의 본성은 연약하여 부패의 유혹에 저항하기 어려우며 공화제를 위해 희생하기 쉽지 않고 오히려 전제주의 권력에 구속당하기 쉽다고 말했다.

로마 공화제 말기, 카이사르(시저)가 왕위에 올랐을 때 민중이 작은 선심을 얻기 위해 전제주의의 앞잡이가 되었던 것처럼 "민중은 어리석고 무지하여 자기 목덜미에 묶인 멍에도 보지 못한다"고 표현했다. 마키아벨리는 질문을 던졌다. 부패한 국가에서 자유정치 체제가 있으면 어떻게 그것을 유지할 수 있는가? 만약 자유정치 체제가 없으면 어떻게 만들 것인가?

노예근성과 부패

중국의 청나라 시기에는 조정도 부패했으나 일반 민중의 부패도 매우 심각한 문제였다. 여기서 민중은 일반인이나 평범한 백성이 아니라 나라 전체의 국민을 말한다. 한 국가의 정치적, 사회적 엘리트도 엘리트이기 전에 민중에 속한다. 엘리트가 된다는 것은 일반인이 공유하는 국민적 특성에서 벗어난다는 뜻이 아니라 다만 그들이 국민성의 약점을 알아챌 수 있다는 의미다. 엘리트가 국민성의 불완전함을 인식하는 것은 마치 심리학자가 인간의 육체적, 정신적 상처를 이해하는 것과 같다. 심리학자의 지식은 두 가지 상반된 목적을 위해 활용할 수 있다. 즉 착한 사람이 다른 사람에게 해를 입히지 않도록 도울 수도 있고, 나쁜 사람이 다른 사람을 괴롭히는 것을 도울 수도 있다. 가장 혹독한 괴롭힘과 형벌은 인간의 심리적 약점을 겨냥하는 것이기 때문이다. 마찬가지로 엘리트가 국민성의 부족한 부분을 인식하면 그 약점을 극복하도록 돕기 위해 계몽에 힘쓸 수도 있다. 반면 의도적으로 그 약점을 이용해 자신의 정치적 또는 기타 목적을 달성할 수도 있다.

국민성은 정치 체제에서 만들어지고 민중의 부패도 정치 체제에서 비롯되며, 거의 예외 없이 권력의 중심부에서 보편적 정치 문화로 확산된다. 마키아벨리가 공화제의 부패를 논한 것도 그것이 국가 권력으로부터 국민으로 전파된다는 점에서 착안한 것이다. 그는 말했다. "그 국왕들은 얼마나 부패했는가. 만약 두세 명의 왕위 계승자가 그들의 전철을 밟는다면 그 부패는 곧 민중에게 전파될 것이고, 민중이 부패하면 혁신을 일으킬 가능성은 없어진다." 전제주의 통치는 국민을 노예근성으로 가득 차 자존감이 없고, 사리사욕에만 어두워 의리를 저버리는 부패한 신민으로 만든다. "군주의 통치에 익숙해진 국민은 우연히 자유를 얻는다 해도 그것을 유지하기 어렵다."

노예근성은 부패한 국민의 가장 두드러진 특징이고, 공화제의 부패에서 가장 심각하고 치명적인 부분이다. 사실 국민 수준이나 국민성은 인간의 본성을 핵심으로 한다. 곧 국민성의 부패는 인간 본성의 약점에서 비롯된다. 마키아벨리는 고대 로마의 공화제를 논하면서 "인간은 부패에 빠지기 쉽다"는 문제를 제기했다. 그는 공화주의 사고를 더욱 현실적인 기초 위에 옮겨 놓았다. "얼마나 선하고 얼마나 교양이 있는지와 상관없이, 인간은 얼마나 부패하고 변질되기 쉬운가. 얼마나 자신의 상반된 본성을 드러내기 쉬운가. 아피우스Appius Claudius Caecus(기원전 4세기에 활약한 로마의 정치가. 감독관, 집정관, 섭정, 독재자와 같은 중요한 자리를 맡았고, 고대 로마의 중요한 도로인 아피아 가도를 만들었다. – 옮긴이)에게 속박된 젊은이들을 보라. 그들은 작은 선심을 얻기 위해 전제주의 통치자의 앞잡이가 되었다. 또 퀸투스 파비우스Quintus Fabius Maximus(기원전 3세기 로마의 집정관, 독재자 등을 지낸 정치가. 제2차 포에니전쟁 때 로마의 장군으로 카르타고의 한니발에 맞서 지연 전술을 편 것으로 유명하다. – 옮긴이)를 보라. 그는 제2대 10인 대표의 한 사람으로 좋은 사람이었으나, 작은 야심으로 망가져 아피우스의 명령에 따라 결국 그와 같은 악한 사람이 되었다."

'인간은 부패에 빠지기 쉽다'는 관점에서 공화제를 바라보면, 제도가 인성의 부패를 변화시키는 데 중요하다는 사실이 더욱 분명히 드러난다. 인간은 속박이 전혀 없는 자유로운 상태에서 서로 해를 가하려는 천성을 가진 야수다. 권력은 다른 사람보다 더 큰 자유를 얻고 다른 사람에게 해를 가할 수 있다. 따라서 이러한 폭력적인 자유 의지를 구속할 수 있는 제도가 필요하고, 이는 집단의 평화적인 질서를 수립하기 위한 첫 번째 조건이 되었다. 사회는 모든 사람이 천사가 되기를 기다린 뒤에 평화로운 질서가 수립되길 기대할 수 없다. 같은 이치로 국가는 대다수 사람들의 국민 수준이 상당한 수준에 이를 때까지 기다린 뒤에 공화정치 체제를 수립할 수는 없다. 먼저 공화정치 체제를 수립한 뒤에 정치 체제의 법치와 도덕적 역량으로 양호한 수준의 공화 국민을 만드는 것이 정당한 순서다.

자질을 갖춘 국민을 만들기 위한 공화주의의 역할은 국민을 도덕적으로 완벽하게 만들고, 부패에 약한 본성을 뼛속까지 없애는 것이 아니다. 국민이 노예근성을 버리고 다른 극단으로 빠지지 않도록 하여, 폭력정치 속에서 제멋대로 악을 행하는 개인이 되지 않도록 돕는 것이다. 이렇게 공화정치 체제가 국민을 구속하는 것은 이론적으로 생각하는 것만큼 간단하지는 않다. 우선 반드시 구속이 필요한 대상은 바로 가장 구속이 어려운, 권력을 장악한 엘리트 국민인 정치인이기 때문이다.

공화제 설립 초기에는 그 기반이 아직 완전히 정착하지 못한 상태이고, 불완전한 제도는 많은 허점과 붕괴될 여지가 있었다. 이때 정치 엘리트들의 덕성은 매우 중요하다. 제도가 아직 불완전하여 그들을 구속할 수 없을 때, 그들이 먼저 스스로를 예속해야 하기 때문이다. 미국의 초대 대통령 조지 워싱턴은 종신 대통령이 될 수 있는 기회가 충분히 있었으나 그렇게 하지 않았다. 제도적 구속이나 외부의 압박을 받았기 때문이 아니라 그가 스스로의 구속을 받았기 때문이다. 새로운 정치 체제가 수립될 때, 정치인의 행위는 미래의 정치 문화를 형성하는 데 막대한 영향을 미친다. 권력이 법이나 제도보다 힘이 센 정치 문화에서는 권력이 법의 구속을 파괴할 기회만 있다면 반드시 그렇게 하고 말 것이다. 반대로 정치인이 자발적으로 제도의 구속을 받으면 오히려 이상한 것이 되고 만다.

불안정한 공화제와 군주제의 부활

민중이 반란을 일으켜 군주제에 대항할 때 강력한 인물이 없이는 성공할 수 없다. 즉 난세는 간웅을 배출해낸다. 간웅은 민중의 노예근성을 더 심화하고, 끝내 또 다른 전제를 만들어낸다. 이것은 마키아벨리가 말한 역사 규율이 되었다. "민중이 통치에 큰 불만을 품으면 자신들 가운데서 수단을 불사하고 반역을 일으킬 수 있는 지도자를 뽑는다. 그렇게 한 사람이 선발되고 대중의 도움으로 통치자를 물리친다. 그들은 군주제의 해악을 아직도 생생히 기억하여 군주제나 과두제는 세우려 하지 않았다. 그들은 민중이 다스리는 국가를 세우고, 극소수의 실력자나 군주가 권력을 독차지하게 했다. 이러한 통치 형태는 그런대로 일시적인 평안을 누렸으나 결코 오래 지속되지는 못했다. 건국 세대가 사라진 뒤에는 더욱 그러했다. 그들은 이내 개인이든 관료든 두려운 것 없이 제멋대로 행동했고 날마다 그 정도는 더 심해졌다. 끝내 그들은 더 큰 난국을 피하기 위해 어쩔 수 없이, 또는 명망 있는 자의 견해를 받아들여 군주제를 회복했다."

정세를 안정시킬 가장 효과적이고 합법적인 방법은 바로 군주제였다. 공화제의 합법성이 아직 미약했을 때 민중은 강력한 정치인의 출현을 기대했고, 심지어 공화제를 군주제로 대체하기를 바라는 것은 거의 자연스러운 민중 심리였다. 민주제의 전통을 기반으로 시작한 미국도 예외가 아니었다.

1776년 미국 독립혁명이 성공을 거둔 뒤, 1777년 제2차 대륙회의에서 13개 자치주의 법률인 '연합규약Articles of Confederation'이 통과되었다. 1786년에 셰이즈의 반란Shays' Rebellion(미국 독립전쟁에 참전했던 대니얼 셰이즈가 주도하여 매사추세츠 주에서 일으킨 무장봉기. 이 내란은 불합리한 조세제도에 따른 부채를 감당할 수 없었던 가난한 농민들이 일으킨 반란에 불과했으나 이를 진압하는 과정에서 연방의회의 무력함이 드러났고, 보다 강력한 중앙정부가 필요하다는 공감대가 형성되는 계기가 되었다. – 옮긴이)이 일어나자 사람들은 다시 혼란에 빠졌고 많은 미국인들은 공화제의 성공적 수립을 의심하기 시작했다. 1786년 미국의 각 주 대표들은 필라델피아에서 제헌회의를 소집했다. 당시 미국에는 영국 왕 조지 3세(재위 1760~1820)의 생일을 축하하는 것처럼 프랑스 국왕 루이 16세의 생일을 축하하는 사람들도 있었고, 프랑스 왕실의 성姓인 '부르봉Bourbon'을 군현의 이름으로 사용하기도 했다. 심지어 미국 연방의회는 루이 16세와 마리 앙투아네트의 초상화를 회의실에 걸어두었고, 루이 16세의 왕자가 태어났을 때 미국 전역에서는 축하 행사가 열리기도 했다. 워싱턴 대통령에게 왕위에 오를 것을 계속해서 권하는 사람들이 있었으나 그는 매번 이를 거절했다.

미국의 정치 엘리트 가운데 공화제를 포기하고 입헌군주제를 재건하자고 건의한 사람들도 있었다. 조지 마이닛George Richards Minot은 《1776년 매사추세츠 내란의 역사 및 이후의 저항The History of the insurrection, in Massachusetts, in the year 1776, and the rebellion consequent thereon》(1788)에서 다음과 같이 기록했다. "학식과 교양이 있고 재산이 많은 사람들은… 정당을 조직할 준비를 하며" 군주제에 찬성하기 시작했다. 여전히 공화제에 찬성하는 사람들은 "심각한 우려"를 표했다. 한 프랑스인은 친구에게 보내는 편지에서 그가 뉴잉글랜드에서 목격한 상황을 언급했다. "뉴잉글랜드 네 개 주의 국민들은 정부를 심히 우려하여… 군주제 시행 요청에 서명했다." 보스턴 출신의 군인이자 정치가 녹스Henry Knox(1789~1794년 미국 전쟁부 장관United States Secretary of War을 맡았다)는 워싱턴에게 보내는 편지에서 매사추세츠 주 "국민의 7분의 3이… 영국과 같은 입헌(군주)제정" 수립에 찬성한다고 썼다.

1786년의 필라델피아 제헌회의 기간에 참가자들 가운데 공화제에 실망을 표하는 사람들이 있었고, 심지어 자신감을 잃은 사람들도 있었다. 당시 제헌회의에 참석한 제임스 먼로James Monroe(버지니아 주 대표로 나중에 미국의 제5대 대통령이 된다)는 대륙회의 의장인 너새니얼 고램Nathaniel Gorham이 프로이센의 프리드리히 하인리히 루트비히Friedrich Heinrich Ludwig 공에게 편지를 보내 "미국이 독립을 유지하기 어려움을 걱정하여 자유 제도가 실패로 돌아갈 경우 공이 미국 국왕의 권력을 행사할 의향이 있는지를 물었다"고 말했다. 먼로가 이 말을 했을 때 고램은 이미 세상을 떠난 뒤였다. 고램은 제헌회의에서 군주제를 직접 건의하지는 않았으나 여전히 공개적으로 미국 공화제에 비관적 정서를 드러냈다.

뉴햄프셔 주의 대표 니컬러스 길먼Nicholas Gilman, Jr은 형에게 보내는 편지에서 "헌법에 긍정적이고 열성적이던" 인사들도 이제는 "공공연히 군주제를 널리 알리고 있다"고 말했다. 버지니아 주 대표로 제헌회의에 참가한 조지 메이슨George Mason은 훗날 구베르뇌르 모리스Gouverneur Morris(펜실베이니아 주 대표)가 비공식적으로 "조만간 군왕을 세워야 한다…. 지금 협상할 수 있는 기회를 틈타 더 빨리 군왕을 세워야 한다"고 말했다고 회상했다. 델라웨어 주 대표 존 디킨슨John Dickinson은 영국의 입헌군주제를 열렬히 칭송하며 "강력한 행정은 유한한 군주제에서만 존재할 수 있다"고 했다. 그는 군주제가 가장 좋은 정부제도의 하나이고 "공화제는 그와 비교도 되지 않는다"고 말했다.

공화제는 약한 정치 체제로, 부패 가능성이 있기 때문에 '자연스럽게' 전제로 변할 위험이 있다. 기원전 1세기 로마의 카이사르 '공화제국'과 20세기 전제주의 '공화국'은 모두 이런 자연적 변천의 결과다. 약한 공화제는 불안한 심리를 자극하여 군주제에 대한 미련을 되살렸다. 많은 국민들이 군주제를 심리적으로 다시 받아들였고, 심지어 정세를 평정할 수 있는 막강한 권력자의 출현을 소망하게 되면서 전제정치를 위한 녹색등을 켰다. 이러한 강권적 인물은 반드시 명분이 있는 군왕은 아니었으나 군왕처럼 무한한 권력을 장악하고 법치 위에 군림할 수 있는 독재자여야 했다.

로마공화정은 카이사르가 왕위에 오른 뒤 무너졌다고 보이나, 사실 카이사르가 통치할 당시 이미 상당히 부패해 공공 정신이 전혀 남아 있지 않았고 마침내 전제자의 희생양이 되었다. 미국의 역사학자 헨리 보렌 Henry C. Boren은 《로마공화정The Roman Republic》(1965)에서 "가장 고귀한 로마인" 브루투스와 그 무리가 공화정을 구하고 카이사르를 암살했다고 말했다. 사실 카이사르 암살로 로마공화정을 구할 수는 없었다. 왜냐하면 "그들은 공화정이 이미 죽었다는 것을 알지 못했기 때문이다." 마키아벨리는 보다 더 구체적으로 말했다. "타르퀴니우스 시대에 로마인은 아직 부패하지 않았으나 이후에 심하게 부패했다…. 마리우스 파가 민중을 부패에 빠지게 한 것은 그들의 지도자인 카이사르가 민중을 어리석고 무지하게 만들어 자기 목덜미에 묶인 멍에도 보지 못하게 만들었기 때문이다."

제도적 악순환의 결과

마키아벨리는 《로마사 논고》에서 공화제는 필연적으로 안정성을 오래 지속할 수 없는 숙명을 안고 있다고 논했다. 그는 이 숙명을 바꿀 수 있는 유일한 방법은 공화제 안에 전제를 포함하는 것이라고 생각했다. 권력을 독차지한 강권적 인물이 있어야 공화제가 위기에 직면했을 때 민첩하게 적절한 대응을 취할 수 있으며, 그렇지 않으면 공화제는 결코 훌륭한 '대응 수단'이 될 수 없다고 언급했다. 역사학자 하비 맨스필드Harvey Claflin Mansfield는 아리스토텔레스 사상을 배경에 두고 마키아벨리의 통찰을 이해할 것을 제안했다.

아리스토텔레스는 다수의 집단적 판단력과 소수의 뛰어난 능력을 결합한 혼합정치 체제를 상상했다. "아리스토텔레스는 공화제에 존재하는 전제적 요소를 그 완전성의 상실로 보았다. 그러나 마키아벨리에게 전제는 공화제를 완전무결하게 만드는 정반대의 역할을 수행하는 것이었다." 마키아벨리는 공화제가 비상 국면에 접어들 때 그것을 제어할 비상수단이 바로 전제라고 생각했다. 군주가 없는 독재, 즉 공화국이 군권을 이용하는 방식은 긴급 상황에서의 독재자였다. "로마인은 협상할 수도 없고 퇴각할 수도 없는 상황에서 한 사람에게 조치를 취할 수 있는 권한을 부여하는 것에 찬성한다…. 공화제는 비상조치를 취할 수 있는 수단이 필요하기 때문이다. 공화국은 독재 체제를 통해 군왕은 없지만 '왕권'의 이익을 얻을 수 있다."

마키아벨리는 공화제를 논할 때 민주제를 언급하지 않았다. 그가 주목한 것은 민주가 없는 공화였다. 이러한 공화는 민중을 속일 수단이 필요했고, 중세에 그 역할을 한 것은 바로 종교였다. 16세기에 마키아벨리가 간파했던 대규모 기만 수단도 역시 종교였다. 마키아벨리는 "사람은 거창한 이치에 속기 쉬우나, 구체적 사안에 대해서는 속이기 어렵다"고 말했다. 공화가 정치 체제라는 것은 거창한 이치로, 사람들은 구체적으로 사실이거나 거짓임을 확인할 수 없다. 전제적인 공화제라도 표면적인 형식이 있었고, 세습 왕권을 물려줄 때도 국민 대표 회의의 형식으로 승인되었다. 이는 황제가 칙서를 써서 아들에게 황권을 물려주는 것보다 표면적으로 더 합법적이었다.

　그러나 민주제는 다르다. 민주제는 '구체적인 사안'을 다루기 때문에 일반인을 속이기 쉽지 않다. 예를 들어 어떤 사람의 집을 강제로 철거할 때 이것은 공화적 결정이 될 수는 있지만, 결코 민주적 결정이 될 수는 없다. 집주인은 자신의 재산권이 침해당했으므로 철거한 자를 고소할 것이다. 만일 철거한 자가 이 사실을 입 밖에 내지도 못하게 하고 비슷한 처지의 다른 사람들과 집회를 열지 못하게 하면 그것이 언론의 자유와 집회의 권리를 침해하는 것임을 모르는 집주인은 어찌할 방법이 없다. 국민의 구체적인 자유와 권리에서 벗어나 공화제를 공론화하는 것은 문제의 민주적 해결을 지연시키거나 근본적 해결을 회피하는 수단으로 사용될 수 있다. 그래서 근본적으로 자유 민주제로 공화제를 규정하고 검증해야 한다.

　미국은 정당정치가 출현했을 때부터 오늘날까지, 정당의 폐단이 정치 부패의 주요 원인이었다. 19세기 중엽 미국에서 성행한 '교체 임용주의doctrine of rotation' 혹은 '엽관주의spoils system'가 바로 그러한 예라고 볼 수 있다(1829년부터 약 50년 동안 미국에서는 선거 때마다 승리한 집권정당이 자기 정당을 위해 일한 사람들에게 공직을 나누어주는 공무원 인사교체가 성행했다. 집권정당이 관직을 전리품spoils처럼 취급한다는 데서 속칭 엽관주의로 불리며, 이러한 관료제를 흔히 정당 관료제라 한다. – 옮긴이). 정당은 현대 정치에서 가장 효과적이고 가장 한결같은 조직 형태이므로 미국 정치는 정당을 떠나서는 생각할 수 없다. 이로 인해 자유민주주의에서 정당은 '받아들이지 않을 수 없는 악'이 되었고, 미국의 민중은 정당의 해악에 경계심과 혐오감을 느껴 오늘날 많은 유권자들이 정당정치를 멀리하게 되었다. 미국에서 정당 불신이나 당쟁 및 당파 이기주의 혐오는 이미 그들의 민주주의 정치 문화의 일부가 되었다.

측근만 등용하는 정당정치의 제도적 부패는 우수한 사람이 오히려 도태되고 평범한 사람이 선택되는 결과를 가져왔다. 마키아벨리는 일찍이 공화제의 부패는 제도적으로 한눈에 알아볼 수 있다고 지적했다. 부패한 공화제에서는 재덕을 겸비한 사람이 오히려 역으로 도태되는 경우가 생기는 것이다.

마키아벨리는 이렇게 말했다. "로마 시민은 집정관 직과 일부 관직을, 그것을 요구한 사람에게 부여했다. 초기에 이러한 체제가 빛을 발한 것은 거절의 굴욕을 무릅쓰고 확실한 자아 판단을 할 수 있는 사람이 비로소 관직을 요구할 터였기 때문이다. 그러나 나중에 이 방법은 부패한 국가에서 매우 나쁜 방향으로 변질되었다. 관직을 요구하는 자는 더는 훌륭한 덕을 갖춘 사람이 아니라, 권세가 있는 사람이었기 때문이다. 세력이 미미한 사람은 덕이 있더라도 두려움 때문에 대열에서 퇴장했다. 다른 모든 폐단처럼 이런 현상은 하룻밤 사이가 아니라 많은 세월을 거쳐 만들어진 것이다…. 그 뒤 로마인은 집정관을 임명할 때 덕보다 자신의 선호를 중시하게 되었다. 결국 고위직을 얻는 사람은 적을 물리치고 승리를 거두는 방법에 통달한 사람이 아니라 민중의 환심을 어떻게 사는지 아는 사람들이었다. 후에 그 기준은 더욱 낮아져서 더는 관직을 선호하는 사람에게 주지 않고 권세가 있는 사람에게 주었다. 이러한 제도적 결함은 결국 그나마 남아 있던 미덕마저 다 없애버렸다."

공화제가 심하게 부패하면 이렇게 재능이 있는 사람은 배척당하고 평범한 사람이 고위직에 오르는 역도태 현상이 필연적으로 나타나며, 관리가 곧 스승이 되면서 '미덕이 거의 없는' 다량의 관리를 양산했다. 즉 부패한 관리로 부패한 국민을 교화하고 부패한 국민에서 부패한 관리가 출현하는 제도적 악순환에 빠지면, 결국 새로운 형태의 노예가 양산되고 부패는 점점 더 공고해질 뿐이다.

5

아리스토텔레스의
《정치학》과 정치 개혁 문제

고대 그리스 시대를 시작으로 정치 이론 또는 정치학은 줄곧 정치 체제를 핵심 문제로 다루었다. 지금까지 발생한 중요한 정치 변혁 가운데 정치 체제에서 시작하지 않거나 정치 체제의 변혁으로 완성되지 않은 경우는 없었다. 플라톤의《국가》에서 국가는 '공화국Republic'이고 이것은 그리스어의 폴리테이아politea를 번역한 것이다. 폴리테이아는 헌법을 바탕으로 한 정치 체제를 의미한다. 현대 국가에서 정치 체제는 '헌법'이 규정하는 국가의 정치제도를 가리킨다. 정치 체제는 어떤 정치 이론이 아니라, 구체적인 정치제도와 그에 상응하는 시민 문화다.

이것은 정치 이론과 관련이 있기는 하지만 정치 이론 그 자체는 아니다. 정치 이론과 현실은 종종 현격한 차이가 있다. 정치 이론은 그 자체만으로 결코 효용을 발휘할 수 없고, 실권자는 그저 이론을 견지하기 위해 그것을 신봉하지는 않는다. 아무리 고상한 인격을 갖춘 정치인이라도 정치적 행동을 취할 때 정치 이론 해석에 근거해 제멋대로 행동하지 않도록 해야 한다. 따라서 정치 체제에는 반드시 법이 필요하고 그것이 바로 법치를 보장하기 위한 헌법이다. 그러나 헌법은 스스로 그 실행을 보장할 수 없다. 이때 정치 개혁으로 이러한 법을 중요시하지 않는 정치 체제와 정치 현실로 회귀해야 한다.

정치 체제와 시민 문화

아리스토텔레스의 《정치학》은 확실히 정치 체제를 핵심적으로 탐구하며, 정치 체제의 특징에 집중하여 여러 정치 체제를 분류하고 그 우수성을 평가한다. 정치 개혁에는 (특정 정치 체제의 고수, 안정 유지 등) 단지 공리적 이유뿐 아니라 도덕적 목적이 있어야 한다. 도덕적 목적에 기초하여 개혁을 단행함으로써 정치 체제는 더 훌륭해지고 정의로워지며 고상해질 수 있다.

아리스토텔레스는 두 가지 서로 연계된 측면에서 정치 체제를 논했다. 바로 정치 체제의 '제도'와 정치 체제의 '시민 문화'다. 제도와 시민 문화의 일치는 정치 체제의 통치 형식 및 국민 교육의 효과 사이에 불가분의 관계가 있다. 정치 체제는 정치제도일 뿐 아니라 그 제도와 연관된 국민의 생활 방식이다. 국민의 생활 방식은 '국민성'이라 부를 수 있는 특징을 갖는다. 국민성이란 보편성을 지닌 국민의 자질, 본성, 도덕 가치, 행위 규범을 의미한다. 정치 체제의 제도와 국민성, 이 두 가지의 연관 관계는 '통치'와 '교육'을 항상 결합하게 만든다. 좋은 정치 체제는 대개 훌륭한 국민을 만들고, 좋지 않은 정치 체제는 국민이 도덕을 상실하는 주요 원인이 된다.

정치 체제의 제도는 권력 분배 및 그 권력을 가지는 자와 직접적인 관계가 있다. 구체적으로 말하면 '공직'에 있는 사람이 누구에게 공직을 줄지 결정할 권리를 가진다는 뜻이다. 아리스토텔레스는 다음과 같이 말했다. "정치 체제란 여러 공직, 특히 모든 일에 최고 결정권을 가진 기구에 관한 국가의 편제編制다. 어느 국가에서나 정부가 최고 권력을 가지는 만큼, 정부가 실제로는 정치 체제다. 예컨대 민주정치 체제에서는 민중이 최고 권력을 가지고, 과두정치 체제에서는 소수자가 최고 권력을 가진다. 그래서 우리는 이 두 정체가 다르다고 말한다. 이런 판단 기준은 다른 정치 체제에도 적용될 수 있다."(《정치학》, 제3권 6장. 이하 해당 책의 인용 부분을 나타냄) 따라서 그는 또 "정치 체제와 정부는 사실상 같은 뜻이다. 정부는 국가의 최고 권력기구인데, 최고 권력기구는 필연적으로 한 사람, 소수자 또는 다수자에 의해 대표된다"(제3권 7장)고 말했다. 아리스토텔레스가 구분한 '한 사람' '소수자' '다수자'의 집권 형태는 오늘날 다양하게 변화되었다. 그러나 정치제도는 여전히 정치 체제를 가장 잘 식별할 수 있는 특징이고, 이러한 특징은 민주주의와 전제주의 사이에서도 존재한다.

정치 체제의 시민 문화는 종종 일반적으로 '문화'나 '국민성'으로 불린다. 이는 국민이나 국민 공동체의 생활 방식 및 대다수 구성원이 가지고 있는 자질이나 본성, 사유 방식, 신앙, 습관, 전통 관례, 가치관, 공공 행위 방식, 통치 권력에 대한 태도 등을 가리킨다. 예를 들어 토크빌은 《미국의 민주주의De la démocratie en Amérique》(1835)에서 분권, 권력의 상호 제약, 선거제도, 연방과 지방 권력의 관계 등과 같은 미국의 정치제도를 논한 뒤, 이어서 자유와 평등의 가치관과 사고방식, 기독교 전통의 영향, 독립적인 생활 습관 등과 같은 미국 국민성의 특징을 상세하게 기술했다. 그는 미국의 민주주의와 시민 문화가 서로 일치한다는 결론을 얻었다. 이 두 가지는 큰 의미에서 '민주정치 체제'라 부를 수 있는 '미국의 정치 체제'를 형성했다.

정치 개혁을 전망하는 이론은 공허한 이념을 외치는 것이어서는 안 된다. 대신 '새롭다'고 할 수 있는 정치가 어떤 제도를 체현하려는지, 어떤 시민 문화를 만들지, 그 시민 문화는 어떤 핵심 가치를 가지는지, 그 핵심 가치와 정치제도는 서로 보완되는지를 분명하게 밝혀야 한다. 제도적 측면에서 보면 정치 체제는 국가의 각종 공직, 특히 최고 권력을 쥔 공직의 제도나 계획을 뜻한다. 이 때문에 민주적인 선거는 민주주의 정치 체제와 다른 정치 체제 간의 근본적인 차이점이 된다.

정치 체제의 우열을 평가하는 기준

어떤 국가에 진정한 시민 문화가 있는지 알아보려면 다수의 국민이 충분한 권리를 누리는지, 그들이 책임감 있는 시민인지를 우선 확인해야 한다. 이러한 시민을 '완전 시민'이라 하고, 이 조건을 만족시키지 않는 시민은 일반적인 '국민'이거나 구속을 받는 '신민'이다. 서로 다른 정치 체제는 시민 문화에 각기 다른 영향을 미치는데, 정치 체제가 생활 속에서 시민에게 서로 다른 수준을 요구하기 때문이다.

아리스토텔레스는 두 가지 정치 체제를 구성하는 개념을 포함하여 시민을 정의했다. 즉 우리가 오늘날 알고 있는 '국민'과 '시민'이다. 각 정치 체제의 인민은 모두 국민이라 할 수 있다. 그러나 민주정치 체제의 인민 또는 국민을 진정한 시민이라 할 수 있고, 아리스토텔레스는 그것을 아무 결격 사유가 없는 '완전 시민'이라 불렀다. 아리스토텔레스는 "완전 시민의 가장 큰 특징은 재판 업무와 공직에 참여한다는 것이다"라고 말했다(제3권 1장). "우리가 정의한 시민은 민주정치 체제에 가장 잘 맞지만, 다른 정치 체제들에도 꼭 적용되어야 하는 것은 아니다. 다른 국가들에서는 민중을 포함하는 기구가 없어서, 정기적으로 개최되는 민회는 없고 비상소집만 있을 뿐이다. 소송도 공직자들이 저들끼리 나누어 맡아 여러 법정에서 재판한다. 예컨대 스파르타에서는 계약에 관한 사건들은 감독관들이 저들끼리 나누어 맡는다."(제3권 1장) 국민이 공직자가 되고 의결권과 재판권을 가지는 정치 체제에서 진정한 시민이 존재할 수 있다. "이제 시민의 개념이 분명해지기 시작한다. 의결권과 재판권에 참여할 권리가 있는 사람은 누구나 그 나라의 시민이다. 그리고 국가는 간단히 말해 자족한 삶을 영위하기에 충분할 만큼 많은 수의 시민들로 구성된 단체다."(제3권 1장)

아리스토텔레스는 '민주정치 체제'와 '시민'을 서로 연관 지었으므로, 기타 정치 체제의 구성원은 오늘날 일반적으로 말하는 '국민'에 더 가깝다. 아리스토텔레스는 이렇게 말했다. "정치 체제가 여러 가지인 만큼 시민들, 특히 피지배 시민들도 여러 부류일 수밖에 없다. 따라서 직공과 품팔이꾼은 어떤 정치 체제에서는 필연적으로 시민에 포함될 수밖에 없지만, 다른 정치 체제 이를테면 탁월함과 가치에 따라 공직이 배분되는 이른바 귀족정치 체제에서는 시민에 포함될 수 없다." "국가의 공직에 참여하는 자들이야말로 진정한 의미의 시민이다."(제3권 5장)

정치 체제에 따라 시민이라 불리는 사람은 누가 '시민의 권리'를 누리느냐에 따라 달라지며, 어떤 권리를 누리는가에도 모두 정해진 권력이 있다. 예를 들어 1974년 소련 정부는 작가 알렉산드르 솔제니친Aleksandr Solzhenitsyn을 추방하고 그의 시민 신분을 박탈했다. 체코의 정치인이자 작가 바츨라프 하벨Vaclav Havel은 1970년부터 1989년 사이에 세 차례 체포되어 투옥됐는데 당시 그는 여전히 국민이었지만 사실상 체코슬로바키아 정부는 그의 '시민권'을 박탈했다.

정치 체제는 국민을 여러 방식으로 시민 공동체에서 추방할 수 있고, 시민이라 불리는 사람들을 유형별로 구분할 수도 있다. 정치 체제의 신뢰를 가장 많이 받는 대상은 역시 '훌륭한 시민'인데 정치 체제별로 그 기준이 서로 다르다. 많은 정치 체제, 특히 비민주적인 정치 체제에서 훌륭한 시민은 '훌륭한 사람'이다. 훌륭한 시민과 훌륭한 사람의 탁월함(덕성)은 서로 연결되어 있기는 하지만 분명 다르다. 아리스토텔레스는 "훌륭한 사람의 탁월함을 지니지 않아도 훌륭한 시민이 될 수 있음이 명백하다"고 말했다(제3권 4장). 이것은 전혀 선량하지 않고 비도덕적이어도 '훌륭한 국민' 또는 '훌륭한 시민'이 될 수 있다는 말과 정확히 맞아떨어진다.

우수한 정치 체제일수록 훌륭한 시민의 탁월함과 훌륭한 사람의 탁월함이 서로 근접해 있다. 이는 훌륭한 정치 체제가 훌륭한 시민을 교육했을 때 나타나는 효과이며, 훌륭한 시민이 속한 정치 체제의 가치와 도덕적 요구를 보여준다. 만약 한 정치 체제에서 통치자가 사리사욕을 중시하고 마음대로 인민을 유린하며, 시민은 노예근성이 가득하고 통치자를 맹목적으로 순종하고 두려워한다면, 이러한 정치 체제에서 인간과 인간 사이에는 서로 속이고 의심하며 추구할 가치도 지킬 원칙도 없는 공리가 최우선이 되고 만다. 이러한 정치 체제가 훌륭한 정치 체제가 될 수 있다고 상상하기는 어렵다.

아리스토텔레스는 한 정치 체제 안에서도 서로 다른 시민이 갖춰야 할 탁월함의 조건이 다르다고 말했다. 통치자에게 가장 중요한 탁월함은 선견지명이고, 피통치자에게 보편적 의미를 지니는 탁월함은 경건함, 공정함, 용감함, 성실함이다. "통치자의 고유한 탁월함은 선견지명뿐이다. 다른 탁월함은 통치자와 피통치자 모두에게 필요한 것 같다. 대신 피통치자의 탁월함은 선견지명이 아니라 올바른 의견일 것이다."(제3권 4장)

한편 통치자와 피통치자에게 절대 없어서는 안 되는 탁월함(미덕)이 있는데, 그것은 바로 자유 의지다. 통치자와 피통치자 모두 다른 사람으로부터 강압을 받거나 공포의 지배를 받지 않는 역할을 맡는다. 이렇게 해야 두 역할이 서로 잘 작용할 수 있다. "사람들은 지배할 줄도 알고 복종할 줄도 아는 능력을 찬양하며, 두 가지 일에 능한 사람을 탁월한 시민으로 간주한다."(제3권 4장) 이 두 역할의 관건은 '자유민'이 되는 것이다.

따라서 좋은 통치자가 되는 한 가지 필요조건은 좋은 피통치자가 되는 것이다. 다른 사람을 이끌기만 하고 다른 사람의 이끌림을 받지 않는 것은 그 자체가 일종의 노예이며, 이것은 자유민의 통치와 피통치의 올바른 관계가 아니다. 아리스토텔레스는 이렇게 말했다. "'지배를 받아보지 않은 사람은 좋은 지배자가 될 수 없다'는 말은 옳은 말이다. 통치자와 피통치자의 탁월함은 서로 다른 것이지만, 훌륭한 시민은 이 두 가지에 다 능해야 한다. 말하자면 훌륭한 시민은 자유민답게 지배할 줄도 알고 자유민답게 복종할 줄도 알아야 하는데, 이런 것들이 바로 시민의 탁월함이다."(제3권 4장) 훌륭한 정치 체제는 시민이 '자유민이 되는 것을 배우는' 기본적인 교육의 역할을 포기하지 않는다. 공화정치 체제는 시민 문화가 자유와 평등을 지지해야 하기 때문에 자유민을 교육하는 역할을 맡는다. 시민은 자유와 평등을 핵심 가치와 기본 권리로 확립하고 실현했기 때문이다.

훌륭한 가치를 추구하는 훌륭한 정치 체제

덕성은 훌륭한 삶의 영혼으로, 훌륭한 삶을 체현하는 훌륭한 정치 체제의 존재 목적이기도 하다. 훌륭한 정치 체제는 반드시 훌륭한 가치를 추구한다. "국가의 목적은 단순한 생존이 아닌 훌륭한 삶을 제공하는 것이다."(제3권 9장) 아리스토텔레스는 훌륭한 삶의 모색 역시 탁월한 삶을 모색하는 것이라고 보았다. "단순한 생존이 국가의 목적이라면 노예들의 국가나 동물들의 국가도 있을 텐데 그런 국가는 있을 수 없다. 노예와 동물은 행복에도, 자유로운 선택에 근거한 삶에도 참여할 수 없기 때문이다."(제3권 9장) 노예는 훌륭한 생활을 누릴 수 없고, 훌륭한 시민 사회와 훌륭한 시민 문화는 더욱 말할 것도 없다.

훌륭한 정치 체제는 단순히 실용적이거나 공리적인 목적 때문에 존재하는 게 아니다. 국가 방어나 경제 발전만을 위해서가 아니라, 정치 체제 내의 시민들을 최대한 훌륭하게 만들기 위해 존재한다. 따라서 훌륭한 정치 체제는 시민에게 탁월함(미덕)을 교육함으로써 교화와 양성의 역할을 할 수 있는 정치 체제다. "해코지당하는 것을 막기 위한 방어 동맹이나 교환이나 상호 교류도 국가의 목적이 아니기는 마찬가지다⋯. 따라서 이름뿐인 국가가 아니라 명실상부한 국가라면 시민들의 탁월함에 관심을 기울여야 한다고 추론할 수 있다. 그러지 않으면 국가 공동체는 그 구성원이 서로 멀리 떨어져 사는 동맹체와 공간적으로만 차이가 나는 동맹체가 된다.”(제3권 9장) 어떤 정치 체제가 훌륭한 기준에 가까울수록 시민의 탁월함의 요구나 교육 수준도 훌륭한 사람의 탁월함에 더 가까워질 것이고, 훌륭한 사람은 그 정치 체제가 바라는 수준에 도달했다고 느낄 것이다.

아리스토텔레스는 플라톤이 《법률De Legibus》에서 언급한 '혼합정치 체제politeia('polis'에서 비롯된 말로 원래는 '시민권, 정치 체제'를 뜻하나, 여기서는 '혼합정치 체제'로 쓰였다. – 옮긴이)'를 대부분의 국가들이 가장 쉽게 받아들일 수 있는 정치 체제로 보았는데, 그 본질은 극단적이지 않은 것이었다. 이 정치 체제는 “민주정치 체제도 아니고 과두정치 체제도 아닌 이 양자의 중간 형태로 흔히 '혼합정치 체제'라고 불린다.”(제2권 6장) 스파르타의 정치 체제는 혼합정치 체제의 형식으로 보인다. “어떤 사람들은 최선의 정치 체제는 온갖 형태의 정치 체제를 혼합한 것이라며 스파르타인들의 정치 체제를 찬양한다. 이들 중 일부에 따르면, 스파르타인들의 정치 체제는 과두정치 체제와 군주정치 체제, 민주정치 체제의 혼합인데, 군주정치 체제는 2인의 왕(스파르타의 왕은 2인 체제다. – 옮긴이)에 의해, 과두정치 체제는 원로원 의원에 의해, 민주정치 체제는 백성들 중에서 선출된 감독관들에 의해 대표된다는 것이다.”(제2권 6장)

아리스토텔레스는 혼합정치 체제가 플라톤이 《국가》에서 언급한 이상적인 정체에 버금가는 훌륭한 정치 체제라는 데에는 동의하지 않았다. 정치 체제의 혼합을 간단하게 정치 체제의 '훌륭함'과 동일시할 수는 없기 때문이다. 혼합 자체로는 자동적으로 훌륭해질 수 없으며, 그것이 평가 기준이 될 수도 없다. 혼합은 정치 체제의 훌륭함을 위한 조건일 수는 있지만 그것을 보장하지는 못한다. 어떤 정치 체제가 훌륭한지를 고려하려면 “두 가지 문제에 답변하지 않으면 안 된다. 첫째는 이런저런 법규가 가장 훌륭한 제도를 기준으로 해서 판단할 때 적절한가의 여부이고, 둘째는 그 법규가 입법자가 시민들 앞에 제시한 정치 체제의 이념과 성격에 부합하는가의 여부다."(제2권 6장)

첫 번째에서 언급된 가장 훌륭한 제도에서 '훌륭하다'는 것은 보편적 공정성과 전체 시민의 공동 이익에 해당되며, 아리스토텔레스가 말한 '정치의 선'이기도 하다. 정치의 선 자체는 하나의 목적이지, 집정자의 위신 세우기와 같은 공리적 목적을 위한 것이 아니다. 따라서 정치의 선을 기준으로 정치 체제의 훌륭함을 평가하는 것이며, 그 자체가 도덕적으로 완벽한 목적을 포장하는지를 보는 게 아니라 실질적으로 부패했는지 여부와 정도를 보는 것이다.

두 번째에서는 정치 체제가 수립될 때 스스로 확정한 목표를 언급하는데, 여기에는 '취지'와 '특정 방식'이 포함된다. 이는 정치 체제가 본래 수립된 의도에 따라 역할을 하고 있는지를 묻는 것이다. 만약 한 정치 체제가 원래의 목적에서 이탈하여 더는 역할을 하지 못한다면 훌륭하지도 않고 필요 없는 정치 체제가 된다. 많은 정치 체제가 '가장 훌륭한 제도'의 이상을 품고 수립되며, 공정성과 공동의 이익과 일치되는 정치적 선을 추구한다. 그렇지 않으면 수립될 때부터 정치와 도덕에서 민중으로부터 호소력을 얻지 못했을 것이며 성공적으로 수립될 수도 없었을 것이다. 그러나 당초 목표가 결코 속임수나 음모가 아니었더라도 그 목적이 무조건 실현될 것이라 보장할 수는 없다. 어떤 정치 체제가 스스로 정립한 목적의 실현을 보장할 제도가 없으면 이는 곧 좋은 정치 체제가 아니다.

아리스토텔레스는 스파르타의 정치 체제를 비판할 때, 그것이 양산한 갖가지 부패와 당초 수립 목표를 겨냥했다. 전자는 정치 체제의 정당성을, 후자는 정치 체제의 유효성을 의미한다.

　　스파르타인들은 위대한 입법자 리쿠르고스Lykurgos가 자신들의 정치 체제를 수립했다고 믿었다. 이는 마치 오늘날 일부 국가에서 자신들의 정치 체제를 어떤 위대한 입법자(지도자)가 세웠다고 믿는 것과 같다. 스파르타인과 마찬가지로 '신新민주주의'를 찬성하고 지지하는 많은 사람들은 그 체제의 '입법자'가 전체 국민 공동의 이익을 공정하게 고려한다고 믿는다. 신민주주의 정치 체제는 정치적 극단을 피할 수 있는 혼합정치 체제로, 엘리트정치 체제와 민주정치 체제의 요소를 포함하며, 두 체제를 구성하는 것은 각각 소수의 엘리트와 대다수의 평민이다.

　　그러나 정당성 및 유효성 측면에서 보면, 스파르타 정치 체제는 우수하지 않다. 그 반증으로 통제할 수 없이 계속해서 발생되는 '부패'를 들 수 있다. 우선 감독관을 살펴보면, 스파르타에서 감독관은 최고 결정권을 가지며 민중 전체 중에서 선출된다. "그런 까닭에 생계 수단이 없는 가난한 사람들이 선출될 경우 쉽게 매수될 수도 있다. 이런 약점은 과거에도 여러 번 드러났지만 최근에는 안드로스 섬에서 몇몇 감독관이 돈에 매수되어 국가 전체를 망치려고 전력을 다한 것이다. 그리고 감독관들의 권한은 사실상 참주의 권한 못지않게 막강하여 왕들도 그들의 비위를 맞추어야 했다. 그래서 이것이 스파르타 정치 체제에 또 다른 타격을 가했으니, 정치 체제가 귀족정치 체제에서 민주정치 체제로 바뀌는 경향을 나타낸 것이다."(제3권 9장) 가난한 사람들이 부패하기 쉽다는 아리스토텔레스의 견해는 다소 편견처럼 보이지만, 이를 증명할 역사적 사례는 충분하다.

　　물론 뇌물 수수 및 횡령의 형태로 나타나는 부패는 가난한 사람들에게서만 나타나는 현상은 아니다. 아리스토텔레스는 원로원의 권력을 누리는 귀족 엘리트도 똑같은 부패에 빠질 수 있다고 지적했다. 그들은 종신제의 특권을 누리며 그들을 구속할 외력이 없기 때문이었다. "원로원 의원들은 유능하고 남자의 탁월함으로 잘 단련된 사람들이므로 원로원들은 국가에 유익하다고 말할 수도 있을 것이다. 그러나 국가 중대사를 결정하는 직책이 종신직이어야 하는지는 의심스럽다. 마음도 몸과 함께 늙어가기 때문이다. 그리고 원로원 의원들의 교육 수준이 입법자 자신도 신뢰할 수 없을 정도라면 위험한 일이 아닐 수 없다. 많은 원로원 의원들이 뇌물을 받았고 공사公事를 처리하는 데서 정실情實에 끌렸다는 것은 주지의 사실이다."(제3권 9장) 이러한 정치적 특권을 누리는 인물이 "감사를 면제받는 종신직이라는 것은 그들에게는 과분한 특권이다. 그리고 그들이 성문법을 따르지 않고 재량껏 직무를 처리하는 것도 위험하다."(제3권 10장)

정치권력의 횡포와 전횡은 일반 시민의 부패에도 영향을 미친다. 그것은 바로 "민중이… 제도에서 배제된 것에 불만을 터뜨리지 않는다"(제3권 10장)는 것이다. 민중의 무관심과 어리석음, 수동적인 태도는 종종 통치자에게 지지를 표현하거나 사회 화합 및 적절한 통치의 반증으로 여겨진다. 그러나 이러한 우민愚民의 존재는 "그 제도가 훌륭하다는 증거는 아니다."(제3권 10장) 스파르타의 군사 교육은 자유인을 양성한 것처럼 보이나 실제로는 노예근성의 교육이었다. "입법 체계 전체가 한 가지 탁월함, 즉 전쟁에서 승리를 보장해주는 전사로서의 탁월함만을 추구하고 있다는 것이다. 그래서 스파르타인들은 전쟁을 하는 동안에는 힘이 유지되었으나 주도권을 잡은 뒤 쇠퇴하기 시작했으니, 평화 시 여가를 선용할 줄 몰랐고 군사훈련보다 더 중요한 다른 훈련을 받아본 적이 없었기 때문이다."(제3권 9장)

정치 체제의 수립 시점과 입법자의 역할

제도와 시민 문화에서 정치 체제가 하는 역할이 이렇게 중요하다면, 과연 정치 체제는 어떻게 형성되고 수립되는가? 누가 정치 체제를 수립하는가? 또 누가 정치 체제를 개혁하는가? 이 질문에 대해서는 두 가지 견해가 있다.

첫 번째 견해는 정치 체제가 형성되는 특정한 '시점'은 없고 역사의 과정에서 자연스럽게 형성되며, 제도나 시민 문화의 특징과는 상관없는 국가 자체의 특징이라는 견해다. 토크빌이 《미국의 민주주의》에서 묘사하는 미국 정치 체제의 특징은 이러한 '자연적 형성 관념'을 드러낸다고 할 수 있다. 미국에서 민주 공화제가 수립되기 전에 아메리카 식민지의 주민들은 이미 각 지방에서 민주적 자치와 통치를 실현했고, 자유와 평등의 가치관은 이미 일상생활과 공동체 속에 자리 잡고 있었다. 미국 독립 이후 헌법에 기초하여 민주 공화제가 수립된 것은 물이 흐르면 도랑이 생기듯 자연스럽게 성사된 일이었다. 그러나 이러한 '자연 형성관'의 한계는 정치 체제의 수립을 전통이나 습관이 결정한다는 데 있다.

정치 체제 형성에 대한 두 번째 견해는 특정한 수립 시점이 있으며, 깊은 고민과 자유로운 선택의 결과로 확립된 정치 체제야말로 사람들이 추구하는 가치와 정치의 선을 실현할 수 있다는 관점이다. 아리스토텔레스는 정치학을 정치의 선을 탐구하는 학문으로 여겼다. 정치의 선은 곧 공정하고 국민 전체가 누리는 공동의 이익이다. 이는 정치를 가장 중요한 학문으로 만든다. "모든 학문과 기술의 궁극적인 목적은 선이다. 이 점은 모든 학문과 기술의 으뜸인 정치에 특히 가장 많이 적용되는데, 정치의 선은 정

의이며, 그것은 곧 공동의 이익이다."(제3권 12장)

　정치 체제의 수립 시점은 오래전부터 정치를 다룬 고전들에서 중요한 문제로 주목했다. 플라톤이 《국가》에서 상상한 정치 체제는 철인왕이 심사숙고한 결과 형성되며, 그의 뛰어난 지혜가 곧 정치 체제의 대체할 수 없는 권위의 기반이었다. 마키아벨리는 로물루스와 모세, 키루스를 주목했는데, 그들은 정치 체제를 세운 사람들이자 위대한 입법자였다.

　같은 맥락에서 미국 건국의 아버지도 정치 체제의 창립자로 볼 수 있다. 해밀턴은 《연방주의자 논집》 제1편에서 미국 공화정의 수립 의의를 강조했다. "인간 사회가 인간의 행동과 모범을 통해 그들의 생각과 선택에 따라 훌륭한 정부를 세울 능력이 있는지, 아니면 인간이 그들의 정치 체제를 위해 영원히 우연과 무력에 의존해야 할 운명을 택할 것인지 그 결정권이 우리 국민들에게 있음은 익히 알려진 사실이다. 이 주장이 진실이라고 조금이라도 인정된다면, 현재는 우리가 처한 위기에 대한 결정을 내려야 할 시대로 보아야 하며, 우리가 그릇된 결정을 한다면 그것은 전 인류의 불행으로 간주될 것이다."

　위대한 정치 체제의 입법자는 창립자와 마찬가지로 개인의 흔적을 남기는 정치 체제를 일으키고 관련 법률을 제정하여 오래 지속되도록 한다. 그들은 정치 체제가 나라의 '새로운 인물'을 키우는 데 중요한 교육적 의미를 가지므로, 단지 운이나 이른바 자연적인 힘에 의해 결정되었다고 볼 수만은 없다는 이치를 누구보다 잘 알았다. 그들은 모두 정치 체제의 수립을 가장 중시한 통치자였다. 문제는 그들이 수립한 정치 체제가 우수한지 사악한지를 과연 어떤 기준으로 평가해야 하는가다. 만약 그것이 훌륭한 정치 체제의 공정함과 국민 전체의 요구를 만족시키지 못한다면 어떻게 보존되고 발전할 수 있는가?

　고대 로마인들은 이론보다 실천을 훨씬 중시하여 역사적 경험과 교훈을 매우 중시했다. 키케로는 역사 속으로 지나간 시대를 당대의 증인으로 여겼다. "역사의 횃불은 현실을 비춘다. 지난 일의 회고는 생명을 빛나게 하고, 인류의 생존을 위해 따를 모범이 되며, 지난 세월에서 비롯된 소식을 되새긴다." 정치 이론과 역사적 감정의 관계는 아리스토텔레스의 정치학이 오늘날 우리에게 제공하지 못하는 사고의 문제에서 비롯된다. 그것은 바로 20세기 인류의 독재정치 체제다. 아리스토텔레스가 귀납한 세 가지 기본 정치 체제 모델(한 사람, 소수자, 다수자) 가운데 어떤 것도 완전히 나쁘거나 완전히 좋지 않았고, 최후에 그것들은 혼합되었다. 그러나 히틀러의 나치 통치나 조지 오웰의 《1984》에서와 같이 20세기 독재의 재난을 겪고 나서도 독재가 완전히 나쁘지도 좋지도 않다고 말하는 사람은 극히 드물 것이다. 또한 이러한 정권이나 정치 체제를 바꾸기 위해 '삼칠제三七制(잘못과 공을 3대 7로 평가한다는 뜻. – 옮긴이)'나 '나쁜 점은 버리고 좋은 점만 취하는 방법'을 사용할 수 있을 거라고 말하는 사람도 거의 없을 것이다. 따라서 정치 체제 개혁은 정치 이론상의 전복이 일어나야 하고 제도와 국민 문화적으로도 근본적인 변혁이 필요하다.

정치 개혁과 정치 체제의 개선

　정치 체제의 변혁에서 두 가지를 기대할 수 있다. 하나는 위대한 변혁가나 전복자의 출현이고, 둘째는 민중의 궐기다. 특히 민중 궐기에서 민중

운동은 정치 개혁의 원동력이 된다.

정치 개혁, 특히 정치 체제에 맞서는 정치 개혁에는 국민 집단 내의 지도자와 엘리트가 필요한데 아주 현명한 사람들이 그 책임을 맡아야 한다. 그들은 반드시 정치 체제를 심사숙고하고 신중한 선택을 내려야 한다. 동시에 보통 국민들도 참여할 수 있어야 한다. 그래야 국가의 한 사람이 대다수 사람들이 원하는 제도를 저지할 때 다수의 민중 집단이 그것을 거부할 수 있고, 전체 국민의 이익에 부합하고 공정한 제도를 요구할 수 있다.

정치 체제가 수립되는 시점에서 국민들은 결코 입법자가 될 수 없다. 입법자는 항상 그 역사적인 순간에 국민들이 지도자로 인정한 정치 엘리트일 수밖에 없다. 만약 입법자가 역할을 제대로 수행하지 못하면 이것은 곧 국가의 큰 불행이 된다. 정치 체제를 수립할 때 저지른 과실은 회복할 수 없기 때문이다.

위대한 '입법자'가 있다고 해서 민주적인 제도가 효과적으로 수립될 수 있는 것은 아니다. 과거 중화민국에서 쑨원이 이 역할을 맡았으나 그는 중국에서 민주정치 체제를 수립하지 않았다. 민주정치 체제가 확립될 가능성과 수립된 이후 어떤 성질의 민주주의를 갖게 될지는 상당 부분 민중이 이것을 어떻게 준비하느냐에 달려 있다.

이 점에서 역사도 본보기를 제공한다. 미국에서 민주 공화정이라 일컬어지는 정치 체제를 수립할 때 미국인들은 이미 준비가 되어 있었다. 그러나 국민이 해당 정치 체제의 교육을 받아야만 한다는 것은 또 다른 문제다. 따라서 오늘날 어떤 사람들은 민중이 민주 개혁을 이룰 준비가 미흡하다고 염려하기도 한다. 이러한 우려는 국민 계몽의 중요성과 절박함을 일깨워주고 민주주의의 앞날을 두고 비관적 실망에 빠지게 할 수 있다. 전자는 사람들이 더 열심히 민주 개혁을 추진할 가능성에 힘을 실어주지만, 후자는 민주 개혁을 미루거나 심지어 반대하게 만드는 구실이 될 수 있다.

정치 체제 개혁을 상상하는 두 가지 다른 방식이 있는데, 이들은 각각 현재 정치 체제의 정당성 결여를 다른 식으로 예측한다. 첫째는 부패와 타락의 정치 체제를 원래의 '올바른' 상태로 회복시키는 것이다. 둘째는 원래의 정치 체제 자체가 오늘날의 부패와 타락을 초래했다고 여기기 때문에, 원래의 정치 체제를 개혁하여 더 우수하고 보다 정당성 있는 정치 체제로 대체해야 한다고 주장한다. 전자는 종종 '개혁'으로, 후자는 '혁명'으로 불린다.

아리스토텔레스의 정치 이론에서 정치 체제를 여섯 가지로 나눈 유명한 구분법은 바로 전자의 정치 변화의 가능성이다. "우리는 정치 체제를 세 가지 올바른 형태, 즉 왕정, 귀족정치 체제, 혼합정치 체제와, 이것의 세 가지 변형, 즉 왕정이 왜곡된 참주정치 체제, 귀족정치 체제가 왜곡된 과두정치 체제, 혼합정치 체제가 왜곡된 민주정치 체제로 구분한 바 있다."(제4권 2장) 아리스토텔레스가 말한 '변형'이 가리키는 것은 권력의 부패(불공정, 일부 국민의 이익이 전체 국민의 이익을 초과하는 것)에서 기인한다. 그는 어떤 정치 체제라도 권력이 부패하면 우수한 정치 체제에서 열악한 정치 체제로 변형된다고 보았다. 정치 체제 사이에는 좋은 점과 더 좋은 점의 차이만 존재할 뿐이고, 정당성과 비정당성의 구분은 없다. 르네상스 시기의 '계몽 군주'와 이후의 '계몽 전제주의'는 모두 이로써 합리성과 합법성을 얻을 수 있었다. 오늘날의 민주주의에서 이러한 정치 체제관은 분명 이미 대다수 사람들에게 받아들여지기 어려워졌다.

오늘날 세계 일부 국가들이 주류로 여기는 정치 개혁관은 여전히 아리스토텔레스가 제안한 것이다. 이 관점은 현재 정치 체제의 정당성을 의심하지 않거나 최소한 이 의문을 보류하는 데서 출발한다. 이러한 '개혁'의 주요 목적은 개선이지만, 그것만으로는 부족하다. 현재의 정치 체제 개선은 미래의 더 큰 정치 개혁의 요구를 이끌어내는 동인이 되어야 하고, 새로운 가치를 형성하는 창구와 국민 계몽의 기회가 되어야 한다. 심지어 국민 권리를 시험하고 민주적인 문화를 위한 준비 작업이 되어야 한다. 이 정치 개혁 과정에서 만약 민중이 정치 체제 자체가 충분히 개선될 수 없다고 느끼거나, 정치 체제를 더는 신임하지 않고 영원히 개선될 수 없다고 느낀다면, 민중은 절대 정치 개혁을 그저 현재 정치 체제의 제한 범위 내에 두지 않을 것이고, 체제 개혁과 개조를 더 강하게 요구할 것이다.

이러한 정치 체제 개혁과 개조를 기대하거나 단언하는 것은 시기상조다. 그러나 그날이 영원히 오지 않는다고 그 누가 말할 수 있겠는가? 과거 몇십 년의 세계 변화는 사람들이 그날의 도래를 기다리는 데 많은 역사적 예증을 제공했으나, 그 많은 변화들 모두가 정치 이론이 예언할 수 있는 것은 아니었다. 정치 이론은 가능한 역사적 변화에 준칙을 제공할 수 있지만, 준칙은 예증이 사람에게 주는 자신감과 희망에 훨씬 못 미친다. 불가능한 시기에 가능성을 보게 하는 것, 희망이 없을 때 희망을 포기하지 않게 하는 것은 정치 이론의 유도와 예측이 아니라, 역사에서 예상치 못한 전환점과 비약으로부터 발생한다.

맺음말

학문의 공공성과 인문교육

학문(혹은 학술)은 새로운 지식을 탐색하고 발견하는 방법과 과정이다. 학문은 수단이며, 새로운 지식을 발견하고 획득한 지식을 사회의 보편적 교육과 기타 형식의 공공 업무 참여에 사용하기 위한 것이다. 학문의 이상과 인간의 교육, 특히 인간의 자유 교육인 인문교육은 공공 업무 참여라는 동일한 목적을 가진다. 이 목표는 인간의 평등과 자유, 존엄 및 인간의 다양성과 이성, 독립성, 창조성을 실현하는 것을 포함한다. 교육이나 기타 공공 업무가 이러한 기본 가치의 목표를 실현하는 것을 학문이 돕지 못할 때, 학문은 곧 그 자체가 목적이 되고 만다. 오늘날 대학 체제에서 원래 풍부한 사회적 의의가 있었던 학문은 이른바 '순수 학문'으로 변했다. 만약 학계 인사들이 이에 전혀 관심을 갖지 않고 자화자찬하며 현재 상태에 만족한다면, 오늘날의 학문에는 분명 문제가 생길 것이다.

학문의 사회적 의의는 지식의 공공 운용에 있다. 그 가운데 인간의 자아실현과 사회와 정치, 문화를 더 훌륭하게 만드는 것이 가장 중요하다. 학문은 소수의 학자들이 새로운 지식을 발견하고 그 사상을 전파할 권리뿐 아니라, 사회 대중이 새로운 지식을 획득하고 그것을 운용할 수 있는 국민의 권리도 포함된다. 사상의 구속과 언론 탄압은 이 두 가지 권리를 침해하는 것이다. 학문이 여러 가지 사상의 제약이나 금기시되는 주제, 민감한 용어의 제재를 받을 때는 학문의 순수성보다는 사상의 자유가 가장 중요시된다. 사상의 자유가 없으면 자유의 학문이 있을 수 없고 자유의 교육도 있을 수 없다. 인문교육은 특히 자유와 뗄 수 없다.

학문은 인간의 사유와 창조의 결과이고, 학자 개인이 구체적인 사회 환경과 공공 집단에서 타인과 세상에서 생존하는 방식을 공유하는 것이다. 학자가 이렇게 타인과 교류하는 방식인 학문을 선택하는 것은 단순한 지적 호기심이나 재미 때문이 아니라, 그 자체가 인간의 공공 생활과 행동의 특징을 드러내기 때문이다. 학문을 한다는 것은 곧 적극적으로 생활하고, 타인과 함께 생활하는 세계에 개입하는 것이며, 즉 사회 정의와 복지를 함께 증진시키는 방식이다.

대학 내의 학문

오늘날 사람들이 말하는 학문은 주로 학문의 산물, 특히 전문 저서나 논문 등의 문헌을 가리킨다. 사실 이러한 문헌이 항상 학문적 가치를 지니지는 않는다. 학문이 무엇인지 이해하려면 먼저 학자가 누구인지 알아야 하며, 학자가 어떤 산물을 생산했는지만이 아니라 무엇을 하는지 알아야 한다. 어떤 사람이 학자인지는 역사의 단계마다 달랐다. 예컨대 고대사회에서 학자는 수기 원고나 책을 쓰거나 종교 경전을 필사하는 사람을 가리켰고, 대중을 위해 일하거나 사적 집필을 하는 수도사, 연설가, 정치 관료도 학자로 보았다. 중세에 이르러 학자는 고대 문헌을 읽고 훈련하는 대학생을 가리켰다. 19세기 말 미국에서 학자는 주로 대학 교수를 말했고, 교수의 '학자적 업무'에는 가르치고 국민을 위해 봉사하는 것과 관련된 지식의 발현이 포함되었다. 20세기에 연구를 주로 하는 대학이 등장하면서 학과 영역이 갈라지고 학자는 전공 학술 연구에 종사하는 사람이 되었으며, 학술은 이러한 학과 논제와 규범 조건에 부합하는 연구의 산물을 가리키게 되었다.[1]

최초의 학술 간행물은 1665년 영국왕립학회가 출판한 〈왕립사회회보 Philosophical Transactions of the Royal Society of London〉다. 이 간행물은 당시 학자들의 상호 교류 필요성 때문에 출판되었다. 1640년대 초, 일부 영국 학자들은 옥스퍼드대학교에서 정기적인 모임을 가졌고 이 단체를 '무형의 대학'이라 부르다가 이후 '왕립학회The Royal Society of London for Improving Nature Knowledge'로 명칭을 바꾸었다. 당시 정보 교류의 주된 형식은 통신이었으나 학회 회원이 많아지면서 통신 교류가 점점 불편해지자 학회 간행물이 출현했다. 간행물의 주요 목적은 연구 성과를 발표하는 게 아니라 회원 간 교류를 돕기 위한 것이었다. 로빈 피크Robin P. Peek에 따르면 당시 학자들은 순전히 "자발적"으로 연구를 했고, "초기 간행물 수도 적었으며 이것을 학술 성과를 발표하는 공간으로 여기지도 않았다."[2]

학술 간행물의 우선적 역할은 학자들의 공공 집단에 자유 교류의 개방된 공간을 제공하는 것이었고, 학술 공공 집단을 세우고 응집시키는 역할도 했다. 종이에 인쇄하는 출간은 기술적 조건에 불과했고, "[학술 단체] 회원들은 정보와 지식을 교류하기 위해 함께 모인 것이었다. 그러나 과학은 두 가지 원인 때문에 인쇄 문자에 의지했다. 인쇄 문자는 결과와 관찰, 교류, 이론 등을 공개적으로 기록하고 영구히 보존할 수 있으며, 사실에 대한 비판이나 반박, 개선을 위해서도 기회를 제공한다."[3]

오늘날 인쇄 문자의 역할은 이미 전자 매체가 보충하거나 대체하고 있지만, 매체의 공적 기능은 변하지 않았고 최대한 많은 사람들the publics 이 정보와 지식 교류에 참여할 수 있도록 한다. 오늘날 인쇄된 학술 간행물이 수행하는 '대학 장려 제도'의 역할이 공공 지식 정보의 역할을 뛰어넘는다는 사실은 무척 안타깝다. "간행물 출판은 이미 상당수가 학술 단체에서 출판사로 이동했고… 출판사 등급 제도가 형성되면서" 학술 성과가 역사상 유례 없는 외재적 등급 제도에 종속되었다는 점은 더욱 우려되는 바다.[4]

간행물 발표나 저서 출간 등을 기준으로 삼는 지식 체제는 매우 편협한 이익 행위를 중시할 뿐이다. 또한 승진, 연구비, 수상을 위해 각종 학술 평가를 진행하는 과정에서 종종 '비전공(학제, 공공 문제, 대중매체, 간행물)'의 사상적 성과가 배척된다. 학술 위원회나 경력이 많은 학자들은 신입 인사, 특히 젊은 교사의 학술 지도를 할 때 좁은 테두리 안의 전문가를 주요 독자로 보고, 독자가 거의 없는 '전공 간행물'에 논물을 발표하며 '훌륭한' 학술의 질을 보여줄 것을 명확하게 요구한다. '경력이 많은 학자'들은 종종 학과 내에서 '학과의 수문장' 역할을 담당한다. 다른 업계와 마찬가지로 대학의 전공 영역도 수문장, 전문가, 초심자의 세 역할을 담당하는 개인으로 구성된다. 수문장 엘리트층은 정치, 명성과 덕망, 직위 임명 등 각종 요소의 영향으로 특정 체제 안에서만 그 역할을 한다. 수문장은 해당 업

계나 직종의 엘리트로, 해당 학과의 선도자일 뿐 아니라 직업 내 변화의 주도자이기도 하다.[5]

미국에서 협소한 학과를 기반으로 한 학술 모델은 1815~1915년에 형성되었다. 그 특징은 사상 엘리트를 양성하고 엘리트 문화의 계승자를 주요 목표로 하여 지식을 위한 지식의 '순수' 연구를 추구했다.[6] 이에 따라 19세기 미국 대학은 교수들에게 "사회, 정치, 도덕, 종교 문제를 피하게 했다."[7] 20세기 대중사회 시대에 진입하면서 이러한 엘리트 모델에는 근본적인 변화가 발생할 수밖에 없었다.

교육의 보편화 추세는 민중의 정보 획득 및 상호 교류의 방식을 변화시켰고, 그들이 사회에서 일하는 기회와 소비 방식, 정치 선전과 사회 정책의 이해 방식 등을 변화시켰다. H. G. 웰스는 1920년대에 다음과 같이 기록했다. "지금까지 책을 읽을 수 있는 사람이 이렇게 많은 적은 없었다. 이전에 책을 읽은 사람과 문맹 군중 사이에 있던 큰 간격은 오늘날 교육 수준 간의 미미한 차이로 변했다."[8] T. S. 엘리엇은 교육 확대의 결과는 어리석고 불성실한 독자를 생산할 뿐이라고 생각했다. "의심의 여지없이 모든 사람들이 교육 받기를 성급하게 바랄 때 교육의 기준이 저하될 것이다…. 이는 오래된 건물을 허물고 땅을 비워주어 미래에 야만적인 유목민족들이 거처를 짓게 하는 일이다." 그는 영국과 미국의 대학생 정원을 현재의 3분의 2 수준으로 감축하자고 제안했다.[9]

제2차 세계대전 후, 현대사회의 지식과 직업 구조에 큰 변화가 생겼다. 미국 대학에는 더 철저한 변화가 있었다. 대량의 전역 군인들이 대학에 입학하면서 계속해서 학생들을 확대 모집했다. 이런 상황은 오늘날 중국의 대학 정원 확대와 유사한 측면이 적지 않다. 대학은 원래 고등학교까지만 졸업할 많은 학생들을 수용했고, 이에 따라 대학 교육의 하향화는 피할 수 없는 결과가 되었다. 그러나 결코 나쁜 일은 아니다. 만약 정원 확대의 목적 및 효과를 지식 엘리트의 확대가 아니라 민중의 보편적인 교육 수준 향상으로 본다면, 분명 좋은 일이다. 그러나 대학 본래의 엘리트 지식 모델은 더는 지속할 수 없게 되었다.

미국에서 엘리트식 순수 학문 모델은 1980년대 '전공주의professionalism' 비판과 1990년대 '학문 재정의'에서 점점 더 많은 질의와 부정을 받았다. 인문학과 사회과학 교사는 학문 재정의 문제에 주목했고 가장 치열하게 토론했다. 학문은 단지 무엇이 학술 성과의 산물(논문, 서적 및 강연 원고, 교안 등)이 될 수 있는지뿐 아니라, 학술 장려 제도(등급 평가, 승진, 명예, 과제 연구비 등)와도 관련이 있다. 점점 더 많은 교육계 및 사상계 인사들은 현존하는 학술 평가가 형식에 치우쳐 학문의 사회적 역할을 등한시하고 있으며, 특히 학교 내의 교육과 학문의 실천에서 이미 오늘날 대학의 큰 병폐가 되었음을 인식하고 있다. 이것은 대학의 인문교육이 푸대접을 받는 주요 원인이다.

학문 재정의의 중요한 문제는 '연구'와 '교학'의 관계에 있다. 오늘날 학술의 장이 주로 대학이기 때문이다. 대학의 학술 장려 제도는 연구를 중시하고 가르치는 일을 가벼이 여겨 여러 측면에서 비판을 받는다. 예를 들어 학교 행정 지도자와 학교 이사회 대다수는 학교의 재정과 관련하여, 교사가 연구를 많이 하다 보면 학생을 가르치는 비율이 떨어지므로 교사 정원 및 학비 증가를 초래할 수 있다고 판단한다. 적지 않은 교사가 학생을 가르치는 일과 연구에서 받는 스트레스 때문에 연구 부담을 덜기를 희망하기도 한다.[10] 대학 교수는 어떤 연구가 학술 성과로 인정받을까를 고민하는 데서도 스트레스를 받는다.

1989년 카네기재단은 박사 학위를 수여하는 대학의 교수 73퍼센트가, 학술 잡지에 논문을 발표하거나 유명 출판사에서 책을 출간하는 것을 가장 인정받는 학술 활동으로 여긴다는 점을 발견했다.[11] 또 다른 연구는 발표물 간에 잘 알려진 네 가지 '등급'이 존재한다는 사실을 발표했다. 첫째는 '과제 대상'으로, 이론이 우선이고 학생을 가르치는 일은 그다음이다. 둘째는 '연구 방법'으로, 창시자, 총론, 개인적 특성을 지니는 것의 순서로 중요성을 가진다. 셋째는 '출판 종류'로, 전공 간행물과 대학 출판사가 우선이고, 비전공 및 교과서는 그다음이다. 넷째는 '평가 방식'으로, 동료 평가가 우선이고, 사회와 매체 평론은 그다음이다.[12]

직업교육 외의 인문교육이 갖는 가치

소크라테스는 《소크라테스의 변론》에서 자신을 위해 변론하던 중, 아테네인과 함께 지혜를 구한 것은 돈을 위해서가 아니라고 말했다. 그는 아테네인이 좋아하지 않는 지식을 팔아 생활하는 '지자智者'가 아니었다. 고대 그리스의 지자는 인류 최초로 '가르침'에 종사한 사람이라 할 수 있고, 그들은 사회에 '유용한 지식'을 팔아 생계를 유지했다. 지자는 원래 점술과 예언에 재능이 뛰어난 사람을 가리켰으나, 후에 신의神意에 통달해 기예가 출중한 사람을 가리켰고, 그 후에는 정치 기술을 전수하는 것을 업으로 삼는 직업 교사를 뜻하는 말이 되었다.

지자 학파 교사의 등장은 아테네 도시국가의 민주주의와 관련이 있다. 국가의 정치 활동은 법정 변론이나 광장 연설, 공공 연설 등 공공장소에서 시민의 연설이 주요 수단이었다. 지자는 기예에 주목했고, 철학자는 내용이 진리에 부합하는지를 주목했다. 기예와 진리의 차이는 최초 지식인의 직업과 사명의 차이를 만들어냈다고 할 수 있다. 전자는 기술技術의 학문에 종사하고 후자는 지혜의 학문에 종사한다. 인문 사회과학의 '직업화'는 현대사회의 일부분인 대학 체제에서 발전했고, 현대사회의 지식 시장(지식 직업)의 요소를 필연적으로 포함한다.

미국의 사회학자 마갈리 사슨Magali S. Sarson은 현대의 직업 구조를 연구하면서 지식 또는 학문의 '직업화 과정'에 두 가지 요소가 있다는 사실을 발견했다. 하나는 상대적으로 추상적이며 실질적으로 운용할 수 있는 지식이고, 다른 하나는 시장이다. 그중 시장은 경제와 사회 발전의 영향을 받을 뿐 아니라 권력 이데올로기의 통제를 받는다.[13] 다시 말해 교육과 학술의 시장화는 금전적 이익뿐 아니라, 체제 구조의 기타 다양한 이익에 영향을 미친다. 사슨은 지식 시장 점유를 위한 쟁탈전에서 새로운 영역, 즉 새로운 전공이 등장할 수 있음을 지적했다. "새로운 영역 또는 제2의 영역의 생산은 영역 간 혼잡을 야기할 수 있고, 혼잡한 영역은 보수적인 연장자가 규제하여 새로운 사람이 진입하기 어려워질 수 있다."[14]

학술 직업화의 두 가지 요소는 '독점'과 '표준화'다.[15] 직업화는 노동시장 체제에 적응한 인재를 훈련하며 전문 직업인(전공인) 배출에 집중한다. 학술 및 교육 체제인 대학은 노동시장에서 경제적 보상이 크고 비교적 근사한 전공을 독점했고, 경쟁이 심화되는 시장을 조직하고 통제한다. 대학 전공이 세분화될수록 노동시장의 인재도 점점 더 전문화된다. 예를 들어 과거 기자가 되려면 신문사 수습생이 되거나 스스로 관련 분야 지식을 습득해야 했다. 그러나 오늘날 언어와 글에 얼마나 조예가 깊은지나 현실 사안에서 얼마나 민첩한 관찰력을 지녔는지와 관계없이, '전공 졸업장' 없이는 신문 관련 업종에서 기회를 잡기가 어려워졌다. 예전에는 그다지 졸업장을 필요로 하지 않던 '관리직' 종사자를 채용할 때도 이제는 졸업장과 학위가 필요해졌다.

대학은 전문 직업인의 독점 및 표준화 배출이라는 특별 허가를 받았기 때문에 단순한 학술적 공간이 아니다. 따라서 학교는 지식의 관청이 되었다. 오늘날 학교에서 졸업장을 줄 수 없는 직업이 있는가? 전통 사회의 직업의 경우 아직 업계가 사라지지 않은 한 대학 내에 전문 과목이 있다. 물론 (관리자나 공무원처럼) 경제적 보상이 매우 크고 안정적인 직업은 졸업장이 필요할 뿐 아니라 조직이나 인사 부문에 배치되어야 한다. 이런 상황에서 대학은 더욱 권력 체제와 협력하는 관청이 되어 사회에서 가장 유리한 직업 기회를 효과적으로 통제한다. 학교가 많아질수록 공무원도 늘어나는 현상은 이미 필연적인 추세가 되었다.

대학이 지식 시장을 독점하면서 대학 교수는 사람들이 부러워하는 직업이 되었다. 대학 교수는 1980년대와 1990년대 초의 '청빈한 직업 종사자'에서 오늘날 수입이 많은 '중산계층'이 되었고, 고소득을 올리는 유명 교수나 학문적 대가와 부자들은 더욱 말할 것도 없다. 1990년대 초 대학 교수가 학문을 포기하고 '생업 전선에 뛰어드는 것'은 머지않아 일어날 일로 여겨졌으나, 오늘날 대학의 교직은 젊은 학생들이 동경하는 '수입 좋은' 직업이 되었고, 고학력(박사) 없이는 얻을 수 없게 되었다. 지식인에서 '전공인(전문가, 학자, 교수)'으로의 신분 변화는 이러한 경제적 배경에서 발생했다.[16]

오늘날 대학의 주요 기능은 노동시장에 '전공' 생산자, 이른바 전문 직업인을 제공하는 것이며, 본래 직업 훈련에 속하는 많은 학습이 대학으로 들어와 '고등교육'이 되었다. 이는 고등교육의 의미를 변화시켰다. '직업교육'은 원래 중등교육이지만 직업의 축적과 과학기술화로 인해 대학으로 이동하는 것이 불가능하지는 않다. 그런데 대학의 직업교육은 일반 중등 직업교육과 어떤 특징적인 차이가 있어야 상대적인 '고등교육'이 될 수 있는가?

고등교육은 특징적으로 직업 지식 전수 외의 교육이어야 하고, 특히 '인간의 자유 교육'이라 불릴 수 있는 인문교육이어야 한다. 11세기에 대학 체제가 등장하기 전 인류는 이미 고등교육의 원초적 개념을 세웠다. 고등교육에서 인간은 '성인' 교육을 받는다. 이는 연령상의 성인뿐 아니라 개인과 집단의 관계에서 '인간'이 되는 것을 의미하고, 거기에 인간의 덕성과 행복, 진실이 무엇인지 등의 지식이 포함된다. 인간의 자유와 존재의 의미는 인문학 지식 탐구를 통해 결정되고 체현된다. 미성년자는 이러한 인문학 지식을 파악하기 어렵고 일정한 연령에 도달하고 일정한 지적 준비가 갖춰졌을 때 비로소 학습할 수 있다. 오늘에 이르기까지 이것이 바로 우리가 말하는 인문교육이다. 인문교육의 원래 의미는 지금도 여전히 반드시 인간의 자유 교육이어야 한다.

고대 그리스인들은 숫자 7에 특별한 의미가 있다고 믿었다. 사람은 7세 이후 젖니를 갈고, 14세에 사춘기에 접어들며, 21세에는 신체가 완숙기에 접어든다. 인간의 교육은 인간의 이러한 7의 배수 성장과 연계된다. 최소한 아리스토텔레스는 7세에 학습을 시작하고, 14세와 21세는 교육적 전환점이라고 생각했다. 아리스토텔레스는 21세에 특별한 의미를 두지는 않았지만 14세를 초등교육에서 중등교육으로 전환하는 나이라고 언급했다. 14세 이전에는 읽고 쓰는 법과 문학의 일부를 학습하고, 14세 이후에는 3년씩 '기타 학습'을 진행한다. 아리스토텔레스가 말한 기타 학습은 교양 교육을 가리키며, 이는 그리스인이 말한 'enkuklios paideia(전인교육)' 또는 'enkuklia mathemata'다. 로마인은 그리스인의 교육관을 거의 그대로 받아들였고, 이러한 교육을 liberales artes라 칭했는데 이것이 바로 영어의 liberal arts다.

오늘에 이르기까지 미국의 많은 대학에서 '인문 대학school of liberal arts'은 여전히 핵심적인 부분이다. 인문교육은 자유인에 적합한 과목을 제공하고, 계몽주의 시대의 표현에 따르면 '신사(교양 있는 사람)'에 적합한 교육을 한다. 인문학 과목도 역시 언어, 수사, 변증(논리), 산술, 음악, 기하학, 점성학의 7개로 구성된다.[17]

고대에는 교양 교육이나 인문교육을 제외하면 의학, 건축, 교육의 세 가지 직업교육만이 존재했다.[18] 다른 것은 모두 '수공trades'이다. 수공은 교육이 아닌 '수습'을 통해 학습된다. 가죽 제조나 선박 및 지붕 수리, 목공, 양조, 매매에 종사하는 사람은 모두 '수공업자'다. 아테네에서 그들은 중요한 공직을 맡을 기회가 있었으나 교육은 받지 못한 사람이었다. 소크라테스의 대화에서 한 번 이상 등장한 아니투스Anytus(소크라테스의 기소자 중 한 명)가 바로 가죽 장인이었고, 적어도 플라톤의 대화에 등장하는 소크라테스는 분명 그를 무시했다.[19]

현대사회의 직업과 직업 구조는 고대와 이미 전혀 다르다. 훌륭한 가죽 장인과 양조업자는 경공업 학원 졸업생이고, 훌륭한 선박 장인과 어업 전문가는 항해 학원을 졸업했으며, 매매자는 경영학 석사 학위MBA를 소지하고 있다. 현대사회는 노엄 촘스키Noam Chomsky가 말한 '지식 기반 사회 knowledge-based society'이기 때문이다. 각 업계에서 전문 지식의 축적은 '수습'이라는 도제 방식을 대학으로 대체했다. 그러나 문제는 바로 여기서 나타났다. 대학생이 풍부한 전문 직업 지식을 습득할 수는 있지만 인문교육의 결여로 진정한 고등교육은 받을 수 없게 되었다.

현대사회는 지식만을 기초로 삼기에는 부족하다. 촘스키는 사람들이 늘 현대사회의 풍부한 지식을 '찬양하고 기대에 가득 차서' 지식과 가장 관련된 질문을 소홀히 여긴다고 지적했다. "지식의 목표는 무엇인가?" "지식은 누구를 위해 봉사하는가?" 예컨대 컴퓨터 지식은 공공 지식의 공개화와 투명화에 도움이 될 수도 있고 오히려 방해가 될 수도 있으며, 심지어 사상적 이견을 가진 사람을 검색해 죄를 선고하고 처벌할 수도 있다. 촘스키는 다음과 같이 지적했다. "지식이 아무리 풍부해도 지식과 진정한 이해는 다르다. 진정한 이해는 인간이 물질세계와 사회에서 자신의 정확한 위치를 인식하고 있는가 하는 문제를 포함한다. 만약 (지식 기반의 사회가) 이해 기반의 사회로 변화될 수 없으면, 바른 사람들이 살고 싶어 하는 세계는 출현할 수 없다."[20]

촘스키가 말한 '이해'는 한나 아렌트가 말한 '사상'과 '판단'과 일맥상통한다.[21] 지식이 있는 것은 사상이 있는 것과 같지 않고, 가치 문제에서 정확한 판단이 있는 것과는 더더욱 같지 않다. 진정한 지식은 실제적 기능의 장악을 포함할 뿐 아니라, 그 기능적 지식을 선량하고 정당하게 사용하는 방법을 이해하는 것도 포함한다. 현대 대학은 두 가지 측면을 책임져야 한다. 실제 지식을 증진하고, 지식의 선량한 사용을 이해하도록 고무하는 것이다. "대학은 과학과 인간 삶의 사상과 관념, 견해를 증진시키는 데 힘

써야 하고… 인간성의 미래를 더욱 폭넓게 이해하도록 도와야 한다. 이를 위해 대학은 반드시 외부의 압력에서 벗어나야 한다."²² 대학은 외부의 압력을 받는 상황에서는 독립할 수 없으며, 직업교육의 임무만을 완성할 수 있을 뿐 인간의 자유 교육이라는 임무는 완성하기 어렵다. 이러한 절름발이식 전공 교육은 직업에 이끌려갈 뿐, 자유인의 의미에서의 진정한 고등교육은 아니다.

인문학 및 사회과학 영역의 지식을 위한 제언

인문학 및 사회과학에는 특수한 학술적 질문이 존재한다. 이 영역에서 학술은 어떤 '새로운' 지식을 기대할 수 있고 또 기대해야 하는가? 새롭다는 것은 어떤 의미인가? 이 질문에 답하기 위해 인문학 문제와 의학 문제를 비교해도 무방하다. 이 두 문제는 모두 오래되었는데, 인류 최초의 의학과 인문학 지식은 처음에는 구두(신화, 가요, 시가)로 보존되다가 나중에 문자로 보존되었다.

최초의 의학은 귀신을 쫓고 액막이를 하는 것이었고 나중에 식물 치료로 관련 자료가 모아졌다. 기원전 1세기 인도의 의사 슈스루타Susruta는 야자나무 잎사귀에 760종의 약초를 기록했다(《슈스루타상히타Susruta-samhita》). 유럽에서 민간 처방이나 비방秘方은 18세기까지 줄곧 사용되었다. 중세에 살레르노의학교Schola Medica Salernitana의 〈살레르노 건강 규칙Regimen Sanitatis Salernitanum〉에는 여러 가지 위생 규칙이 실려 있었다. "침대에서 책을 읽지 마라. 술을 너무 많이 마시지 마라. 과도하게 성교하지 마

라. 너무 많이 배설하지 마라." "건강과 정신을 얻고 싶다면 과분하게 행동하지 마라. 즉 화내지 말고 술을 너무 많이 마시지 말며 저녁을 너무 많이 먹지 마라." "세 명의 의사를 보살펴라. 이는 곧 음식의 의사, 기쁨의 의사, 안정의 의사다." "풍성한 저녁은 위를 상하게 하고, 과도한 운동은 숙면을 방해할 수 있다." "하루 종일 숨어서 돈을 세지 마라. 책상을 떠나 바깥 공기를 마셔라."[23]

"식후 100보를 걸으면 99세까지 산다"와 같은 중국인의 건강 수칙은 비록 현대 의과대학의 교과목에는 포함되지 않지만 여전히 의학의 유구한 전통의 일부다. 의학의 교과 지식은 지식의 구체적 내용뿐 아니라 지식 관련 윤리도 포함하기 때문이다. 지식의 윤리는 지식의 정당한 사용을 요구하고 허용한다. 지식이 '좋은 것'으로 여겨지는 이유는 지식이 인류의 공동 이익을 해치지 않기 때문이다. 지식은 선량하게 사용될 때 비로소 모두를 이롭게 할 수 있다. 다른 사람의 지식을 해치는 것은 지식이 아니라 '계략'이다. 기원전 4세기의 히포크라테스 선서는 지금까지 의학 지식의 윤리를 체현한다. 이러한 지식 윤리는 의학의 지식 내용이 끊임없이 변화하는 상황에서 지식의 전통을 이어줄 수 있는 근본적인 원인이다.

의학은 지식의 내용이 빠르게 발전하고 변화가 매우 큰 영역이지만, 모든 지식 영역이 의학과 같지는 않다. 예를 들어 법학은 의학처럼 오래된 영역이지만, 의학 영역에서처럼 혁명적인 변화가 일어나지 않았다. 법학에서는 반反트러스트법(시장의 독점을 목적으로 하는 기업 합동을 금지하거나 제한하는 법률. ─옮긴이)이나 지적재산권과 같이 새로운 문제를 해결하는 새로운 방법이 분명 등장했다. 그러나 법학의 기본 원칙은 크게 변하지 않았다. 현대 인문학 및 사회과학의 지식은 고대 인문학 문제를 상당 부분 계승했고, 더욱이 윤리 가치는 큰 변화가 없었다.

모든 인문학 및 사회과학 분과는 최초의 발원지로 거슬러 올라갈수록 고전 인문학의 공통 발원지로 모인다. 인문학과의 언어, 문학, 역사, 철학도 두말할 것 없다. 현대성을 대표하는 '사회과학'도 마찬가지다. 예를 들어 현대 인류학은 19세기 말에서 20세기 초에 형성되었으나, 그리스 역사학자 헤로도토스는 이미 다른 민족의 풍속을 상세히 묘사했고, 로마 역사가 타키투스도 후세에 최초의 켈트족과 게르만족에 대한 묘사를 남겼다. 최초의 인류학적 기술은 '역사'의 영역에 포함되었다. '사회학'의 영역은 매우 광범위하고, 경제, 정치, 문화 등 다양한 제도에 두루 미친다.

그러나 고대로 거슬러 올라가보면 플라톤 시대의 철학 영역과 고대 그리스의 크세노파네스Xenophanes, 크세노폰Xenophon, 폴리비오스의 저서는 마찬가지로 이러한 의미에서 최초의 사회학이다. 심리학은 인문학이자 사회과학이다. 인간의 인지, 정서, 본성, 행위, 인간관계에 대한 심리학의 인문학적 관심은 고대 그리스와 중국, 인도 철학으로 거슬러 올라갈 수 있다. 현대 정치과학은 고대의 각종 정치학설과 직접적으로 관련이 있고, 고대 도덕철학과 정치철학, 역사 등의 영역으로 거슬러 올라갈 수 있다. 현대의 매체 연구는 비교적 특별하나, 여전히 인문학 및 사회과학과 연원이 비슷하다. 매체 연구 영역의 경계는 수사와 문예 이론, 심리학, 사회학, 사회 이론, 사회 심리, 문화 인류학, 문화 연구, 각종 문화, 예술, 정보 전파의 역사 등과 같이 거의 모든 인문학, 사회과학과 맞닿아 있다.

고대뿐 아니라 100여 년 전만 해도 인문학 사상가가 탐구하고 응용한 새로운 지식은 가능한 한 모든 인문학적 자원을 이용한 것이고, 학술 전공의 파벌을 고수하지 않았다. 오늘날 학술 전공에는 파벌이 있을 뿐 아니라 지식 영역의 경계를 당연하게 여기고, 심지어 한정된 범위에서만 활동하고 제자리에서 답보한다. 이렇게 좁은 것을 전문적이라고 여기는 신지식관은 인문학 지식의 근본적인 특징을 잃었다. 그 특징이란 바로 절대적으로 새로운 인문학적 지식은 거의 존재하지 않는다는 것이다. 인문학은 선인이 이미 토론한 기본적인 인문학적 질문으로 끊임없이 회귀할 수밖에 없고 또 반드시 그렇게 해야 한다.

행복한 삶이란 무엇인가? 진·선·미는 무엇인가? 이성과 신앙은 무엇인가? 정치권력과 덕성은 무엇인가? 정치 체제와 전제주의, 민주주의, 다수의 폭정, 시민 복종, 왕법과 신법, 처벌과 보복, 정의와 공정, 신화(이데올로기)와 철학(진리) 같은 선인들이 이미 주목한 정치와 법률 문제는 오늘날 인문학이 그 존재 조건과 사회적 역할을 인식할 때 더욱 회피할 수 없는 문제다. 따라서 인문학은 하버마스가 말한 '해방'을 목적으로 하고 건설적 비판이 평가의 기준이 되어야 하며, 이는 곧 '자유'를 기본 가치로 하는 반성적 지식이다.

인문학과 사회과학의 '새로운' 지식은 학자가 자신의 실제 생활과 지식 운용 사이에 어떠한 새로운 연계를 수립하는가에 달려 있다. 새로운 지식은 독특한 연계 방식에서 비롯되고, 중요한 조건은 학자의 자유로운 사상과 독립적인 판단이다. 볼링그린주립대학교의 영문과 교수인 리처드 게바르트Richard C. Gebhardt는 대학 체제에서 학자가 취할 수 있는 세 가지 가능한 연계 방식을 제시했다. 그것은 첫째 해당 학과 내의 일상적인 교학, 둘째 학교 교육의 취지, 셋째 사회적 필요다.**24** 이 세 가지 사이에는 작은 것에서부터 큰 것까지 범위의 변화 차이가 있고, 그중 교육은 중간 고리이며, 교육은 곧 교학의 문제이자 다양한 사회문제의 하나다.

이를 좀 더 자세히 살펴보면, 첫째 학술 연구와 교학 사이에 새로운 연계 방식을 만들어낼 수 있다. 물론 모든 종류의 학과 과정이 동일한 수준의 새로운 관계를 형성할 수 있는 것은 결코 아니다. 예를 들어 개론이나 개관 같은 과정은 신지식이 아닌 '지식'에 무게를 둔다. 반면 전문적인 주제를 다루는 과정은 교수가 주제의 독특한 측면과 교학 및 참고 자료를 기반으로 자신의 연구 성과를 설계 및 조직하고 결합해야 한다. 과정 설계 및 조직은 교수가 인문학에서 주목하는 문제를 드러낸다. 어떤 문제 혹은 어떤 종류의 문제에서 학생들의 흥미와 사고를 유발해야 하는가? 어떤 지식이 학생에게 필요하고 특히 중요한가? 이러한 지식은 학생이 덕 있는 사람이 되는 것과 공공 사회인이 되는 것과 어떤 관계가 있는가?

둘째 학술 연구는 학교 교육 취지의 변화를 도모할 수 있다. 학교의 취지는 교육의 기본 이념과 관계된다. 만약 어떤 대학이 인문교육과 직업교육을 함께 중시하면, 인문교육을 고등교육과 직업교육의 근본적인 차이점으로 여기고, 교수는 구체적인 학과 과정에서 이 취지를 관철시킬 수 있다. 그러나 만약 학교의 방침이 인문교육을 전혀 중시하지 않거나 실질적으로 인문교육을 배척하고 제한한다면, 인문교육을 소개하고 제창하는 것은 학술 혁신의 의의를 가질 것이다.

셋째 학술은 새로운 사회 문제의식과 비판적 입장을 형성하게 해준다. 대학 교수는 인문교육이나 시민 교육 같은 교육 문제에 늘 직접적으로 관계한다. 인문교육, 시민 교육은 부자유, 비민주 교육을 거부하고, 직업교육 외의 기타 사회문제로 자연스럽게 발전한다. 이러한 문제는 종종 공공 지식인의 문제로 일컬어지나, 사실 학과를 넘어서는 학술 문제다. 그 예로 공공 생활, 집단의 역사, 시민 동의, 정의와 사회의 선, 대중 신문, 승낙,

신뢰, 약자 보호, 올바른 사회, 민족주의, 사물의 질서, 보존과 회고, 시민사회, 시민 통치가 있다. 이는 모두 현존하는 사회학, 정치학, 철학, 법학, 윤리학에서 토론할 수 있으나, 전문 학과와 직접적인 관련이 없는 일반적인 현실 문제의 토론으로 볼 수 있다. 이렇게 공공 사회의 문제를 대할 때는 일반 대중의 상식적인 지식을 충분히 중시해야 하고, 학문의 정교화와 격리화로 인해 공공 사안에서 벗어나지 않도록 해야 한다. 학술 평가에서 학문의 공공 역할의 기준은 더욱 중시되어야 한다.

학문의 정교화는 학문이 자유롭지 못한 상황에서 발생하는 학문 냉소주의다. 학문 냉소주의는 학문을 자신의 좁은 테두리 안에 가두고 무한히 정교화할 위험성이 있으며(따라서 궤변이 된다) "더는 오를 수 없이 현실 정치와 괴리되는 지경에 이를 수 있다."[25] 사실을 제대로 파악하지 못한 정교한 말은 자신도 모르게 말과 행동이 다른 권력을 돕고, 대중 정치 영역을 더 가식적으로 만든다. 그러한 정교한 학술적 문장은 대개 '학자'의 손에서 비롯되고, 동료 평가에서 알 수 있듯이 동료 평가를 거치면 결코 학문의 진정한 사상과 판단을 보증하지 못한다.

인문학 및 사회과학의 학문과 연구는 새로운 지식을 발견하고 생산하는 체제로 여겨지며, 어떻게 그것을 평가할지는 결국 누구의 학문이고 무엇을 위한 학문인가라는 두 개의 기본적인 문제와 뗄 수 없다. 학문은 학자가 하는 것이지만 결코 학자에게만 속하지는 않는다. 현대 대학의 학문은 반드시 사회적 자원에 의지해야 하고, 그래서 촘스키는 대학이 사회 체제에 '기생'한다고 말했다.[26] 학문은 공공 사회에서 회피할 수 없는 책임을 지고 있다. 학문은 지금껏 순수하지 않았다. 왜냐하면 학문은 자신의 자유 존재를 항상 쟁취하고 보호하지 않을 수 없었기 때문이다. 학문 활동 자체는 인간의 학문적 권리를 보증하지 못하고, 이를 쟁취하려면 우선 시민의 정치적 권리가 우선되어야 한다.

따라서 시민으로서 지식을 발견하고 전파하고 습득할 때 구체적인 사회와 정치 환경을 벗어나 단독으로 학문을 논할 수는 없다. 순수 학문에 대한 환상이나 학문을 위한 학문은 독립 의지와 자유사상이 선택한 결과가 아니라, 물속에서 달을 건지듯 수확이 없는 행위이자 어쩔 수 없는 퇴각이다. 우리는 학문을 공공 지식으로 여겨야 하며, 새로운 사상이 있는 학문은 자유와 관용, 공정, 이성적 사회 및 정치 환경과 불가분의 관계에 있다. 또한 이러한 학문은 지식이 공공 생활 속에서 자유롭게 생산되고 받아들여지고 전파되는 것을 조건으로 한다. 이는 자유 학술의 조건이자, 자유 교육과 인간의 자유를 기본으로 하는 인문교육의 조건이다.

인문학 정신에 대한 단상

20년 전, 중국에서 '인문학 정신'에 관한 토론이 열려 내 친구와 지인이 참석했다. 이에 호응하기 위해 나는 '인문학 정신에서 인문교육으로從人文精神到人文敎育'라는 제목의 글을 썼다(현재 《문화비평은 어디로 가는가文化批評往何處去》에 수록되어 있다). 사실 말이 호응이지 인문학 정신을 다룬 토론에 대한 비판적 의견에 가깝다. 나는 인문학 정신이 그저 순수한 지식인의 문제에 머무르지 않고 반드시 현실에서 실천 가능한 대학의 인문교육으로 자리 잡아야 한다고 생각한다. 인문학 개조는 일종의 교육 계획이며, 이와 관계된 여러 부분은 모두 중국의 구체적인 정치, 사회, 문화 환경의 결여와 관련이 있기 때문이다.

중국 사회에서 인문학 정신을 거론하는 것은 가치에 대한 위기의식에 주도적인 역할을 하고, 이는 동시에 중국 사회 전체의 위기를 드러낸다. 오늘날 우리는 여전히 20년 전과 유사하지만 더욱 심각해진 문제를 탐색한다. 중국 사회가 직면한 도덕, 가치, 윤리의 위기는 과연 어떠한 성질의 인간의 위기인가? 또한 사회, 정치, 문화, 교육 제도의 근원은 무엇인가?

당시 나는 교수들이 좁은 테두리 안에서 인문학 정신을 논의하는 것보다 각자 교실에서 최대한 청년 학생들에게 인문교육을 시도하는 것이 더 낫다고 건의했다. 이때 당시 내가 강단에 섰던 학교의 인문교육 과정을 소개했고, 그것이 바로 이 책에서 논한 인문학 고전 읽기다. 나는 이 글을 당시 화둥사범대학교에 있던 왕샤오밍王曉明 교수에게 보냈다(그는 토론에 적극적으로 참여한 사람으로, 최근 몇 년간 중국의 '민심 악화' 문제에 주목하고 있다). 그는 긴 답신을 보내 중국 대학에도 이러한 인문교육이 있으면 정말 좋을 거라고 했다. 20년이 지난 뒤, 나는 아직까지도 그의 편지를 읽었을 때 크게 고무되었던 일을 여전히 기억한다.

후에 나는 계속해서 인문교육에 관한 글을 썼고 일부 지역에서 인문교육과 관련된 발표를 하기도 했다. 한번은 상하이 찌펑季風 서점에서 '고등교육은 어떻게 하여 고등교육이 되는가'라는 주제로 발표했던 일을 기억한다. 옌보페이嚴搏非 선생은 참석자들에게 내 인문학 수업에서 학생들이 '열사'에 관해 토론한 일화를 소개했다(이 책에서도 언급했다). 수업에서 읽은 작품은 투키디데스의 《펠로폰네소스 전쟁사》 가운데 〈페리클레스의 추도 연설〉이었다. 아테네인들은 풍속에 따라 매년 겨울 전쟁 중에 목숨을 잃은 사람들을 위해 국장을 치렀다. 유골을 묻은 뒤 "아테네 도시는 그들이 가장 지혜롭고 가장 영예롭다고 여기는 사람을 선택해 연설을 하게 하여 망자를 추도했다."

한 학생이 물었다. "'아테네 도시'란 무슨 의미인가요? 정부를 의미하나요, 아니면 민중을 의미하나요? 선택 절차는 어떻게 되나요?"이에 한 학생은 추도 연설에 구체적인 설명은 없으나 대개 정부를 의미하고, 엉클

샘Uncle Sam(19세기 미국에서 군용 쇠고기를 납품하던 새뮤얼 윌슨Samuel Wilson의 별명으로, '미국, 미국 정부, 전형적인 미국인'을 뜻한다. – 옮긴이)과 같은 개념이라고 대답했다. 이 학생의 말은 분명 반은 우스갯소리였다. 그러자 다른 학생은 장례는 망자 가족의 개인적인 일이고, 정부는 어떤 형식으로든 참여할 수 없으며, 자신은 정부가 그렇게 하는 것이 싫고 샘은 자기 가족의 엉클이 아니라고 진지하게 말했다.

미국인은 줄곧 정부를 불신했지만, 학생들이 국장에 이토록 강한 반감을 표할 줄은 미처 몰랐다. 나는 이 학생의 견해에 동의하는 사람은 손을 들어보라고 말했는데, 과반수 학생들이 손을 드는 결과가 나왔다. 나는 정부가 국가를 위해 목숨을 바친 열사에게 영예를 베푸는 게 대체 왜 잘못된 일인지 물었다. 몇몇 학생들이 웃었다. 나는 내가 뭘 잘못 말했느냐고 물었다. 한 학생이 내가 '열사'라는 단어를 사용했기 때문이라고 말했다. 그러자 다른 학생이 열사라는 말은 마틴 루터 킹이나 간디처럼 보편적 정의를 위해 희생한 사람에게 쓸 수 있다고 말했다.

친구들과 인문교육을 논할 때면 그들은 대부분 이와 유사한 수업 중 토론에 관심을 가진다. 한번은 베이징대학교 출판사에서 편집자들과 함께 점심을 들며 이 주제를 나눈 적이 있었다. 그러자 그들은 이것을 책으로 써서 출판하는 게 어떻겠느냐고 제안했다. 얼마 전 저장대학교에 발표를 하러 갔을 때, 친구에게 이 이야기를 들려주었더니 어서 책을 쓰라고 독촉했다.

이러한 소소한 일화는 이 책을 쓰는 과정에서 간간이 나를 격려했고 좋은 인연이 되어주었다. 나의 저술활동을 돌아보면 종종 이런 생각이 들곤 한다. 한 권의 책을 쓰는 것은 대부분 여러 '인연'에 달려 있는 것 같다.

미국 대학에서 영문과 교수로 재직하면서 동시에 인문교육의 고전 읽기 수업을 한 것 역시 인연이었고, '위대한 고전' 과정이 있는 인문대학에서 가르치지 않았다면 아마 이런 기회는 없었을 것이다. 수업 자료로 쓰인 주도면밀한 사고와 비범한 견해, 자유가 핵심이고 이성이 척도가 된 고전 작품을 통해, 나는 찬란한 인문학 정신을 포함하여 많은 수혜를 받았다. 한 문장 한 문장이 모여 한 권의 책이 될 줄은 미처 생각하지 못했다. 이번에 베이징대학교 출판사에서 이 책을 낼 수 있어 더욱 소중하고 감사한 인연이다.

부록

레오 스트라우스와 인문교육

나는 인문교육에 대한 레오 스트라우스의 견해에 대부분 동의한다. 그의 인문교육 사상의 핵심은 '위대한 작품the Great Books'을 읽는 것이다. 내가 미국의 한 대학에서 20년간 맡았던 고대 그리스부터 18세기의 인문교육 과정에서도 '위대한 고전' 읽기 수업을 했다. 예를 들어 '고대 그리스 사상' 토론 수업에서는 매번 고전의 서사시와 희곡, 역사와 철학을 정독하고 토론했다. 이러한 위대한 고전 읽기는 내가 학생들을 가르친 인문대학의 핵심 과정이었기 때문에 자연히 다양한 인문교육을 생각해볼 기회가 많았다. 그 가운데 스트라우스도 있었다.

독일계 유대인 정치철학자이자 고전주의자인 레오 스트라우스의 인문교육관은 위대한 작품과 정치철학이라는 두 주제를 연결한다는 기본 특징이 있다. 이 두 주제는 단지 병렬적으로 존재하는 게 아니라 서로 연결되어 있으며, 하나라도 없으면 안 된다. 이러한 인문교육관은 순수 이론의 이념적 설계가 아니라(일부 사람들은 이렇게 보기도 하지만) 스트라우스 자신의 학술적 실천에 대한 이론적 총괄이다. 스트라우스의 정치철학은 고대 그리스의 플라톤, 아리스토텔레스, 크세노폰과 중세 이슬람 철학자인 알파라비Al-Farabi, 마이모니데스, 서양 사상가 마키아벨리, 홉스 등 여러 위대한 고전을 통해 형성되었다. 그는 자신의 정치철학적 필요에 따라 위대한 고전들을 선별하여 읽었다. 희극 작가인 아리스토파네스를 제외하면 스트라우스는 고대 그리스의 뛰어난 희곡 작품에 대해 거의 어떠한 평론도 하지 않았는데, 이는 그가 작품을 선택적으로 읽었기 때문이다.

스트라우스는 〈인문교육이란 무엇인가〉에서 "인문교육은 문화 교육 또는 문화와 관련된 교육이다. 인문교육의 완성된 산물은 교양 있는 인간"[1]이라고 했다. 또 인문교육에서는 교사가 핵심적 역할을 하며 "교사 자신이 학생이어야 한다"고 했다.

그러나 교사가 무한정 학생으로 되돌아갈 수는 없기에 결국은 다시 학생이 아닌 교사가 필요하다. 교사는 중요한 사안에서 그 어떤 모호함도 피해야 하므로 위대한 정신을 가지고 있어야 한다. 그러나 이런 사람은 극히 드물고, 수업에서 그런 사람을 만날 가능성도 적다…. 이런 사람은 오직 위대한 작품 속에만 등장한다. 따라서 인문교육에서는 위대한 정신이 남긴 위대한 작품을 자세히 읽어야 한다." 위대한 작품을 읽는 과정에서 (스트라우스 자신처럼) "비교적 경험이 많은 학생"이 "학문을 막 배우기 시작했거나 비교적 경험이 없는 학생"[2]을 돕는 것이다. 따라서 인문교육은 위대한 작품 읽기와 서로 밀접한 관계가 있다.

스트라우스는 우수한 생활 질서(정치 체제)의 특징과 그 필요성을 근거로 위대한 작품 읽기를 주로 하는 자신의 인문교육관을 변호했다. 이는 일반적인 변호가 아니라 철학적인 변호다. "철학적 관점에서 정치 체제와 인문교육을 서로 연관 짓는 것은 문자를 사용하고 문자를 통한 교육을 시행하는 것으로, 읽고 쓰기의 중요성은 분명하다. 만약 모든 국민이 읽고 쓸 줄 알면 민주주의가 존재할 수 있고, 그렇지 못할 경우 민주주의는 곧 멸망하고 만다는 사실을 모든 유권자들은 잘 알고 있다."[3]

오늘날 우리가 읽고 쓰기의 중요성과 그 정치적 의미를 제대로 이해하려면 먼저 민주주의와 덕성 및 지식과의 관계를 이해해야 한다. 민주주의는 덕성이 있음으로 존재하며 덕성이 없으면 그 생활 질서는 무너진다. 이상적인 민주주의 생활 질서에서 모든 사람이나 대다수 성인들은 덕성이 있는 사람들이다. 덕성에는 지혜가 필요하므로 민주주의는 모두가 혹은 대다수 사람들이 높은 이성과 지식 수준을 갖추어야 하는 이성적인 사회다. 민주주의는 본래 귀족정치를 가리켰는데, 이후 확장 발전되어 사람들이 보편적으로 덕성과 지혜, 이성을 가질 수 있는 정치 체제가 되었다.

이러한 민주주의의 이상은 분명 너무 높아 도달하기 어려운 것처럼 보인다. 이는 순수한 이상으로 아직 한 번도 실현되지 못했기 때문이다. 오늘날까지 많은 사람들은 여전히 이러한 민주주의가 가능한지 의심한다. 절대 다수의 사람들이 모두 덕성과 지혜, 높은 이성을 가진 국민이 되지 않는 한, 이러한 민주주의는 불가능하다. 그러나 인문교육은 최소한 이러한 불가능을 가능으로 전환하도록 도움을 줄 수 있고, 우수한 민주주의라는, 가능성이 적어 보이는 일이 가능해지도록 도울 수 있다.

민주주의와 인문교육

스트라우스는 한 위대한 사상가의 말을 인용하여 말했다. "만약 신들로 구성된 국민이 존재한다면 그들은 분명 민주주의 통치 방식을 사용할 것이다. 그러한 완벽한 통치(민주주의)는 인간에게는 별로 적합하지 않다."[4] 이 말을 어떻게 이해해야 할까?

첫째, 완벽한 민주주의는 모든 사람들(최소한 절대 다수의 사람들)이 완벽해야 하나, 완벽한 전제주의(참주 또는 과두 정치 체제)는 오직 한 사람 또는 소수의 통치자만이 완벽하면 그만이라고 해석할 수 있다. 전제주의 통치자는 수준 높은 덕성과 지혜, 이성을 갖추어서 모든 것을 잘 설계하며, 그의 의지를 완벽하게 관철시켜서 그가 통치하는 세계를 완벽한 유토피아로 만들 수 있다. 한 사람이 우수할 가능성은 다수가 우수할 가능성보다 더 크기 때문에 좋은 전제주의가 좋은 민주주의보다 더 실용적인 선택이다.

둘째, 전제주의는 내재적 위험이 존재하는 정치 체제라는 해석이다. 스트라우스가 《폭정론On Tyranny: An Interpretation of Xenophon's Hiero》(1948)에서 지적한 바와 같이 전제주의 제도의 존재 조건은 신민들이 보편적으로 "용감하지 않고 정의롭지 않으며 지혜롭지 않은" 것이다. 따라서 완벽한 전제주의 통치일수록 그 지배하에 있는 사람들은 덕성이 없을 수밖에 없고 도시국가라 할 수 없으며 따라서 "덕성의 도시국가"가 출현할 가능성은 전혀 없다.[5]

스트라우스의 의도는 거의 두 번째 해석에 가깝다. 그에게 인문교육은 완벽하지 않은 민주주의 정치 체제를 도울 수 있고, 자기완성을 위해 우수함을 쌓아 '우수한 사람(귀족aristocracy의 원래 뜻은 우수함이다)'을 양성할 수 있다. 인문교육은 원래 소수만이 지닐 수 있는 우수함을 '많은 사람들에게 확장'하는 것이다.

"현대 민주주의는 보편적 우수함과는 아직 거리가 멀다. 대중은 통치할 줄 모르기 때문에 엘리트에게 통치권을 위임한다. 엘리트는 대부분 상류층이거나, 상류층으로 올라갈 기회를 얻은 자들이다. 민주주의가 순조롭게 운영되는 데 있어 대중에게 요구되는 가장 중요한 덕성은 선거에 무관심해지는 것, 즉 공공 정신의 결핍이라고 한다(대중이 평범한 통치자를 선택하는 것을 막기 위해)…. 현대 민주주의(의 주체)는 스포츠 신문과 만화 외에는 어떤 것도 읽지 않는 국민이다." 스트라우스는 이러한 민주주의는 "대중의 통치라 할 수 없고 단지 대중문화에 지나지 않는다"고 말한다. 대중문화의 문제는 "사상이 없고 무도덕한 세력이 악용하기 쉽다"는 데 있다.[6]

그러나 사상과 도덕 수준이 매우 낮은 대중문화도 발전의 필요를 느낄 수 있으며, 오히려 그 수준이 낮기 때문에 더 발전할 여지가 있다. 가장 보편적인 대중오락 문화도 매번 새로운 것이 나오듯이, 민주주의도 변화가 필요하며 그 중요성은 더 크다. "우리가 민주주의를 물렁한 대중문화를 보호하는 단단한 껍데기로 여기더라도, 멀리 내다보면 헌신과 집중, 폭과 깊이같이 전혀 다른 종류의 성질들이 필요하다." 이것이 곧 인문교육이 오늘날 민주주의에서 하는 역할이다. "인문교육은 대중문화의 해독제다…. 인문교육은 사다리이며, 우리는 이 사다리를 타고 대중 민주주의에서 본래 의미의 민주주의로 오르려는 시도를 할 수 있다. 인문교육은 대중 민주주의 사회에서 귀족정치의 기초를 닦기 위해 필요한 노력이다."[7] 여기서 귀족은 사회에서 우수한 사람을 가리킨다.

스트라우스는 인문교육과 현행 민주주의(그가 살았던 1950~60년대 미국의 민주주의)와의 관계에 중점을 두었다. 여기에는 (수준이 낮은) 당시 자유민주주의 정치 체제에 대한 불만과 정치학에 대한 비판이 내포되어 있다(당시 정치학은 현행 민주주의의 특징을 묘사하는 데 그칠 뿐, 우수한 기준과 완벽한 이상을 제시하지 못했으므로 인문교육이라 할 수 없었다). 심지어 스트라우스는 정치학(정치과학)은 하나의 주제일 뿐이며, 그것은 "민주주의 본래 개념이나 소위 이상적 민주주의라 부를 수 있는 것과 현행 민주주의의 차이로 볼 수 있다"고 생각했다.[8]

얼마나 많은 사람들이 스트라우스의 편협한 정치학적 관점에 동의할 수 있겠는가? 그의 정치학 관점이 다른 사람들에게 받아들여질 수 있는가는 결코 중요하지 않다. 중요한 것은 그것이 스트라우스 본인의 관점이라는 것이고, 그것으로 인문교육의 기본 전제를 논했다는 사실이다. 만일 우리가 스트라우스의 인문교육관을 이해하고자 한다면 결코 이 전제를 배제할 수 없다.

스트라우스는 민주주의가 하나의 정치 체제, 즉 생활 질서에서 대중문화로 약화됨에 따라 본래의 위대함을 망각했다고 우려했다. 콜로라도 칼리지의 정치학과 교수 티머시 풀러Timothy Fuller는 스트라우스의 인문교육관을 분석하면서 "인간의 위대함을 더는 인정할 수 없는 시대, 한 사람의 위대함이 감추어진 시대에, 위대한 작품을 읽음으로써 인간의 위대함을 기억할 수 있다"고 말했다. 스트라우스에게 위대한 작품을 읽는 것은 그가 정치철학자가 된 것과 특별한 관련이 있는 임무였다. 그것은 바로 "(현존하는) 사회과학 방법론을 철학적으로 비판하는 것이다. 전통적 정치과학을 다시 생각하는 것도 고전적 의미에서 정치철학의 목표다."[9]

스트라우스는 특히 덕성에 관심이 없고 인간의 존재 목적을 생각하지 않는 전공 연구를 비판했다. 이러한 전공 연구는 눈앞의 현상을 실증적으로 묘사하는 데 그치고 현실에서 '역사주의'적 합리성을 변호한다. 오늘날 이러한 전공 연구는 각종 사회과학 분야(정치학, 사회학, 대중문화 연구 등)에서 엄연한 주류 학문이 되었다. 이에 스트라우스는 다른 사상적 경로를 제시했는데 그는 그것을 '철학'이라 불렀다.

스트라우스가 말한 철학은 전문적인 학과가 아니라, 실증적 서술 및 역사주의 변호와는 다른, 지식과 지식 탐구의 모형이었다. 철학에도 스트라우스가 비판한 실증적 서술과 역사주의가 존재하나, 그가 말한 철학은 바로 이러한 학과로서의 철학의 숙적이었다.

진정한 철학을 알지 못하면 인문교육을 제대로 알 수 없다. 인문교육의 원래 의미는 '자유 교육'이고, 그것은 처음부터 '정치적 의미'를 포함했다. 스트라우스는 "원래 인문학에서 인ㅅ이란 행위와 자유가 일치하는 사람을 의미하고 그 반대는 노예다. 인문교육을 받은 사람은 'gentleman' 이 된다"고 지적했다.[10] 흔히 '신사'로 번역되는 gentleman은 사실 자유 교육을 받았고 덕이 높은 사람을 가리키며, 중국과 한국 같은 동양 전통에서 말하는 '선비±'의 개념에 더 가깝다.

스트라우스는 말했다. "인문교육은 완벽한 신사를 양성하고 인간을 우수하게 만드는 교육이다. 인문교육은 인간의 우수함과 인간 자신의 위대함을 끊임없이 일깨운다. 인문교육은 어떤 방식으로, 어떤 수단으로 인간의 위대함을 우리에게 일깨우는가? 가장 고차원적인 의미에서의 교육은 철학이라고 한 플라톤의 말을 우리는 알고 있다. 철학은 지혜를 추구하므로 가장 중요하고 고상하며 전체적인 지식을 추구하는 것이다. 플라톤은 이러한 지식이 바로 덕성과 행복이라고 말했다."[11]

철학이 추구하는, 덕성과 행복이라 일컬어지는 지식은 모두 현실이 아닌 완벽한 이상이자 궁극적 경지다. 따라서 스트라우스는 이렇게 말했다. "우리는 철학자가 될 수 없다. 즉 우리는 가장 수준 높은 형태의 교육을 받을 수 없다." "우리는 철학자가 될 수는 없지만 철학을 사랑할 수 있고 철학적이 되려고 노력할 수는 있다. 철학적이 된다는 것은… 주로 위대한 철학자의 대화를 경청하는 것이다. …또 위대한 작품을 공부하는 것이다."[12] "철학과에 다니는 사람을 철학자로 생각하는 것은, 예술학과에 다닌다고 해서 그 사람을 예술가로 생각하는 것만큼이나 터무니없다."[13]

위대한 작품을 언급하는 일은 종종 미국의 문화 다원론자들의 비판을 받아왔다. 위대한 작품은 거의 전부 '서양의' 위대한 작품을 말하기 때문에 '서양 문화 중심론'이라는 이유로 질책을 받는다. 스트라우스는 "우리가 경청해야 하는 위대한 정신이 다 서양의 위대한 정신은 아니다. 인도나 중국의 위대한 정신이 하는 말을 듣지 못하는 것은 불행히도 불가피한 일이다. 우리는 그들의 언어를 모르고, 그렇다고 모든 언어를 다 배울 수는 없는 노릇이기 때문이다"라고 말했다.[14]

1961년에 스트라우스는 이런 말을 했다. 다른 문화권의 작품도 계속해서 위대한 작품에 포함되어왔으나, 스트라우스가 이해한 인문교육과 위대한 작품의 관계를 고려할 때 다른 문화권의 작품을 서양의 고전에 포함하기는 어렵다(그렇다고 불가능한 것은 아니다). 여기에는 스트라우스가 언급하지 않은 아주 중요한 이유가 있다. 바로 다른 문명이나 문화에서는 서양 문화와 유사하거나 비교할 수 있는 민주주의의 근원을 찾을 수 없기 때문이다. 스트라우스의 말에 비추어보면 현행 민주주의와 이상적 민주주의는 위대한 작품을 통해 철학이 상기시켜야 할 '자유 교육'과 정치를 기본적으로 연결하며, 이는 인문학의 근본적 사명이다. 그럴진대 상기할 민주주의의 기억이 없는 문화에서 인문교육의 의미를 어떻게 설정하고 증명할 수 있겠는가?

인문교육이 제 역할을 하려면 기본적으로 사회적 환경이 갖추어져 있어야 한다. 현대의 민주주의 입헌정치 체제가 바로 이러한 사회적 환경이다. 이런 환경에서 인문교육은 국민의 소양을 향상시키는 역할을 하고, 인문교육의 자유와 독립 사상은 국민의 권리와 정치의 권리를 절대적으로 보장한다. 정치와 사상을 강요하는 전제정치 체제에서도 비록 사람들이 이러한 인문교육을 갈망할 수 있지만, 사실상 인문교육의 사회적 환경을 만들기는 쉽지 않다.

인문교육의 원래 의미는 자유 교육으로, 그중 정치적 자유는 필수 불가결한 조건이다. 스트라우스의 인문교육관은 이 점에서 매우 분명하고 매우 확고하다. 그는 많은 사람들이 자유민주주의 정치 체제에서 너무 오래 생활하여 정치적 자유와 인간의 우수함, 인간의 덕성과의 관계를 잊은 것을 걱정했다. '자유'를 누구나 하고 싶은 대로 행동하는 것으로 통속적으로 이해하여, 보편적인 덕성의 이념이 결여된 개인주의와 상대주의로 빠지는 것 또한 염려했다. 개인주의와 상대주의는 결코 자유민주주의 특유의 문제가 아니다. 억압과 물욕에 대한 방종이 횡행하는 전제주의는 보편적인 덕성을 더 쉽게 상실하게 만들고, 극단적 개인주의와 도덕적 허무주의, 상대주의를 더 쉽게 만들어낸다. 스트라우스는 이러한 상황을 변화시키는 것을 전적으로 바라지는 않았다.

스트라우스가 우려한 자유민주주의의 저속화와 덕성 이념의 상실은 교육의 일시적 부재 때문이지, 민주주의 정치 체제의 내재적 결함은 아니다. 자유민주주의 정치 체제의 일반 민중(대중)과 그들의 대표(엘리트)가 처음 가졌던 덕성을 잃은 것은 현대 교육의 구조, 특히 대학 시스템의 문제점에서 비롯된 결과다. 미국과 같은 '현대적 공화제도'가 오늘날에 이르기까지 여전히 진정으로 우수한 체제가 되기 어려운 이유는 바로 이 때문이다.

스트라우스는 다음과 같이 썼다. "현대적 공화제도와 그 원래의 이념에 따르면, 우리가 오늘날 당면한 어려움은 (일반) 국민의 종교 교육을 소홀히 한 데서 기인한 것 같다. 또한 국민 대표들의 인문교육을 소홀히 한 것도 원인일 수 있다."[15] 스트라우스는 (종교를 통한) 대중의 덕성 교육과 (인문교육을 통한) 엘리트의 덕성 교육이 현대 공화정치 체제의 전체적인 소양에 미치는 영향을 강조했다. 일반인의 덕성과 소양이 높을수록 더 좋은 자질을 가진 엘리트 대표를 선출할 가능성이 높기 때문이다. 또한 엘리트 대표의 덕성과 소양이 높을수록 사회집단의 덕성을 중시할 가능성이 크고 '덕성을 갖춘 도시국가'를 계속해서 지향할 수 있기 때문이다.

스트라우스의 인문교육관은 엘리트를 지향한다. 그는 인문교육의 대상은 공화정치 체제의 모든 사람이 아니라, 일반 민중을 '대표'하는 엘리트라고 생각했다. 인문교육의 중요한 목적을 강조하는 것은 곧 "교육이 미래의 공무원 교육을 개선할 수 있는지 여부 또는 얼마큼 개선할 수 있는지를 고민하는 것이다."[16] 그가 말한 공무원civil servants은 각종 공직을 맡은 '관료'를 가리킨다. 다른 정치 체제에서 관료는 모두 어떤 교육이나 선거 절차를 경험한다. 우리는 이러한 교육이 자유 교육과 전혀 관계가 없거나 심지어 자유 교육과는 완전히 정반대될 수도 있음을 알고 있다. 또한 이러한 선거 절차가 민중의 민주적 선거 의향과 무관하고, 전제적인 이익집단 내부에서만 진행되어 민의에 부합하지 않거나 심지어 민의에 완전히 위배될 수 있음을 알고 있다.

그러나 자유민주주의 전통이 없는 사회라도 교육은 여전히 덕성을 발휘하거나 덕성을 키우는 역할을 한다. 일반인과 엘리트가 받는 교육 방식과 경로도 스트라우스가 언급한 '종교'와 '자유'의 차이와 유사하다.

교육은 특정한 생활 질서를 다지고 보호하며 재생하는 역할을 한다. 정치적 의미에서 이러한 생활 질서는 곧 정치 체제다. 자유 교육에서 비롯된 인문교육은 서양에서 고대 민주주의와 현대 공화정치 체제의 중요한 부분이며, 자유와 민주, 공화 전통을 유지시킨 문화적 명맥이기도 하다. 현대인들이 말하는 '서양'은 사실 결코 어떠한 하나의 문화적 실체가 아니다. 사실 풍부한 다양성을 지닌 서양은 다원적인 개념이다. 그러나 서양 사회는 서로 다른 다양한 방식으로 존재하면서도 핵심적인 정치 이념과 문화적 근원, 사상적 전통, 위대한 작품, 뛰어난 사상가를 포함하여 함께 공유하고 인정하는 공통의 자원이 있다. 아마도 이것이 서양과 비서양을 구분하는 가장 중요한 차이점일 것이다. 비서양은 종종 두루뭉술하게 동양으로 지칭된다. 그러나 비서양 문화권에는 동양 문화 전체를 아우를 만한 공통점이 없다.

스트라우스는 서양이라는 특정한 전통에서만 인문교육의 발생과 변화를 묘사하고 분석했다. 이러한 묘사와 분석은 비서양 사회에서 덕성 교육에 관심을 가진 사람들에게 시사점을 제공한다.

인문교육이 필요한 이유

인문교육의 목표는 '훌륭한 인간aristoi'을 양성하는 것이다. 훌륭함은 훌륭하지 않은 것과 비교할 수 있고, 소수의 훌륭한 사람과 다수의 훌륭하지 않은 사람을 비교할 수도 있다. 훌륭한 사람은 엘리트이나, 권세나 문파, 지위 덕분에 엘리트가 된 것이 아니다. 그들은 훌륭한 덕성과 정신적 목표를 갖추었기에 자연적으로 엘리트가 되었다. 엘리트와 비엘리트의 구분이 없는 사회에서는 모든 사람 혹은 절대 다수의 사람들이 모두 훌륭하거나 혹은 사회집단 전체가 평범할 수 있는데, 전자보다는 후자의 가능성이 훨씬 더 크다.

사실상 아무리 민주적인 사회라도 사회 내의 엘리트와 비엘리트에 대한 공공 인식에는 상당히 큰 차이가 존재할 수 있다. 이것은 어떤 민주주의 사회라도 모두 훌륭한 지도자가 필요한 근본적인 이유다. 민주주의는 포퓰리즘(대중 영합주의)이 아니다. 폭민 정치나 난민亂民 정치가 되지 않으려면 민주주의에는 좋은 헌정 제도뿐 아니라 훌륭한 지도자가 필요하다. 스트라우스의 마음속에서 이러한 훌륭한 지도자에 가장 근접한 인물은 미국 건국의 아버지 링컨과 영국의 수상 처칠이었다.

스트라우스의 교육 이념은 의심할 여지없이 엘리트적이고 귀족적이며, 훌륭함과 평범함의 차이를 변별해야 한다고 강조했다. 스트라우스가 생각한 인문교육의 핵심은 위대한 작품을 배우고 대가들과 대화하는 것이었다. 이러한 인문교육은 소수만이 중요시했고 소수를 위해 계획된 교육이었으며, 철학적 사고와 가장 고귀한 인생의 가치를 체현하는 역할 외에, 현실적으로는 "민주주의 사회에 귀족적 기초를 다지는 것"이었다. 다시 말해 평범한 대중문화와 대중 민주주의에 훌륭한 수준을 향한 발판이 되는 것이었다. 대중 민주주의는 귀족적인 훌륭함과 균형을 이루어야 한다. 여기서 아리스토텔레스가 말한 '혼합정치 체제'가 떠오른다. 교육의 귀족 이념과 대중 민주주의 제도 사이에는 상호 보완 관계가 성립될 수 있는데, 이것이 바로 민주주의의 질적 향상에 거는 긍정적 기대다. 민주주의에 대한 찬성과 지지는 무조건적인 것이 아니다. 모든 사람이 다 훌륭해지고 귀족적이 되어야 한다는 요구가 민주주의 원칙에 포함될 때, 비로소 민주주의는 덕성을 목표를 삼고, 찬성하고 지지할 가치가 있는 정치 체제가 된다. [17]

현대 공화주의에서 국민은 중요한 역할을 한다. 국민이 좋은 자질을 가져야 누가 선발되기에 합당한지 선별할 수 있다. 또한 국민이 선출한, 국민을 대표하는 사람은 반드시 우수한 인문교육을 받은 사람이어야 한다. 국민의 자질이 낮으면 그들이 선출하는 대표의 자질도 좋을 리 만무하다. 따라서 보통 사람의 교육은 매우 중요하고, 교육만이 그들을 훌륭하게 만들 수 있다. 훌륭함과 형식, 학력의 교육 수준은 결코 같은 것이 아니다. 학벌은 거짓이고 학력은 가짜일 수도 있지만 훌륭함은 반드시 진짜여야 한다.

역사에서 우수한 엘리트에게 전적으로 의지하여 전체 사회를 향상시킨 사례가 실현된 적은 이제껏 한 번도 없다. "고전은 진정한 귀족(우수함) 정치 체제가 실현되리라는 환상을 품어본 적이 없다."[18] 현실 세계의 엘리트는 덕성이 있거나 우수하기 때문이 아니라, 수완과 배경이 있고 권모술수를 썼기 때문에 국민의 대표가 된 것이다. 스트라우스는 미국 건국의 아버지인 알렉산더 해밀턴의 말을 인용해 말했다. "교활한 수단을 사용하는 자는 자주 선거에서 이길 수 있다." 그러나 "유권자가 타락하지 않아야…
사회의 발전을 추구하는 가장 식견이 있고 가장 덕성이 있는" 대표를 선출
할 수 있는 좋은 기회를 가질 수 있다.[19] 이는 국민의 소양이 중요한 이유
이기도 하다. 국민이 한 번도 민주 선거의 기회를 가져보지 못한 사회에서
는 당연히 진정한 국민 대표를 논할 수 없다.

　스트라우스는 해밀턴처럼 민주주의 공화 대의제도에 자신감을 갖고
있는 것 같지 않다. 그는 "최선의 경우, 권력의 평형을 유지할 수 있는 사람
들은 지식 관련 직업에 종사하는 사람들이다. 최선의 경우, 해밀턴의 공화
주의 제도는 지식 관련 직업에 종사하는 사람이 통치하는 것이다."[20]

　민주주의를 통해 착안한 인문교육은 인간을 훌륭하게 만드는 지식
방식을 선택하는 것이고, 나아가 인간 삶의 질을 향상시키는 생활 방식을
선택하는 것이다. 이러한 생활 방식도 하나의 정치 질서이자 정치 체제다.
인문교육은 위대한 사람과 그들의 위대한 작품을 공부하는 것이고, 이것
은 본질적으로 인간의 자유를 상징한다. 따라서 인문교육은 반드시 '자유
교육'이어야 한다. 인문교육이 중시하는 것은 인간의 위대함이지 특정인
의 위대함은 아니다. 특정인의 위대함은 그가 향유하는 권력이나 세력, 재
력, 명성에서 비롯될 수 있다. 스트라우스가 《폭정론》에서 말한 것과 같
이, 고대 시라쿠사이의 폭군 히에론 1세Hieron I는 통치자를 위대하고 행복
하게 만들어줄 모든 것을 소유했으나, 시인 시모니데스Simonides of Ceos에게
자신이 세상에서 가장 불행한 사람이라고 토로했다. 정의는 그에게 있지
않았기에 그는 자신의 통치를 받는 사람들을 두려워했고, 특히 덕성이 있
는 사람들(용감한 자, 의로운 자, 지혜로운 자)을 두려워했다.

　인문교육과 민주주의의 이념은 일치한다. 아직 불완전한 현대의 민

주주의는 처칠이 말한 "낮지만 견실한 기초" 위에 세워진 것이다. 이는 스트라우스가 매우 좋아한 문구였다.[21] 민주주의의 출발점은 영원히 낮다. 민주주의가 좋은 교육을 받았건 받지 못했건 최대한 모든 사람들을 포용하기 때문이다. 그러나 민주주의는 결코 인간의 기초적인 자기 이익과 개인 권리의 낮은 수준에서만 작동할 수는 없다. 민주주의는 반드시 인간의 자아를 교육하는 과정에서 향상되어야 하고 더욱 훌륭해져야 한다. 이것이 민주주의 제도하의 국민에게 교육이 필요한 이유이자, 특히 인문교육이 필요한 근본적 이유다.

스트라우스의 인문교육관과 현재 미국 교육의 관계

스트라우스의 인문교육관에 담긴 엘리트주의는 미국 일반인의 가치관과 일치하지 않으며 현행 교육 체제에 적용하기는 더 힘들다. 우선 어떤 학생이 인문교육(더 정확히는 스트라우스식 인문교육)을 받아야 하는가? 미국의 명문 사립대학인 아이비리그에서 매년 모집하는 학생 수는 미국 대학 신입생의 3퍼센트를 차지할 뿐이다. 그러나 이 학교들은 대부분 '학술 연구'로 유명하고, 위대한 작품을 핵심 교과 과정으로 삼지는 않는다.

위대한 작품은 1920년부터 미국 대학 과정의 중요한 부분이 되었고, 컬럼비아대학교를 시작으로 시카고대학교와 세인트존스 칼리지(두 대학은 스트라우스가 재직했던 학교다) 및 많은 다른 대학의 핵심 교과 과정이 되었다. 이 대학들 가운데 상당수는 종교계 인문대학liberal arts colleges을 갖추고 있다(이 부분은 뒤에서 계속 다루겠다). 내가 몸담고 있는 세인트메리스 칼리지(가톨릭계)도 그중 하나다. 비교적 큰 규모의 종합대학이라도 소규모 인문학과가 없는 경우가 있고, 학생들은 학부 전공으로 학위를 얻을 수 있다.

그러나 인문교육이라 불리는 과정은 대부분 교양 교육 과정으로 개설되고, 교양 교육은 필수 과목과 선택 과목으로 나뉜다. 학부생들은 인문교육 과목의 정해진 학점을 이수해야 졸업할 수 있다. 내가 재직했던 대학은 모든 학생이 반드시 위대한 고전 과정(매 학기마다 1과목, 매주 3시간 수업) 네 과목을 이수해야 한다. 각각 고대 그리스 사상, 로마 및 초기 기독교와 중세 사상, 르네상스와 17~18세기 사상, 19~20세기 사상이 학교가 규정한 이수 과목이다.

이와 동시에 '완전 학습 Integral Studies'이라 불리는 작은 프로그램이 있는데, 학생들은 이 프로그램을 통해 전문 학위를 취득할 수 있다. 완전 학습은 르네상스와 계몽운동의 전통을 계승하며, 어떤 다른 전공 과목보다 전공 교육이 아닌 '전인적 인간' 양성을 더욱 강조한다. 취업 시장의 영향을 받는 미국 대학에서 완전 학습을 전공하려는 학생들은 상대적으로 매우 적으나 분명 존재한다. 또한 이 전공을 선택하는 학생들 가운데는 매우 뛰어나고 성실한 학생들이 많다.

다원화 교육은 미국에서 이미 주류가 되었기 때문에 서양 문명과 서양의 위대한 작품을 핵심으로 하는 인문교육은 줄곧 큰 비판을 받아왔다. 현재까지도 학생들에게 이를 핵심적으로 교육하기를 요구하는 대학은 미국 전체 대학의 대략 20퍼센트 정도에 불과하다. 이런 상황에서 미국 대학에서 공부하는 학생들은 대다수가 인문교육을 받을 기회가 없다. 최소한 스트라우스가 말한 위대한 작품 읽기를 통한 인문교육의 의미에서는 그러하다. 미국 대학에서 절대 다수의 교수들은 인문교육과 직접적인 관계가 없다. 문과humanities 교수들은 위대한 작품을 가르쳐본 적은 있겠지만, 이는 인문교육 과정의 '위대한 작품'과는 매우 다르다. 인문교육의 위대한 작품 교육은 위대한 명작들을 이것저것 대략적으로 배우는 게 아닌 전문적인 과정이다. 그 학습 요구나 교과 과정은 인문교육의 이념을 따르며 (영문학, 정치학, 사회학, 인류학, 비교문학 등) 전문 과목의 요구를 따르지 않는다.

인문교육을 담당하는 교사들은 동일 전공이 아닌 서로 다른 학과 출신이다. 교사의 다원화는 인문교육의 기본 특색이자 요구 조건이다. 학과 배경이 다른 교사들끼리 적극적으로 지식의 대화를 나누고, 서로 다른 시각의 지식을 제공한다. 따라서 수업에서는 학생들과 함께 전공 지식을 넘어 다양한 분야의 지식을 탐구할 수 있다.

예컨대 내가 소속된 세인트메리스 칼리지에서는 전문적인 '대학 토론 수업 프로그램Collegiate Seminar Program'을 운영했다. 이 프로그램은 학과들과는 독립적으로 운영되며 유일한 임무는 바로 위대한 작품 교육이었다(인문교육의 고전 읽기). 이 프로그램의 지도 위원회는 12명의 서로 다른 학과 출신의 교수로 구성되는데, 위원회는 점차 심화되는 네 가지 토론 교육 과정에서 다룰 구체적인 텍스트와 작문에 대한 요구 조건, 토론 방법, 연사 초청, 특별 활동 등을 결정했다. 대학 토론 수업 프로그램은 학교 전체의 인문교육에서 핵심적인 부분으로, 그 역할은 다른 학과가 대신할 수 없다.

내가 속한 영문과는 인문대학 가운데 규모가 가장 크고 중요한 학과로(영문과 교수들은 전체 학생이 필수로 이수해야 하는 '작문 수업'을 담당했기 때문이다), 영문과는 물론 영어를 전공하지 않는 학생들도 선택하여 이수할 수 있는 일반 수업('문학 강독' 같은)을 개설했다. 물론 일부 교육 과정 중에 고전이나 중요한 작품들을 가르치기도 했다. 그러나 전문적인 의미에서의 인문교육의 위대한 작품 읽기는 아니다. 위대한 작품과 상대적으로 밀접한 역사학과, 철학과, 정치학과의 상황도 이와 유사했다. 위대한 작품을 가르치는 인문교육은 명확한 학과적 특징과 목표, 경계를 가지고 있다. 이 일은 대학 토론 수업 프로그램이 담당했고 대학 내 특별한 전담 부서만이 담당할 수 있었다.

제도, 목표, 실제 수업을 보면 학생들이 반드시 이수해야 하는 위대한 작품 교육과 스트라우스가 말한 위대한 작품의 인문교육은 상당히 큰 차이가 있다. 세인트메리스 칼리지 학생들은 출신 계층 및 경제적, 인종적 배경이 각자 다르기 때문에 누가 엘리트이고 엘리트가 아닌지 말하기 어렵다. 즉 모든 학생들은 다 평등하고 엘리트와 비엘리트의 구분이 없다. 나중에 어떤 전공으로 졸업하느냐에 상관없이 대학 토론 수업 프로그램은 세인트메리스 칼리지 학생이라면 반드시 이수해야 한다.

스트라우스는 '모든 인간은 평등하다'는 이러한 미국식 개념을 좋아하지 않았고, 이를 '고상한 거짓말'로 보았다. 미국 대학에서 '불평등'한 상황은 쉽게 찾아볼 수 있다. 학생들은 비록 위대한 작품 수업을 전부 반드시 이수해야 하지만, 개인의 자질과 노력, 흥미 등의 차이로 인해 실질적인 학습 결과에는 큰 차이, 즉 불평등이 존재한다. 성실하게 공부하는 학생도 있고 겨우 이수하는 학생도 있으며, 공부를 잘하는 학생도 있고 못하는 학생도 있다. 학생들의 학업 성적은 이렇게 다르지만, 성적에 따라 이분법적으로 학생들을 '훌륭한 사람(엘리트)'과 '보통 사람(비엘리트)'으로 구분하지는 않는다. 이런 의미에서 미국의 대학 교육은 실질적으로 결코 불평등하다고 볼 수 없다.

'모든 사람은 평등하다'는 가치관은 미국인들의 마음속 깊이 자리 잡고 있기 때문에, 일반적으로 미국인들은 엘리트와 비엘리트를 가르는 논리에 반감을 가진다. 스트라우스가 말한 엘리트는 정치적 의미에서의 엘리트다. 정치적 엘리트는 미국인이 가장 신뢰하지 않는 부류의 엘리트다. 일반적인 미국인은 국민이 정치권력의 주인이라고 생각한다. 누군가 정계의 요직에 진출하더라도 그가 천성적으로 훌륭하거나 훌륭한 교육을 받았기 때문이 아니라, 국민이 그를 선출하여 자신들을 대표하도록 권력을 잠시 위탁한 것이라고 믿는다. 따라서 미국인은 정계에서 활동하는 엘리트를 추앙하거나 숭배하지 않고 오히려 그들에 대해 본능적으로 대비한다. 기회만 있으면 그들을 풍자하고 비꼬는 것은 신문의 시사만화만 봐도 알 수 있다. 스트라우스는 미국식 민주주의를 좋아하지 않았다. 이런 민주주의에서는 민중의 세력이 지나치게 커서, 정치적 인물이 민중의 환심을 사려고 당선을 위해 온갖 방법을 동원하다 보면 민주주의의 수준을 떨어뜨리게 된다고 생각했다.

미국의 대학에서 인문교육은 국민으로서의 자질, 독립 사상, 학습 능력, 인간의 자아 인식을 교육하는 취지로 진행된다. 엘리트를 기르고 양성하는 것과 비교하면 이러한 목표는 미국인의 자아실현이라는 가치와 이성적인 사회의 현실적 필요에 더 가깝다. 미국에서 자신의 요구 표현, 타인과의 소통과 협의, 이성적 변론과 관용적 타협은 기본적으로 요구되는 능력일 뿐 아니라(사회적 성공에 도움을 주기 때문에) 기본적인 가치다(사회적으로 좋은 가치로 인정되기 때문에).

스트라우스의 정치철학이 미국에 미친 영향

미국에서 스트라우스의 정치철학은 매우 큰 영향력을 지니고 있다. 그의 학설을 기반으로 제자들이 형성한 '스트라우스 학파'가 주된 원인이다. 스트라우스 정치철학의 기본 주제는 현대 서양 문명의 쇠퇴다. 서양 문명을 재건하기 위해 그는 고대 철학의 이성을 회복하여, 현대인이 정치관 속에 어떻게 다시 '자연권' 이념을 주입할 것인지 사고하도록 돕는다. 스트라우스가 겨냥하는 대상은 '현대'인데, 미국은 마침 또 '근현대'가 없는 국가다. 미국에서 생활하는 것은 곧 현대에서 생활하는 것이고, 현대의 미국인은 스트라우스가 구대륙에서 온 이방인임을 의식하지 않을 수 없다.

스트라우스는 현대와 현대 이성에 매우 실망했고 이와 관련하여 그는 자유민주주의를 비판했다. 사람들은 캐나다 오타와대학교의 철학과 교수인 다니엘 탕게Daniel Tanguay의 《레오 스트라우스: 지적 전기》(2003년 프랑스어판, 2007년 영어판 출간)가 출간된 뒤에야 마침내 스트라우스의 반현대적 '유대 문제'의 배경을 더욱 분명히 이해하게 되었다.[22]

뉴욕시립대학교 대학원센터의 리처드 월린Richard Wolin은 공신력 있는 〈고등교육신문The Chronicle of Higher Education〉에서 스트라우스가 미국에서 '이방인'으로 통하는 원인을 평론했는데, 그중에는 현대성에 대한 절망적 부정이 있다고 서술했다. 월린은 스트라우스가 일생 동안 유대 문제를 짊어지고 있었다고 지적했다. 바이마르 시기의 자유민주주의와 세속화된 유대주의(스트라우스는 그것을 현대주의의 변종으로 보았다) 둘 다 유대인 차별에서 생기는 심각한 정체성의 위기를 해결하지 못했다. "스트라우스의 초기 저서는 그가 현대의 각종 유대 문제를 얼마나 주목하고 얼마나 체계적으로 파악하고자 했는지 보여준다. 현대에서 (유대 문화의) 전통과의 유기적 관계가 회복할 수 없을 정도로 단절되었기 때문이다."[23] 스트라우스의 자유주의, 나아가 자유민주주의에 대한 환멸은 유대인의 시각에서 바라본 '현대'에서 나온 것이었고, 대다수 미국인들에게 이 유대인의 시각은 그들의 시각이 아니라 이방인의 시각이었다.

월린은 《레오 스트라우스: 지적 전기》에서 영향을 받았고, 스트라우스는 유대 문제를 해결할 현대적 방법을 찾았으나 실패하고 고대로 회귀했다는 탕게의 생각에 동의했다. 월린은 이렇게 썼다. "스트라우스가 유대의 진실성을 찾았을 때 그는 막다른 골목에 다다랐다…. 그는 최종적으로 '현대'라 불리는 모든 가능성을 제거했고 현대는 전부 거짓이라고 확신했기 때문에, 중세 이슬람 철학자 알 파라비와 마이모니데스를 거쳐 고대 그리스의 정치 사상으로 회귀했다. 따라서 스트라우스는 아테네의 도시 정치가 비로소 인류가 제기한 가장 고상하고 완벽한 생활 문제의 장소였다고 생각했다."[24]

스트라우스에 대한 월린의 반응은 미국적 특색을 가지고 있다. 월린은 만약 스트라우스가 찾은 출구가 단지 고대로 회귀하는 것이라면 현대 자유민주주의와 현대 자체에 대한 그의 비판은 "사람을 곤혹스럽게 만드는 교조"에 불과하다고 생각했다. 또한 월린은 "(스트라우스처럼) 정치철학을 가르치며 사는 사람이 의외로 플라톤처럼 일상 정치를 신뢰하지 않는 것은 정말 신기한 입장"이라고 생각했다. "스트라우스가 공개적으로 자신의 정치적 관점을 전달하던 순간에 그의 논리는 사람들의 머리카락을 쭈뼛 서게 만들었다. 예를 들어 1933년 5월, 히틀러가 집권한 지 얼마 지나지 않아 스트라우스는 카를 뢰비트Karl Lowith(둘 다 하이데거의 제자였다)에게 보내는 편지에서 '독일이 우측으로 전환한다. (독일이 유대인을) 몰아낸다'고 썼다. 이 부분만 보고 우익의 원칙을 거부해야 한다고 말할 수는 없다. 정반대로 '인간의 빼앗을 수 없는 권리'라는 우습고도 가련한 이유를 대는 게 아니라, 우익 원칙(파시즘, 권위, 제국)의 기초에 근거해야만 비로소 비열하고 중요하지 않은 사람들(나치와 히틀러를 가리킨다)에 항의할 수 있다."[25] 여기서 스트라우스는 나치 시기의 대표적인 법학자 카를 슈미트Carl Schmitt를 연상시킨다.

그러나 스트라우스와 카를 슈미트는 어디까지나 다르다. 스트라우스는 나치를 좋아하지도 나치에 기생하지도 않았다. 그러나 나치가 국민의 권리를 빼앗은 것 자체를 정치적 죄악으로 생각하지는 않았다. 그는 이론적으로 파시즘, 권위주의, 제국주의 같은 우익 정치 원칙들이 어떤 점에서 틀렸는지 증명할 수 없다면 이런 원칙들도 틀렸다고 생각해서는 안 된다고 판단했다. '순수한 정치철학'의 시각에서 보면 이런 의견도 성립될 수 있다. 그러나 국민의 권리를 매우 중시하는 미국인에게는 국민의 자유와 권리보다 지켜야 할 가치가 더 큰 것은 없다. 스트라우스는 의외로 국민의 권리를 빼앗는 것을 정치적 죄악으로 여기지 않았다. 이것이 어떻게 미국인의 '머리카락을 쭈뼛 서지' 않게 만들 수 있겠는가?

미국인이 국민의 정치권력을 그로부터 모든 것을 얻어내고 지켜야 하는 권리로 보는 데는 이유가 있다. 국민들이 (언론의 자유 같은) 최소한의 정치적 권리를 박탈당하면 공공 언론 공간에서 공개적으로 자신의 견해를 표현할 수 없고, 국가 폭력의 위협을 받으며 늘 말과 행동을 조심해야 하는 가운데 공포 속에서 살아갈 수밖에 없기 때문이다.

이러한 상황에서 그들은 또 파시즘, 권위주의, 제국주의의 전제주의 원칙이 이론적으로 잘못되었는지를 어떻게 증명할 것인가? 국민이 권리를 상실하고 전제주의가 멋대로 권력을 휘두를 때, 전제주의는 '견고한 이론'에 근거하여 폭력 통치를 뒷받침할 필요가 있는가? 전제주의가 제시하는 이론적 근거는 당연히 전부 진리가 될 것이 아닌가? 아무리 터무니없는 전제주의 이론이라도 전제주의 질서에서 살아가는 학자와 교수들이 그것을 가장 정확하고 가장 독창적인 이론으로 발전시키고 논증하지 않겠는가? 따라서 윌린 같은 미국 학자는 스트라우스를 신뢰할 가치가 없는 이방인으로 간주했고, 그의 정치철학이 자유민주주의를 강화한다고 하면서 다른 한편으로는 그 토대를 흔드는 게 아닌지 의심했다.

인문교육의 본고장, 미국

미국의 인문교육은 르네상스와 종교개혁이라는 두 가지 전통으로 구성된다. 전자는 인간의 '자유' 교육에 중심을 두고, 후자는 인간의 '지업志業'에 무게를 둔다. 자유 교육은 개인적, 내향적일 수 있고, 지업 교육은 반드시 사회적, 국민적이다. 르네상스의 이상적 인간은 "문화인, 사상과 정신이 자유로운 인간, 직업과 전문 분야에만 국한되지 않는 사람"이다.[26] 이러한 사상과 정신의 자유는 인간에게 영혼의 해방을 가져왔고, 사상과 예술의 위대한 창조를 실현하고 훌륭한 문화인이 되도록 도왔으며, 스트라우스의 말을 인용하면 문화 귀족이 되도록 했다. 미국의 인문교육에서 르네상스 전통과 대등한 것은 종교개혁으로, 특히 칼뱅의 종교개혁 전통이다. 이 전통에서 '세속적 수도사(모순적인 명칭으로 들릴지 모르나 꼭 그렇지만은 않다)'들의 정신은 핵심적으로 현실 세계의 일상적 사안에 관심을 둔다. 신교도들에게 "그들의 (종교적) 신앙을 (정치)제도로 전환하는 것과, 일생 생활에서 '양심의 문제'에 직면할 때 세세하고 전면적인 실천으로 인도하는 것보다 중요한 일은 없다."[27]

미국의 신교 전통에서 교육받은 사람은 정신생활의 세속적 지업에 종사해야 하는데, 이 역시 지식과 교육을 대하는 미국인의 기본 태도다. 미국이라는 신대륙으로 온 신교 이민자들이 가장 먼저 한 일은 바로 하버드대학교를 세운 것이고, 하버드대학교는 바로 '인문학humanistic'이라 불리는 교육 과정을 설계했다. 이러한 전통에서 인문학적 훈련과 자유 교육은 같은 의미를 지닌다.[28] 하버드대학교는 지업 교육을 하여 "해당 지역의 행정관과 민간 사무 관리자의 수요를 충족시키는 데" 목표를 둔다. 하버드대학교가 하는 인문학 지식과 교육은 인문학의 '논리, 수사, 해석 등의 기술'을 포함한다.

언제나 깊은 사색을 갈망하는 학생들이 있게 마련이지만 미국에서 이러한 갈망은 별로 지지를 받지 못한다. 미국의 신교는 평민 정신을 가지고 있으며 세속성이 강한데, 이는 게으른 '사상가'를 싫어한다는 점에서 드러난다. "(기독교의) 기초를 다진 사도와 선지자들은 모두 고된 일을 하거나 물고기를 잡거나 천막을 고치는 사람들이었기 때문이다. 예수 자신도 가난한 목수였다."[29] 사상적 엘리트 간의 분야와 대립을 포함하여 미국에서 평민과 귀족은 이 부분의 인문교육 전통에 깊이 각인되어 있다고 말할 수 있다. 대다수 미국인들이 엘리트 교육을 주장하는 스트라우스를 타지에 완벽히 적응하지 못한 이방인으로 여기는 것도 이상한 일은 아니다.

자유 교육과 지업 교육 및 그들 간의 상호 작용은 미국 대학의 인문교육에 고유한 특징을 만들어냈다. 미국의 대학교에서 재직하면서 이런 특징이 교과 과정 설계와 실제 수업에 영향을 미치는 것을 종종 느꼈다. 나는 가톨릭계 대학교에 있었는데 칼뱅의 신교도 다른 점이 있기는 하나 자유 교육과 지업 교육이 결합된 미국식 인문교육이라는 점은 동일했다. 미국에는 기독교계 대학들이 많고, 그들은 각자 자신들의 구체적인 목표가 있다.

세인트메리스 칼리지의 목표는 다음과 같다. "인문 예술을 모든 지식 탐구의 영역에서 풍부하게 실현하고, 특히 그런 기능과 습관의 배양을 중시한다. 인간 존재의 신비를 자유롭고 심층적으로 탐색하게 하고, 지식 발현의 진실 앞에서 성실하게 생활하도록 한다. 교사와 학생은 진실한 본질에 대한 충만한 호기심과 반복적인 관찰, 본말을 탐구하는 자유를 얻는다. 이는 표면적인 사실을 알기 위해서만이 아니라 가장 근본적인 원칙을 이해하고자 함이다." 인간은 삶과 죽음의 깊은 비밀을 탐구하는 동시에 "인간의 사상과 정신이 밀접하게 결합된 여정"을 경험하고, "신앙과 이성을 통해 대화"할 수 있으며, "각 개인에게 속하는 선함, 존엄, 자유"를 지키고, "사회와 윤리 문제에 대한 예리한 감각"을 기른다.

이것은 굉장히 미국화된 인문교육의 목표로, 자유 교육(개인의 사상과 정신)과 지업 교육(사회와 윤리 문제에 관심을 가지는)의 두 가지 전통을 결합했음을 쉽게 알 수 있다. 미국화된 인문교육에서는 신앙과 이성의 대화를 여전히 강조하며, 인간의 이성에만 근거해서는 존재의 신비를 완전하게 밝힐 수 없다고 주장한다. 따라서 인간에게는 영원히 계시가 필요할 수밖에 없다는 것이다. 그러나 미국화된 인문교육의 목표는 결코 '본토에서 만들어져' 자리 잡은 것이 아니다. 그 세 번째 구성 요소인 라살의 세례자 요한Jean-Baptiste de La Salle의 교육은 17세기 유럽에서 온 것이기 때문이다.

프랑스의 가톨릭 선교사였던 라살은 교육가이자 개혁가로 '기독교학교 형제회Frères des Écoles chrétiennes'의 창시자다. 이 가톨릭 수도회는 교육 관련 사업을 담당하며 빈곤한 학생들에게 무료 교육을 하는 데 힘쓴다. 이들은 오늘날 전 세계 84개 국가의 약 1,000개 교육 기관에서 활약하고 있으며, 약 6,000명의 기독교 수사들과 7만 5,000명의 일반인이 교사와 보조 교사, 지도 교사 등의 업무를 담당한다. 이 수도회의 5대 핵심 원칙은 하느님을 믿고, 빈곤한 학생과 사회 평등에 관심을 가지며, 양질의 교육을 하고, 단체를 포용하며, 각 개인을 존중한다는 것이다.

라살은 랭스Reims의 부유한 가정에서 태어나, 장차 사제서품을 받기로 하고 11세에 수도원에 들어간다. 16세에는 랭스 대성당의 참사회원이 되었고 27세에 정식으로 사제가 된다. 라살의 시대는 소수의 부자와 다수의 빈자가 경제적으로 큰 격차 속에서 함께 살아갔다. 교육은 소수(엘리트 계층)의 특권이었고 대다수 빈자의 자녀들은 교육을 받지 못하는 상황에서 살아갈 수밖에 없었다. 라살은 29세이던 1680년에 이미 가난한 어린이들을 교육하는 사업을 시작했다. 이 사업을 더 효과적으로 일구어나가기 위해 그는 집을 떠나 성직을 포기하고 전 재산을 기부해 학교를 설립하는 단체를 조직했다. 이것이 바로 오늘날 사람들에게 널리 알려진 기독교 학교 형제회다.

현재 세인트메리스 칼리지에도 이러한 수사들이 있다. 그들은 모두 전문 분야의 박사 학위 소지자이며 일반 교수와 동일한 임금 조건으로 재직한다. 그들은 평생 독신으로 살며 집 없이 학교에서 숙식을 하고, 임금은 전부 교육에 기부한다. 이 수사들은 평생 이타적으로 살기를 택했고 선한 사람들로 불린다. 이러한 생활 방식은 그들 자신이 선택한 것으로, 그들은 다른 사람이나 교수들에게 자기들처럼 살라고 권하거나 강요하지 않으며 도덕적 우월감도 없다. 내가 이 학교에 재직한 20여 년 동안 그들이 '선구적 업적'을 남겼다거나 '고상한 지조'를 지녔다고 칭송하는 것을 들어본 일은 한 번도 없다. 그들은 존재 자체로 인문교육의 의미를 지닌 일생 생활의 안내서다. 즉 인간은 선하기 때문에 자유 의지로 훌륭한 삶을 택할 수 있다.

선하고 훌륭한 인간을 목표로 하는 인문교육은 결코 강의실 안에서만 이루어지지 않는다. 미국 대학의 인문교육은 소수의 특수한 학생들만이 아닌 모든 대학생들을 위해 마련된 것이다. 인문교육은 인간이 자신의 잠재 능력을 인식하고 자신감 있는 국민이 되도록 교육한다. 이러한 국민들은 공공의 책임감과 교양이 있고 도덕적 배려를 할 줄 안다. 미국의 공화제도와 민주주의는 인문교육을 시행할 환경을 보장하는 정치 체제다.

인간은 어떻게 해야 선하고 훌륭하다고 할 수 있는가? 이 문제를 탐구하는 것이 철학이 추구하는 최고의 지혜이자 인문교육의 핵심이다. 선하고 훌륭한 인간을 추구하는 것은 바로 인간이 스스로에게 맡기는 책임이기 때문에 인문교육은 '내향적' 교육이 된다. 그것은 개인의 정신적 품성에 중점을 두고, 자연적인 출세와 엘리트를 지향하는 성향이 있다. 다른 한편 인문교육은 세속적인 교육이기도 하다. 그 핵심은 정치 체제와 공공 생활 질서의 긴밀한 관계에 주목하는 것으로, "인성 외에 정치 체제보다 공공 생활 질서의 형성에 더 큰 영향을 미치는 것은 없다."[30] 인문교육은 정치 체제 문제에 주목할 수밖에 없다. 정치 체제 자체가 곧 가장 근본적인 공공 생활 질서이기 때문이다.

인문교육은 현대 자유민주주의에 없어서는 안 될 중요한 부분이다. 현대 자유민주주의는 인문교육이 존재할 수 있는 기본적인 조건이다. 스트라우스는 자유민주주의의 사상적 포용이 없으면 자유민주주의를 비판할 여지도 없어진다는 것을 알았다. "우리는 분명한 사실을 잊어서는 안 된다. 민주주의가 모든 사람에게 자유를 주었다면, 인간의 훌륭함에 관심을 두고 민주주의를 비판하는 자에게도 그 자유를 주었다는 사실을."[31] 미국의 자유민주주의를 비판하는 이방인들 가운데 스트라우스는 자유민주주의의 최대 수혜자는 아니더라도 최소 수혜자 가운데 하나이긴 하다.

자유민주주의 미국은 나치 독일이 유대인을 핍박할 때 스트라우스를 받아들였고, 나중에는 그를 뛰어난 학자로서 존경했다. 미국에서 스트라우스는 2,000여 년 전 아테네의 철인보다 운이 훨씬 좋았다. 당시 그리스의 도시국가 정치 체제에서 철인은 자유 국민으로서 자신의 권리를 보호할 수 없었다. 소크라테스는 감옥에서 독약을 먹고 죽었다. 플라톤은 철학적 도시국가 건립을 시도하다 실패 속에서 죽음을 맞았다. 아리스토텔레스는 정치적 박해 위협을 받고 황급히 아테네를 떠나 위병을 얻어 죽었다. 아리스토텔레스는 자신이 떠나는 것은 아테네인으로 하여금 "철학에 두 번 죄를 짓게" 하고 싶지 않기 때문이라고 말했다.

국가 권력이 제멋대로 철학자에게 죄를 범할 수 있는 곳에서 영혼과 사상의 자유를 기대하기는 어렵다. 인문교육은 바로 인간의 영혼과 사상의 자유를 견지한다. 자유민주주의 국가인 미국은 자신 안에 거주하는 철인을 죽이거나 박해하지 않는다. 설령 이 철인이 외지에서 왔다 해도, 또 그가 줄곧 이방인으로 여겨진다 해도 말이다. 스트라우스는 나치의 전제주의에서 도망친 경험이 있었기에, 미국의 자유민주주의를 비판할 때도 미국의 자유민주주의가 인문교육을 수호함을 잊지 않고 칭찬했다. 인문교육은 자유민주주의 체제에 존재하는 자아 재생과 자아 갱신의 체제이고, 그 훌륭한 기준은 철인의 이상적 가치에서만이 아니라 민주 사회의 절대 다수가 갖고 있는 자유 신념과 공통된 인식에서 나온다. 이러한 민주주의 사회의 신념과 공통 인식이 미국을 인문교육의 진정한 정신적 고향으로 만든 것이다.

스트라우스가 본 크세노폰

스트라우스가 서양 정치철학사를 읽는 기본 방법은 이러하다. 먼저 그 근원을 되돌아보고 최초의 진실한 의미를 탐색한 뒤, 다시 그 근원에서 출발하여 최초 의미의 상실과 최초 전통의 쇠퇴를 묘사하는 것이다. 고금의 대조는 비판적이고 비판의 대상은 바로 '근대성'이다. 근대성은 다시 계몽주의, 자유주의, 자유민주주의 등의 구체적인 문제와 연결된다. 근대성의 문제는 지금까지도 서양 사상사를 연구하는 학자들이 돌이켜보는 근본적인 문제다. 스트라우스의 정치철학은 이 학자들의 반성에 대한 공헌이고, 동시에 이러한 반성 덕분에 중시된다. 서양에서 자유민주주의 이념은 민주주의 정치제도의 보장을 받는다. 따라서 근대성의 문제에 대한 사상계의 반성은 오늘날 민주주의에서 자유민주주의 이념의 발전과 변화를 구체적으로 보여준다.

고전 읽기는 항상 성질이 서로 다른 두 가지 문제를 제기할 수 있다. 하나는 나무의 '가지' 문제이고 다른 하나는 '뿌리' 문제다. 그 말에서 짐작할 수 있듯이 전자는 명백하게 겉으로 드러나고, 세심한 독자라면 책을 읽는 가운데 답을 찾을 수 있다. 후자는 깊이 숨겨져 있고 원래부터 답이 있는 문제도 아닐뿐더러, 문제를 생각하는 독자가 스스로 문제를 제기해야 한다. 다시 말해 전자는 '사실'에 관한 문제이고 텍스트에서 '무엇을 어떻게' 말하는지에 초점을 맞춘다. 반면 후자는 '해석과 평가'의 문제이고 그 질문을 '왜' 해야 하는지, '어떻게' 이해하고 판단해야 하며 활용해야 하는지를 논한다.

2,000여 년 전, 그리스의 역사학자 크세노폰은 《히에론Hiéron》(《히에론 또는 폭군》)에서 전제통치(참주정치tyranny)의 곤경을 언급했다. 폭군 히에론은 시인 시모니데스에게 폭군이 되면 어느 누구의 충성도 믿을 수 없기 때문에 실로 괴롭다고 말했다. 시모니데스는 폭군 히에론을 타이르며 백성에게 은혜를 베풀면 폭군이 되는 것도 결코 나쁘지 않고, 오래도록 평화롭게 다스릴 수 있다고 대답했다. 시모니데스는 히에론에게 물질적 은혜를 베푸는 행위를 제안했고, 백성에게 자유를 주거나 전제정치를 민주주의로 개혁하라고 권하지는 않았다. 그는 백성들의 물질적 필요를 만족시켜주고 그것을 충성이나 심지어는 추앙과 맞바꾸라고까지 제안했다. 공포와 탐욕은 전제주의와 폭정이 백성을 지배할 때 기대는 두 가지 심리적 기제다. 물질적 은혜를 베풀면 탐욕을 만족시킬 수 있고 공포도 잠재울 수 있다. 경제적 조건만 허락된다면 이것은 폭군에게 그리 어려운 일은 아니다.[32]

정치학자 레오 스트라우스는 폭정 체제에서 권력의 특징을 알아야 한다고 지적했다. 전제주의 통치자는 전제주의가 나쁘다는 것을 모르는 게 아니라, 훗날 자신에게 돌아올 좋지 못한 결과가 두려워 전제주의를 포기하길 꺼린다. 폭군은 선을 행하는 방법을 안다 해도 반드시 그렇게 하지는 않을 것이다(스트라우스의《폭정론》34쪽. 이하 해당 책의 인용 부분을 나타냄). 스트라우스는 크세노폰의 또 다른 저서인《수단과 방법Poroi e peri Prosodon》(기원전 354년)과 비교하여 민주주의나 전제주의의 권력 체제faculty regime의 특징은 집권자를 향한 진언盡言 방식과 그 목적에 직접적인 영향을 준다는 것을 독자들에게 일깨워준다. 그는 다음과 같이 서술했다.

"(《수단과 방법》의) 목적은 아테네의 (민주주의) 통치자들에게 사람들이 불의를 행하지 않을 수 없게 만드는 필요조건을 제거하기만 한다면 그들이 더 정의로워질 수 있음을 알려주는 것이다." 여기서 핵심은 "민주주의 제도를 바꾸지 않는 조건에서 민주주의 질서를 개선하는 것"이다. 스트라우스는 전제주의 개혁과 민주주의 개혁의 진언에는 유사점이 있다고 지적했다. 그것은 바로 '기존 제도를 바꾸지 않고' 좋게 개혁하는 것을 건의한다는 점이다. 이러한 개혁은 전제주의를 민주주의로 대체하는 게 아니라 전제주의를 더욱 안정적으로 만들기 위한 것이다. 그 목적은 통치를 강화하는 것이며 "(진짜) 좋은 정치 질서"로 "체제를 전환"하는 것은 아니다(32쪽).

스트라우스는 크세노폰의《히에론》에서 풍부한 희극적 대화를 읽으려 한 게 아니라 '폭정'과 '폭군'이 무엇인지 이해하는 데 도움을 얻기 위해 읽었다. 즉 "폭군은 (인간의) 정치와 함께하고 함께 생겨나는 위험이다." 고대의 폭정과 폭군은 현대의 다양한 전제주의와 전제주의 통치자의 원형이다. 크세노폰은 가장 이른 시기에 '전제주의 개혁'과 '폭군 교육'을 논한 견본을 제공한 셈이다.

'정치과학(정치철학)'이 등장하면서 이미 폭정에 대한 논의는 시작되었고 후대는 거기서 적잖은 도움을 받았다. 오늘날의 폭정은 이미 오래전에 고대의 폭정을 능가했으나, 고대인이 감히 상상도 못했던 현대의 폭정을 대면하면서 우리는 폭정을 식별할 능력을 잃고 말았다. 현대의 폭정은 그 정체를 변장하고 숨기기에 능하나 "조금만 자세히 관찰하고 고찰하면 고대의 철인이 분석한 폭정과 우리 시대의 폭정이 얼마나 밀접하게 관련되는지 알 수 있다. 현대의 폭정이 고대의 폭정과 다른 점은 '기술'과 '이데올로기'를 손에 쥐고 있다는 점이다. 다시 말하면 현대의 폭정은 '과학'에 기댈 수 있다. 물론 폭정을 위해 특별히 해석된 과학이다."(23쪽) 그러나 정치과학은 폭정을 지지하는 게 아니라 그것을 들추어내는 데 쓰이고, 이는 역사를 이해하는 데 필요한 과정이다.

마키아벨리는 《군주론》을 집필함으로써 폭군과 군왕의 구분을 없애려고 시도한 현대적 사상가가 되었다. 반면 크세노폰은 폭군과 군왕의 구분을 지지하는 고대 사상가다. 따라서 《히에론》은 "근대와 현대 정치철학의 가장 근접한 연결점"이 되었다(25쪽). 크세노폰은 《히에론》을 집필한 이유를 직접적으로 언급하지 않았다. 《히에론》은 폭군 히에론과 시인 시모니데스의 대화로 구성되는데, 한 편의 단막극 같다. 두 사람의 대화는 두 부분으로 나뉘며 이는 마치 극의 1부와 2부 같다. 1부는 전체 대화의 10분의 7을 차지하고(제1~7절), 2부는 1부에 비해 훨씬 짧다(제8~11절). 1부에서 폭군 히에론은 시모니데스에게 자신의 삶은 보통 사람보다 못하다며 차라리 목을 매 죽는 게 더 낫겠다고 호소한다. 2부에서 시모니데스는 히에론을 타이르며 은혜를 베풀 수 있는 폭군은 일반 백성의 삶보다 훨씬 더 낫다고 말한다.

히에론이 행복하지도 즐겁지도 않다고 한 것은 '사생활'이 있는 평범한 사람과 비교해서 한 말이다. 그러나 어떤 방법으로 비교한 것인가? 시모니데스는 지혜로운 사람이었다. 그는 히에론에게 쾌락에는 세 가지 종류가 있다고 말했다. 첫째는 육체적인 것으로 색깔, 소리, 맛, 성^性에서 온다. 둘째는 영적인 것이고, 셋째는 육체와 영혼을 모두 포함하는 것이다. 시모니데스는 제왕이 평범한 사람과 쾌락을 비교하는 것을 이해하지 못했다(스트라우스는 그가 이해하지 못한 척한 거라고 생각했다).

히에론은 시모니데스에게 이렇게 말했다. 폭군은 백성을 믿을 수 없기 때문에 어디를 가든 항상 호위대와 함께해야 하므로 자유롭게 '볼 수' 없다. 비록 폭군은 좋은 말을 많이 '듣지만' 진심 어린 말이 아니며, 먹고 마시는 것은 비록 풍성하나 그다지 맛있지 않다. 또한 폭군은 애인도 믿을 수 없으며 상대가 자신을 사랑하기보다 무서워한다는 것을 안다.

시모니데스는 폭군 히에론을 위로하며 그런 작은 불편함은 아무것도 아니라고 말했다. 히에론은 평범한 사람이 절대 할 수 없는 큰일을 할 수 있다. 무엇이든 하고 싶은 대로 할 수 있고, 어떤 사람을 등용하고 싶으면 뜻대로 등용할 수 있고, 누군가를 해하고 싶으면 해할 수 있다. 그러자 히에론은 그것은 보통 사람들의 상상에 불과하다며 자신의 위엄 속에 있는 '영혼'의 두려움을 알 수는 없을 거라고 말했다. 그는 사람을 대할 때는 항상 경계해야 하고, 진실한 친구가 없으며, 혹시 마음속으로 반란을 염두에 두고 있지는 않은지 항상 두려워한다. 히에론은 폭군이 가장 두려워하는 세 종류의 사람에 대해 말했다. 첫째는 '용감한 사람'으로 "용감한 사람만이 할 수 있는 일이란 게 있기 때문"이다. 둘째는 '의로운 사람'으로

"백성들은 의로운 사람이 다스려주기를 원하기 때문"이다. 셋째는 '지혜로운 사람'으로 "지혜로운 사람은 계략이 있어" 폭군이 되고자 하는 사람을 도와 기존의 폭군을 몰아낼 수 있기 때문이다. 자신은 폭군이므로 이 세 종류의 사람을 모두 없애야 하고, 그러면 용감하지 않고 의롭지 않고 지혜롭지 않은 무리만이 남게 된다고 말했다. 폭군은 인간의 우열을 분별할 수 없는 게 아니라 어쩔 수 없이 훌륭하지 않은 사람들을 등용할 수밖에 없다 (12쪽).

시모니데스는 히에론의 고충을 들은 뒤 물었다. 폭군으로 사는 게 그렇게 힘든데 어째서 폭정을 포기하지 않는가? 히에론은 이미 너무 많은 사람들을 해쳤기 때문에 폭정을 포기할 수는 없다고 답했다. 권력을 잃으면 많은 사람들이 복수를 하려 들지 않겠는가? 전제주의 통치자가 통제를 강화할수록 백성들은 그를 더 두려워하고, 그를 두려워할수록 통치자는 통제를 더 강화한다. 전제주의에는 두 종류의 인간관계만이 존재한다. 바로 두려운 사람과 두려워하는 사람의 관계로, 폭군도 예외는 아니다.

시모니데스는 히에론을 위로하며 말했다. 폭군이 되면 원망과 모함을 받을 것 같지만 꼭 그렇지는 않다. 폭군은 평범한 사람보다 훨씬 더 쉽게 추앙받을 수 있다. 권세가 있으므로 사람들은 그가 접근하기 어려울 정도로 이미 높은 곳에 있다고 느낀다. 그래서 폭군이 일반인에게 약간만 은혜를 베풀어도 그들은 매우 감사해할 것이다. 살짝 미소를 보이고 악수만 해주어도 사람들은 폭군을 다가가기 쉬운 사람이라고 칭송할 것이다. 또한 작은 선물을 보내고, 기념일에 안부를 묻고, 비록 의례적이라 해도 인사를 건넨다면 상대방은 크게 기뻐할 것이다. 환자에게 문병을 간다면 그는 분명 지극한 관심을 받았다고 생각할 것이다. 폭군이 날마다 하는 사소한 일이나 먹고 말하는 일상을 다른 사람에게 알리면 이는 곧 국가의 중대한 뉴스가 될 것이다. 평범한 사람이라면 과연 누가 관심이나 갖겠는가?

　시모니데스가 히에론을 위로한 진정한 의도는 무엇이었을까? 스트라우스는 이 질문에 영원히 명확한 대답을 얻지 못할 거라고 생각했다. 먼저 우리는 시모니데스가 어떤 사람인지 알 수 없다. 히에론은 시모니데스를 '지혜로운 사람'이라 불렀으나, 크세노폰은 그에 대해 직접적으로 언급하지 않았으므로 정확히 어떤 사람인지 알 수 없다. 스트라우스는 다음과 같이 말했다. "시모니데스가 크세노폰의 앵무새라고 가정해도 여전히 그가 어떤 사람인지 단정 지을 수 없다. 시모니데스가 대체 무엇을 말하려 했는지 여전히 불분명하다."(30쪽) 히에론이 죽고 싶다고 했을 때, 시모니데스는 히에론을 위로하려 했던 것일까? 사람의 마음을 다독이는 말은 아무래도 듣기 좋은 말이고 이런 말이 늘 진실하지는 않다. 다시 말해 "폭군의 권위 아래 있는 사람이 과연 진실한 말을 할 수 있는가?"(30쪽) 현명한 폭군은 주변의 어떤 사람도 결코 신뢰할 수 없음을 안다. 그는 정말로 시모니데스를 신뢰했나? 시모니데스가 정말 현명했다면 설마 자신의 처지를 모를 수 있었겠는가?

　시모니데스의 신분은 특이했다. 그는 아테네인이 아닌 외지인이었다. 《히에론》 첫머리에 "시인 시모니데스는 폭군 히에론을 찾아갔다"라는 문장이 있다. 스트라우스는 이를 두고 히에론은 다른 사람이 그를 해할까 항상 두려워했기 때문에 좀처럼 외출을 하지 않았으므로, 당연히 시모니데스가 히에론을 찾아갔을 거라고 했다(36쪽). 시모니데스와 히에론의 만남은 특수한 접견이었을 것이다. 또한 시모니데스가 외지인이기 때문에 히에론도 백성들에게는 절대 하지 않았을 말을 할 수 있었을 것이다.

시모니데스가 아테네에 갔을 당시 아테네는 폭군 히에론이 통치하고 있었다. 시모니데스가 아테네에 여행을 간 것인지 학술 교류를 하러 간 것인지는 정확히 알 수 없다. 다만 《히에론》에서 히에론이 시모니데스를 '지혜로운 사람'이라 칭했다는 것만 확실히 알 수 있다. 시모니데스는 폭군 히에론에게 지혜로운 사람(오늘날의 교수나 학자에 해당)이었다. 그러나 크세노폰은 시모니데스를 '시인(오늘날 정치학자나 경제학자에 해당)'으로 소개한다. 당시 시인과 지혜로운 사람은 서로 바꿔 부를 수 있는 존귀한 칭호였기 때문에 이는 결코 모순되지 않는다.

히에론은 시모니데스에게 폭군은 세 종류의 사람, 즉 용감한 사람, 의로운 사람, 지혜로운 사람을 두려워한다고 말했다. 그러나 그 이유는 모두 다르다. 용감한 사람은 자유를 쟁취하기 위해 무슨 일이든지 감히 실행할 수 있다. 의로운 사람은 일반인에게 도덕적 영향력을 끼치고 폭정에 직접적인 위협이 된다. 그러나 지혜로운 사람은 다르다. 지혜로운 사람은 자유나 정의를 항상 중요시하지는 않으며 다만 '계략'에 능할 뿐이다. 따라서 그는 자신이 직접 폭군이 될 수도 있고, 폭군이 되고자 하는 다른 사람을 도울 수도 있다. 지혜로운 사람의 위협은 기존의 폭군을 새로운 폭군으로 대체할 수도 있는 위협이다. 그러나 위협은 결국 또 다른 위협에 속하고, 지혜로운 사람의 정치 이념과 폭군의 이념은 절대 충돌하지 않는다. 따라서 지혜로운 사람은 폭정의 비결을 연구하여 폭군과 함께 신민을 어떻게 다스릴지, 어떻게 신민을 더 복종하게 만들 수 있을지 알아낼 수 있다. 지혜로운 사람만이 폭군의 선생이 될 수 있고, 용감한 사람이나 의로운 사람은 절대 그 역할을 맡지 않을 것이다.

아테네 국경 밖에서 온 지혜로운 사람 시모니데스는 히에론에게 '은혜를 베풂으로써' 폭정을 펼치라고 설득했는데, 이 '선생'의 제안은 어떤 효과가 있었을까? 스트라우스는 그들의 대화를 통해서는 제대로 알 수 없다고 했다. 또한 크세노폰이 대화체로 이야기를 진행한 것은 의도적인 방법이라고 말했다. 스트라우스는 대화체 서술이 두 가지 장점을 가진다고 해석했다. 대화체 서술은, 첫째 "지혜로운 사람(선생)과 통치자(학생) 간에 생기는 충돌"과, 두 사람이 진실로 서로를 신뢰하지 않는다는 것을 보여준다. 둘째 "지혜로운 사람이 통치자에게 한 말이 어떤 결과가 있을지" 독자들에게 의문을 남긴다. 또한 독자는 폭군이 선정을 베푸는 방법을 알면 정말로 그렇게 할 것인가라는 질문을 던질 수 있다. 스트라우스의 말을 빌리면 "여기에 이론과 실천, 지식과 덕성 간의 관계에 대한 근본적인 질문이 있다."(34쪽)

스트라우스는 폭군의 선생은 실질적 의미의 성과를 얻을 수 없을 거라고 판단했다. 어진 정치를 알지 못하는 것은 근본적으로 폭군이 어진 정치를 실천하지 않는 진정한 원인일 수 있기 때문이다. 폭군은 폭정이 좋지 않다는 것을 모르는 게 아니라, 폭정을 포기했을 때 자신에게 닥칠 나쁜 결과를 더 따진다. 스트라우스는 폭군 히에론이 폭군으로 사는 게 즐겁지 않다고 한 말은 사실일 거라고 해석했다. 그는 폭군이며 폭군이 되어본 경험이 있기 때문이다. 그러나 폭정을 개선하면 폭군이 더 즐거워질 거라는 시모니데스의 말은 사실이 아닐 수도 있다. 그는 결코 폭군이 되어본 적이 없으며 시인으로서 추측한 것에 불과하기 때문이다.

시인이자 학자는 폭군도 즐거워질 수 있다고 말했으나 이것은 그가 당연히 그럴 거라고 생각한 이상적 예측이었다. 독자들도 그 예측이 반드시 실행될 수 있다고 믿지는 않는다. "덕성이 있어서(은혜를 베풀어서) 행복해진 폭군"을 본 사람은 아무도 없기 때문이다(34쪽). 지금까지 아무도 보지 못했다면 아마 앞으로도 볼 수 없을 것이다. 만약 군왕의 덕성이 있다면 왜 인자한 군주가 되기를 택하지 않고, 용감한 사람과 의로운 사람을 두려워하는 폭군이 되려 하겠는가?

스트라우스는 폭군의 선생이 되어 폭정을 민주주의로 변혁하라는 게 아니라 개선하라고 권면한 것을 '폭정 수업'이라 했다. 시모니데스는 바로 폭정 수업을 한 것이다. 그는 폭군 히에론과 허심탄회하게 이야기할 수 있었고 백성을 구슬려 폭정을 굳이 민주라 말할 필요가 없었다. 폭군이 선생에게 자신의 고충을 사실대로 이야기한 것은, 병든 사람이 살고 싶어 의사에게 죄다 솔직히 털어놓아야만 하는 상황과 같다. 시모니데스는 히에론을 위해 폭정의 병을 진료했다. "폭정이 본질적으로 틀린 정치 질서인 이상, 폭정 교육은 두 가지 사항을 반드시 포함해야 한다. 첫째 폭정의 특징적 결함을 찾는다(병리). 둘째 이러한 결함을 어떻게 줄여나갈지 결정한다(치료). 《히에론》은 바로 폭정 수업 자체의 두 가지 사항을 겨냥했다."(66쪽)

폭정 교육에서 지혜로운 사람과 폭군은 일시적인 사제 관계다. 스트라우스는 여기서 누가 학생인지가 매우 중요하다고 말했다. 우선 지혜로운 사람이 가르치는 대상은 '현재 권좌에 있는 폭군'으로 '미래의 폭군'이 아니다. 만약 학생에게 어떻게 폭군이 되는지를 가르친다면 불의를 가르치는 것이고, 선생 자신도 분명 의롭지 못한 사람이 될 것이다. 그렇다면 덕성이 있는 지혜로운 사람이라고도 할 수 없을 것이다. 그런데 만약 선생이 가르치는 대상이 이미 폭군이 된 학생이고, 어떻게 은혜를 베푸는 폭군이 될 수 있는지 가르친다면, 선생은 곧 학생에게 불의를 적게 행하라고 가르칠 것이고, 선생 본인은 여전히 덕성이 있는 지혜로운 사람이 된다.

다시 말해 폭군의 선생은 어떻게 폭정을 시작할지가 아니라 어떻게 폭정을 보전하고 개선할지를 가르치는 것이다. 폭정을 시작하는 '위대한 폭군'은 모두 자신이 곧 '타고난 선생'이다. 기원전 7세기 코린트의 폭군 페리안드로스Periandros와 중국의 진시황 같은 폭군은 모두 선생의 가르침 없이 스스로 통달한 고수들이다. 이후의 많은 폭군들이 모두 그들을 숭상하고 찬미했으며, 그들을 통해 배우고 그 발자취를 따랐다. 위대한 폭군들은 이미 오래전에 "폭정을 보전하는 기본 방법을 체제화"했다. 그로 인해 폭정은 스스로 보전하고 자동으로 복원되며 발생 가능한 위험을 극복할 수 있는 체제와 능력을 만들었다. 폭정의 선생은 폭정의 시작 단계에 있는 게 아니라, 폭정을 한 단계 발전시켜 보전하기 위한 것일 뿐이다(67쪽).

폭정의 선생은 폭정의 도덕적 결함을 이해하고 있으나, 한쪽 눈은 뜨고 한쪽 눈은 감은 사람이다. 뜨고 있는 한쪽 눈은 폭정의 결함을 보고 폭정을 보전하기 위해 계책을 세우기 위함이다. 다른 눈을 감은 이유는 불의를 알면서도 근본적인 정의의 제도로 폭정을 대체하려 하지 않기 위함이다. 스트라우스는 폭군이 스스로 폭정의 불행을 하소연한 것은 폭정을 몹시 증오하는 사람이 그 사악함을 말하는 것보다 훨씬 더 설득력이 있다고 했다. 《히에론》에서 폭정을 증오하는 사람은 오히려 폭군이고, 폭정을 지키려 하는 사람은 지혜로운 사람이다. 이러한 설정을 보면 의문이 든다. 도대체 이런 상황을 어떻게 생각해야 할까? 이러한 상황을 설정한 것은 바로 이 대화를 집필한 크세노폰이다. 그는 과연 전제주의와 폭정을 어떻게 생각한 것인가?

크세노폰에서 함축적 비판을 본 스트라우스

시모니데스의 말만 가지고는 크세노폰이 폭정에 대해 어떤 태도를 지녔는지 간단하게 추론할 수 없다. 시모니데스가 말한 '은혜의 폭정'은 사실 '최적의 폭정', 즉 가장 효과적인 폭정이다. 그러나 최적의 폭정이라 해도 "폭정의 본질적 결함은 매우 명확하다."(68쪽) 스트라우스는 시모니데스가 폭정을 찬미한 말 속에서 오히려 폭정이 영원히 극복할 수 없는 내재적 결함을 읽어냈다. 스트라우스의 독특한 읽기 방법(침묵을 읽어내는 것)과 크세노폰의 서술 방법(침묵으로 서술하는 것) 덕분이다. 어떤 사상을 전달할 때는 무엇을 말했는가뿐 아니라 무엇을 말하지 않았는가도 중요하다. 크세노폰은 시모니데스가 말로 한 것보다 더 중요한 것은 말하지 않도록 두었다. 시모니데스가 하지 않은 말은 폭정에 대한 '함축적 비판'으로, 이러한 함축적 비판은 "히에론이 이기적인 이유를 운운하며 폭정을 원망하는 것보다 훨씬 더 사람들을 감탄하게 한다."(68쪽)

시모니데스가 최적의 폭정을 찬미하며 어떻게 함축적으로 폭정 자체를 비판했는지를 알려면 우선 크세노폰과 그의 선생인 소크라테스가 내린 폭정의 정의를 알아야 한다. 폭정은 군주의 도리, 즉 '군도君道'와의 차이로 정의된다. 군도에는 두 가지 요소가 있는데 하나는 '자발적으로 복종하는 백성'이고, 다른 하나는 모든 '도시의 법을 따르는 통치'다. 군도와 달리 "폭정은 자발적으로 복종하지 않는 백성에 대한 통치로, 법이 아닌 통치자의 의지에 근거한다." 이 정의에는 일반적인 폭정만 해당되며 최적의 폭정은 포함하지 않는다. 시모니데스의 말에 따르면, 최적의 폭정은 더는 자발적으로 복종하지 않는 백성에 대한 통치가 아니다. 그렇다 해도 최적의 폭정은 여전히 법에 의한 통치가 아니며, 절대적인 권력의 절대적인 명령이자 절대적인 정부다. 즉 여전히 폭정이다(68쪽).

폭정의 통치에도 '법'이 있으나 폭군 개인의 의지가 백성의 법률을 압도한다. 이는 군도의 법과 다른데, 군도의 법은 본질적으로 국민의 자발적인 복종이며 국민은 자유가 있으므로 자발적 복종을 논할 수 있다. 따라서 스트라우스는 '법'과 '자유'를 항상 같이 두었고, 이 두 요소가 없는 것이 폭정의 결함이라고 인식했다. 시모니데스는 최적의 폭정을 찬양했지만 '결코 법으로' 찬양하지 않았다고 그는 말했다. "시모니데스는 '법'을 언급하지 않았듯이 '자유'도 언급하지 않았다. 시모니데스는 법이 없다는 것은 실질적으로 자유가 없다는 것임을, 즉 법이 없으면 곧 자유도 없다는 사실을 보여준다. 시모니데스가 (폭군 히에론에게) 한 구체적 건의는 모두 이런 함축적 의미에서 출발한 것이고, 이것은 곧 법에 의해 폭로될 정치적인 (노예화) 역할이다."(69쪽)

시모니데스는 폭군 히에론에게 "백성을 동료이자 동지로 대하라"고 건의했다. 그는 백성을 평등하고 자유로운 사람으로 대하라고 하지 않았고, 백성을 '동료, 동지, 동포'라고 일컬었다. 사실 "노비도 동료가 될 수 있기 때문에" 그들이 자신의 분수를 지키면서 폭군과 가까워질 수 있게 한 것이다. "친구를 자식처럼 대하라"고 제안하기도 했다. "친구를 자식으로 여기면 다른 백성의 신분은 자연히 더 낮아지지 않겠는가?" 폭군을 자상한 아버지로 여기는 백성은 다른 사람들에게 훌륭한 본보기가 될 수 있다. 그리고 히에론의 개인 호위대(돈으로 고용한 무장 경찰)는 개인 경호뿐 아니라 백성을 보호하는 데 활용해야 한다고도 했다. 백성은 합법적으로 자신을 보호할 수단이나 방법이 없으므로 "그저 폭군이 인자해지거나 계속 인자함을 유지하길 바랄 수밖에 없다." 또한 좋은 일을 하라고 제안했다. 예를 들어 공이 있는 백성에게는 은혜와 상을 내려준다. 폭군은 징벌과 진압을 사용하여 백성이 궂은일을 도맡아 하게 하므로 직접 그런 일을 책임지지 않아도 된다. 그렇다고 해서 물론 "폭정 통치가 가혹함을 줄일 수 있다"는 뜻은 아니다(69~70쪽).

스트라우스는 자유를 소중하게 여겼으나 자유주의자는 아니었다. 그는 오히려 자유민주주의를 비판하여 이름을 알렸다. 그는 줄곧 훌륭한 정치를 고수했는데, 그 목표는 자유가 아닌 덕성이다. 스트라우스가 생각한 훌륭한 정치는 덕성을 목표로 삼아야 한다. 그러나 덕성은 자유가 없어서는 안 되며, 훌륭한 정치도 자유가 없어서는 안 된다. "자유가 없으면 덕성도 있을 수 없기 때문에 자유는 절대적으로 합리적인 필요조건이다."(71쪽) 서로 다른 정치 체제는 저마다 다른 '정의正義'를 가진다. 백성의 자유를 박탈하는 폭정에도 그만의 정의가 있다. 폭정의 정의는 백성에게 폭군의 법에 복종하라고 요구한다. "폭군에게 적합한 백성은 정의의 정치 형식 가운데 가장 낮은 유형인데, 이러한 정의는 공공 정신에서 가장 멀리 떨어져 있기 때문이다."(71쪽)

공공 정신은 '도시 정의'의 척도다. 정의의 덕성은 복종하도록 강요된 법규가 아니라 국민이 자발적으로 복종하는 법이다. 용감한 사람, 의로운 사람, 지혜로운 사람뿐 아니라 자유가 없는 백성도 폭군을 두렵게 만들 수 있다. 백성에게 자유가 없을수록 폭군은 백성에게 더 불안감을 가지고 백성을 더 두려워하게 되며, 점점 더 폭력에 의지해 백성을 통제하게 된다. 따라서 스트라우스는 다음과 같이 말했다. "폭군이 없으면 개인 호위대도 없앨 수 있다. 이 호위대가 충성을 다하는 대상은 도시가 아닌 폭군으로,

폭군이 도시 전체의 뜻을 꺾을 수 있는 환경을 조성하고 그 권력을 유지할 수 있게 만든다."(75쪽)

시모니데스는 히에론에게 은혜를 베푸는 폭군이 되라고 권했다. 그는 백성이 기꺼이 받아들이는 폭정이 좋은 폭정이며 합리적인 폭정이라고 여겼다. 그러나 그것이 비록 좋은 것이어도 반드시 실현 가능하지는 않으며, 폭군에게 진정한 행복을 가져다주지도 않는다. 시모니데스는 폭정의 좋은 점을 진술했으나 "행복한 폭군의 사례"를 폭군 히에론에게 확실하게 제시하지는 못했다(75쪽). 따라서 스트라우스는 지혜로운 사람 시모니데스가 폭군 히에론에게 한 폭군 수업은 "순전히 이론적인 의미만 있을 뿐"이라고 생각했다(76쪽). 폭정 교육은 실질적으로 폭정과 모든 정치체제에 근본적인 물음을 제기한다. 그것은 바로 "법과 합법성의 관계"다(76쪽). 다시 말해 실제로는 다음과 같은 질문을 던지고 있는 것이다. 폭정에도 법과 명령이 있는가? 폭정은 정말 합법성을 가지는가? 합법성이 없는 정권에서 통치자는 안전과 행복을 느낄 수 있는가?

소크라테스는 폭정을 부추겼다는 죄목으로 아테네에서 사형선고를 받았는데, 그와 함께 논쟁을 벌인 적지 않은 사람들이 폭군이었기 때문이다. 스트라우스는 소크라테스가 최적의 폭정을 놓고 벌인 논쟁에는 이론적 의미만 있기 때문에 이러한 고발은 부정확하다고 생각했다. 그러나 아테네 사람들은 소크라테스가 이미 폭군이 되었고 폭정을 행했다고 간주했다. 스트라우스는 이론과 실천을 구별하는 게 매우 중요하다고 생각했고 이는 그의 일관된 견해였다.

스트라우스는 플라톤의 《국가》를 해석하면서 이러한 견해를 드러낸 적이 있다. 그는 《국가》는 이론적 의미만을 가지고, 언어(로고스)로 세운 유토피아이며 현실 속 전제주의 질서의 청사진이 아니라고 생각했다. 로고스의 유토피아는 현실에서 영원히 실현 불가능하기 때문이다. 현실에서 흉내 낼 수 없어서가 아니라, 완전히 인위적인 세계이고 자연권에 위배되기 때문이다. 스트라우스에 따르면 플라톤은 이론적으로 유토피아를 건설할 때 밀교적 서술을 사용했다. 즉 말 속에 말이 있으며, 진정 중요한 의미는 분별력 있는 사람들만 이해할 수 있다. 《국가》의 유토피아를 어떻게 해석해야 하는가? 반어적 풍자로 볼 것인가 직접적 서술로 볼 것인가는 독자의 판단에 달려 있다.

스트라우스는 이론적으로만 완벽할 수 있는 폭정은 이론적으로만 가치가 있다고 생각했다. 어진 폭정은 이론에만 존재할 뿐, 설령 존재하더라도 현실에서 자행되는 폭정은 모두 어질지 않거나 위선임을 말해준다. 이는 겉보기에 자명한 의미 안에 감추어진 폭정의 밀교적 의미라 할 수 있다. 동시에 스트라우스는 또 다른 밀교적 의미를 지적했다. "폭정 이론을 완벽하게 이해한 사람들은 아테네 민주주의에 무조건적으로 충성할 수 없게 된다. 즉 민주주의가 최적의 정치 질서임을 더는 믿지 못하게 된다." 스트라우스는 독자 스스로 이 밀교적 의미를 깨달으라고 요구한다.

스트라우스가 아테네 페리클레스 시기의 '극단적 민주주의'를 비판한 사실은 잘 알려져 있다. 그는 소크라테스의 사형은 극단적 민주주의에서 다수가 행한 폭정의 결과라고 판단했다. "아테네인들은 소크라테스가 정치 질서를 업신여기고 청년들을 타락시켰다고 고발했다. 크세노폰은 심지어 이 고발을 한 번도 반박하지 않았다. 말할 필요도 없이 다수의 폭군이 통치하는 아테네에서 완벽한 폭정 이론을 지지하는 사람들은 편하게 지낼 수 없었다."(76쪽) 이것이 바로 소크라테스가 사형을 당하고 크세노폰이 추방을 당한 이유다. 민주주의 제도에서 살아가는 사람들이 지닌 전제주의 이론에 대한 적대감은 때로는 이성의 한계를 넘기도 한다. 그리스 역사학자 폴리비오스는 아테네가 참주정치를 반대하는 과정에서 국민의 권력을 유일한 최고의 경지로 끌어올려 권력의 평등을 깨뜨렸다고 지적했다. 또한 전제주의를 철학적이고 이성적으로 사고할 기회도 제한했다.

후대는 크세노폰을 어떻게 해석하고 이해해야 하는가? 또 그의 스승인 소크라테스의 완벽한 폭정 이론을 어떻게 철학적으로 사고해야 하는가? 스트라우스는 이 질문에 답하지 않은 채 이것을 '철학적 의혹'에 해당하는 문제로 볼 수 있음을 암시했다. 반면 《히에론》에서 폭정 수업에 어떤 환경 조건이 필요한지 간접적으로 보여주는 부분은 절대 의혹이 없을 것 같다. 즉 국민 대다수가 민주주의 의식을 가진 도시에서 폭군을 위해 폭정의 선생이 되는 것은 사람들이 매우 싫어하는 일이다. 사람들은 그 선생에게 질시의 눈초리를 보내고 그를 수치스럽게 생각할 것이다. 따라서 폭정을 찬미하고 기꺼이 폭군의 선생이 되는 것은 '이방인'만이 할 수 있는 일이다. 시모니데스는 아테네 밖에서 온 이방인이었고, "낯선 사람이었기 때문에 그는 (아테네에 대해) 국민의 책임을 지지 않았다. 따라서 공개적으로 폭정을 찬양하지는 않았지만 폭군과의 비공식적인 대화에서는 폭정을 찬양했다."(76~77쪽)

자유세계에서 전제주의 국가를 방문한 지혜로운 사람들 가운데 어떤 이들은 전제주의의 효과에 쉽게 빠져들었고, 심지어 자신이 살고 있는 세계와 거리가 먼 폭정 질서를 칭송하기도 하고 그것을 위해 계략을 꾀하기도 했다. 그러나 그들 자신은 폭군의 통치를 받으며 살기를 원하지 않았다. 그들은 소크라테스와는 전혀 다른 지혜로운 사람들이었다. "소크라테스는 지혜로운 사람은 외지에서 온 사람이어서는 안 된다고 생각했다. 소크라테스는 국민적인 철학자였다." 따라서 소크라테스는 완벽한 폭정에 대해 철학적 견해를 가지고 있었어도 "어떤 상황에서도 정말로 폭정을 찬미할 리는 없었다."(78쪽) 스트라우스는 "소크라테스가 크세노폰의 선생이었으므로 소크라테스는 크세노폰에게 '폭군'이 되는 법을 가르쳤다는 혐의를 받았다. 그러니 크세노폰도 자연히 같은 혐의를 받았을 것"이라고 기록했다. 그러나 크세노폰은 《히에론》에서 폭군이 괴로워하는 부분을 즐거워하는 부분보다 훨씬 더 많이 서술했다. 따라서 크세노폰이 민주주의를 사랑하는 아테네인들에게 전하고자 한 바는, 폭군이 되고 전제주의 폭정을 행하는 것은 결국 나쁜 일이라는 것이었다(30쪽).

전제주의 폭정이 나쁜 제도라는 것은 정치적 효율성이나 경제적 성과가 없다는 뜻은 아니다. 때로는 분명 안정을 유지하고 발전을 이룰 수도 있다. 백성의 생활을 억압해 공포와 거짓말, 노예근성에서 살게 하기 때문에 도덕과 정의가 아니라는 뜻이다. 전제주의 폭정은 용감하지 않고, 의롭지 않고, 지혜롭지 않은 저급한 국민성을 만들어낸다. 이러한 집단의 본성과 심리 상태, 행위는 자연적으로 형성된 '문화'가 아니라 전제주의 정치 체제가 만든 것이다. 폭정은 이러한 제도를 기반으로 존재한다.

정치 체제는 매우 중요한 정치적 현실로, 사회 전체의 정체성을 만들며 한 국가와 다른 국가를 구분하는 상징이 되기도 한다. 이를 주도하고 만드는 주체가 극소수의 권력인지, 절대 다수의 자유 국민인지는 정치 체제의 선택과 직접적으로 연관된다. 전제주의는 소수 또는 극소수의 권력이 그들의 사적 이익을 보호하기 위해 선택 및 유지하는 것이다. 모든 정치 체제는 고유의 결함이 있는데, 인간이 한 정치 체제에서 오래 생활하다 보면 그 생활에 익숙해지게 마련이고 따라서 결함을 알아차리기 어려워진다. 아리스토텔레스는 정치 체제의 가장 심각한 결함은 그 안에 속한 사람들과 지지자들이 가장 알아차리기 어렵다고 지적했다.

정치 체제는 그저 정권이 스스로 이름 붙이거나 자랑하는 명칭이 아니라, 정치적 이념과 통치 방식이 확립한 공공 생활의 질서를 말한다. "인성 외에 정치 체제보다 '생활 방식'의 형성에 더 큰 영향을 미치는 것은 없다"는 말은 실로 과장이 아니다.³³ 아리스토텔레스는 《정치학》에서 정치 체제를 가장 중요한 위치에 두었다. 아리스토텔레스는 정치 체제를 두 가지 기준에 따라 각각 세 가지로 분류했다. 첫 번째 기준은 덕성의 높고 낮음으로 권력을 분배하는 것으로, 통치자가 한 사람인 군주정치, 소수인 현인정치(귀족정치), 다수인 공화정치로 분류된다. 군주정치와 현인정치가 더 훌륭한 정치 체제다. 두 번째 기준은 재산의 많고 적음으로 권력을 분배하는 것으로, 통치자의 수에 따라 세 종류로 나뉜다. 소수가 통치하는 과두정치, 다수가 통치하는 평민정치, 한 사람이 통치하는 참주정치다. 과두정치와 평민정치는 귀족정치와 공화정치의 변형된 형식이고, 참주정치는 군주정치의 변형된 형식이다.

아리스토텔레스는 현실에서 군주정치를 택하기는 어렵다고 판단했다. 군주정치는 실현하기 어렵고 변형될 경우 가장 나쁜 정치 체제인 폭정(참정)이 될 수 있기 때문이다. 현실에서 귀족정치와 민주주의가 결합된 정치 체제를 채택하는 경향이 많은데 이를 '공화제'라고 한다. 공화제의 정치적 장점은 권력의 '유동성'으로, 특정 집단이 독점적으로 권력을 장악하지 못한다. "정치의 통치 방식도 마찬가지다. 국민 정치는 평등하거나 동등한 원칙에 의지하며, 모두가 차례대로 통치를 해야 한다고 생각한다.

이보다 더 원시적인 근거는 모두가 번갈아가면서 집정하는 것이 더 자연에 부합한다고 생각하는 것이다."

폴리비오스는 아리스토텔레스의 혼합정치 체제론에 동의했다. 그는 모든 순수한 정치 체제는 순환되며, 군주제는 참주제로, 참주제는 귀족제로, 귀족제는 과두제로, 과두제는 민주제로, 민주제는 폭민제mobocracy(우민정치)로 변형되고, 폭민제는 무정부 상태에서 다시 군주제로 돌아간다고 주장했다.³⁴ 정치 체제의 우수성을 평가하려면 최대한 많은 사람들을 훌륭하게 만들 수 있는지, 인간의 자유와 존엄한 가치를 더 소중히 여기는지, 위선과 거짓말, 노예를 더 싫어하게 되는지를 살펴봐야 한다.

우수하고 덕성이 높으며 성숙한 자유를 기반으로 좋은 정치 체제의 표준을 만들면, 그 정치 체제는 하나의 목적만 가질 수는 없을 것이다. 정치 체제는 덕성과 훌륭함을 보장하는 조건이며, 좋은 정치 체제는 그 목적에 이르는 수단일 뿐이다. 전제주의 폭정 통치는 용감한 사람과 의로운 사람, 지혜로운 사람들의 무리를 모조리 없애고(물론 일을 맡길 수 있는 일부 지혜로운 사람은 남겨둔다) 절대 다수의 침묵과 거짓말, 순종, 도덕적 타협, 아첨을 특징으로 하는 생활 질서를 성공적으로 수립한다. 은혜를 베푸는 식의 폭정은 민주주의와 일치하는 새로운 가치관과 생활 질서를 수립할 수 없고, 단지 오래된 생활 질서에다 탐욕을 더한 것일 뿐이다. 인자한 폭정은 일부 사람들의 물질적 생활을 개선할 수 있을지 모르지만 그것은 사회 전체의 도덕과 정신 상태를 해치는 '정치 체제의 병균'이다. 서로 간에 신뢰의 결핍, 무관심하고 수동적인 태도, 공포심, 허위, 배신, 고독, 절대적 복종, 개인 책임의 결핍은 인간을 고통스럽게 할 것이다. 민주적이지 않은 폭정의 개혁은 순전히 이기적인 것이 아니라 어쩌면 정말 새로운 세계의 목표가 될 수도 있겠지만, 인간을 훌륭하게 만들지 않는 정치 체제, 곧 자유롭고 존엄한 인간이 참여하지 않는 개혁이 어떻게 진정 아름다운 신세계를 만들 수 있겠는가.

주

머리말

1) Michael S. Roth, *Beyond the University: Why Liberal Education Matters.* New Haven: Yale University Press, 2014. Christopher B. Nelson, "Beyond the University: Why Liberal Education Matters?" The Washington Post, May 23, 2014.

2) Robert Kane, *Ethics and the Quest for Wisdom.* Cambridge: Cambridge University Press, 2010, p. 170.

3) Ibid., p. 1.

4) Ibid.

5) Leo Strauss, "What is Liberal Education?" In *Leo Strauss, Liberalism: Ancient and Modern.* Allan Bloom, ed. Ithaca: Cornell University Press, 1989, p. 3.

6) David Bohm, *On Dialogue*, New York: Routledge, 1996.

7) John Dewey, "Liberal Education." [1912-1913] In Jo Ann Boydston, de. John Dewey: *The Middle Works, 1899-1924,* Volume 1. Carbondale: Southern Illinois University Press, 1976-1983, p. 274.

8) Michael Schudson, *The Good Citizen: A History of American Civic Life*, Free Press, 1998.

1부 인문고전 어떻게 읽을 것인가

9. 투키디데스의 《펠로폰네소스 전쟁사》

1) Eric D. Hirsch, 'Three Dimensions of Hermeneutics', 〈New Literary History〉, Vol. 3, No. 2, Winter, 1972.

12. 구약성경의 〈욥기〉

1) Max Weber, *Politik als Beruf*, 1919. 막스 베버, 전성우 역, 《직업으로서의 정치》, 나남출판, 2007, 125-127쪽 참조.

2부 고전을 통해 무엇을 알 수 있는가

1. 《소크라테스의 변론》과 《크리톤》의 시민의 복종

1) http://www.aisixiang.com/data/17328.html
2) Sophocles, *Antigone*, 494-503행.
3) Plato, *Five Dialogues: Euthyphro, Apology, Crito, Meno, Phaedo*, Trans. George M. A. Grube, revised by John M. Cooper. Indianapolis: Hackett Publishing Company, 2002.
4) Dana Villa, *Socratic Citizenship*. Princeton, NJ: Princeton University Press, 2001, p. 45.
5) Richard Kraut, *Socrates and the State*. Princeton, NJ: Princeton University Press, 1984, pp. 55-60.
6) Hannah Arendt, "Civil Disobedience." In H. Arendt, *Crisis of the Republic*. New York: Harcourt Brace Jovanoivich, 1972, pp. 65, 67-68.
7) Dana Villa, *Socratic Citizenship*. p. 52.
8) Ibid., p. 55.

2. 셰익스피어의 《줄리어스 시저》 속 정치와 인간성

1) *The Works of John Milton*. New York: Columbia University Press, 1931-38, 5(1932)19; 7 (1932)324-6; 18(1938)163.
2) M. L. Clarke, *The Noblest Roman*. Ithaca, NY: Cornell University Press, 1981, p. 93, note 3.
3) Ibid., p. 93.
4) Ibid., p. 95.
5) Ibid.
6) Ibid.
7) William Shakespeare, *Julius Caesar*. Arthur Humphreys, ed. Oxford: Clarendon Press, 1984.
8) Ibid., p. 43.
9) Hans-Georg Gadamer, "Historical Transformation of Reason." In Theodore E. Geraets, ed. *Rationality Today*. Ottawa: The University of Ottawa Press, 1979, p. 4.

10) M. Tullius Cicero, *De Re Publica*. Trans. Clinton Walker Keyes. Cambridge, MA: Harvard University Press, 1966, p. 211.

11) T. S. Dorsch, *The Arden Shakespeare. Julius Caesar*. London: Methuen, 1955, p. xxxiv.

12) William Hazlitt, *Works*. P.P. Howe ed. London: Dent, 1930-1934, IV, p. 198.

맺음말

1) Thomas Hatch, et al., *Into the Classroom: Developing the Scholarship of Teaching and Learning*. San Francisco: Jossey-Bass, 2006, pp. xvii-xviii.

2) Robin P. Peek, "Scholarly Publishing, Facing the New Frontier." In Robin P. Peek and Gregory B. Newby, *Scholarly Publish: The Electronic Frontier*. Cambridge, MA: The MIT Press, 1996, p. 5.

3) John M. Ziman, *The Force of Knowledge*. Cambridge: Cambridge University Press, 1976, P. 90. Quoted by Robin P. Peek, "Scholarly Publishing, Facing the New Frontier." pp. 5-6.

4) Robin P. Peek, "Scholarly Publishing, Facing the New Frontier." p. 6.

5) Howard Gardner, et al., *Good Work: When Excellence and Ethics Meet*. New York: Basic Books, 2001, pp. 24-25. 장밍은 대학의 여러 '역할'을 구체적으로 묘사했다. 첫째는 "대학의 얼굴에서 '화장'에 해당하는 역할로, 극소수의 간판격 교수들이 이에 속한다…. 우선 가장 중시되는 것은 전국 학술 심사 기관의 회원 자격을 가진 사람이다." 둘째는 '학내 관료'로 "교수 직함을 갖고 있으나 실제로는 관료 행세를 하는" 사람이다. 그들은 대학 내 곳곳에 관여하여 관료주의를 행사한다. 셋째는 "여러 등급의 '작업 노동자'인 교수"다. 장밍, 〈대학 교수의 역할〉, http://www.tecn.cn/data/detail.php?id=21772

6) Joseph M. Moxley and Lagretta T. Lenker, eds. *The Politics and Processes of Scholarship*. Westport CN: Greenwood Press, 1995, p. 1. Robert Connors, "Rhetoric in the Modern University: The Creation of an Underclass." In The Politics of Writing Instruction: Postsecondary. General editor, Charles Schuster. Portsmouth, NH: Boynton/Cook Publishers, 1991, pp. 55-84.

7) Robert Connors, "Rhetoric in the Modern University: The Creation of an Underclass." p. 60.

8) H. G. Wells, *The Outline of History*. London: George Newnes, 1920, p. 647.

9) John Carey, *The Intellectuals and the Masses: Pride and Prejudice among the Literary Intelligentsia 1880-1939*. New York: St. Martin's Press, 1992, p. 15.

10) 어니스트 보이어는 〈학술의 재정의〉에서 미국 대학의 학술 제도를 상세히 연구했다. 카네기재단은 전미 대학 교수들을 대상으로 1969년과 1989년에 각각 조사를 진행했는데 그중 이런 문항

이 있었다. "해당 학과에서 교수가 논문을 발표하지 않으면 종신직을 얻기 어렵다." 전체 대학 교수 가운데 '매우 그렇다'라고 답한 응답자 비율은 1969년에 21퍼센트, 1989년에 42퍼센트로 나타났다. 박사 학위를 수여할 수 있는 학과에서는 응답자가 1969년에 27퍼센트, 1989년에 71퍼센트였다(거의 3배 증가). 인문대학에서는 4배로 증가했고(6퍼센트에서 24퍼센트로), 종합대학에서는 7배 증가했다(6퍼센트에서 43퍼센트). 이는 교수의 스트레스가 증가했음을 반영한다. Ernest Boyer, Scholarship Reconsidered: Priorities of the Professoriate. Princeton, NJ: Carnegie Foundation, 1990, p. 12.

11) Ibid., Appendix A-10.

12) Richard C. Gebhardt, "Issues of Promotion and Tenure for Rhetoric and Technical Writing Faculty." *Studies in Technical Communication*. Denton, TX: CCCC Committee on Technical Communications, 1993, p. 11.

13) Magali Sarfatti Sarson, The Rise of Professionalism: *A Sociological Analysis*. Berkeley, CA: University of California Press, 1977, p. 40.

14) Ibid., p. 43.

15) Ibid., p. 17.

16) 중국에서 '지식인' 신분은 항상 성실히 노력하며 소박하게 살아가는 것(실제 그러한지는 별개의 문제다)과 관련이 있었다. 지식인은 돈을 경시했고(이 또한 사실인지 여부는 별개의 일이다) 체면을 중시했으며 문화와 정신의 수호자임을 자처했다. 1980년대 문화 토론과 1990년대 각종 문화와 사회 문제에 대한 논쟁은 엄격한 전공 범위 내의 지식 영역에서 발생한 것은 아니었다. 이와 비교해 보면, 오늘날 대학 교수들은 돈을 경시하지 않을 뿐 아니라 수단을 막론하고 공공연히 자신의 명예와 이익을 추구하기도 한다. 갖가지 표절과 조작, 학술적 부패, 거품 학술의 매매는 '학계'에서 흔히 볼 수 있으며, 오늘날 대학은 '신성한' 명목만 있을 뿐 영리추구의 상점으로 전락한지 오래다.

17) M. L. Clarke, *Higher Education in the Ancient World*. London: Routledge & Kegan Paul, 1971, pp. 1-2.

18) Ibid., p. 109.

19) 《메논》에 등장하는 아니투스는 새로운 사상을 받아들이길 꺼리는 사람이었다. 그는 선인들로부터 계승되어온 전통적 지식을 중시했고, 아테네 거리의 모든 신사는 '덕성'의 표본이라고 여겼다. 한편 소크라테스는 '덕성이란 무엇인가'라고 질문했다.

20) Noam Chomsky, "Scholarship and Commitment, Then and Now." In *Chomsky on Democracy and Education*. C. P. Otero. ed. New York: Routeldge Falmer, 2003, p. 197. 촘스키를 인용한 이유는 그가 순수 지식의 관념을 뒤집고 순수 학술적 지혜에 도전한 '우상 파괴자'이자, 학계 부흥을 자신의 임무로 여긴 일종의 '훼방꾼'이었기 때문이다. 민주적, 개방적, 관용적, 진취적인 학습형 사회에는 촘스키와 같이 학술로써 순수 학술을 반대하고 학술적 권위를 통해

순수 학술의 권위에 반대하는 학자가 필요하다. 이른바 전공 지식과 학술적 지혜는 대개 일부 기존 권력자들이 거듭 표명하는 관점에 불과하기 때문이다. 이 사회에 촘스키처럼 학술을 깊이 생각하는 '사상적 반대자'가 없다면 전문가와 정부, 그로부터 이익을 얻는 자들은 곧 그들이 주장하는 가치관과 이데올로기를 과학적인 '객관적 지식'으로 위장하여 대중을 마음대로 우롱할 수 있게 된다.

21) 아렌트는 사상과 지식의 구분이 매우 중요하다고 지적했다. '과학자나 학자 등 지식 노동자들'의 생각은 결코 그냥 나오는 게 아니다. 또한 아무도 '기억력' 부족을 생각하지 않는 것에 대한 평계로 삼지 않기 때문이다. H. Arendt, *The Life of the Mind*. Vol. 1. New York: Harcourt Brace Jovanovich, 1977, p. 191.

22) Noam Chomsky, "Scholarship and Commitment, Then and Now." p. 198.

23) 이 책에는 300여 개의 이해하기 쉬운 일상생활의 건강 규칙이 실려 있었다. 이 책은 후에 유럽 전역으로 널리 퍼졌고 많은 의사들이 각 판본에 새로운 자료를 추가하여 오늘날 300개의 번역본과 3,500개의 건강 규칙을 소개하기에 이르렀다. 이는 민간으로 전래된 장편의 시이자, 유럽의 가정 의학 안내서가 되었다.

24) Richard C. Gebhardt, "Avoiding the 'Research versus Teaching' Trap: Expanding the Criteria for Evaluating Scholarship." In Joseph M. Moxley and Lagretta T. Lenker, eds. *The Politics and Processes of Scholarship*. Westport CN: Greenwood Press, 1995, pp. 14-16.

25) Timothy Bewes, *Cynicism and Postmodernism*. London: Verso, 1997, p. 48.

26) Noam Chomsky, "Scholarship and Commitment, Then and Now." p. 198.

부록

1) Liberal Education?" In *Leo Strauss, Liberalism: Ancient and Modern*. Allan Bloom, ed. Ithaca: Cornell University Press, 1989, p. 3.

2) Ibid., p. 3.

3) Ibid., p. 4.

4) Ibid., pp. 4-5.

5) Leo Strauss, *On Tyranny*, Chicago: University of Chicago Press, 2000.

6) Leo Strauss, "What is Liberal Education?" p. 5.

7) Ibid.

8) Ibid.

9) Timothy Fuller, "Reflections on Leo Strauss and American Education." In Peter Graf Kielmansegg, Horst Mewes, and Elisabeth Glaser-Schmidt, eds. *Hannah Arendt and Leo*

Strauss: German Émigrés and American Political Thought After World War II. Cambridge University Press, 1995, p. 70.

10) Leo Strauss, "Liberal Education and Responsibility." In *L. Strauss, Liberalism: Ancient and Modern.* Allan Bloom, ed. Ithaca: Cornell University Press, 1989, pp. 10-11.

11) Leo Strauss, "What is Liberal Education?" p. 6.

12) Ibid., p. 7.

13) Ibid.

14) Ibid.

15) Leo Strauss, "Liberal Education and Responsibility." p. 18.

16) Ibid.

17) See Will Morrissey, "Mixed Regime and American Regime." In Kenneth L. Deutsch and John A. Murley, eds. *Leo Strauss, the Straussians, and the American Regime.* New York: Rowman & Littlefield, 1999.

18) Leo Strauss, "Liberal Education and Responsibility." p. 15.

19) Ibid., p. 16.

20) Ibid., p. 17.

21) Leo Strauss, *Natural Right and History.* Chicago: University of Chicago Press, 1953, p. 247.

22) Daniel Tanguay, Leo Strauss: An Intellectual Biography. New Haven: Yale University Press, 2007.

23) Richard Wolin, "Leo Strauss, Judaism, and Liberalism." The Chronicle of Higher Education. 52.32 (April 14, 2006).

24) Ibid.

25) Ibid.

26) David Little, "Storm over the Humanities: The Sources of Conflict." In Daniel Callahan, Arthur L. Caplan, and Bruce Jennings, eds. Applying the Humanities. New York: Plenum Press, 1985, p. 32.

27) Ibid., p. 34.

28) Ibid., p. 35.

29) Cited in Perry Miller, Roger Williams: His Contribution to the American Tradition. New York Atheneum, 1962, pp. 201-202.

30) Thomas Pangle, Leo Strauss: An Introduction to His Thought and Intellectual Legacy. Baltimore, MD: The Johns Hopkins University Press, 2006, p. 94.

31) Leo Strauss, "Liberal Education and Responsibility," In L. Strauss, Liberalism: Ancient and

Modern. Allan Bloom, ed. Ithaca: Cornell University Press, 1989, p. 24.

32) Leo Strauss, "Xenophon: Hiero or Tyrannicus." In Leo Strauss, *On Tyranny*. Revised and Enlarged Edition. Chicago: The University of Chicago Press, 2000.

33) Thomas Pangle, *Leo Strauss: An Introduction to His Thought and Intellectual Legacy*. Baltimore, MD: The Johns Hopkins University Press, 2006, p. 94.

34) 포홍조, 《서양 정치 이론사》, 푸단대학교 출판사, 1999, pp. 77-78, 92.

찾아보기

ㅇ

인문고전 공부법

니코마코스 윤리학부터 군주론까지 한 권으로 읽는 고전의 정수

초판 1쇄 2017년 1월 25일
초판 2쇄 2017년 3월 17일

지은이 | 쉬번
옮긴이 | 강란

발행인 | 이상언
제작총괄 | 이정아
편집장 | 한성수
기획·편집 | 정선영
디자인 | 박진범

발행처 | 중앙일보플러스(주)
주소 | (04517) 서울시 중구 통일로 92 에이스타워 4층
등록 | 2008년 1월 25일 제2014-000178호
판매 | 1588-0950
제작 | (02) 6416-3925
홈페이지 | www.joongangbooks.co.kr
페이스북 | www.facebook.com/hellojbooks

한국어판 출판권 ⓒ 중앙일보플러스㈜, 2017

ISBN 978-89-278-0833-6 03100

중앙북스는 중앙일보플러스(주)의 단행본 출판 브랜드입니다.